AF332376

MÉLANGES

SUR LA

CHRONOLOGIE CHINOISE

I. NOTES CONCERNANT LA CHRONOLOGIE CHINOISE

PAR LES

PP. HAVRET ET CHAMBEAU S. J.

II. PROLÉGOMÈNES À LA CONCORDANCE NÉOMÉNIQUE

PAR LE

P. HOANG, DU CLERGÉ DE NANKIN.

CHANG-HAI

IMPRIMERIE DE LA MISSION CATHOLIQUE

À L'ORPHELINAT DE T'OU-SÈ-WÈ.

1920

MÉLANGES

SUR LA

CHRONOLOGIE CHINOISE

I. NOTES CONCERNANT LA CHRONOLOGIE CHINOISE

PAR LES

PP. HAVRET ET CHAMBEAU S. J.

II. PROLÉGOMÈNES À LA CONCORDANCE NÉOMÉNIQUE

PAR LE

P. HOANG, DU CLERGÉ DE NANKIN.

CHANG-HAI

IMPRIMERIE DE LA MISSION CATHOLIQUE

À L'ORPHELINAT DE T'OU-SÈ-WÈ.

1920

TABLE DES MATIÈRES.

I. NOTES CONCERNANT LA CHRONOLOGIE CHINOISE.

1ère Partie

GÉNÉRALITÉS.

2e Partie

CALENDRIER.

II. PROLÉGOMÈNES

DU P. HOANG À LA CONCORDANCE NÉOMÉNIQUE.

AVERTISSEMENT.

Sous le nom de *Mélanges sur la chronologie chinoise,* deux écrits ont été réunis dans ce volume.

1º . Le premier (de la page 1 à la page 109), dû aux **PP**. Havret et Chambeau S. J., a été désigné sous le nom de *Notes concernant la chronologie chinoise.*

2º . Le deuxième (de la page 111 à la fin), dit *Prolégomènes à la Concordance néoménique,* par le P. Hoang, était annoncé depuis longtemps (voir *Concordance des chronologies néoméniques, Var. Sin. Nº 29,* Avertissement).

Les «Notes concernant la chronologie chinoise» devaient être le début du *Manuel du Sinologue,* dont la publication fut arrêtée par la mort du P. Havret, son principal rédacteur. Les pages imprimées gardent trace du plan projeté pour l'ensemble de l'ouvrage ; c'est ainsi que des numéros sont indiqués après le Nº 149, le dernier qui existe ; c'est ainsi encore qu'à la page 30 sont annoncés un appendice absent sur les réformes successives du calendrier, et une 3ᵉ partie qui devait contenir la liste des *Nien-haō.*

Ces études ont été faites dans d'autres Variétés : la liste des *Nien-hao* a été donnée dans l'ouvrage du P. Mathias Tchang S. J., *Synchronismes chinois (Var. Sin. Nº 24)* ; quant aux tranformations successives du calendrier, elles ont trouvé place dans les *Prolégomènes du P. Hoang* et ont fourni le paragraphe III du ch. I (p. 123-129).

Sans doute si le P. Havret avait à écrire maintenant les pages qui suivent, il en modifierait quelques-unes, et mettrait à profit les travaux récents (1) ; il semble pourtant que bien des données réunies dans ce 1ᵉʳ

---

(1) Par exemple ce qu'il dit sur les noms des constellations (p. 25) serait à retoucher depuis l'apparition du *Catalogue d'étoiles observées à Pékin* par le P. Tsutsiashi S. J. (Extrait des *Annales de l'Observatoire de Zô-sè* 1911).

mémoire ne seront pas sans utilité pour qui s'occupe de sinologie; sur certains points, elle complètent ce que dit le P. Hoang (1); sur d'autres, elles corroborent ses conclusions.

Un même problème en effet (passer d'une date chinoise à une date européenne) est étudié par les PP. Havret et Chambeau, et dans les écrits du P. Hoang; or, avec de part et d'autre des principes de solution différents, les résultats obtenus sont les mêmes dans l'ensemble.

Un lecteur européen veut-il savoir à quel moment du temps rapporter une date rencontrée dans un texte chinois, il cherche d'instinct à l'exprimer dans le système chronologique qui lui est familier, et une question se pose alors : un évènement ayant eu lieu à telle année de règne de tel Empereur, telle lunaison, tel jour de la lune ou le jour sous tel signe cyclique, quelle est sa date européenne?

L'ouvrage du P. Mathias Tchang S. J. *Synchronismes chinois* fournit le millésime de l'année ; reste à trouver le jour européen connaissant la lune chinoise et le jour de la lune ou le signe cyclique du jour.

On lit immédiatement le résultat dans la *Concordance néoménique* du P. Hoang (2), on peut l'avoir aussi par un procédé déjà indiqué par le P. Gaubil S. J. (voir p. 21) et développé par les PP. Havret et Chambeau. L'évènement s'étant passé dans le courant d'une année européenne déterminée, on se procure (tableau de la page 21) le signe cyclique du 1er janvier de cette année ; puis, en supposant connus d'ailleurs les signes cycliques des néoménies de l'année chinoise, un autre tableau (p. 23) permet de trouver la date européenne d'un jour quelconque de cette année.

Les PP. Havret et Chambeau étaient donc amenés, dans leur méthode, à reconstituer les signes cycliques des néoménies de toutes les lunaisons ; les résultats de leurs recherches sont consignés dans les tables allant de la page 61 à la page 110. Et c'est là qu'ils se rencontrent avec le P. Hoang qui, lui aussi, dut se servir des ces mêmes signes cycliques des néoménies. Mais il les reproduit simplement tels qu'il les trouve dans

---

(1) Ainsi en est-il à propos de la chronologie du *Tch'oen-ts'ieou* ; le P. Havret la donne d'après l'œuvre de *Wang Tao* (p. 46 et suivantes), auteur qu'au contraire le P. Hoang critique et abandonne (voir p. 196, 199, 201).

(2) On le lit du moins pour toutes les dates à partir de 841 av. J.-C. ; pour celles antérieures, voir la méthode proposée par le P. Hoang (p. 157-160). Au même endroit est expliqué comment fut construite la *Concordance néoménique*.

l'ouvrage de *Wang Yué-tcheng,* dont il considère les conclusions comme acquises, tandis que les PP. Havret et Chambeau ont refait une étude personnelle de la question d'après des documents qu'ils relèvent et dont ils discutent la valeur (voir p. 44, 45, 50-58) (1). Or, dans l'ensemble, les résultats trouvés sont les mêmes ; aussi, bien qu'en partie il fasse double emploi avec celui du P. Hoang, le travail des PP. Havret et Chambeau a été reproduit ici; les deux enquêtes, menées indépendamment l'une de l'autre et de manières différentes, se confirment mutuellement (2).

Les *Prolégomènes du P. Hoang* sont extraits d'un assez volumineux manuscrit latin intitulé : *Introductio ad concordantiam chronologiæ neomenicæ sinico-europeæ* (3). Dans la traduction, on a cherché à suivre d'aussi près que possible le texte latin ; quelques phrases seulement ont été ajoutées ici ou là, ce dont avertit l'emploi des lettres italiques. Le P. Hoang, dans cette *Introductio,* a traité en fait trois questions principales :

1° explication de la manière dont il a composé la *Concordance des chronologies néoméniques chinoises et européennes (Var. Sin. N° 29);*

2° méthode pour identifier en style européen les dates antérieures à 841 av. J.-C., année par laquelle débute la *Concordance;*

3° application de cette méthode aux dates relevées dans les anciens écrits chinois.

Autour de ces sujets et à leur occasion, il groupe des détails dont certains, indispensables à l'intelligence des trois questions maîtresses, ont été reproduits dans les *Prolégomènes.*

L'omission des autres a fait modifier quelque peu l'ordre suivi par le P. Hoang.

---

(1) Pour l'époque de 1260 à 1624, le P. Chambeau a fait un relevé direct des néoménies citées dans les Annales chinoises (voir p. 44). Ces tables du P. Chambeau ont été arrêtées à 1624, car, après cette date, le *Wan-nien-chou* devient la source commune pour le P. Chambeau et pour le P. Hoang.

(2) En réalité les sources de *Wang Yué-tcheng* ne sont-elles pas celles utilisées par les PP. Havret et Chambeau? quelques-unes sans doute sont communes, et l'accord quasi-complet pour les époques les plus reculées surtout fait supposer que *Wang Yué-tcheng* a largement, lui aussi, puisé dans le *Tch'ang-li.*

(3) Les deux écrits ici réunis n'ayant pas même origine, le lecteur ne s'étonnera pas d'un certain manque d'uniformité dans l'ensemble du livre: marche différente adoptée pour romaniser ou non les textes, caractères chinois, etc.

On pourra se rendre compte des modifications ainsi faites par le tableau ci-dessous où sont relevés les titres des divisions du manuscrit avec l'indication que tel article est devenu tel chapitre, tel paragraphe des *Prolégomènes*, ou qu'il n'a pas été reproduit (1).

Comme, dans la *Concordance des chronologies néoméniques* (*Var.Sin.* N° 29), des renvois ont été faits à l'Introduction non encore imprimée, le lecteur trouvera notées à la fin de la préface, les pages des Prolégomènes correspondant à ces références.

------

(1) Dans son *Introductio*, le P. Hoang étudie les dates de certaines éclipses de soleil ou de lune ; il avait préparé aussi un *Catalogue des éclipses de soleil et de lune indiquées dans les documents chinois*; à cet opuscule, qui paraîtra prochainement, sera joint ce qui, dans l'Introduction, à trait aux dates des éclipses.

Certains passages ont été rejetés en Appendices et Notes à la fin de l'ouvrage pour ne pas interrompre le texte par des longueurs ; enfin dans les Index des noms propres et des ouvrages chinois cités, ont été réunis des renseignements épars ou répétés plusieurs fois dans le manuscrit. Ce manuscrit est conservé aux archives des Variétés Sinologiques.

TITRES DES ARTICLES DE L'INTRODUCTION ET CHAPITRES CORRESPONDANTS DES PROLÉGOMÈNES.

RENVOIS FAITS DANS LA CONCORDANCE À L'INTRODUCTION, ET PAGES CORRESPONDANTES DES PROLÉGOMÈNES.

Pages de la Concordance.	Références dans l'Introduction.	Pages des Prolégomènes.
80	Art. II, Note 1.	p. 124 note 2.
,,	Art. XIV, N. III.	p. 139.
84	Art. XV, N. I.	p. 133, 134.
,,	Art. XIX, § III N. II, 5.	p. 238, date N. 5.
87	Art. XV, N. I.	p. 133, 134.
89	Art. XV, N. II.	p. 134.
93	Art. XIV, N. VI, VII.	p. 139-142.
106	Art. XIII.	p. 159.
107	Art. XIII.	p. 159.
108	Art. XIV, N. VII.	p. 139.
110	Art. XIV, N. VII.	p. 139.
193	Art. XIV, N. VII.	p. 140.
194	Art. XIV, N. VII.	p. 140.
202	Art. XIV, N. VII.	p. 141, 142.
220	Art. XV, N. V.	p. 134 note 2.
221	Art. XV, N. V.	p. 134 note 2.
225	Art. XV, N. V.	p. 134 note 2.
226	Art. XV, N. V.	p. 134 note 2.
274	Art. XV, N. VI.	p. 134 note 2.
312	Art. I, N. (?).	référence non identifiée.
351	Art. XV, N. I.	p. 133.
,,	Art. XIV, N. III.	p. 139.
373	Art. XIV, N. III.	p. 140.
459	Art. XV, N. V.	voir p. 134 note 2.
483	Art. II, § I N. LVII.	p. 125.
,,	Art. XII.	Article non reproduit dans les Prolégomènes, voir ci-dessus p. V «Titres des «articles de l'Introduction».
487	Art. II, Note 1.	p. 124 note 2.
504	Art. XV, N. III.	p. 134 note 2.
512	Art. XV, N. V.	p. 134 note 2.
517	Art. XV, N. VI.	p. 134 note 2.
525	Art. XV, N. V.	p. 134 note 2.

BIBLIOGRAPHIE (1).

Amiot S. J.　Antiquité des Chinois (Mémoires concernant l'histoire etc. des Chinois par les missionnaires de Péking, T.II. Paris, Nyon, 1777).

J.-B. Biot.　Recherches sur l'ancienne astronomie chinoise (mémoire lu à l'Académie des Sciences de Berlin en 1837; extrait du Journal des Savants, Imprimerie Royale, 1840).

,,　Études sur l'astronomie indienne et chinoise (Paris, Michel Lévy, 1862).

Bramsen.　Japanese chronological tables (Tokio, 1880).

J. Chalmers.　Astronomy of the ancient Chinese.

,,　Eclipses recorded by the ancient Chinese.

(Ces deux écrits sont dans les Prolegomena du 3e vol. de l'ouvrage «The Chinese Classics» de Legge, voir ce nom).

Ed. Chavannes.　Le calendrier des Yn (Journal Asiatique, 8e Série, T. XIV, 1890).

,,　Chronologie chinoise de 238 à 87 av. J.-C. et Note rectificative (T'oung-pao, T. VII, 1876).

,,　Les Mémoires historiques de *Se-ma Ts'ien* (Paris, Ernest Leroux, 5 volumes parus de 1895 à 1914).

Couvreur S. J.　*Tch'oen-ts'ieou* et *Tsouo-tchoan,* texte chinois avec traduction française (Ho-kien fou, 1914).

Doolittle.　Vocabulary and Handbook of the Chinese Language (Foochow, Rosario Marcal and Company, 1872, 2 volumes).

Ellul S. J.　Calendrier perpétuel (Cosmos du 4 septembre 1897).

Th. Fergusson.　Chinese Chronology and Cycles (Shanghai, 1880).

Gaubil S. J.　Abrégé de l'histoire chinoise de la grande dynastie *Tang* (Mémoires concernant l'histoire etc. des Chinois publiés par les missionnaires de Péking, T. XVI. Paris, Treuttel et Würtz, 1814).

,,　Histoire abrégée de l'astronomie chinoise (Observations mathématiques etc. publiées par le P. Souciet S. J. T. II, Paris, Rollin, 1723).

,,　Appendice à l'histoire de l'astronomie chinoise (écrit qui fait suite au précédent dans le P. Souciet).

---

(1) Les titres des livres chinois cités ont été réunis dans l'«Index alphabétique des ouvrages chinois» p. 313-320.

Gaubil S. J.	Traité de l'astronomie chinoise (Observations mathémati-ques etc. publiées par le P. Souciet S. J. T. III, Paris, Rollin, 1723).
,,	Histoire de l'astronomie chinoise jusqu'à l'an 206 av.J.C. (Lettres édifiantes, T. XIV, Lyon, Vernarel, 1819).
,,	Traité de la chronologie chinoise composé par le P.Gaubil, publié par M. Sylvestre de Sacy (Paris, Treuttel et Würtz, 1814).
,,	Lettre au P. Foureau (à la fin du Traité de la chronologie chinoise publié par Sacy, ouvrage précédent).
H. Havret S J.	La chronologie des Han (T'oung-pao, T. VIII, 1897).
Hoang.	De calendario sinico, variae notiones (Zi-ka-wei, 1885).
,,	Concordance des chronologies néoméniques chinoise et euro-péenne (Var. Sin. N° 29, Chang-hai, T'ou-sè-wè, 1910).
Kühnert.	Der Chinesische Kalender (T'oung-pao, T. II. 1891).
J. Legge.	The Chinese Classics (London, Trübner and C°, 7 volumes publiés de 1861 à 1873).
F. Mayers.	The Chinese Reader's Manual (Chang-hai, 1874).
Palladius.	Lettre dans The Chinese Recorder, T. VI, 1874.
Rivard.	Traité de la sphère et du calendrier (8° édit. Paris, Bache-lier, 1837).
G. Schlegel.	Uranographie chinoise (Leyde, E. J. Brill,1875, 2 volumes).
Souciet S. J.	Observations mathématiques etc. rédigées par le P. Et. Souciet S. J. (Paris, Rollin, 1732, 3 volumes).
M. Tchang S.J.	Synchronismes chinois (Var. Sin. N° 24, Chang-hai, T'ou-sè-wè, 1905).
Tsutsihashi S.J.	Catalogue d'étoiles observées à *Péking* sous l'Emp. *K'ien-long* (Extrait des Annales de l'Observatoire de Zô-sè, T. VII, 1911, Chang-hai, T'ou-sè-wè).
Al. Wylie.	On the knowlegde of a weekly Sabbath in China (The Chinese Recorder, T. IV, 1871).
,,	Eclipses recorded in Chinese Works (Journal of the North-China Branch of the Royal Asiatic Society, New Series N° IV, 1867).
Zottoli S.J.	Cursus litteraturæ sinensis (T. III, Chang-hai, T'ou-sè-wè 1880).

NOTES CONCERNANT

LA CHRONOLOGIE CHINOISE

par les PP. HAVRET et CHAMBEAU S. J.

Iᴱᴿᴱ PARTIE.

GÉNÉRALITÉS.

§ I. DU CYCLE CHINOIS.

1. Le Cycle fondamental de la chronologie chinoise est le Cycle sexagésimal, dit 甲子, du premier terme binaire ou Signe de la série (1). Il se compose de 60 Signes comprenant chacun deux caractères, dont le premier est l'un des dix 天干 Troncs célestes (十干, *al.* 幹律, *al.* 十母) : 甲 *Kia*, 乙 *I*, 丙 *Ping*, 丁 *Ting*, 戊 *Meou* (*al. Ou*), 己 *Ki*, 庚 *Keng*, 辛 *Sin*, 壬 *Jen* et 癸 *Koei*, répétés six fois ; et le second, l'un des douze 地支 Rameaux terrestres (十二支, *al.* 枝律, *al.* 十二子, *al.* 十二辰) : 子 *Tse*, 丑 *Tch'eou*, 寅 *Yn*, 卯 *Mao*, 辰 *Tch'en*, 巳 *Se*, 午 *Ou*, 未 *Wei*, 申 *Chen*, 酉 *Yeou*, 戌 *Siu* et 亥 *Hai*, répétés cinq fois. Voici l'ordre de succession et la composition de ces 60 Signes.

2. TABLEAU DES SIGNES CYCLIQUES.

N°	Signe	N°	Signe	N°	Signe	N°	Signe	N°	Signe
1	甲子	13	丙子	25	戊子	37	庚子	49	壬子
2	乙丑	14	丁丑	26	己丑	38	辛丑	50	癸丑
3	丙寅	15	戊寅	27	庚寅	39	壬寅	51	甲寅
4	丁卯	16	己卯	28	辛卯	40	癸卯	52	乙卯
5	戊辰	17	庚辰	29	壬辰	41	甲辰	53	丙辰
6	己巳	18	辛巳	30	癸巳	42	乙巳	54	丁巳
7	庚午	19	壬午	31	甲午	43	丙午	55	戊午
8	辛未	20	癸未	32	乙未	44	丁未	56	己未
9	壬申	21	甲申	33	丙申	45	戊申	57	庚申
10	癸酉	22	乙酉	34	丁酉	46	己酉	58	辛酉
11	甲戌	23	丙戌	35	戊戌	47	庚戌	59	壬戌
12	乙亥	24	丁亥	36	己亥	48	辛亥	60	癸亥

3. Ces Signes servent à désigner les Années, les Mois, les

---

(1) Les auteurs chinois attribuent presque unanimement l'invention de ce Cycle à 大撓, ministre de 黃帝. Il l'aurait trouvé, dit le 通鑑外紀, en examinant la nature des Cinq Éléments 探五行之情, et en observant la direction des étoiles polaires 占斗綱所建.

1

Jours et les Heures (1), d'où vient l'expression 八字 *Pa-tse,* communément employée dans les contrats de fiançailles, pour exprimer les Huit Caractères répondant à la naissance d'une personne. Ainsi pour une personne née le 15 Novembre 1848, à 7 heures du matin (28ᵉ Année 道光, 10ᵉ Lune, 20ᵉ Jour, 5ᵉ Temps), la date de la naissance sera exprimée par les quatre Signes: 戊申·癸亥· 庚申·庚辰. On trouvera plus loin les principes de la traduction de ces dates cycliques en temps de style européen, et *vice versa.* De ces quatre notations, la 1ᵉ et la 3ᵉ, seules vraiment utiles aux sinologues, se résoudront par des Tableaux analogues (nn. 17; 58, 60); les deux autres, se représentant en séries identiques tous les 5 Ans et tous les 5 Jours, n'offrent aucune difficulté (nn. 45; 86).

4. Les Éléments (Troncs et Rameaux), aussi bien que les Signes composés du Cycle sexagésimal, ont reçu du génie inventif des Chinois, des Équivalents et des applications qu'expliqueront les Tableaux suivants.

ÉLÉMENTS DU CYCLE.
LEURS ÉQUIVALENTS ET CORRESPONDANTS.

I. TABLEAU DES TRONCS.

		Cinq Éléments.		Directions.
1 2	甲 乙	木	Bois	東 Est
3 4	丙 丁	火	Feu	南 Sud
5 6	戊 己	土	Terre	中央 Centre
7 8	庚 辛	金	Métal	西 Ouest
9 10	壬 癸	水	Eau	北 Nord

(1) Ils furent d'abord appliqués aux Jours, ainsi que le rappellent le 月令章句: 作甲乙以名日… 作子丑以名日… 支干相配以成六旬, et le *T'ong-kien-wai-ki:* 支干相配以紀日. — Peu de temps après, les Douze Rameaux furent étendus à la désignation des Lunes. — Dès l'époque des 周 et peut-être plus tôt, le Cycle sexagésimal paraît avoir servi à désigner les Lunes et les Années, ainsi qu'en fait foi le 爾雅 avec sa nomenclature (nn. 20, 21 et 43, 45). Cependant cette affirmation ne manque pas de contradicteurs (*Cf. Chinese Chronology and Cycles* par Th. Fergusson, pp. 126, seqq.). En tout cas, c'est à tort que 劉恕 prétendit, dans son 通鑑外紀序, que l'application du Cycle aux Années ne commença que sous 王莽 (9-22 ap. J.-C.) des *Han.* Le 陔餘叢考 réfute cette opinion et cite ce texte du *Eul-ya,* Chap. 歲名: 太歲在甲曰閼逢, etc., puis cet autre du 律歷志: 太歲在子, etc. L'extension du Cycle de 60 ans jusqu'au règne de *Hoang-ti* est évidemment l'œuvre des annalistes postérieurs.

5. II. TABLEAU DES RAMEAUX.

			Animaux.	Éléments.	Les caractères 2, 8, 5, 11, répondent à la Terre.	Directions.
1	子	鼠	Souris	Eau		Nord
2	丑	牛	Bœuf			N.-E.
3	寅	虎	Tigre	Bois		Est
4	卯	兔	Lièvre			
5	辰	龍	Dragon			S.-E.
6	巳	蛇	Serpent	Feu		Sud
7	午	馬	Cheval			
8	未	羊	Mouton			S.-O.
9	申	猴	Singe	Métal		Ouest
10	酉	鷄	Coq			
11	戌	犬	Chien			N.-O.
12	亥	豬	Porc	Eau		

6. SIGNES DU CYCLE ET LEURS ÉQUIVALENTS.

1°. Les noms des Douze Animaux, cinq fois répétés comme ceux des Rameaux, correspondent à ceux des Signes où se trouvent les Rameaux auxquels répondent respectivement lesdits Animaux comme Équivalents dans le Tableau ci-dessus (n. 5). Ainsi, la Souris 鼠 répondra aux cinq Signes renfermant le caractère 子, et ainsi de suite. Cet emploi, en ce qui concerne les Années, parait remonter au premier siècle de l'ère chrétienne (n. 24). Il existe également pour les Temps, ou Heures (n. 83).

7. **2°.** Quant aux Cinq Éléments, répétés à partir de 甲子 sous deux signes consécutifs, ils se succèdent trente fois dans l'ordre suivant : 金, 火, 木, 土, 金, 火; 水, 土, 金, 木, 水, 土; 火, 木, 水, 金, 火, 木; 土, 金, 火, 水, 土, 金; 木, 水, 土, 火, 木, 水. On verra plus loin (n. 64) une application de ce Cycle aux Jours.

8. Outre ces Équivalents, qui plus exactement constituent des Cycles inférieurs, duodécimaux et quinaires, il existe d'anciennes dénominations littéraires, correspondant aux 22 Éléments du Cycle, et dont les unes sont réservées à la désignation des Années, d'autres à celle des Lunaisons, des Jours et des Heures (nn. 20, 21; 43, 46; 65, 69; 85, etc.).

9. Outre ces Cycles de 5 et de 10, de 12 et de 60, nous en citerons bientôt d'autres de 7 et de 28, de 19 et de 76, etc. (1).

---

(1) Le Père Gaubil, dans son premier *Appendice à l'Histoire de l'astronomie Chinoise*, donne des détails sur les Cycles de 10, de 12, de 28 et de 60. Dans le corps de son ouvrage il donne aussi d'intéressantes notions sur d'autres Cycles.

10. Le Tableau suivant, bien qu'il soit un peu en dehors de notre cadre, intéressera le lecteur, et lui montrera jusqu'à quel point les Chinois et en particulier les disciples de l'école Taoïste ont porté le goût des catégories numérales et les rapprochements de notions les plus diverses. Les dix catégories qu'il présente se rencontrent associées deux à deux, trois à trois, ou davantage, comme l'indiquent les chiffres inscrits à la suite des titres Troncs, Directions, etc., en référence aux numéros d'ordre de ces mêmes titres.

Troncs : 2, 3, 4.	Directions : 1, 3.	Temps.	Éléments : 1, 2.	Couleurs simples.	Coul. composées. 2, 3, 4.	Goûts : 3, 4.	Odeurs : 3, 4.	Viscères : 4.	Vertus : 4.
天干 1	五樞 2	四時 3	五行 4	五色 5	五色 6	五味 7	五臭 8	五臟 9	五常 10
甲乙丙丁戊己庚辛壬癸	東南中央西北	春夏秋冬	木火土金水	青赤黃白黑	綠紅䋷碧紫	酸苦甘辛鹹	羶焦香腥朽	肝心脾肺腎	仁、禮信義智

§ II. DE L'ANNÉE.

11. L'Année a reçu diverses dénominations. Elle s'appelait 載 avant la dynastie *Hia*; 歲, sous cette dernière; 祀 (*al.* 禩), sous la seconde dynastie, *Chang-Yn*; 年, depuis cette époque. Deux Saisons consécutives ou une demi-Année s'appellent 一行; deux Années 涉歲. Une Année révolue se dit 旬歲, 周星, 一火, 一白.

12. Une période de 12 Années s'appelle 一紀, ou 一終 : c'est la période de révolution de Jupiter, dite la Grande année 太歲, laquelle ramène la même succession des Rameaux dans la désignation des Signes cycliques (n. 22). Une période de 19 Ans se nomme 一章; c'est celle de Méton (n. 47), qui ramène l'accord entre les Lunaisons et l'Année solaire, au moyen de 7 embolismes. Une période de 28 Ans, 丕, fut connue sous les *T'ang* (1); c'est celle de Sosigène (n. 72), qui ramène la même série de semaines par rapport à l'année solaire. Une période de 30 ans est dite 一世; c'est la moitié d'un Cycle 甲子. Une période de 4 *Tchang*, ou de 76 ans, s'appelle 蔀; c'est celle de Callippe (n. 48), qui contient un nombre entier de jours, de lunaisons et d'années et voit revenir la même série d'années bissextiles.

13. L'on n'a pas, que nous sachions, donné de dénomination spéciale à la période de 80 ans qui ramène pour les jours de l'année solaire la même série des Signes cycliques (n. 57). En revanche, une période de 1520 ans, ou de 20 *Pou*, est dite 一紀. Une période de 4560 ans, ou de 3 *Ki*, est dite 一元. Une autre nomenclature appelle 一會 une période de 27 *Tchang*, ou de 513 ans; 一統, une période de 3 *Hoei*, ou de 1539 ans; 一元, une période de 3 *T'ong*, ou de 4617 ans. Mais, comme le remarque le Père Gaubil, ces vaines supputations n'ont aucune utilité pratique (2).

14. L'année peut être désignée de trois façons par un auteur chinois : 1º Par le Signe du Cycle sexagésimal; et le rang de ce Cycle est le plus souvent déterminé par la dénomination de l'Empereur ou du Règne auquel appartient cette année. 2º Plus simplement, par l'année quantième dudit Empereur ou de son Règne. Les Tableaux de la 3ᵉ Partie suffisent alors à traduire les années en style européen. 3º Un petit nombre d'écrivains,

---

(1) *Cf. Histoire abrégée de l'astronomie Chinoise*, de Gaubil, pp. 73; 122 à 124. Cette période, 紫炁, l'un des 四餘, aurait été apportée à la Cour de Chine par les 婆羅門. — *Cf.* Schlegel, *Uranogr. Chin.*, I Part., p. 645.

(2) *Op. cit.*, p. 13. — J.-B. Biot, dans ses *Recherches sur l'ancienne astronomie chinoise*, pp. 26, 27, explique bien comment les anciens astronomes chinois «se montrèrent fort préoccupés d'employer les multiples du *Tchang* de 19 ans, pour composer des périodes qui fussent douées de certaines propriétés numériques ou astrologiques.» Mais les «principes de concordance fictive» qui dirigèrent ces combinaisons sont dépourvus d'intérêt au point de vue chronologique. — *Cf.* 讀書紀數略, 4 *Kiuen*, citant le 漢志.

par exemple le Père P. *Hoang* dans son 集 說 詮 眞, désigne les années suivant une série unique, datant de la 1ère Année de *Hoang-ti* (2697 av. J.-C.). L'année 1 étant doublée dans la Chronologie, il faut, quand on lit une Année de cette notation, postérieure à J.-C., retrancher 2697 de l'année à lire, pour avoir celle de l'ère chrétienne.

15. En supposant exacte la computation du 通 鑑, et en faisant remonter avec les chronologistes officiels, à la 1re Année du règne de *Hoang-ti* (n. 3, not.), c'est-à-dire à l'an 2697 avant J.-C., le point de départ du premier Cycle sexagénaire, on voit que 45 Cycles se sont écoulés avant l'ère chrétienne, et 31 autres de l'an 4 à l'an 1863 après J.-C. L'année 1864 marquait donc le commencement du 77° Cycle.

16. Le Tableau suivant, aussi complet, moins encombrant que ceux de Fréd. Mayers (1), rendra facile la comparaison des années exprimées en Signes cycliques et en style Julien. Observons en passant : 1° qu'à l'exception des Années séculaires dont le nombre de siècles n'est point divisible par 4, les Années marquées d'un des Rameaux 子, 辰 et 申 sont bissextiles ; 2° qu'à l'exemple de tous les sinologues, nous faisons concorder les Années chinoises avec les Années européennes, dans lesquelles elles se trouvent comprises en majeure partie (n. 41).

17. TABLEAU DES ANNÉES CYCLO-JULIENNES.

Centaines (partie supérieure gauche) :

			0.	1.
0	1	2	3.	4.
3	4	5	6.	7.
6	7	8	9.	10.
9	10	11	12.	13.
12	13	14	15.	16.
15	16	17	18.	19.
18	19			

Rameaux célestes (en-tête central) — AVANT J.-C. / Unités :

壬	癸	甲	乙	丙	丁	戊	己	庚	辛
9	8	7	6	5	4	3	2	1	0

Dizaines (partie gauche) :

0	2	4	6	8
1	3	5	7	9
2	4	6	8	.0
3	5	7	9	.1
4	6	8	.0	.2
5	7	9	.1	.3

Grille des Rameaux terrestres (centre) et *Dizaines* (AVANT J.-C., droite) :

申	酉	戌	亥	子	丑	寅	卯	辰	巳	午	未		.3	.1	9	7	5
午	未	申	酉	戌	亥	子	丑	寅	卯	辰	巳		.2	.0	8	6	4
辰	巳	午	未	申	酉	戌	亥	子	丑	寅	卯		.1	9	7	5	3
寅	卯	辰	巳	午	未	申	酉	戌	亥	子	丑		.0	8	6	4	2
子	丑	寅	卯	辰	巳	午	未	申	酉	戌	亥		9	7	5	3	1
戌	亥	子	丑	寅	卯	辰	巳	午	未	申	酉		8	6	4	2	0

Centaines (AVANT J.-C., partie inférieure droite) :

		23	22	21
22.	21.	20	19	18
19.	18.	17	16	15
16.	15.	14	13	12
13.	12.	11	10	9
10.	9.	8	7	6
7.	6.	5	4	3
4.	3.	2	1	0
1.	0.			

Unités — APRÈS J.-C. :

0	1	2	3	4	5	6	7	8	9

庚	辛	壬	癸	甲	乙	丙	丁	戊	己

18. USAGE DE CE TABLEAU.

Première opération. Chercher, par ex., le Signe cyclique de la présente Année 1897. — A la partie de gauche du Tableau

---

(Ap. J.-C.), trouver 18 à la 4ᵉ colonne séculaire; descendre jusqu'à 9, dans le groupe décennal; puis parcourir la ligne horizontale correspondante des Rameaux, jusqu'à rencontre de l'unité 7 : 丁 酉 est le Signe demandé (1).

19. Seconde opération. Deux exemples, choisis avant et après J.-C., donneront une explication suffisante de l'opération inverse.

a/ Chercher l'Année européenne de la naissance de Confucius, qui eut lieu, au temps de 靈 王 des 周, en l'Année cyclique 庚 戌. — On trouvera, dans les Tableaux synchroniques de la troisième Partie, que *Ling-wang* commença à régner l'an 571 avant J.-C. Reportons-nous dans la partie centrale du Tableau ci-dessus au Signe *Keng-siu*, qui nous donne l'unité 1. Lisons, à droite de *Siu*, les chiffres des dizaines, et arrêtons-nous à 5, qui se trouve au-dessus du chiffre séculaire 5. Nous trouvons ainsi 551, nombre inférieur le plus proche de 571, qui est l'Année demandée.

b/ Chercher l'Année correspondant au Signe 甲 子 sous 嘉 慶. — *Kia-k'ing*, comme nous le verrons, commença à régner en 1796. Après avoir cherché au centre le Signe *Kia-tse*, lisons à gauche de *Tse* la décade et le siècle convenables. Nous trouvons 1804, qui était la 9ᵉ Année de ce Règne.

20. Il existe d'anciennes dénominations littéraires, correspondant aux 22 Éléments du Cycle sexagésimal, et servant comme ceux-ci à la désignation des Années.

I. SYNONYMIE DES TRONCS, POUR LA DÉSIGNATION DES ANNÉES.

Troncs. (歲陽)		Synonymes (十歲陽).		
		Eul-ya (2)	*Che-ki* (3)	Divers (4)
1	甲	闕逢 *Yen-fong*	焉逢 *Yen-fong*	闕逢 +
2	乙	栴蒙 *Tchan-mong*	端蒙 *Toan-mong*	
3	丙	柔兆 *Jeou-tchao*	游兆；游桃 + *Yeou-tchao (tao)*	
4	丁	彊(强)圉 *Kiang-yu*	彊(强)梧 *Kiang-yu*	
5	戊	著雍 *Tch'ou-yong*	徒維 *T'ou-wei*	著雝 +
6	己	屠維 *T'ou-wei*	祝犂(犁) *Tchou-li*	
7	庚	上章 *Chang-tchang*	商橫 *Chang-hong*	
8	辛	重光 *Tch'ong-koang*	昭陽 *Tchao-yang*	
9	壬	玄黓 *Hiuen-i*	橫艾 *Hong-ngai*	玄弋 ++
10	癸	昭陽 *Tchao-yang*	徜章 *Chang-tchang*	玄墨 ++

(1) Augmenter d'une unité le chiffre séculaire marqué d'un point à droite, lorsqu'il doit être complété par un chiffre décennal marqué d'un point à gauche. — Le P. P. *Hoang*, *De Calendario sinico variæ notiones*, pag. VIII, note, a donné une méthode mnémonique pour faciliter cette opération de mémoire.

(2) 爾 雅 疏, 6ᵉ *Kiuen*, fol. 6, v.

(3) 史 記, 26ᵉ *Kiuen*. Édit. de *Nan-king*, fol. 3, seqq. D'après le 歷 術 甲 子 篇 de 楮 少 孫; + Variante de 徐 廣.

(4) + 淮 南 子; ++, Divers cités par le 通 雅, 12ᵉ *Kiuen*, fol. 10.

21. II. SYNONYMIE DES RAMEAUX, POUR LA DÉSIGNATION DES ANNÉES.

Rameaux. (歲陰)	Synonymes (十二歲陰). *Eul-ya* (1)	*Che-ki* (2)	Divers (3)
1 子	困敦 *K'oen-toen*		
2 丑	赤奮若 *Tch'e-fen-jo*		⌈++
3 寅	攝提格 *Che-t'i-ko*		⌈++++; 殫焉+++
4 卯	單閼 *Chan-yen, Tan-*[ngo]	亶安 *Tan-yen*	蟬焉, 嬋嫣+++; 蟬堣
5 辰	執徐 *Tche-siu*	⌈駱	執除 + *Tche-tch'ou*
6 巳	大荒落 *Ta-hoang-lo*	大芒落, 大荒	
7 午	敦牂 *Toen-tsang*	⌈叶洽	
8 未	協洽 *Hié-hia*	汁 (*Tche*) 洽,	
9 申	涒灘 *T'oen-t'an*	芮 (al. 芮) 漢	涒漢+++ ⌈+
10 酉	作噩 *Tso-ngo*	作鄂+	作詻(al.鴼)++; 作咢++
11 戌	閹茂 *Yen-meou*	晻茂	掩茂++; 淹茂+++; 掩
12 亥	大淵獻 *Ta-yuen-hien*		⌊漠++++

22. EMPLOI DE CES SYNONYMES.

1°. Les synonymes des 12 Rameaux, dits alors 歲名, peuvent être employés seuls pour désigner la place qu'occupe une Année dans l'une des cinq séries duodécimales du Cycle sexagénaire, autrement dit, dans la révolution de Jupiter (n. 12). De là, la formule du *Eul-ya*: 太歲在寅曰攝提格, etc. Ainsi, par exemple, la mention : 歲在作噩 indique que l'année correspond au caractère 酉. 10° d'une série duodécimale. Si l'on sait par ailleurs que cette même Année tombe dans la Période 建中 de la Dynastie 唐 (Cf. 3° Partie). on conclura qu'il s'agit de l'Année 781 ap. J.-C. (辛酉, 58ᵉ du Cycle).

23. 2°. On les emploie également en combinaison avec les synonymes des dix Troncs. La valeur de ces Signes est alors la même que celle des Signes ordinaires auxquels ils répondent (n. 2). Si donc, par exemple, une Année est indiquée par cette mention : 歲次彊圉作噩. on voit qu'elle correspond au Signe 丁酉. 34ᵉ du Cycle sexagénaire; d'où l'on inférera, suivant les principes donnés plus haut, au cas où cette Année tomberait sous le Règne de l'Empereur 道光. qu'il s'agit de l'Année 1837, 17ᵉ du Règne de ce prince.

---

(1) *Loc. cit.*

(2) Ces variantes sont tirées du *T'ong-ya, loc. cit.*; + admis aussi par 淮南子.

(3) + 淮南子; ++ 漢志; +++ Divers cités par le *T'ong-ya, loc. cit.*; ++++ Divers. d'après le 尚書紀數略. 3° *Kinen*; +++++ d'après le 爾雅孫氏注. 中 *Kinen*.

24. Le Cycle duodécimal des Animaux (n. 6) est d'un fréquent usage parmi les Chinois pour désigner l'année de leur naissance (1). Par exemple, une personne née en 1848 (Année 戊申, 45° du Cycle sexagésimal, 9e Animal) sera dite «dépendre (屬) du Singe».

25. L'Année chinoise étant lunaire, nous renvoyons au paragraphe suivant ce qui concerne l'embolisme et le début de l'Année. Signalons seulement ici une nouvelle division du temps, rattachant le Calendrier chinois à l'Année solaire, les 24 氣 *K'i* ou Stations des Signes du zodiaque, dont le Tableau suivant et les remarques qui l'accompagnent donneront une idée suffisante.

TABLEAU DES 24 *K'I* (二十四氣) OU STATIONS DES 12 SIGNES DU ZODIAQUE (十二宮).

Jours (2).		Noms vulgaires des Stations.	Entrée du soleil dans :	Signes du zodiaque.	
1	22 Déc.	冬至	Solstice d'hiver	1° du Capricorne	星紀宮 丑宮
2	5 Janv.	小寒	Petit froid	16° ,,	
3	20 ,,	大寒	Grand froid	1° du Verseau	元枵宮 子宮
4	4 Févr.	立春	Début du printemps	16° ,,	
5	19 ,,	雨水	Eau de pluie	1° des Poissons	娵訾宮 亥宮
6	5 Mars	驚蟄	Mouvement des insectes	16° ,,	
7	20 ,,	春分	Équinoxe de printemps	1° du Bélier	降婁宮 戌宮
8	5 Avr.	清明	Clarté sereine	16° ,,	
9	20 ,,	穀雨	Pluie des moissons	1° du Taureau	大梁宮 酉宮
10	5 Mai	立夏	Début de l'été	16° ,,	
11	21 ,,	小滿	Petite réplétion	1° des Gémeaux	實沈宮 申宮
12	6 Juin	芒種	Plantation laborieuse	16° ,,	
13	21 ,,	夏至	Solstice d'été	1° du Cancer	鶉首宮 未宮
14	7 Juil.	小暑	Petite chaleur	16° ,,	
15	23 ,,	大暑	Grande chaleur	1° du Lion	鶉火宮 午宮
16	7 Août	立秋	Début de l'automne	16° ,,	
17	23 ,,	處暑	Chaleur cessant	1° de la Vierge	鶉尾宮 巳宮
18	7 Sept.	白露	Rosée blanche	16° ,,	
19	23 ,,	秋分	Équinoxe d'automne	1° de la Balance	壽星宮 辰宮
20	8 Oct.	寒露	Rosée froide	16° ,,	
21	23 ,,	霜降	Descente du verglas	1° du Scorpion	大火宮 卯宮
22	7 Nov.	立冬	Début de l'hiver	16° ,,	
23	22 ,,	小雪	Petite neige	1° du Sagittaire	析木宮 寅宮
24	7 Déc.	大雪	Grande neige	16° ,,	

(1) Les Chinois comptent leur âge, non du Jour, mais de l'Année de leur naissance : un enfant né le dernier Jour de la 12e Lune sera dit le lendemain avoir deux ans 兩歲.

(2) Ces dates, moyennes, sont basées sur les Tables du 萬年書 pour ces 30 dernières Années.

26. REMARQUES SUR CE TABLEAU.

1°. Les Stations de rang impair sont dites 中氣; celles de rang pair 節氣. — Les Lunes ordinaires contiennent pour la plupart deux Stations. La Lune intercalaire, du moins aujourd'hui (1), doit être placée de façon à n'en renfermer qu'une seule, non principale 中, mais articulaire 節 (n. 51). — Les dates européennes indiquées au Tableau peuvent varier d'un jour, en plus ou en moins. — Les Stations 1, 4, 7, 10, 13, 16, 19, 22, ont retenu la dénomination de 八節, 八王日.

27. 2°. Le 萬年書 (n. 90) indique le Jour et l'instant où tombe pour *Pé-king* chacune de ces Stations solaires. Le premier jour de l'an chinois étant compris entre le 21 Janvier et le 20 Février, on voit que l'Année chinoise peut renfermer deux Stations articulaires 立春, ou n'en contenir aucune, et dès lors compter de 23 à 25 Stations.

28. 3°. On remarquera que les caractères des 12 Rameaux, qui se trouvent dans la dernière colonne du Tableau et sont appliqués comme synonymes aux Signes du zodiaque, procèdent dans un ordre inverse de celui qu'on leur assigne généralement (n. 1), notamment quand on les applique aux Lunes de l'Année (n. 40). De là cette double série de vocables, s'appliquant aux mêmes temps, à partir du Solstice d'hiver : 子月、丑月、寅月, etc., d'une part; et de l'autre : 丑宮、子宮、亥宮. etc., suivant qu'on envisage les Mois lunaires ou les Stations solaires simultanées (2).

29. Plusieurs Stations (3) ont leur synonymie; ce sont les suivantes (4) : 1. 冬節、短至、日短、亞歲、升辰、履端、景長、三極、一陽節、日南至、斗指子、飯節、肥冬. 4. 迎春、宜春、打春、斗柄東. 5. 木榮、獺祭. 6. 啟蟄、冒鼓. 7. 日

---

(1) Ce principe était déjà connu sous les *Han*. Cf. *Histoire abrégée de l'astronomie Chinoise* du P. Gaubil, pp. 11, 138. — Bien plus, J.-B. Biot, dans ses *Recherches*, p. 29, fait remonter cette règle au moins à l'époque de *Tcheou-kong*.

(2) M. Schlegel (*Uranogr. chin.*, I. Part., pp. 39 à 48) donne une explication ingénieuse de cette marche inverse des Rameaux : «La suite rétrograde de ces 12 *Kong* (宮), dit-il, ne peut s'expliquer naturellement que par la méthode d'observer les étoiles à *différentes époques* du jour pendant les différentes époques de l'année.... Le cercle duodénaire n'était primitivement qu'un cercle des heures et des mois», qui fut plus tard appliqué aux Signes du zodiaque : or ceux-ci étaient censés observés, suivant les saisons, à des moments différents du jour, au lever et au coucher (E. et O.), à la double culmination supérieure et inférieure (S. et N.).

(3) Les 24 Stations portent encore indistinctement les noms de 節氣, 節令, 時節.

(4) Cette synonymie est empruntée au 類腋輯覽 de 姚培謙述齋, augmenté par 趙克宜小樓. Les dénominations des Stations 1, 4, 7, 8, 19, concernant certains caractères cycliques des 24 Directions (n. 32, et not. 3), sont expliquées par le Tableau ci-après (n. 39, 3e zône).

中，朝日，薦冰，日夜分，斗指卯．8．小寒食，桐華，斗指乙．9．收茶，貢茶．10．迎夏，斗柄南．13．日永，長至，朝節，景短，一陰生．陰陽會，斗南中繩，日至東井．16．迎秋，斗柄西．18．鶴鷺．19．宵中，斗指酉，夜明．21．九鐘鳴．22．迎冬，斗柄北．

30. Les Signes ou Constellations du zodiaque ont aussi la leur (1) : 星紀＝天津，天府，天狗，天雞．—元枵＝婺女，少府，河鼓，天機．—諏訾＝天府，北陵，鄉中．—降婁＝天官．—大梁＝耕田，天倉，天獄，火軍，偏將軍．—實沈＝大唐中尉，天路，天溝，天京，旄頭．—鶉首＝天祿，天子市，白虎將，斧鉞．—鶉火＝致方注．—鶉尾＝天根，鳥注，旄樹．—壽星＝天庫，天翼，天正．—大火＝天相，天府．—析木＝天丞相，天司空，天冢子，天津．

31. Les 12 Signes du zodiaque, 十二宮, ont été aussi désignés, depuis le bonze 不空 (M. 774), par les noms suivants, d'importation indienne (2), rappelant les dénominations européennes : 摩 (al. 磨) 羯, 寶瓶, 雙魚, 白羊, 金牛, 陰陽 ou 夫婦, 巨蟹, 獅子, 室女 ou 少 (al. 霜) 女, 天秤, 天蝎, 人馬 ou 弓.

32. Nous avons cru inutile de surcharger notre Tableau d'une autre série de 24 Signes ou Directions (二十四向) appartenant surtout à la géomancie, et dont l'application aux périodes de l'Année varie suivant les auteurs (3). Cette série comprend les 12 Rameaux. 8 Troncs (戊 et 己 sont omis), et les 4 Trigrammes (dits ici 四隅 les « quatre angles ») 乾, 坤, 巽 et 艮. Une figure empruntée au *Cheou-che-t'ong-k'ao* (4) rendra bientôt compte de cette distribution des Signes d'une manière suffisante (n. 39).

33. Laissant également de côté d'autres catégories numérales, relatives aux Stations ou Signes du ciel, telles que 九宮, 三十六宮 (5), inutiles à notre but, nous mentionnerons encore une

(1) Ces synonymes sont tirés du 年歷 de 皇甫謐 des 晉.

(2) *Histoire abrégée de l'astronomie Chinoise*, p. 122. — 讀書紀數略, 3e *Kiuen*, fol. 10.

(3) Le 讀書紀數略, 1er *Kiuen*, fol. 7, les donne dans l'ordre suivant, à compter du Solstice d'hiver : 癸, 丑, 艮, 寅, 甲, 卯, 乙, 辰, 巽, 巳, 丙, 午, 丁, 未, 坤, 庚, 酉, 辛, 戌, 乾, 亥, 壬, 子. — Le *Cheou-che-t'ong-k'ao* les donne de même, mais avec un en avance (n. 39). On voit que dans cette série, les Rameaux et les Troncs procèdent suivant l'ordre ordinaire. — Le 圖書編 (1585) de 章潢 本清 (1527-1608), 18e *Kiuen*, 太陽纏度圖 et 十二節氣太陽行圖, donne également, mais dans l'ordre inverse, les 24 caractères qu'il applique aux *Tsié-k'i*, en leur attribuant le point de départ suivant : 1. 9e jour, 艮. — 2. 3e j. 丑. — 3. 6e j. 癸. — 4. 2e j. 子. — 5. 5e j. 壬. — 6. 2e j. 亥. — 7. 8e j. 乾. — 8. 3e j. 戌. — 9. 10e j. 辛. — 10. 3e j. 酉. — 11. 10e j. 庚. — 12. 8e j. 申. — 13. 9e j. 坤. — 14. 6e j. 未. — 15. 10e j. 丁. — 16. 7e j. 午. — 17. 11e j. 丙. — 18. 7e j. 巳. — 19. 14e j. 巽. — 20. 8e j. 辰. — 21. 16e j. 乙. — 22. 6e j. 卯. — 23. 14e j. 甲. — 24. 6e j. 寅. — On voit que l'étendue accordée à chacun des 24 caractères est fort inégale : de 6 à 24 Jours.

(4) *Cf.* 欽定授時通考, 1er *Kiuen*, fol. 10 et 11.

(5) *Cf.* 讀書紀數略, 1er *Kiuen*, fol. 9 et 10.

division du zodiaque d'une certaine importance pour la Chronologie. Elle comprend 28 Signes (二十八宮) d'étendue fort inégale, ainsi que le montrera le Tableau suivant, tiré du *T'ou-chou-pien* (1).

TABLEAU COMPARATIF DES 24 *K'I* ET DES 28 SIGNES DU ZODIAQUE
(二十八宮).

Station		Jour		Signe	Étendue
1ère Station		7e jour		斗	(23°)
2e	,,	15e	,,	牛	(6°)
3e	,,	5e	,,	女	(12°)
4e	,,	{ 1er	,,	虛	(9°)
		10e	,,	危	(15°)
5e	,,	10e	,,	室	(18°)
6e	,,	13e	,,	壁	(9°)
7e	,,	7e	,,	奎	(18°)
8e	,,	10e	,,	婁	(12°)
9e	,,	7e	,,	胃	(16°)
10e	,,	8e	,,	昴	(11°)
11e	,,	4e	,,	畢	(16°)
12e	,,	{ 6e	,,	觜	(1°)
		7e	,,	參	(9°)
13e	,,	1er	,,	井	(31°)

Station		Jour		Signe	Étendue
14e Station					
15e	,,	{ 3e jour		鬼	(3°)
		6e	,,	柳	(13°)
16e	,,	{ 4e	,,	星	(7°)
		11e	,,	張	(18°)
17e	,,	14e	,,	翼	(20°)
18e	,,				
19e	,,	3e	,,	軫	(19°)
20e	,,	7e	,,	角	(13°)
21e	,,	{ 5e	,,	亢	(10°)
		15e	,,	氐	(16°)
22e	,,	15e	,,	房	(6°)
23e	,,	{ 5e	,,	心	(6°)
		11e	,,	尾	(18°)
24e	,,	13e	,,	箕	(10°)

34.   REMARQUES SUR CE TABLEAU.

1°. On voit que la division du cercle suppose 365° (2), pour s'accommoder aux jours de l'Année solaire. Le P. Gaubil (3) donne aux 28 Constellations l'étendue équatorienne suivante : 26", 8°, 12°, 10°, 17°, 16", 9° ; 16°, 12°, 14°, 11", 16°, 2°, 9° ; 35", 4°, 15°, 7°, 18°, 18°, 17° ; 12°, 9°, 15°, 5°, 5°, 18° 11°, qu'il emprunte à un catalogue des *Han* antérieurs.

35. 2°. Un exemple fera comprendre l'usage de ce Tableau en Chronologie (4). Un auteur du 18e Siècle date ainsi son écrit :

---

(1) *Loc. sup. cit.*, n. 32, not. 3. Cette concordance de *Tchang Hoang* suppose plusieurs fois une computation fautive des intervalles des Stations solaires ; notamment à partir de la 10e, il donne : 15, 14, 15, 15, 15 Jours, au lieu de 16, 16, 15, 16, 16. — Nous donnerons plus loin (n. 66) les étoiles composant ces 28 Constellations.

(2) Plus exactement 365° 1/4. Le P. Gaubil fait remonter à *Yao* la connaissance de l'année Julienne. *Cf. Histoire de l'astronomie Chinoise jusqu'à l'an 206 avant Jésus-Christ*, dans les *Lettres édif.* Tom. XIV, Lyon, 1819, pp. 309 à 311.

(3) *Traité de la chronologie Chinoise*, p. VI. — *Cf. Histoire abrégée de l'astronomie Chinoise*, pp. 178 à 181. — Ailleurs, le même auteur donne leur étendue équatorienne d'après la même source ; puis l'étendue équatorienne et zodiacale d'après un catalogue du bonze 一行 des *T'ang* (724) et un autre de Koubilay (*Traité de l'astronomie Chinoise*, pp. 104, 105 ; 108, 109 ; 106, 107).

(4) J.-B. Biot explique bien dans ses *Études sur l'astronomie chinoise* (pp. 280, *seqq.*) que ces 28 « divisions équatoriales » ont été admises, avec leurs étoiles distinctes, dans un but d'observation astronomique, et non pour la Chronologie. Dans ses *Recherches*, pp. 44, *seqq.*, il avait établi le caractère de ces « divisions stellaires », contre L. Ideler

日躔參初度 «Le soleil est dans le 1er degré de la Constellation *Chen*.» On voit au Tableau que c'est le 7e Jour à compter de la 12e Station, laquelle tombe le 6 Juin; ce sera donc environ le 12 Juin (1).

36. L'Année civile ordinaire compte 354 ou 355 Jours, représentant douze lunaisons. L'Année civile embolismique varie entre 383 et 385 Jours (n. 47) (2). — L'Année légale, déterminée pour la peine d'exil, ou pour l'accomplissement d'un devoir, compte 360 Jours. — L'Année de deuil se compte de 12 Mois; non compris le Mois intercalaire, s'il s'en rencontre. Trois Années de deuil ne comprennent que 27 Mois, non compté le Mois intercalaire, s'il s'en trouve.

37. L'Année se divise en 4 Saisons. 四時·四季, commençant aux 1er, 4e, 7e et 10e Lunes de l'Année civile. Voici leurs noms et leur synonymie (3) :

Printemps 春 : 天端, 青陽, 陽中, 東皇, 青帝, 嘉時, 芳時, 華節·韶節·淑節·蘭時·艶陽·陽節·軟節·發生辰·駘蕩.

Eté 夏 : 朱明·長嬴·炎節·槐序·炎序·朱夏.

Automne 秋 : 白藏·收成·陰中·金商·素商·高商·素節, 商節·金素·蕭辰·爽節·金天·素序·泬寥天·金鉘序·婺序, 蕭序·魚龍夜.

Hiver 冬 : 玄英·安寧·嚴節·玄序·玄冬節·歲餘·清冬.

Les 3 Mois composant une Saison s'appellent 三春; et leurs 9 décades 九春.

38. Mentionnons pour mémoire la division de l'Année en 72 Périodes de cinq Jours (七十二候), tirée des phénomènes de la nature (4). On la trouvera dans la figure ci-dessous, copiée du *K'in-ling-cheou-che-t'ong-k'ao* (5).

(*Ueber die Zeitrechnung der Chinesen*, Berlin, 1839.) qui y voyait «une sorte de zodiaque réglé sur le cours de la lune.» — Quoi qu'il en soit, il nous faut faire connaitre l'application que font les lettrés de ces divisions à la désignation du temps.

(1) On trouvera plus loin (n. 71) la synonymie de ces 28 Constellations et l'on verra quelle application cyclique en a été faite aux Jours et à la Semaine.

(2) L'Année de 354 Jours a 6 Grandes Lunes (de 30 jours); l'Année de 355 Jours en a 7; celle de 383 Jours, en a 6; celle de 384 Jours, 7: celle de 385 Jours, 8.

(3) *Cf.* 事物異名錄 (1776) de 厲靜瀾, 2e *Kiuen*.

(4. *Cf.* aussi 讀書紀數略. 3e *Kiuen*, fol. 5. — Ce dernier ouvrage offre les variantes suivantes : 魚上冰, au lieu de 魚陟負冰; 鳦鳥至 au lieu de 元烏至; 鷹乃學習 au lieu de 鷹始擊; 土潤溽 au lieu de 土潤溽暑; 鳦鳥歸 au lieu de 元烏歸; 天氣上騰地氣下降.

(5) La concordance établie dans cette figure du 授時通考, entre les douze Mois de l'Année lunaire (354 jours), les vingt-quatre Stations de l'Année solaire (365 jours), et ces soixante-douze Périodes (360 jours), ne peut être évidemment qu'approximative. De là certaines variantes admises par les différents auteurs pour repérer ces éléments peu concordants. — Nous reproduisons tel quel le Tableau du 授時通考, avec plusieurs lacunes commises par lui dans la 6e zône; le 禮記月令, qui est complet, admet plusieurs dénominations étrangères aux 28 Constellations.

六氣爲時　四時爲歲

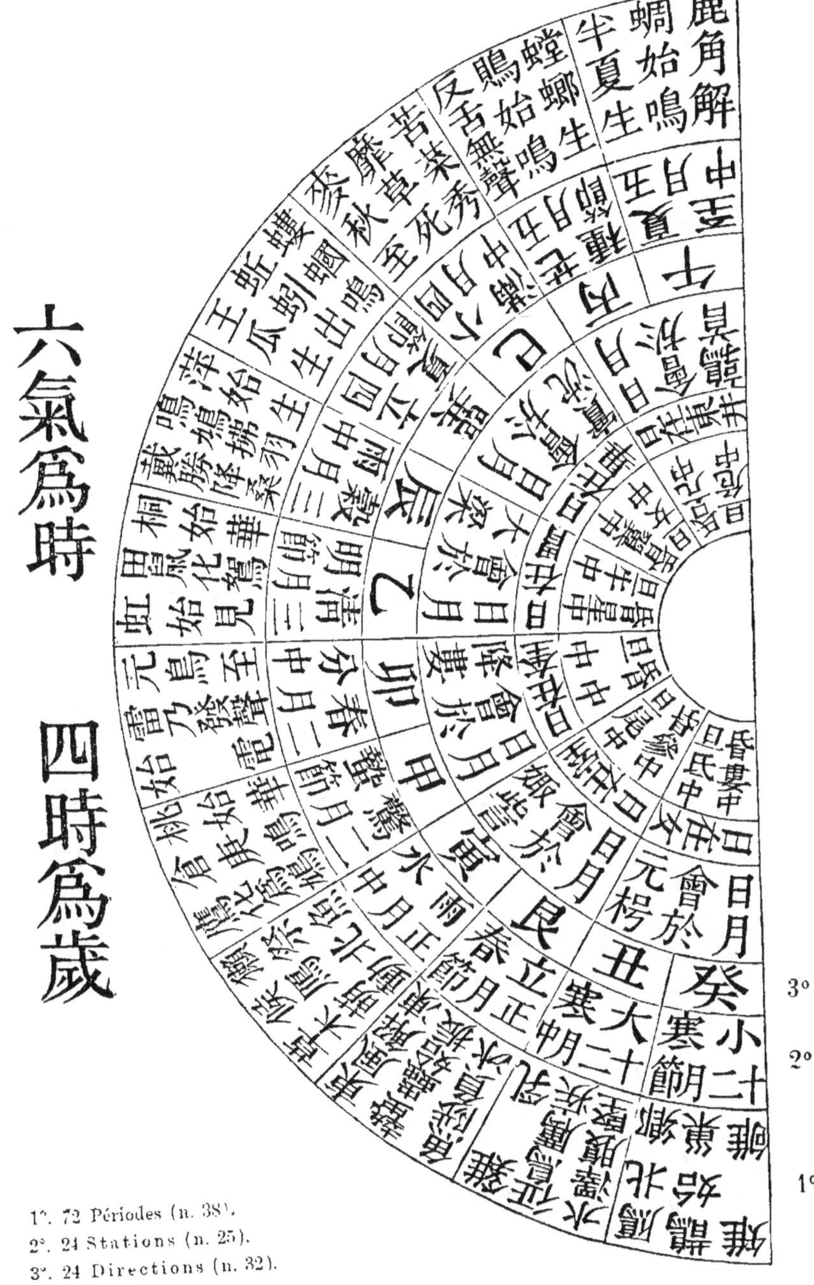

1°. 72 Périodes (n. 38).
2°. 24 Stations (n. 25).
3°. 24 Directions (n. 32).

39. TABLEAU DES DIVERSES

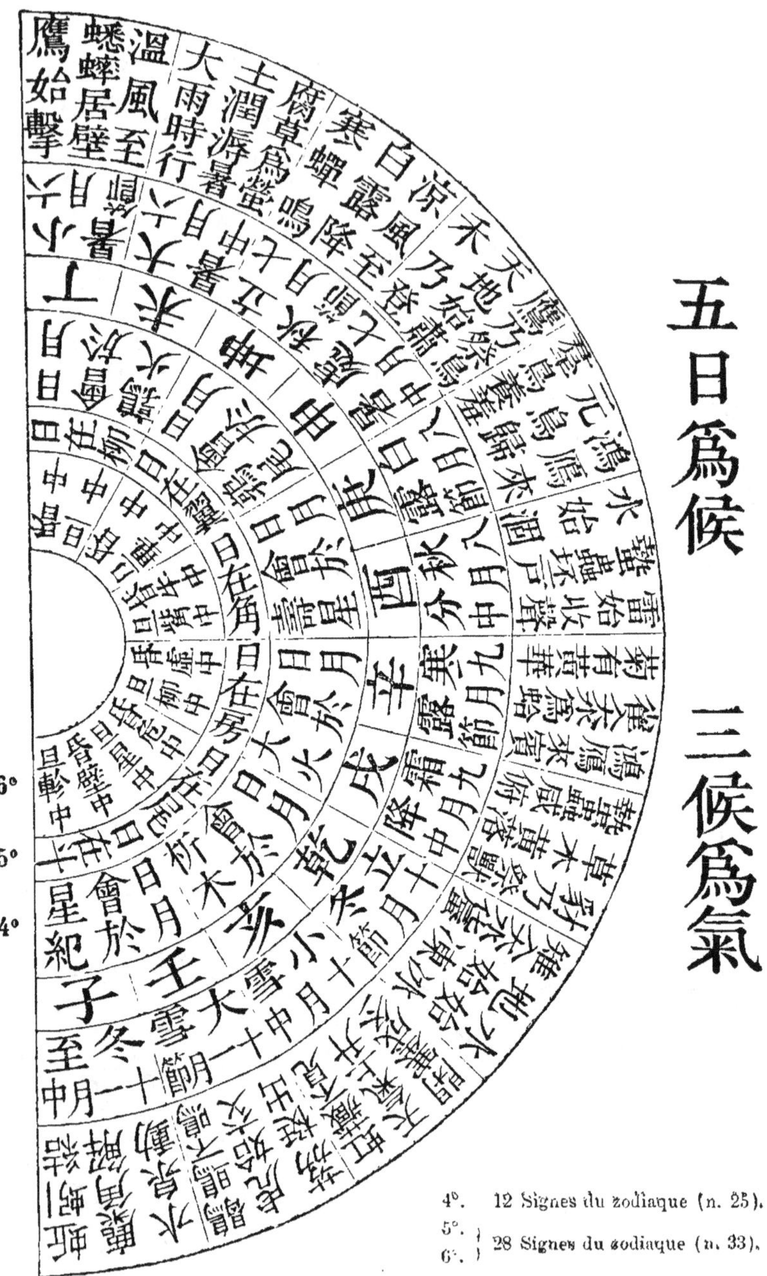

4°. 12 Signes du zodiaque (n. 25).
5°. }
6°. } 28 Signes du zodiaque (n. 33).

DIVISIONS DE L'ANNÉE.

§ III. DU MOIS OU DE LA LUNE.

40. Les Mois chinois sont lunaires. On en compte 12 dans les Années communes, 13 dans les Années embolismiques, dont nous reparlerons bientôt. On applique aux Lunes les dénominations du double Cycle duodécimal et sexagésimal, de la façon que l'on va dire.

Les 12 caractères des Rameaux appliqués dans l'ordre ci-dessus (n. 1) aux douze Lunes d'une Année, désignent, depuis l'antiquité, l'ordre astronomique de ces dernières : la première, 子 月, est en effet par définition, celle où tombe le Solstice d'hiver 冬 至.

41. Si cet ordre a été invariable, pour le point de départ de l'Année astronomique, il n'en est pas de même du commencement de l'Année civile. Voici, d'après le Père P. *Hoang* (1), le récit de ces variations : «Sous 黃 帝 et sous les 夏 (2205 av. J.-C.), l'Année commençait avec la 3ᵉ Lune astronomique 寅 月, début du printemps; sous les 商 (1766 av. J.-C.), avec la 2ᵉ, 丑 月; sous les 周 (1122 av. J.-C.), avec la 1ʳᵉ, 子 月. L'an 221 av. J.-C., le fondateur des 秦 en montant sur le trône reporta le commencement de l'Année à la 12ᵉ Lune astronomique 亥 月. Les *Han* 漢 (206 av. J.-C.) ne réformèrent cette méthode qu'un siècle plus tard. L'an 104 av. J.-C., 孝 武 帝 adoptant un nouveau Calendrier qui donna son nom 太 初 à une Période de son règne, revint au système des *Hia*, resté depuis lors en usage, à part les quelques exceptions suivantes : 1° En 237 et 238 ap. J.-C., sous 明 帝 des 魏, l'Année civile commença à la 2ᵉ Lune astronomique. 2° De 689 à 699, sous l'usurpatrice 武 后 des 唐, elle commença à la 1ʳᵉ Lune. 3° *Item* en 761, sous 肅 宗 des *T'ang*.»

42. Notons, pour faciliter la lecture des Annales : 1° Que dans la méthode des *Hia*, actuellement en vigueur, on énonce l'ordre des Lunes à dater de la 3ᵉ Lune astronomique 寅 月, qui devient la 1ʳᵉ de l'Année civile, tandis que les Lunes 子 月 et 丑 月 deviennent 11ᵉ et 12ᵉ. 2° Que dans la méthode qui prévalut de 221 à 104 av. J.-C., les historiens, tout en comptant l'Année civile à partir de la 12ᵉ Lune astronomique 亥 月, donnent à cette dernière le nom de 10ᵉ Lune, comme sous le Calendrier des *Hia*. 3° Quant aux Années de la dynastie *Tcheou*, elles débutent, théoriquement du moins, par la 1ʳᵉ Lune (正月), dénomination appliquée, malgré la mention fausse 春, qui l'accompagne (2), à la 1ʳᵉ Lune astronomique 子 月. Théoriquement, avons-nous dit, car l'impéritie des anciens astronomes, ainsi

---

(1) *De Calendario sinico*, pp. XII, XIII. — *Cf.* n. 157, *passim*.

(2) *Cf.* J. Legge, *The Ch'un Ts'ew, with the Tso Chuen*. Part. I, p. 4, 2ᵉ col. — Conséquemment, le début des autres Saisons est fixe, dans le même ouvrage, aux 4ᵉ, 7ᵉ et 10ᵉ Lunes.

qu'on le verra plus loin (n. 126), imposa de fréquentes exceptions à ce principe.

43. De même que les 12 Rameaux appliqués aux Années ont leur synonymie littéraire spéciale (n. 21), ainsi en est-il quand ils sont appliqués à la désignation des Mois. Le Tableau suivant donnera une partie de cette nomenclature. Celle de la 4e colonne (十二月名) est empruntée au *Eul-ya.* La colonne suivante (十二月卦) doit ses dénominations à 12 des 64 Hexa-grammes (24e, 19e, 11e, 34e, 43e, 1er, 44e, 33e, 12e, 20e, 23e, 2e). Celles du rang suivant (十二月律) correspondent aux douze tubes ou tons musicaux de la gamme (六律六呂). La 7e colonne indique l'ordre (孟, 仲, 季) des trois Mois de chacune des quatre Saisons, 四時: 春, 夏, 秋, 冬 (1).

An astron.	An civ.	十二支	十二月名	十二月卦	十二月律	
1re L.	11e L.	子	辜	復	黃鐘	仲冬
2e	12e	丑	涂	臨	大呂	季 ,,
3e	正月	寅	陬	泰	太簇	孟春
4e	2e	卯	如	大壯	夾鐘	仲 ,,
5e	3e	辰	寎	夬	姑洗	季 ,,
6e	4e	巳	余	乾	中呂	孟夏
7e	5e	午	皋	姤	蕤賓	仲 ,,
8e	6e	未	且	遯	林鐘	季 ,,
9e	7e	申	相	否	夷則	孟秋
10e	8e	酉	壯	觀	南呂	仲 ,,
11e	9e	戌	玄	剝	無射	季 ,,
12e	10e	亥	陽	坤	應鐘	孟冬

44. Chaque Lune a encore d'autres synonymes; voici les principaux (2):

1ere Lune (正月): 月正, 三之日, 正陽月 (al. 2e L.), 一月, 三微月, 端月, 征月, 初月, 孟陽, 孟陬, 開歲, 發歲, 獻歲, 肇歲, 芳歲, 華歲, 早春, 春王, 新正, 嘉月.

2e Lune: 四之日, 仲陽, 令月, 竹秋, 麗月, 酺春, 杏月, 花月.

3e Lune: 蠶月, 末春, 櫻筍時, 鶯時, 杪春, 桃月, 桃浪, 雩風, 暮春, 晚春, 桐月.

4e Lune: 乏月, 陰月, 麥秋月, 麥候, 麥序, 正陽, 清和月, 仲月, 槐夏, 朱明, 麥月, 梅月, 初夏, 純陽.

5e Lune: 惡月, 小刑, 鬱蒸, 鳴蜩, 榴月, 蒲月, 天中.

6e Lune: 焦月, 精陽, 溽暑, 徂暑, 季月, 荷月, 暑月 (al. 5e L.).

7e Lune: 蘭月, 肇秋, 蘭秋, 涼月, 瓜時, 首秋, 初秋, 上秋, 瓜月, 新秋, 早秋, 巧月.

---

(1) *Cf.* 讀書紀數略, 3e *Kiuen.*
(2) D'après le 事物異名錄, 2e *Kiuen*, et d'autres ouvrages.

8ᵉ Lune : 桂 月, 仲 商, 竹 小 春. 中 秋, 正 秋, 桂 秋.

9ᵉ Lune : 菊 月, 暮 商, 季 商, 杪 秋, 窮 秋, 霜 序, 青 女 月, 朽 月. 涼 秋, 暮 秋.

10ᵉ Lune : 良 月, 正 陰 月, 小 春 月, 上 冬, 開 冬. 霣 月, 開 月 (*al.* 12 L.), 初 冬.

11ᵉ Lune : 暢 月, 龍 潛 月. 紙 月 (*al.* 8ᵉ L.), 葭 月.

12ᵉ Lune : 氷 月, 蜡 月, 臘 月, 嚴 月, 除 月, 杪 冬, 窮 稔, 窮 紀, 汉 月, 星 回 節, 愁 苦 節, 窮 節. 暮 冬, 殘 冬, 末 冬, 嘉 平.

45. On applique également aux Mois lunaires les Signes du Cycle sexagésimal (n. 2), dont la série dès lors se répète constamment la même de cinq Ans en cinq Ans (n. 3); car les Mois intercalaires, dont nous allons parler bientôt, n'ayant point de Signe propre, sont dénommés par celui du Mois précédent, qu'ils redoublent. Il est facile de reconstituer cette série quinquennale, lorsqu'on sait que le Signe 丙 寅 (3ᵉ) désigne la 1ᵉʳᵉ Lune des Années 甲 子, c'est-à-dire qui ouvrent un nouveau Cycle (nn. 15, 17) : ceci posé, les Années dont le Signe cyclique comportera les caractères 甲 ou 己, 乙 ou 庚, 丙 ou 辛, 丁 ou 壬, 戊 ou 癸, verront respectivement leur 1ᵉʳᵉ Lune désignée par les Signes 丙 寅 (3ᵉ), 戊 寅 (15ᵉ), 庚 寅 (27ᵉ), 壬 寅 (39ᵉ), et 甲 寅 (51ᵉ).

46. Les caractères des 12 Rameaux, tout en retenant leur signification d'ordre des Mois entre eux dans le cours d'une Année, peuvent donc être précédés de ceux d'un des dix Troncs: ce nouveau caractère déterminera le rang qu'occupe dans le Cycle quinquennal des lunaisons, l'Année à laquelle appartient la Lune en question. Mais si l on se sert, pour désigner les Rameaux, de la synonymie du *Eul-ya* (n. 43, 十 二 月 名), il faudra, pour la compléter, emprunter au même ouvrage la synonymie parallèle des Troncs (十 月 陽), qui est la suivante : 畢, 橘, 修, 圉, 厲, 則, 窒, 塞, 終 et 極.

47. Dès l'antiquité (1), les Chinois ont fait usage des Lunes intercalaires 閏 月, dans leur Calendrier. Ils en admettent 7 dans l'espace de 19 Années tropiques : elles complètent les 235 lunaisons que comprend le Cycle de Méton, connu des Chinois sous le nom de *Tchang* 章, et destiné à rétablir l'équilibre entre l'Année lunaire et l'Année solaire.

48. 19 Années solaires, évaluées à 365 Jours ¹/₄, donnaient 6939 Jours ³/₄, chiffre également obtenu par les 235 lunaisons de la même période. Ce Cycle, introduit par Méton dans le Calendrier grec au Vᵉ Siècle av. J.-C., donnait l'équation des Mois et des Années en nombres entiers, mais avec une fraction de Jour. — Quadruplée, comme elle le fut par 李 梵, l'an 85

---

(1) Suivant le 史 記 (20ᵉ *Kiuen*) l'embolisme remonterait à *Hoang-ti*. — Le P. Gaubil, dans son *Histoire de l'astronomie Chinoise* (*Lettres édif.*, Tom. XIV, Lyon, 1819, pp. 325 et 343), n'est pas éloigné de faire remonter jusqu'à *Yao* la connaissance de la période de 19 Ans.

ap. J.-C., cette période donna de plus un nombre entier de Jours et s'appela *Pou* 蔀. C'est la même que l'astronome grec Callippe avait trouvée vers 330 av. J.-C. ; elle comporte 76 Années, 940 lunaisons, 27.759 Jours (1).

49. Les méthodes d'intercalation ont beaucoup varié depuis l'époque des 秦, la première qui nous donne quelques renseignements précis sur cette opération. Cette variation a porté sur les Années et sur les Lunes où s'est faite l'intercalation, aux différentes époques de l'astronomie chinoise. Sur les Années : car, bien que dans chaque période 章, les 3ᵉ, 6ᵉ, 9ᵉ, 11ᵉ, 14ᵉ, 17° et 19ᵉ Années aient toujours été embolismiques, cependant il n'y a pas eu d'unité dans le système, car le commencement de ces périodes a souvent varié, soit à cause des observations inexactes du Solstice d'hiver point de départ de l'Année solaire, soit à raison du postulatum erroné que supposent les périodes *Tchang* et *Pou*, ainsi que nous le dirons plus loin (n. 63).

50. Elle a porté aussi sur les Lunes à intercaler. On a employé différents systèmes : 1° Doublement de la dernière Lune de l'Année. Telle fut, pour la 9ᵉ Lune, dite alors 後九月, la méthode employée depuis *Che-hoang-ti* jusqu'à la réforme 太初 (104 av. J.-C.) sous les *Han* antérieurs. 2° Doublement des 9ᵉ, 6ᵉ, 3ᵉ (ou 2ᵉ), 11ᵉ, 8ᵉ (ou 7ᵉ), 4ᵉ, 12ᵉ Lunes, suivant l'ordre des Années embolismiques d'une période *Tchang*. Telle fut la loi longtemps suivie, du moins approximativement, à partie de l'Année 28 av. J.-C. (2). 3° Doublement de la Lune dont le rang correspond au nombre de Jours restant après le Solstice d'hiver précédent, jusqu'à la syzygie la plus rapprochée. Si le reste dépasse 12, on ne tient compte que du surplus (3).

51. Les principes du système actuellement en usage veulent que les Solstices et Équinoxes tombant toujours dans les 11ᵉ et 5ᵉ, 2ᵉ et 8ᵉ Lunes, l'intercalation se fasse dans la période solaire où il n'y aura pas passage d'un Signe du zodiaque à l'autre (nn. 25, 26), en d'autres termes, où ne se rencontrera pas un 中氣 (4). De plus, on se fait une loi aujourd'hui de ne doubler aucune des 11ᵉ, 12ᵉ et 1ᵉʳᵉ Lunes, répondant aux Stations hibernales qui

---

(1) *Cf. Le calendrier des Yn*, par M. Éd. Chavannes, dans le *Journal Asiatique*, VIIIᵉ Série, Tom. XVI (1890), pp. 466 et 493. — *Histoire abrégée de l'astronomie Chinoise* du P. Gaubil, pp. 11 et 12, 21 à 23.

(2) *Cf. Histoire abrégée de l'astronomie Chinoise*, par le P. Gaubil, pp. 11, 12.

(3) *Cf. De Calendario sinico*, p. XV.

(4) Le P. Gaubil, nous l'avons dit, rappelle que ce double principe était tenu pour « inviolable », dès l'époque des *Han* antérieurs ; mais J.-B. Biot montre dans ses *Études sur l'astronomie chinoise* (pp. 323, *seqq.*) qu'il ne s'agit que d'observations au sens moyen, non vrai. — Le second principe maintient aux 12 Lunes communes de l'Année le privilège de posséder toujours et sans variation les Stations solaires principales qui leur sont respectivement attribuées.

sont les plus courtes. De là, plusieurs fois (1), le rejet après la 2ᵉ Lune de l'Année suivante. de l'intercalation qui, faite régulièrement, aurait placé le Solstice d'hiver avant la 11ᵉ Lune.

52. Il était désirable que quelque sinologue patient et érudit reconstituât pour toute la période historique la série des lunaisons. Ce travail, récemment entrepris, non sans quelque succès, pour la période des *Han* antérieurs, par M. Chavannes (2), vient d'être mené à bonne fin par le Rév. Père Chambeau. dont nous reproduisons les Tableaux dans la 2ᵉ Partie de ce Manuel. Nous le compléterons, par une Table analogue, spécialement dressée pour l'époque du *Tch'oen-ts'ieou* (722-478 av. J.-C.).

53. Les lunaisons chinoises sont censées déterminées par le moment de la néoménie, en comptant le Jour de minuit à minuit; pratiquement, ainsi qu'on le verra aux mêmes Tableaux, deux (ou trois) Petites Lunes, 小月, trois (et même quatre) Grandes Lunes, 大月, peuvent être consécutives, et les Mois intercalaires sont de 29 ou 30 Jours sans ordre assignable *a priori*.

54. Les phases de la Lune sont indiquées par les expressions : 朔, 上弦, 望 et 下弦. Le Jour de la néoménie, 朔日, 朔旦 s'appelle encore : 初吉, 月吉, 死霸. 死魄. Le 2ᵉ : 旁死魄. 既朔. Le 3ᵉ : 哉生明. 朏日. Le 8ᵉ et le 9ᵉ (ou le 10ᵉ) : 上弦, 1ᵉʳ quartier. Le 14ᵉ : 幾望. Le Jour de la pleine Lune, 望日, se dit aussi : 生霸, 三五. Le 16ᵉ Jour : 既望, 哉生魄. Les Jours suivants : 既生魄. Le 22ᵉ et le 23ᵉ (ou le 24ᵉ) : 下弦, dernier quartier. Le dernier Jour, 晦日, 幾朔, d'une Grande Lune, se nomme 大盡, d'une Petite Lune, 小盡 (3).

Les trois décades d'une Lune se nomment 三旬 (上中下), 三澣 (上, 中, 下). Un Mois révolu se dit 旬月 (4).

---

(1) Par ex., pour les années 1794, 1813, 1889 ; 1908, 1927, 1946, 1965, 2003, répondant au Nombre d'or 9. *Cf. De Calendario sinico*, p. XVI.

(2) *La chrono'ogie chinoise de l'an 238 à l'an 87 av. J.-C.*, dans le *T'oung-pao*, Vol. VII, pp. 1 à 38. — *Note rectificative, Ibid.*, pp. 509 à 525.

(3) *Cf.* 事物異名錄, 2ᵉ *Kiuen*.

(4) *Ibid.*

§ IV. DU JOUR.

55. Le Jour chinois, depuis la Dynastie 周, se compte à partir du milieu de la nuit. Sous les 夏, il commençait à 4 heures du matin; sous les 商, à midi, puis à 2 h. du matin.

Le Cycle sexagésimal s'applique aux Jours aussi bien qu'aux Années et aux Mois. Mais tandis que les Lunes intercalaires n'ont point de Signes propres qui leur correspondent (n. 45). les Jours de ces mêmes Lunes voient continuer le développement de la série cyclique, série unique dont on suppose le premier terme sous *Hoang-ti* (n. 15).

Les auteurs chinois désignent les Jours principalement de deux façons : 1° Par Lune et quantième de Lune. Pour convertir ces indications, relativement rares, en Jours de style Julien ou Grégorien, il faut tout d'abord recourir aux Tableaux de la 2ᵉ Partie, et ensuite appliquer ce que nous allons dire des désignations cycliques. 2° Par Lune et Signe cyclique. Cette indication est habituelle chez les Historiens officiels.

56. Il est intéressant pour le sinologue qui lit les Annales chinoises, de trouver le Jour européen correspondant à une indication cyclique, à celle-ci, par exemple : 六 月. 己 未. 蕭 王 卽 皇 帝 位 «(L'an 25 après J.-C.), à la 6ᵉ Lune, au Jour cyclique *Ki-wei* (56ᵉ Signe), *Siao-wang* monta sur le trône impérial.» La méthode que nous allons donner, d'après le Père Gaubil (1). permettra de trouver facilement que l'avènement de *Koang-ou-ti*, fondateur des *Han* orientaux, désigné par ce texte, répond au 5 Août de l'Année Julienne.

57. Pour faciliter cette recherche, il fallait déterminer la période après laquelle les mêmes Signes du Cycle sexagénaire revenaient aux mêmes Jours de l'Année solaire. Cette période devait renfermer un nombre de Jours exactement divisible par 60, d'une part, et comprendre un nombre d'Années divisible par 4, d'autre part. Quatre Années consécutives, y compris le bissexte, donnant 21 Jours d'excédant au-delà de 24 cycles, on voit que le plus petit multiple capable de rendre cet excédant exactement divisible par 60, est 20. La période en question comprendra donc 4 × 20 Années : c'est-à-dire qu'après 80 Ans Juliens on retrouvera les caractères du Cycle sexa-

---

(1) *Traité de la chronologie Chinoise*, pp. 191 à 197. — *Ibid.* Lettre au Père Foureau, du 2 Octobre 1749, pp. 286 a 291. — *Histoire de l'astronomie Chinoise*, dans les *Lettres édifiantes*. Édit. Aimé-Martin, Tom. IV, pp. 507 à 509. — Une note de l'éditeur des *Lettres édif.* attribue la découverte de cette période de 80 ans à Alphonse de Vignoles, qui l'aurait publiée dans les *Miscell. Berol.*, Tom. IV, Berlin, 1734. — Au même endroit, le F. Gaubil dit que ladite période était connue aux astronomes chinois, dès l'an 105 avant J.-C. et longtemps auparavant.

génaire revenant aux mêmes Jours de l'Année Julienne. — Les deux Tableaux suivants faciliteront l'identification des Jours cycliques et européens.

58. Ier TABLEAU. SIGNES CYCLIQUES DU 1er JANVIER JULIEN (1).

APRÈS J.-C. — bloc gauche :

Centaines :

0	0.	1.	2.	3
4	4.	5.	6.	7
8	8.	9.	10.	11
12	12.	13.	14.	15
16	16.	17.	18.	19

Unités :

00	80	60	40	20
16	96	76	56	36
32	.12	92	72	52
48	.28	.08	88	68
64	.44	.24	.04	84

Unités additionnelles

APRÈS J.-C.

Bloc central :

午	亥	辰	戌	卯	申	丑	未	子	巳	戌	辰	酉	寅	未	丑
15	14	13	12	11	10	9	8	7	6	5	4	3	2	1	0

辛	丁	壬	丁	壬	戊	癸	戊	癸	己	甲	己	甲	庚	乙	庚	乙	辛
乙	辛	丙	辛	丙	壬	丁	壬	丁	癸	戊	癸	戊	甲	己	甲	己	乙
己	乙	庚	乙	庚	丙	辛	丙	辛	丁	壬	丁	壬	戊	癸	戊	癸	己
癸	己	甲	己	甲	庚	乙	庚	乙	辛	丙	辛	丙	壬	丁	壬	丁	癸
丁	癸	戊	癸	戊	甲	己	甲	己	乙	庚	乙	庚	丙	辛	丙	辛	丁

0	1	2	3	4	5	6	7	8	9	10	11	12	13	14	15
未	丑	午	亥	辰	戌	卯	申	丑	未	子	巳	戌	辰	酉	寅

AVANT J.-C. — bloc droit :

Unités additionnelles

Unités :

84	.04	.24	.44	64
68	83	.08	.28	48
52	72	92	.12	32
36	56	76	96	16
20	40	60	80	00

Centaines :

23	22.	21.	20.	20
19	18.	17.	16.	16
15	14.	13.	12.	12
11	10.	9.	8.	8
7	6.	5.	4.	4
3	2.	1.	0.	0

(1) Les points, marqués après et avant certains nombres, comme dans le Tableau n. 17, indiquent, lorsqu'ils se rencontrent, qu'il faut augmenter d'une unité le chiffre séculaire. Ainsi, 18, et ,04 ap. J.-C. devront se lire 1904.

59. USAGE DU TABLEAU.

Chercher, par ex., le Signe cyclique du 1er Janvier Julien 1897. — Par une double approximation : 1° à la partie de gauche du Tableau (Ap. J.-C.), prendre 18 à la 4e colonne du groupe séculaire; 2° descendre jusqu'à 88, dans celui des unités; puis parcourir la ligne horizontale correspondante des Troncs, jusqu'à rencontre de l'unité additionnelle 9, différence entre 97 et 88 : 辛未 est le Signe demandé. Si l'on voulait le Signe du 1er Janvier Grégorien, il n'y aurait qu'à ajouter 12 : ce serait le Signe 己未 (n. 63).

On trouverait de la même façon, que le 1er Janvier Julien de l'Année 25 après J.-C. fut marqué du 20e Signe cyclique 癸未 (n. 56).

60. IIe TABLEAU, DONNANT LE JOUR DE STYLE EUROPÉEN CORRESPONDANT A UN JOUR CYCLIQUE, ÉTANT DONNÉ LE SIGNE CYCLIQUE DU 1er JANVIER.

Report des Signes du 1er Janv. :

8 b	14	19	24	29 b	35	40	45	50 b	56	1	6	11 b	17	22	27	32 b	32
32 b	38	43	48	53 b	59	4	9	14 b	20	25	30	35 b	41	46	51	56 b	2
56 b	2	7	12	17 b	23	28	33	38 b	44	49	54	59 b	5	10	15	20 b	26
20 b	26	31	36	41 b	47	52	57	2 b	8	13	18	23 b	29	34	39	44 b	50
44 b	50	55	60	5 b	11	16	21	26 b	32	37	42	47 b	53	58	3	8 b	14

Lunes : 1e 2e 3e 4e 5e 6e 7e 8e 9e 10e 11e 12e 1e

Différences cycliques :

Mois	J.	F.	M.	A.	M.	J.	J.	A.	S.	O.	N.	D.	J.	F.
0	1		2		1	30		29		28		27		
5	6		7		6		5		3		2		1	
10	11		12		11		10		8		7		6	
15	16		17		16		15		13		12		11	
20	.21		22		21		20		18		17		16	
25	.26		27		26		25		23		22		.21	
30	.31			1	31		30		28		27		.26	
35		.5		6		5		4		3		2	.31	
40		.10		11		10		9		8		7		.5
45		.15		16		15		14		13		12		.10
50		20		21		20		19		18		17		.15
55		25		26		25		24		23		22		[20]

61. NOTES SUR LE TABLEAU PRÉCÉDENT.

1°. Si l'Année est bissextile (b), les dates trouvées à partir de Mars doivent être anticipées d'un Jour : ainsi on lira 1er Mars, au lieu de 2 Mars, et ainsi de suite.

2°. La correspondance des Lunes et des Mois indiquée au Tableau est adaptée à l'Année civile actuelle, système des *Hia* (n. 41). — Pour l'accommoder à une autre méthode, celle des *Tcheou,* par exemple, il n'y aurait, en théorie du moins qu'à faire rétrograder la 1ère Lune de 2 Mois (nn. 42, 126).

62. USAGE DU TABLEAU.

Chercher, par exemple, le Jour correspondant au Signe 丁亥 de la 9° Lune 1897. — Le Signe du 1er Janvier Grégorien de cette Année est 己未 (n. 59), 56e Signe, comme on peut le voir au Tableau des Reports ci-dessus. Au même Tableau, on voit que 丁亥 est le Signe 24. Différence cyclique : $(24 + 60 — 56 =)$ 28. Le 23 Septembre répondant dans le Tableau à la différence 25 pour la 9° Lune, la différence 28 doit avoir pour date correspondante le 26 Septembre.

De même, pour l'Année 25 ap. J.-C., commençant au 20e Signe (n. 59), le Jour *Ki-wei* (56e Signe) de la 6e Lune, ayant 36 pour différence cyclique, sera le 5 Août Julien (n. 56).

63. Les Tableaux ci-dessus, calculés pour l'Année Julienne, supposent les Années de 365 Jours et 6 Heures; en d'autres termes, ils donnent les Jours en vieux style, tel que la Russie l'a conservé, même après la réforme de Grégoire XIII. Mais en réalité, l'Année tropique est plus courte d'environ onze minutes : elle ne compte que 365 j., 5 h., 48 min., 49 s., 42 t. Cet excès annuel de 11 minutes, produisant 24 Heures en l'espace de 134 ans, amena en 1582 la réforme Grégorienne, dont il a été tenu compte au premier exemple ci-dessus. Pour corriger les données de l'ancien style fournies par lesdites Tables, il suffit de se rappeler les deux éléments de cette réforme : 1° Le 4 Octobre 1582 a été suivi immédiatement du 15 Octobre, la suppression des dix jours intermédiaires ayant pour but de compenser l'erreur de calcul renouvelée depuis le 1er Concile de Nicée, soit depuis 13 Siècles. 2° Depuis ce temps, l'on gagne 3 Jours en 4 Siècles, en ne rendant bissextile, de 4 Années séculaires consécutives, que celle dont le nombre de Siècles est exactement divisible par 4; par ex. 1600, 2000.

Il suit de là que l'écart entre les Calendriers Julien et Grégorien, qui n'était que de 10 Jours, du 15 Octobre 1582 au 28 Février 1700, fut ensuite de 11 Jours jusqu'à la même date de 1800, puis de 12 Jours jusqu'en 1900. Au 20e Siècle, il sera de 13 Jours jusqu'à l'Année 2100, et ainsi de suite (1).

Si l'on voulait traduire les dates chinoises antérieures à 1582 suivant la même méthode, il n'y aurait qu'à procéder d'une façon inverse.

64. Les caractères des Cinq Éléments forment aussi un

---

(1) La réforme Grégorienne a été admise aux époques suivantes, par les différentes nations qui l'ont embrassée. L'ouvrage *Japanese Chronology and Calendars* de William Bramsen (p. 38), auquel nous avons emprunté ces données, porte la date évidemment fausse du 16 Février au lieu du 19.

Italie, Espagne, Portugal .... :   5 Oct.   = 15 Oct. 1582.
France .. .. : 10 Déc.   = 20 Déc. 1582.
États protestants d'Allemagne : 19 Fév.   = 1er Mars 1700.
Angleterre ... . :   3 Sept.   = 14 Sept. 1752.

Cycle que le Calendrier officiel applique aux Jours, suivant la loi indiquée ci-dessus au n. 7 (1).

65. Un autre Cycle, plus intéressant, sert encore à désigner les Jours. C'est celui des 28 Constellations 二十八宿 (*al.* 位, 舍), dont nous avons déjà vu (n. 33) une première application au zodiaque.

TABLEAU DES 28 CONSTELLATIONS ET DE LEURS ÉQUIVALENTS.

		Orientales (蒼龍) 79°			Boréales (玄武) 92°			Occidentales (白虎) 83°			Australes (朱鳥) 111°	
木	1	角	蛟	8	斗	獬	15	奎	狼	22	井	犴
金	2	亢	龍	9	牛	牛	16	婁	狗	23	鬼	羊
土	3	氐	貉	10	女	蝠	17	胃	雉	24	柳	獐
日	4	房	兔	11	虛	鼠	18	昴	雞	25	星	馬
月	5	心	狐	12	危	燕	19	畢	烏	26	張	鹿
火	6	尾	虎	13	室	豬	20	觜	猴	27	翼	蛇
水	7	箕	豹	14	壁	貐	21	參	猨	28	軫	蚓

66. Voici la liste de ces Constellations, d'après A. Wylie dans J. Doolittle, *Handbook of the Chinese language,* Tom. II, p. 617.

1. 角 α et ζ de la Vierge.
2. 亢 $\kappa, \iota, \phi, \lambda$ de la Vierge.
3. 氐 $\alpha^2, \iota^1, \gamma, \beta$ de la Balance.
4. 房 π, ρ, δ, β du Scorpion.
5. 心 σ, α, τ du Scorpion.
6. 尾 $\mu, \epsilon, \zeta, \eta, \theta, \iota, \kappa, \lambda, \nu$ du Scorpion.
7. 箕 γ, δ, ϵ du Sagittaire; β du Télescope.
8. 斗 $\phi, \lambda, \mu^1, \sigma, \tau, \zeta$ du Sagittaire.
9. 牛 $\beta, \alpha^2, \xi^2, \pi, o, \rho$ du Capricorne.
10. 女 ϵ^3 et μ du Verseau.
11. 虛 β du Verseau et α du Petit Cheval.
12. 危 α du Verseau; θ et ϵ de Pégase.
13. 室 α et β de Pégase.
14. 壁 γ de Pégase et α d'Andromède.
15. 奎 $\eta, \zeta, i, \epsilon, \delta, \pi, \nu, \mu, \beta$ d'Andromède; σ^2 des Poissons; avec onze autres étoiles de ces deux Constellatious.
16. 婁 β, γ, α du Bélier.
17. 胃 35, 39, 41 de la Mouche (Numéros du catalogue de Flamsteed).
18. 昴 17, 16, 19, 20, 23, η, 28, 27 du Taureau $=$ les Pléïades.
19. 畢 $\epsilon, \delta^3, \delta^1, \gamma, \alpha, \theta^1, 71, \lambda$ du Taureau $=$ Aldebaran et les Hyades.
20. 觜 λ, ϕ^1, ϕ^2 d'Orion.

---

(1) Cette application n'a rien de commun avec celle des Tableaux n. 4 et n. 5; car tandis que ceux-ci, par exemple, rapportent le Bois 木 au Tronc 甲, et l'Eau 水 au Rameau 子, le Cycle sexagénaire attribue le Métal 金 au Signe 甲子.

21. 參 ζ, ϵ, δ, a, γ, κ, β d'Orion.
22. 井 μ, ν, γ, ξ^2, ϵ, d, ζ, λ des Gémeaux.
23. 鬼 θ, η, γ, δ du Cancer.
24. 柳 δ, σ, η, ρ, ϵ, ζ, ω, θ de l'Hydre.
25. 星 a, τ^1, τ^2, ι, 27 de l'Hydre.
26. 張 ν^1, λ, μ de l'Hydre.
27. 翼 a, γ, ζ, λ, ν, η, δ, ι, κ, ϵ de la Coupe, plus dix autres étoiles de la
    Coupe et de l'Hydre.
28. 軫 γ, ϵ, δ, β du Corbeau.

67. Ces 28 Constellations, dont la 1ère mention se trouve dans le 周禮, et la première énumération complète dans l'œuvre de 呂不韋 des 秦, se divisent en 4 Séries 四宮 (蒼龍, 玄武, 白虎 et 朱鳥) ou Septénaires, dont chaque élément répond, dans l'ordre indiqué au Tableau ci-dessus (n. 65), à l'un des Sept Astres 七曜 (al. 七政, 七正, 七元) (1).

68. Le Calendrier officiel 時憲書, publié chaque Année sur ordre impérial par le Tribunal des Mathématiques, fait aux Jours l'application de ce Cycle, dont la divisibilité par 7 permet de retrouver facilement les Jours correspondants de nos Semaines, lorsqu'on sait par exemple que les caractères 房, 虛, 昴 et 星 (4, 11, 18, 25) conviennent au Dimanche (2).

69. Une seconde sorte de dénominations appliquées aux Jours des 4 Septénaires mérite d'être consignée ici. Bien que son origine étrangère l'ait empêchée de devenir populaire, cette nomenclature peut servir pour l'intelligence de certaines dates, que l'on rencontre parfois dans les livres ou sur les monuments chinois. Le Manuel d'astrologie 欽定協紀辨方書, signalé par A. Wylie en 1871, nous indique une triple source de ces dénominations, empruntées aux langages Ouïgour (回鶻), Persan (波斯) et Indien (天竺). Aujourd'hui encore, par exemple, le Calendrier imprimé à 泉州 Ts'iuen-tcheou (Fou-kien) porte l'un des sept caractères attribués au premier langage: le caractère 密, répondant au Soleil 日 et dès lors au Dimanche. Au même Jour répond pour la langue Persane, l'expression 曜森勿 (al. 文) conservée sur la Stèle chrétienne de *Si-ngan fou*. Puis, dans la nomenclature Bouddhique, l'expression 阿你底耶, avec celles qui complètent la série hebdomadaire (3). Nous n'avons pu, malheureusement, retrouver les caractères chinois des autres Jours, pour les deux premières langues.

---

(1) Sur la connaissance de la Semaine et du Dimanche en Chine, on lira avec intérêt un article de A. Wylie, dans *The Chinese Recorder*, Vol. IV, pp. 4 à 9, 40 à 45.

(2) Sur le Cycle de 28 Jours, adopté par les Chrétiens sous la dynastie *T'ang*, *Cf.* Gaubil, *Abrégé de l'histoire chinoise de la grande dynastie Tang*, dans les *Mémoires conc. les Chinois*, Tom. XVI, pp. 381, 382.

(3) Le même ouvrage observe que la période requise pour faire revenir aux mêmes Signes les deux Cycles de 28 et de 60 est de 420 jours; car $\frac{28 \times 15}{60 \times 7} = 1$.

DÉNOMINATIONS DES JOURS DU SEPTÉNAIRE (1).

七曜			回鶻	波斯	天竺
日	Soleil	Dimanche	密	曜森勿 (al. 文)	阿你底耶 Aditya
月	Lune	Lundi	Mo	Leou	蘇摩 Soma
火曜	Mars	Mardi	Yun-han	Che	鶯哦囉迦 Angâraka
水曜	Mercure	Mercredi	Ti	Tche	Buddha
木曜	Jupiter	Jeudi	Hou-ou-se	Pen	勿哩訶娑跋底 Vrihaspati
金曜	Vénus	Vendredi	Na-hié	Sou	戍羯羅 Çukra
土曜	Saturne	Samedi	Tche-ran	Hi	賒乃以室拆羅 Çanaiçcara

70. Voici la synonymie des Cinq Planètes (五星) qui, avec le Soleil et la Lune, forment les Sept Astres : Mars 火星 s'appelle : 熒惑, 罰星, 執法. — Mercure 水星 : 辰星, 鉤星, 爨星, 伺星. — Jupiter 木星 : 歲星, 重星, 應星, 攝提, 重華, 經星, 紀星, 善星, 環樞, 闕兵. — Vénus 金星 : 太白, 長庚, 太囂, 明星, 啟明, 大爽, 長麗. — Saturne 土星 : 鎮星, 地侯, 信星 (2).

71. Les 28 Constellations ont aussi la leur, parfois inadéquate, comme le montrera le Tableau suivant (3).

1. 角星：天關，棟星.
2. 亢星：疏廟，天府，天庭. 〔老人星，壽星.〕
3. 氐星：天根，天符.
4. 房星：天駟，天廏，農祥，龍角.
5. 心星：大火，大辰，明堂.
6. 尾星：龍狘.
7. 箕星：龍尾，敖客，天津，金雞，天雞，天口，風伯，風師，卷舌.
8. 斗星：天機. 〔星紀.
9. 牛星：牽牛，河鼓，擔鼓，黃姑. 靈匹.〕
10. 女星：天孫，須女，婺女.
11. 虛星：玄枵，北陸，顓頊之虛，天黿.
12. 危星：蓋屋.
13. 室星：定，營室，元宮，清廟，豕韋，結蝓. 〔娵訾.〕
14. 壁星：文府.
15. 奎星：封豕，封豨，武庫. 〔降婁.
16. 婁星：聚眾.〕
17. 胃星：天倉.
18. 昴星：大梁，西陸，旄頭，留，嶽事，天耳.
19. 畢星：濁，罕車，天罔，雨師，雲師，罔車.
20. 觜星：罰虎首.
21. 參星：伐，三星，實沈.
22. 井星：東井，狼，玉羊，鶉首，水衡.
23. 鬼星：弧，天目，天廟.

(1) D'après Palladius, *in The Chin. Rec.*, Vol. VI (1875), pp. 147, 143.

(2) *Cf.* 事物異名錄, 1er *Kiuen.*

(3) *Ibid.*

24. 柳 星 ：咮,鶉 火,鳥 注,鳥 衡,天 厨.
25. 星 星 ：員 官,鳥 頸,天 都.
26. 張 星 ：鳥 嗉,鶉 尾.
27. 翼 星 ：羽 翮,天 倡.
28. 軫 星 ：鳥 帑,天 車.

72. Ce Cycle de 28 et la division septénaire appliquée aux jours rappellent le Cycle solaire de Sosigène, importé en Chine sous les *T'ang*, et usité dans le Calendrier ecclésiastique, Cycle dont la révolution en 28 Ans ramène la même série de Semaines relativement à l'Année solaire (n. 12). Les 7 premiers Jours de l'Année Julienne étant marqués des 7 premières lettres de l'alphabet, il est facile de déterminer pour chaque Année de ce Cycle quel Jour tombe la Lettre dominicale, c'est-à-dire marquant le Dimanche. Les trois Tableaux suivants, empruntés au Père Jacques Ellul, S. J. (1), permettront de trouver facilement, non seulement la Lettre dominicale de chaque Année, mais encore le Jour de la Semaine correspondant à un Jour quelconque.

73. TABLEAU I, INDIQUANT LES LETTRES DOMINICALES.

Lettres dominicales.							Vieux style.							Nouveau style.					
D	C	B	A	G	F	E	0	7	14	21	28	35	42	.	17	21	25	29	33	37
E	D	C	B	A	G	F	1	8	15	22	29	36	43							
F	E	D	C	B	A	G	2	9	16	23	30	37	44	.	18	22	26	30	34	38
G	F	E	D	C	B	A	3	10	17	24	31	38	45							
A	G	F	E	D	C	B	4	11	18	25	32	39	46	15	19	23	27	31	35	39
B	A	G	F	E	D	C	5	12	19	26	33	40	47	16	20	24	28	32	36	40
C	B	A	G	F	E	D	6	13	20	27	34	41	48							

.	0	1	2	3	.	4
5	6	7	.	8	9	10
11	.	12	13	14	15	.
16	17	18	19	.	20	21
22	23	.	24	25	26	27
.	28	29	30	31	.	32
33	34	35	.	36	37	38
39	.	40	41	42	43	.
44	45	46	47	.	48	49
50	51	.	52	53	54	55
.	56	57	58	59	.	60
61	62	63	.	64	65	66
67	.	68	69	70	71	.
72	73	74	75	.	76	77
78	79	.	80	81	82	83
.	84	85	86	87	.	88
89	90	91	.	92	93	94
95	.	96	97	98	99	.

74. USAGE DE CE TABLEAU.

1°. Chercher, par exemple, la Lettre dominicale de l'An 1896. — Dans le carré de droite (Nouv. style) trouver 18; dans le rectangle inférieur trouver 96. Dans le carré des Lettres dominicales, D, qui se trouve à l'intersection des 2 lignes horizontale et verticale contenant 18 et 96, est la Lettre demandée.

2°. La case vide qui précède 96 indique que 1896 est bissextile, et que dès lors, pour les mois de Janvier et de Février de cette Année, la Lettre dominicale sera, non D, mais E, répondant à ladite case vide.

(1) *Calendrier perpétuel*, dans *Cosmos*, num. du 4 Septembre 1897. — Nous n'avons

75. TABLEAU II, DONNANT LE NOM DU 1er JOUR DU MOIS, SUIVANT LA LETTRE DOMINICALE DE L'ANNÉE.

	A	B	C	D	E	F	G
Janvier	D	S	V	J	m	M	L
Février	m	M	L	D	S	V	J
Mars	m	M	L	D	S	V	J
Avril	S	V	J	m	M	L	D
Mai	L	D	S	V	J	m	M
Juin	J	m	M	L	D	S	V
Juillet	S	V	J	m	M	L	D
Août	M	L	D	S	V	J	m
Septembre	V	J	m	M	L	D	S
Octobre	D	S	V	J	m	M	L
Novembre	m	M	L	D	S	V	J
Décembre	V	J	m	M	L	D	S

76. TABLEAU III, DONNANT LE NOM DU QUANTIÈME DU MOIS, CONNAISSANT LE NOM DU 1er JOUR DU MOIS.

Quantièmes	1	2	3	4	5	6	7
	8	9	10	11	12	13	14
	15	16	17	18	19	20	21
	22	23	25	25	26	27	28
	29	30	31				
Noms correspondants	D	L	M	m	J	V	S
	L	M	m	J	V	S	D
	M	m	J	V	S	D	L
	m	J	V	S	D	L	M
	J	V	S	D	L	M	m
	V	S	D	L	M	m	J
	S	D	L	M	m	J	V

77. USAGE DE CES TABLEAUX.

Chercher, par exemple, quel Jour de la Semaine tomba le 25 Février 1896. — Deux opérations : 1° Trouver le 1er Jour de Février. C'est un Samedi, jour indiqué au IIe Tableau par l'intersection des lignes perpendiculaire E (n. 74, 2°), et horizontale Février. 2° Trouver le 25 du même Mois. C'est un Mardi, jour indiqué au IIIe Tableau par l'intersection des lignes perpendiculaire 25, et horizontale S (supra). — On trouverait de même que le 4 Février 781, date de l'érection de la Stèle de *Si-ngan-fou*, tomba un Dimanche (1).

78. Le Calendrier officiel applique encore à chaque Jour de l'Année, dans l'ordre où elles se suivent, ces douze lettres ou Notes, qui servent à présager la fortune et portent en elles-mêmes leur explication : 建,除,滿,平,定,執,破,危,成,收,開,閉, (2). Par une disposition assez singulière, le Jour dans lequel tombe un des

---

placé ici ces Tableaux que pour dispenser les sinologues de recourir à d'autres livres pour leurs calculs de conversions des dates chinoises en dates européennes. — La période de 28 Ans comportait 10 Lunes intercalaires ; elle est ainsi définie par le 丹鉛總錄： 彗生於閏二十八年十閏而彗行一周天．

(1) On peut consulter dans l'ouvrage du Père Ferdinand Puntscher *De Calendario ecclesiastico*, édité en 1885 par le Père Pierre *Hoang*, les formules algébriques pour la recherche de la Lettre dominicale. *Op. cit.* nn. 9 et 51. — Il y a du reste abondance de méthodes pour obtenir ce résultat : la plus simple nous a paru la mieux accommodée à un Manuel comme le nôtre.

(2) *Cf.* 讀書紀數略, 3ᵉ *Kiuen*. 建除十二辰．

12 *Tsié-k'i* (nn. 25, 26) reçoit la même dénomination que le Jour précédent.

79. Plusieurs Jours de l'Année lunaire ont des appellations spéciales qu'il est bon de connaitre. Les voici, d'après le *Che-ou-i-ming-lou* (1) et d'autres ouvrages :

1ère Lune. 1er Jour : 元日,三朝,三始,三元,三朔,四始,上日,正朔,正日,端日,雲開節,天臘節,天中節,雞日·元日. — 2e Jour : 犬日. — 3e Jour : 豕日·田本命. — 4e Jour : 羊日,開基節. — 5e Jour : 牛日. — 6e Jour : 馬日. — 7e Jour 人日,靈辰,人勝節. — 8e Jour : 穀日. — 13e Jour: 試燈. — 15e Jour: 上元節·元宵·天官賜福辰·元夕. — 16e Jour: 耗磨日. — 20e Jour: 天穿日,天饑日,秋收日. — 29e Jour: 窮九. — 30e Jour: 補天日.

2e Lune. 1er Jour : 中和節,天正節. — 2e Jour : 踏青節 (*al.* 3e L. 3e J.),撻龍頭,挑菜節. — 8e Jour: 芳春節. — 15e Jour : 眞元節 (*al.* 12e J.),花朝 (*al.* 2e, 12e J.),花生日,中春.

3e Lune. 1er Jour : 大昕. — 3e Jour : 重三,上巳,上除,元巳,除巳,初巳,三巳. — 9e Jour : 西州寒食.

4e Lune. 8e Jour : 浴佛日. — 11e Jour : 地破日. — 15e Jour: 法歲. — 19e Jour 浣花日. — 28e Jour : 天休節.

5e Lune. 1er Jour: 錢財日,端一. — 2e Jour : 端二. — 3e Jour: 端三. — 4e Jour: 端四,重四節. — 5e Jour: 端五,天中節,解粽節,龍歌節,地臘,重五,重午. — 7e Jour: 九毒日. — 12e Jour: 寧覛節. — 13e Jour: 龍生日(節),竹醉日,竹迷日. — 16e Jour: 天地合日. — 20e Jour: 分龍日.

6e Lune. 6e Jour : 清暑日(節)·天覛節. — 24e Jour: 觀蓮節·荷花生日. — 28e Jour: 火節.

7e Lune. 7e Jour : 艮日,雙蓮節,道德臘,綺節,星期,仙期·七夕,巧日,穿針節,乞巧節. — 8e Jour: 八夕. — 15e Jour : 中元節,大慶月.

8e Lune. 1er Jour: 六神日,天醫節. — 5e Jour : 千秋. — 9e Jour: 元成節. — 15e Jour: 月夕,秋三五·中秋.

9e Lune. 1er Jour: 天壽節. — 4e Jour : 重明節. — 9e Jour: 必里遲離,重九,息日,女兒節,九九辰,落帽辰,菊花節·重陽. — 10e Jour: 小重陽.

10e Lune. 1er Jour: 民歲臘·下元,歲臘. — 3e Jour: 龍聚日. — 10e Jour: 天寧節. — 15e Jour : 下元節. — 20e Jour: 霜日. —

11e Lune. 6e Jour: 天應節 (*al.* 5e). — 15e Jour: 天慶節.

12e Lune. 8e Jour: 臘日,嘉平,莵饡. — 9e Jour: 初歲,小歲. — 12e Jour: 百福日. — 16e Jour: 天竺臘. — 24e Jour: 交年日·王侯臘. — 29e Jour: 小除. — 30e Jour: 除日,除夕.

80. En voici d'autres concernant certains Jours de l'Année solaire (n. 25) :

---

(1) *Op. cit.,* 2e *Kiuen.*

Avril. 4 : 炊 熟 日. — 5 : 寒 食, 冷 節, 禁 烟 節, 熟 食 日, 禁 火 天, 藏 烟 日. — 6 : 小 寒 食.

Décembre. 21 : 冬 住, 小 至, 小 冬 日.

Les trois décades (初, 中, 末) commençant aux 3ᵉ et 4ᵉ Jours marqués du Tronc 庚 après le Solstice d'été, et au 1ᵉʳ après le commencement de l'Automne, s'appellent 三 伏, 三 旬.

Le 29 d'une Lune, les 9 et 19 de la Lune suivante, s'appellent respectivement 上 九, 中 九, 下 九.

Les Jours marqués dans leur Signe d'un Tronc de rang impair, 甲, 丙, 戊, 庚 et 壬, sont dits 剛 日 ; les autres, 乙, 丁, 巳, 辛 et 癸, sont dits 柔 日.

§ V. DE L'HEURE.

81. Le Jour était anciennement divisé en dix Temps *Che* 時. Les *Han,* vers le commencement du 2ᵉ Siècle de notre ère, substituèrent la division duodécimale, chaque Temps se divisant lui-même en 8 Fractions *K'é* 刻, à l'exception du 1ᵉʳ et du 7ᵉ, qui en comprenaient chacun dix.

En 1670, l'Empereur 康熙, sur les conseils du Père F. Verbiest, supprima cette dernière anomalie et réduisit à 96 le nombre des 刻. Chacun des 12 Temps 時 se subdivise lui-même en deux 小時 Heures, contenant chacune 4 Fractions ou Quarts 刻. Le premier Temps, d'après l'usage ancien, appartient à deux Jours différents, sa première partie correspondant à 11 Heures du soir. Le Quart d'heure 刻 se subdivise en 15 Minutes *Fen* 分; une Minute en 60 Secondes *Miao* 秒; une Seconde en 60 Tierces *Wei* 微.

82. Les 12 caractères des Rameaux, appliqués dans l'ordre normal (n. 1), servent à désigner les 12 Temps, à partir de 11 h. du soir. Ils sont eux-mêmes déterminés par les caractères 初 et 正, pour indiquer la 1ᵉʳᵉ ou la 2ᵉ Heure de chaque Temps. Ainsi (夜) 子初, 子正, 丑初, 丑正, 寅初, etc., répondent à 11 h. du soir, minuit, 1 h., 2 h., 3 h. du matin, etc.

83. Les noms des Douze Animaux (nn. 5, 6) servent également à désigner les 12 Temps de la journée.

84. Les 8 Troncs et les 4 Trigrammes qui servent à nommer 12 des 24 *Tsié-k'i* (n. 32) servent aussi à désigner les Heures (1), et ces dénominations, connues dès l'époque des 隋 et des 唐, sont encore en usage aujourd'hui dans le Calendrier officiel.

85. Le Tableau suivant rapprochera de ces appellations une autre classe de noms qui parlent d'eux-mêmes (2).

NOMS DES 12 TEMPS DE LA JOURNÉE.

11 h. soir	子初	壬時	夜半	鼠時
1 h. matin	丑，，	癸，，	雞鳴	牛，，
3 h. ，，	寅，，	艮，，	平旦	虎，，
5 h. ，，	卯，，	甲，，	日出	兎，，
7 h. ，，	辰，，	乙，，	食時	龍，，
9 h. ，，	巳，，	巽，，	隅中	蛇，，
11 h. ，，	午，，	丙，，	日中	馬，，
1 h. soir	未，，	丁，，	日昳	羊，，
3 h. ，，	申，，	坤，，	日晡	猴，，
5 h. ，，	酉，，	庚，，	日入	雞，，
7 h. ，，	戌，，	辛，，	黃昏	犬，，
9 h. ，，	亥，，	乾，，	人定	豬，，

(1) *Cf.* 養新錄, 17ᵉ *Kiuen.*
(2) *Cf.* 讀書紀數略, 3ᵉ *Kiuen.*

86. On applique également aux douze Temps de la journée les Signes du Cycle sexagésimal (n. 2), dont la série dès lors se répète constamment la même de cinq en cinq Jours, comme on a vu la série des mêmes Signes se répéter tous les cinq Ans, pour la désignation des Lunes (n. 45). Il est facile de reconstituer cette série pour les Jours, lorsqu'on sait que les Jours dont le Signe cyclique comporte les caractères 甲 ou 己, 乙 ou 庚, 丙 ou 辛, 丁 ou 壬, 戊 ou 癸, voient respectivement leur 1ère Heure désignée par les Signes 甲子 (1er), 丙子 (13e), 戊子 (25e), 庚子 (37e) et 壬子 (49e).

87. D'autres noms sont donnés, d'après 淮南子, aux différentes parties de la journée, suivant la position qu'occupe le soleil (1); 晨明, 朏明, 旦明, 早食, 晏食, 禺中, 正中, 小遷, (al. 還), 晡時, 大遷, (al. 還), 高舂, 下舂, 懸車, 黃昏, 定昏, 桑榆.

D'autres enfin, d'après le 廣雅 (2). Le soleil levant est dit 旭; dans son éclat, 晞; de 11 h. à 1 h. 亭午; de 1 h. à 3 h. 昳; le soir 旰; vers son coucher 晡日, 薄暮; au coucher 反景, puis 倒景.

88. On se sert des expressions 昧旦, 昧爽, 黎旦, 遲明, 昒爽, pour désigner le temps qui précède l'aurore. Celle-ci s'appelle encore 明旦, 昒昕, 大昕, 詰朝. Le milieu du jour 日中, 破午, 亭至, 卓午. Le coucher du soleil 日昃, 日旰, 下稷, 高舂, 下舂. Le crépuscule 日夕, 纁黃, 晡夕, 依夕, 熏夕 (3).

Les trois Temps 巳, 午, 未 (9 h. à 11 h., 11 h. à 1 h., 1 h. à 3 h.) sont respectivement appelés 上午, 正午 et 下午.

89. L'espace de la nuit, 一昔, 昔昔, 一日夕, se divise en 5 Veilles, 五更, 五夜, répondant aux Temps 戌, 亥, 子, 丑, 寅 (7h. du soir à 5 h. du matin). La 1ère et la 2e Veille, 初更, 二更, s'appellent encore 甲夜, 乙夜, le milieu de la nuit, 夜分, 宵分, 午夜, les 3e, 4e et 5e Veilles, 丙夜, 丁夜, 戊夜; la dernière 艮夜, 夜闌.

____

(1) Cf. 讀書紀數略, 2e _Kiuen._ 日出入十六名.
(2) _Ibid._
(3) Cf. 事物異名錄. 2e _Kiuen._

§ VI. DES CALENDRIERS CHINOIS (1).

90. Il existe deux Calendriers publiés par ordre de l'Empereur. Le premier, 萬年書, sorte de Calendrier dynastique composé au commencement de la présente Dynastie, embrasse une période de 397 Ans (1624-2020) et donne pour chaque Année : 1º Le Signe cyclique de l'Année. 2º La succession des Mois, Grands et Petits, communs et intercalaires. 3º Pour chacun d'eux, le Signe cyclique des 1er, 11e et 21e Jours. 4º Le Jour, l'heure et la minute auxquels le soleil rencontre l'une des 24 Stations (n. 25), suivant le temps de *Pé-king*. L'Année 1624, par laquelle il débute, porte le Signe 甲子; c'était la 9e Année de 天命 qui régnait en Tartarie (4e de 天啟 des 明). L'Année à laquelle il s'arrête est marquée, dans les meilleures éditions, comme étant la 200e de *Tao-koang* : 道光二百年庚子!

91. On trouvera ci-contre le facsimilé d'une page de ce livre, dont il suffira de traduire quelques lignes :

Tao-koang, 77e Année (c.-à-d. 光緒 *Koang-siu*, 23e Année), 34e du Cycle (1897 ap. J.-C.).

Première Lune, Petite : 1er, 28º du Cycle (2 Février); 11, 38º du Cycle (12 Février); 21, 48º du Cycle (22 Février). Le 2, 29e du Cycle (3 Février), à 8 h. plus un quart d'heure et onze minutes du soir, Début du printemps. Le 17, 44e du Cycle (18 Février), à 4 h. plus un quart d'heure et douze minutes du soir, Eau de pluie.

Deuxième Lune, Grande : 1er, 57e du Cycle (3 Mars); 11, 7e du Cycle (13 Mars); 21, 17e du Cycle (23 Mars). Le 3, 59e du Cycle (5 Mars), à 2 h. plus trois quarts d'heure et six minutes du soir, Mouvement des insectes. Le 18, 14e du Cycle (20 Mars), à 4 h. plus 6 min. du soir, Équinoxe du printemps.

Troisième Lune, Grande : 1er, 27e du Cycle (2 Avril); 11, 37e du Cycle (12 Avril); 21, 47e du Cycle (22 Avril). Le 3, 29e du Cycle (4 Avril), à 8 h. plus un quart d'heure et treize minutes, Clarté sereine. Le 19, 45e du Cycle (20 Avril), à 4 h. plus 3 minutes du matin, Pluie des moissons.

Quatrième Lune, Petite : 1er, 57e du Cycle (2 Mai); 11, 7e du Cycle (12 Mai); 21, 17e du Cycle (22 Mai). Le 4, 60e du Cycle (5 Mai), à 2 h. et demie plus 12 min. du soir, Début de l'été. Le 20, 16e du Cycle (21 Mai), à 4 h. plus 4 min. du matin, Petite réplétion.

Le lecteur traduira facilement le reste par lui-même.

---

(1) Ces notions sont extraites en partie du livre du Père P. *Hoang, De Calendario sinico,* pp. I à V. — On trouvera des explications intéressantes sur la confection et la publication des Calendriers, dans le même ouvrage, ainsi que dans le livre *Astronomia Europaea* du Père Ferd. Verbiest, Dillingen, 1687, Chap. VIII et IX.

道光七十七年丁酉

月份	月干支	節氣一	節氣二
正月小	辛　丑卯亥	初二日壬辰戌正二刻十一分立春	十七日丁未申正二刻十二分雨水
二月大	庚　午申辰	初三日壬戌未正三刻八分驚蟄	十六日丁丑申正初刻六分春分
三月大	庚　子寅戌	初三日壬辰戌正二刻十三分清明	十九日戊申寅正初刻三分穀雨
四月小	庚　午申辰	初四日癸亥未正二刻十二分立夏	二十日己卯寅正初刻四分小滿
五月大	己　酉亥丑	初六日甲午戌初二刻四分芒種	二十二日庚戌午正三刻二分夏至
六月小	己　巳未卯	初八日丙寅卯正初刻十分小暑	二十三日辛巳夜子初刻六分大暑
七月大	戊　子戌申	初一日丁酉申初三刻十四分立秋	二十六日癸丑卯正二刻二分處暑
八月小	戊　辰寅午	十一日戊辰酉正三刻七分白露	二十七日甲申寅初三刻二分秋分
九月大	丁　酉亥未	十三日己亥巳初三刻十一分寒露	二十八日甲寅午正二刻四分霜降
十月小	丁　巳卯丑	十三日己巳午正初刻十一分立冬	二十八日甲申巳初一刻一分小雪
十一月大	丙　戌申午	十四日己亥寅正初刻十三分大雪	二十八日癸丑亥初三刻四分冬至
十二月小	丙　辰寅子	十三日戊辰未正三刻二分小寒	二十八日癸未辰正初刻一分大寒

93. Un autre Calendrier, plus complet, appelé autrefois 歷日, et 時憲書 depuis 1644, époque à laquelle le Père Adam Schall 湯若望 le fit accepter par l'Empereur 順治, s'imprime chaque Année à *Pé-king,* puis dans chaque Province par les soins du Trésorier général. C'est le 1er de la 2e Lune, que le Calendrier de l'Année suivante est présenté à l'Empereur par le Tribunal des mathématiques; le 1er de la 4e Lune, que deux exemplaires de cet Annuaire ou Almanach sont envoyés à chaque Trésorier provincial; enfin le 1er de la 10e Lune que la publication officielle s'en fait tant à la Capitale que dans les Provinces.

94. Cet Annuaire contient les indications suivantes : 1° Les Signes cycliques de l'Année, des Mois et des Jours. 2° La succession des Mois, Grands et Petits (1), communs et intercalaires. 3° La dénomination de chaque Jour par les Cinq éléments, les 28 Constellations et les 12 Notes présageant la fortune. 4e Le Jour, l'Heure et la minute des quatre phases de la Lune. 5° Le Jour, l'heure et la minute des 24 Stations solaires, pour les méridiens des capitales des différentes Provinces, ainsi que pour les tribus Mandchoues et Mongoles. 6° Le moment du lever et du coucher du soleil de 6 en 6 Jours, ainsi que la durée du Jour et de la nuit pour les mêmes lieux. 7° Les 72 Périodes réparties entre les douze Mois. 8° Enfin, diverses remarques superstitieuses, et la désignation des Jours et des Heures fastes et néfastes pour certains actes. Ces additions, qui paraissent avoir été ajoutées au Calendrier sous les 元, ont été maintenues depuis lors, malgré les protestations de plusieurs lettrés des 明 et de la Dynastie actuelle.

95. Nous offrons ici, à titre de curiosité, le facsimilé d'une page de ce Calendrier, renfermant les 13 premiers Jours de la 1ère Lune de 1897; mais nous croyons inutile de la traduire, la partie astrologique étant en dehors de notre but, et la partie scientifiqne étant désormais suffisamment familière au lecteur (2).

---

(1) Cette désignation s'écarte parfois d'un Jour de celle du Calendrier dynastique. L'écart est alors corrigé au Mois suivant.

(2) En tête de certaines éditions du Calendrier, se trouve le catalogue des Féries officielles 忌辰, anniversaires des décès impériaux, dans lesquels «sont prohibés la musique, les festins, les mariages, les comédies, les châtiments». Voici cette liste :

1ère L., 3.	高宗純皇帝	3e L., 10.	孝貞顯皇后	8e L., 11.	太祖高皇帝
,, 7.	世祖章皇帝	,, 11.	孝賢純皇后	,, 23.	世宗憲皇帝
,, 11.	孝全成皇后	4e L., 17.	孝端文皇后	9e L., 27.	孝慈高皇后
,, 14.	宣宗成皇帝	,, 29.	孝慎成皇后	,, 29.	孝敬憲皇后
,, 21.	孝穆成皇后	5e L., 3.	孝誠仁皇后	11e L., 13.	聖祖仁皇帝
,, 23.	孝聖憲皇后	,, 23.	孝恭仁皇后	12e L., 5.	穆宗毅皇帝
,, 29.	孝儀純皇后	7e L., 9.	孝靜成皇后	,, 6.	孝惠章皇后
2e L., 7.	孝淑睿皇后	,, 10.	孝懿仁皇后	,, 11.	孝和睿皇后
,, 11.	孝康章皇后	,, 17.	文宗顯皇帝	,, 12.	孝德顯皇后
,, 20.	孝哲毅皇后	,, 25.	仁宗睿皇帝	,, 25.	孝莊文皇后
,, 26.	孝昭仁皇后	8e L., 9.	太宗文皇帝		

正月小　建壬寅

二日壬辰戌正一刻立春正月節天道南行宜修造南方

天德在丁月厭在戌煞在亥德在丙合在辛月合在壬壬宜修造取土

是月也東風解凍蟄蟲始振魚陟負冰獺祭魚候鷹北草木萌動

立春正月節宜栽種

十七日丁未申正一刻後日躔娵訾之次宜用甲丙庚壬時

黃白紫　碧白綠　赤白黑

日月

- 初一日辛卯尾滿寒……宜栽種
- 初二日壬辰箕滿……宜栽種
- 初三日癸巳斗平……宜栽種
- 初四日甲午牛定　宜用卯時結婚姻會親友嫁娶進金行移徙栽種移徙動豎柱　小耗五墓
- 初五日乙未女執　昴正三刻貪酉初初刻……晝四刻三分夜五刻三分宜動栽種牧養破夫葬　離元武
- 初六日丙申虛破　宴祭祀沐浴療病掃舍宇破屋壞垣
- 初七日丁酉危　宜行移徙安牀沐浴修造動土豎柱上梁　午時　摰宇栽種牧養破夫葬　月破大耗
- 初八日戊戌室成　不宜出行移徙栽種　四擊大煞武
- 初九日己亥壁收　宴祭祀結婚姻會親友進人口　午時　沐浴經絡開市交易納財捕捉栽種牧養　重日公陳
- 初十日庚子奎開暴祭祀入學　宜用卯時沐浴　天火
- 十一日辛丑婁閉　昴正三刻貪酉初刻三分晝四刻四分夜五刻三分不宜出行移徙
- 十二日壬寅胃建　宜結婚姻會親友裁衣豎柱上梁　辰時　祭祀納財牧養安葬啟攢　歲棢天刑
- 十三日癸卯昴除　宜宴結婚姻會親友裁衣出行　卯時　沐浴剃頭療病疹祭易摰宇破土啟攢　咸池朱雀

IIᴱ PARTIE.

CALENDRIER.

§ I. CONTENU ET RAISON DE CES TABLES.

97. Quatre genres de données :

1°. Les rangs d'embolismes (marqués d'un point dans le corps des Tables).

2°. Les dates cycliques des néoménies : matière bien moins importante, bien que trente fois plus ample, mais bien définie (une ligne par année) et étroitement liée à la précédente.

3° et 4°. Par surcroît, et sans rapport nécessaire aux lunaisons, mais pour achever l'individualité de chaque Année, la désignation sexagénaire ou en *Kia-tse,* et l'indice octogénaire (ou date du 1ᵉʳ Janvier. préparant la conversion des dates cycliques en Juliennes) (nn. 56 à 63).

Le cours des *Nien-hao* 年號 (n. 158) est inscrit, aussi, en outre des millésimes Juliens, mais sans répéter les *Nien-hao* euxmêmes, donnés dans la 3ᵉ Partie sous leurs millésimes et trop encombrants ici.

En appendice à cette 2ᵉ Partie on trouvera un relevé détaillé des réformes successivement apportées au Calendrier. Nous le devons au Rév. Père P. *Hoang* qui l'a récemment et spécialement établi pour le présent livre (n. 156).

98. Raison de ces Tables. — De même que dans certains livres les *Années* sont désignées non pas spécifiquement (telle Année de tel Règne ou Période de Règne) mais synodiquement, c.-à-d. par indications non subordonnées et simplement concourantes, en telle Année *Kia-tse et* sous tel Règne (n. 14), ainsi, mais beaucoup plus souvent et presque de droit, les Jours sont datés en Lunes et *Kia-tse* (diurnes), et non en quantièmes de Lunes (n. 55). Dans l'expression : 12ᵉ Jour de la 5ᵉ Lune, 5ᵉ Lune est un élément générique; mais dans l'expression bien plus usuelle : 5ᵉ Lune *Koei-mao* (ou 40), 5ᵉ Lune n'est plus qu'un déterminant secondaire et concourant, nullement une origine précise ou précisément connue.

99. Mais tandis que les *Nien-hao,* ères multiples sans doute et inégalement espacées, sont supposés, malgré tout, connus et incorporés au style historique qu'un lettré doit posséder, la désignation spécifique des Jours, par Lunes et quantièmes, suit l'indétermination de succession des Lunes de 30 et de 29 Jours et dépend de vingt ou trente mille nombres, en grande partie perdus à jamais, rien qu'à dater des *Han.* Elle est donc secondaire sinon très rare, et si le *Kia-tse* (des Jours), ample et fixe période, accompagnait ou remplaçait *toujours* la notation spécifique, les Tables suivantes seraient inutiles. Tout au plus devrait-on en garder un extrait indiquant les embolismes, pour résoudre l'expression suivante : telle Année, au Mois intercalaire (sans qu'il soit dit de quel rang).

100. Le calcul (du reste fort simple, soit par épactes soit bien mieux à l'aide du *Kia-tse* encore) ne donne, même en tenant compte, bien entendu, des embolismes, que des néoménies moyennes : indétermination d'un Jour au moins, c.-à-d. incertitude entre trois Jours, parfois plus.

101. L'irrégularité du Calendrier lunaire n'a cessé de croitre jusqu'à la présente Dynastie qui, en la portant au *maximum,* a du moins levé presque toute indétermination, pour les astronomes, s'entend, et moyennant, toujours, des Tables; l'Astronomie et la Chronologie sont désormais identifiées : profit douteux.

102. L'histoire, au reste, souffrirait rarement de ces incertitudes d'un Jour. Mais d'une part les Chinois ont attaché une grande importance à l'établissement de tous ces régimes successifs ou simultanés; et de l'autre, si le lecteur européen se contente pour son compte d'une estimation claire et prompte, la tâche des traducteurs et des éditeurs par exemple est autre : traduire c'est préciser, surtout, souhaitons-le, en sinologie.

§ II. SON APPAREIL.

103. Appareil général. — Malgré la différence des périodes entre lesquelles nous divisons cette matière (n. 115), le corps des pages se présente uniformément garni de deux entrefilets et de deux marges symétriques; au bas, des notes en référence aux millésimes marqués d'astérisques.

104. La marge gauche, en trois colonnes, est affectée à la désignation générale des Années : désignation indigène, en *Kia-tse* (bordure extérieure); désignation Julienne, en millésimes (2ᵉ colonne), des mêmes Années chinoises, à deux Mois près, selon l'usage; désignation cyclico-Julienne (3ᵉ colonne) : série octogénaire (uniforme avant et après l'an 1 et l'an 1582) donnant l'élément *annuel* de la conversion des dates cycliques en quantièmes Juliens (n. 97).

105. L'entrefilet gauche indique le rang des mêmes Années compté des *Nien-hao,* ou ères particulières, non répétés ici en chinois (n. 97) mais rappelés par un l. Il s'élargit par endroits en double ou triple colonne, au cas de styles simultanés (v. g. Trois royaumes).

106. Le corps de la Table consiste en lignes de douze nombres (cycliques traduits en décimaux) ou dates des néoménies historiques ou présumées telles, non pas astronomiques par là-même (nombreux cas d'éclipses, et par conséquent de néoménies astronomiques, portées, souvent à dessein, la veille des néoménies chronologiques ou historiques). Ces douze dates néoméniques sont divisées en trois groupes égaux, montrant au premier coup d'œil le rang de chaque nombre, et mieux accommodés que la division trimestrielle à l'alternance des nombres cycliques forts et faibles (différant de 30 ou 29).

107. Les *astérisques* signifient que la table recouvre, telle quelle, un style secondaire, à rétablir en *diminuant* d'un Jour la date affectée d'un astérisque *supérieur* et en *augmentant* d'un Jour la date affectée d'un astérisque *inférieur.*

108. Les lettres **a,...** **q, r, s, t,** indiquent les autorités appuyant les dates ainsi marquées, d'après une convention établie (n. 148). Les points signalent les rangs d'embolismes; la date des embolismes est rejetée dans l'entrefilet droit.

109. L'entrefilet droit porte la date néoménique des embolismes signalés par des points. La lettre critique **a** du *rang* se lit au-dessus; place d'ordinaire vacante. Elle manque généralement *comme inutile,* quand il se trouve, à *droite,* une lettre critique de la *date;* dans d'autres cas encore. Ex. : en 135 après J.-C., on lit 24 **s** : cet **s** ("éclipse de soleil") garantit la date mais par là-même le rang. Inversement (an. 138) l'**a** surmontant 39 certifie bien le rang 4 de l'embolisme, mais non sa date néoménique 39.

110.   Souvent la date d'embolisme est suivie de **n**, **p** ou **pp**. Ce ne sont pas, directement du moins, des signes critiques, et nous prions le lecteur de ne pas s'en embarrasser au début : **n** signifie que l'embolisme précède *immédiatement* le terme solaire afférent (n. 25). Exemple: 143 après J.-C. 7 **n** : le Solstice d'hiver, afférent à la 10ᵉ Lune finie, tombe cette année, selon le Calendrier du moins, le 1ᵉʳ de la 11ᵉ Lune (Jour 37); si c'était 7 **p**, il tomberait le 2 (Jour 38); si **pp** (rare), il tomberait le 3 (Jour 39); s'il n'y a ni **n** ni **p**, c'est que les auteurs se taisent.   On peut déduire de ceci la correspondance des lunaisons et des termes afférents (toujours pairs), et la retenir ainsi : le Terme 2 (première paire), *Yu-choei*, ouvre la première Lune après embolisme de la douzième; le Terme 4 (deuxième paire) *Tch'oen-fen*, avec la deuxième Lune après embolisme de la première, etc. Là est le lien lunisolaire. En pratique toutefois il y a peu à s'en occuper ici : l'étendue si large du Cycle couvre les écarts, même additionnés, des lunaisons, d'une part, selon leur distance de l'embolisme, et du style Julien déclinant (XVIᵉ Siècle), le tout faisant quarante Jours ou un peu plus.   Que par exemple, les termes Juliens du *Tcheng-cho* 正朔 (n. 79) soient le 20 Janvier et le 20 Février environ comme à la veille de la réforme Grégorienne, ou le 10 Janvier et le 10 Février comme à présent, on peut en moyenne et en pratique concevoir l'Année chinoise comme retardant tantôt d'un Mois, tantôt d'un demi-Mois, tantôt d'un Mois et demi sur la nôtre : le Cycle dépasse encore de dix Jours au moins l'ampleur des oscillations embolismiques et Julio-grégoriennes.

111.   La marge droite contient l'annotation première ou générale. Ce qui en déborde est recueilli au bas de la page. Conventions *infra* n. 118.

112.   Nota. Nous traduisons en nombres décimaux près de trente mille nombres cycliques. La nécessité typographique nous eût empêchés d'hésiter. Elle est cependant secondaire ici, et voici la raison décisive : aux lecteurs les plus familiers avec le *Kia-tse*, cette numération abstruse masque encore le vrai mouvement des dates, qui ne leur apparaît tout au plus qu'à travers une traduction mentale en langage décimal : ceux-là n'ont pas d'objection à notre procédé; les autres? qu'on y songe : puisque le *Kia-tse* ne peut entrer directement dans les calculs (j'omets le calcul mécanique à l'aide de deux règles graduées en *Kia-tse*; encore faut-il savoir y chercher les nombres), nous aurons fait ici la moitié de la tâche, vous laissant nécessairement la seconde : retraduire de décimal en cyclique vos résultats.

113.   Avançons : s'il était un computiste résolu à s'assimiler d'un coup les soixante valeurs décimales, il n'aurait qu'à répéter quelque temps la série, des deux yeux, à haute voix et par écrit; cela représenterait, comme difficulté, six lignes de

Luen-yu; mais ce n'est pas là un conseil; je suppose un lecteur occupé pour quelque temps de ces dates et mal résigné à les chercher sans cesse, les mêmes, et toutes, sur son Tableau: les raisonner? selon la divisibilité par 12? on y arrive; ou d'après cette règle que le nombre croit avec l'excès du premier terme (au besoin augmenté de dix) sur le second? Tout cela est de la réflexion, vite de la fatigue, du temps perdu, avec chances croissantes d'erreur, bien qu'isolément plus prompt qu'un recours au livre; voici le procédé topique :

114. Bien savoir les dix Troncs : *Kia, I, Ping, Ting, Ou...* : ils indiquent immédiatement l'unité décimale, en ce sens que tout nombre qui commence en cyclique par *Kia* finit par 1 en décimal; qui commence par *I* finit par 2; etc... Cette transcription, immédiate, devient instinctive. Reste à lier au nombre des dizaines qui convient le caractère Rameau ou second terme cyclique : on le fera empiriquement, et *selon l'occasion,* en préfixant au dissyllabe chinois, au besoin allégé (*Tch'en* est lourd de quatre phonèmes; *Ting,* inutilement de trois) un son rappelant *dix, vingt, trente, quarante* ou *cinquante.* Exemple: *Ting-se* vaut cinquante-quatre; *Ting* dit *quatre;* reste à lier *cinquante, cin, ci* ou *si* à l'expression *Ting-se;* soit *si-ti-s.* Mais qu'on l'entende bien: s'agit-il de *retenir* que *sitis* vaut 54? non; uniquement *qu'il existe* une formule *sitis,* laquelle *se comprend:* cinquante (*si*) et quatre (*ti*). Pour *Kia-tch'en :* 41, *kakat* suffit; ce n'est pas rien, mais c'est bien moins; la mnémonique ne remplace pas la mémoire, mais la concentre et la soulage.

§ III. DIVISION EN SIX PÉRIODES, D'APRÈS
NOS SOURCES PRINCIPALES.

115. 723-478 ; d'après le *Tch'oen-ts'ieou* 春秋 et ses Commentaires 傳.

Depuis — 206, d'après le *Tch'ang-li* 長歷.

+ 960, d'après le *Song-Liao-Kin-Yuen-se-che-cho-joen-k'ao* 宋遼金元四史朔閏考.

1260, d'après le *Yuen-che* 元史, le *Ming-che* 明史 et le *Ming-ki* 明記.

1624, d'après le *Wan-nien-chou* 萬年書.

1899, etc., même source.

116. Un mot d'abord des dernières sources.

Nous publions le *Wan-nien-chou* sans contrôle d'après l'édition du Père Pierre *Hoang*, mais en numération décimale. Observons que ce livre devance de vingt ans l'officiel avènement des *Ta-ts'ing* tel qu'on le date aujourd'hui ; mais comme ce que nous avons du comput de style *Ming* est loin d'être aussi complet et se prête mal à une édition comparative ou simultanée, ces vingt années figureront deux fois. — Comme le Rév. Père *Hoang*, nous donnons le *Wan-nien-chou* tel qu'il a été observé dans le passé, c.-à-d. avec quelques retouches ordonnées lors de la publication annuelle du Calendrier ; rappelons que pour la partie à courir (1899, *seqq.*) il demeure sujet à semblables contre-ordres.—Enfin avertissons qu'en deux ou trois points notre édition bénéficie des corrections manuscrites du Rév. Père *Hoang*.

117. Le *Song-Liao-Kin-Yuen* de *Ts'ien Ta-hin* 錢大昕 paraît ici, en numération décimale, sans autres retouches que les corrections indispensables. Incomplet sur la fin, il pourrait être continué et confirmé. Le moment n'en est pas venu, et nous devons garder en portefeuille les trop courtes vérifications qui nous font estimer ce livre sérieux et sincère.

118. La période intermédiaire *(Yuen et Ming)* n'a pas eu, semble-t-il, de computistes comparables, et nous nous sommes adressés aux historiens. Le 交食捷算 *Kiao-che-tsié-soan* de 黃炳垕 *Hoang Ping-heou* (n. 147) ne nous apprend rien de plus qu'eux, mais, découvert inopinément au moment d'imprimer, il confirme utilement nos propres lectures.

119. Tous les embolismes des *Yuen* et des *Ming* nous sont historiquement acquis (quant au rang, non pas — et bien moins importe — quant à la date néoménique), la plupart en vertu de trois, quatre, cinq témoignages directs (1). Pour quelques-uns la preuve est moins ample : on souhaiterait une confirmation aux

---

(1) Non compris celui de *Hoang Ping-heou*

textes singuliers, du reste clairs et classiques, qui établissent les embolismes de 1317, 1341, 1349; on voudrait devoir au *Yuen-che-pen-ki* et non au continuateur de *Ma Toan-lin* 馬端臨 (*K.* 212) la mention expresse de 1333.3; enfin les embolismes de 1363, 1417, 1588, 1593, simplement quoique nécessairement inférés, non indiqués, dépendent de la correction du contexte, que rien d'ailleurs ne fait suspecter. En somme nul doute positif.

120. Il est étrange que l'histoire devienne ainsi muette précisément aux approches des temps modernes et de la présente Dynastie : la fin des *Ming* offre des lacunes plus sensibles encore que la fin des *Song*. Elle présente des Années entières sans dates néoméniques. Toutefois observons que l'extrême fin des *Ming,* (1624-1644), jusque dans ses différences profondes d'avec le style *Ts'ing* naissant, est au contraire exceptionnellement claire.

Sans doute d'autres sources nous livreront en leur temps de nouvelles néoménies : mais nous avons dû nous borner et recueillir simplement celles que nous avons rencontrées à la recherche déjà longue des embolismes au complet.

121. Le Calendrier du *Tch'oen-ts'ieou* et le *Tch'ang-li* de *Lieou Hi-seou* demandent plus ample examen. L'examen et la transcription du premier sont du Rév. Père Havret (1).

---

(1) Le joyau de la Chronologie lunaire serait, s'il était acquis, l'éclipse du *Chou-king*, sous le règne de *Tchong-k'ang*. Est-ce pourtant une éclipse *observée*? est-ce même une éclipse ? – Elle a été dépossédée de ces trois places : 2155 (Gaubil), 2007 (Fréret, d'après D. Cassini) et 2128 (Rothman), par C.-L. Largeteau, qui ne propose pas de solution nouvelle. — Outre ces trois néoménies, très sensiblement écliptiques si elles n'étaient nocturnes selon l'heure chinoise (il s'agit d'une éclipse de soleil), rappelons les deux hypothèses suivantes qui ne supportent pas un instant l'examen astronomique : 1948 (竹書 *Tchou-chou)* et 2159 (通鑑前編 *T'ong-kien-ts'ien-pien* — fin des *Song)*. Largeteau attribue à 劉炫 *Lieou Hien* la troisième réponse (Rothman) ; mais *Lieou Hien*, selon nous, suit le *Tchou-chou*.

§ IV. LE CALENDRIER DU *TCH'OEN-TS'IEOU*
(722 à 478. av. J.-C.).

122. La Chronologie du *Tch'oen-ts'ieou* 春 秋 a depuis long-temps exercé la sagacité des historiens chinois et européens. Cette époque, qui s'étend de 722 à 479 avant J.-C. (1), doit sa célébrité et son nom à Confucius qui en écrivit les Chroniques sous le nom de «Printemps et Automnes». Ce sec résumé d'une histoire de deux siècles a eu l'honneur d'être classé parmi les Livres Canoniques de la Chine, *King* 經; nous l'appellerons le «Texte», pour le distinguer des «Commentaires», *Tchoan* 傳 (2), que nous aurons aussi à citer.

123. L'érudit *Wang T'ao* 王 韜 (*Ou-hoei* 无 晦) de *Sou-tcheou* 蘇 州 (*Kiang-sou*), qui vient de mourir ces jours derniers laissant une œuvre considérable, rappelle dans le Catalogue de ses livres que dans les temps anciens *Lieou Hin* 劉 歆 († 23 ap. J.-C.), puis *Tou Yuen-k'ai* 杜 元 凱 (222-284), et enfin le bonze *I-hang* 一 行 († 717) s'efforcèrent, mais sans grand succès, de reconstituer le Calendrier de cette période embrouillée, et au cours de son propre ouvrage il citera plus d'une fois le *Tch'oen-ts'ieou-tch'ang-li* 春 秋 長 歷, œuvre de *Tou Yu* (預). Il mentionne aussi les recherches entreprises dans le même but sous la Dynastie actuelle par *Kou Tchen-ts'ang* 顧 震 滄 et deux autres auteurs, et souhaite en terminant de n'être point tombé lui-même dans les erreurs de ses prédécesseurs (3).

124. Avant de reproduire son Calendrier, ou Traité de la Chronologie du *Tch'oen-ts'ieou, Tch'oen-ts'ieou-cho-joen-tche-je-k'ao* 春 秋 朔 閏 至 日 考, publié à *Chang-hai* en 1889 (4), un mot de la méthode suivie par l'auteur pour asseoir ses conclusions. Il consacra tout d'abord un volume (5) à la discussion des 37 éclipses de soleil rapportées dans le *Tch'oen-ts'ieou*. Il connaissait le travail analogue du Rév. J. Chalmers (6), lequel s'était

---

(1) En réalité, le Texte de Confucius s'arrête à l'année 481; ses disciples l'ont continué jusqu'à 479, date de sa mort; et le commentateur 左 丘 明 a conduit les faits jusqu'en 468.

(2) Sur les «Trois Commentaires» 三 傳, *Cf. Cursus litter. sin.* du P. A. Zottoli, Vol. IV, p. 1.

(3) *Kou Tchen-ts'ang* (棟 高 *Tong-kao*) (1679-1759) a fait le 春 秋 朔 閏 表; *Tch'en Se-yuen* 陳 泗 源 (厚 耀 *Heou-yao*) (Dr en 1706) a fait le 春 秋 歷 存; *Yao Ts'ieou-nong* 姚 秋 農 (文 田 *Wen-t'ien*) (1758-1827) le 春 秋 經 傳 朔 閏 表.

(4) Avant cet ouvrage en 3 *Kiuen*, l'auteur avait publié en un fascicule de 13 pages, sous le titre de 春 秋 朔 至 表. la Table des 3005 Néoménies qui composent cette période. Elle nous a servi à corriger quelques erreurs du Traité (考), bien que généralement inférieure à ce dernier dans les variantes qu'elle présente.

(5) 春 秋 日 食 辨 正 en un *Kiuen*. Cet ouvrage et les deux autres cités plus haut portent le titre général de 春 秋 經 學 三 種.

(6) *Astronomy of the ancient Chinese. Eclipses recorded by the ancient Chinese*, dans

visiblement inspiré de Gaubil, et il est assez intéressant de le voir arriver, par des procédés indépendants, à des résultats très rapprochés de ceux de ses devanciers (1). En somme, il retient comme vraies les désignations cycliques des néoménies écliptiques pour les 26 Années : 720, 709, 669, 668, 664, 655, 612, 599, 575, 574, 559, 553, 552 (9ᵉ L.), 550, 549 (7ᵉ L.), 546 (11ᵉ L.. correct. du Comment.), 535, 527, 521, 520, 518, 511, 505, 498, 495, 481 (2). Des onze qui restent, il repousse comme évidemment fausses celles de 552 (10ᵉ L.) et de 549 (8ᵉ L.). Il rend à l'éclipse de 695 le Signe Cyclique qui lui est dû et que les Chroniques ont omis. Pour deux autres éclipses, celles de 676 et 645, données sous leur Lune, mais sans le Signe diurne, il propose dubitativement de remplacer les 3ᵉ et 5ᵉ Lunes respectivement par les 4ᵉ et 2ᵉ. Pour quatre autres, celles de 648, 626, 601 et 558, données avec leur Signe, il indique avec assurance des mutations analogues : rien de bien étonnant sans doute, qu'à la longue on ait écrit : 3ᵉ Lune pour 4ᵉ, 2ᵉ pour 3ᵉ, 7ᵉ pour 10ᵉ, et 8ᵉ pour 7ᵉ. — Restent les Années 592 et 525, qui semblent réfractaires à une telle combinaison. De fait, *Wang T'ao* propose, après Chalmers, de

---

les *Prolegomena* du 3ᵉ Volume des *Chinese Classics* du Dʳ J. Legge, pp. 103, 104. — Ce Tableau a été reproduit en tête du 5ᵉ Volume du même ouvrage, pp. 86, 87, dans un Chapitre consacré à la Chronologie du *Tch'oen-ts'ieou*. — J. Chalmers s'appelait en chinois *Tchan Yo-han* 湛約翰.

(1) Dès 1732, le Père Ét. Souciet, au 3ᵉ Tome de ses *Observations astronomiques* (pp. 239 à 255) publiait, d'après le Père Gaubil (*Traité de l'astronomie Chinoise*) un Catalogue des éclipses du *Tch'oen-ts'ieou*. Ce travail un peu hâtif, que son auteur regretta d'avoir vu paraître prématurément (*Cf. Lettres édif.* Édit. Aimé-Martin, Tom. IV, p. 480, col. I, not.), fut repris et complété par lui dans son *Histoire de l'astronomie Chinoise*. Le P. Gaubil en attribue le premier mérite aux calculs que le P. Adam Schall avait fait paraître dans son ouvrage chinois 古今交食說. Le P. Amiot l'a reproduit dans son article sur l'*Antiquité des Chinois* (*Mémoires*, Tom. II, pp. 200 à 204).

Chalmers, en transcrivant Gaubil, a admis avec lui plusieurs corrections inutiles des Lunes indiquées dans le Texte : sans doute, il a été conduit à ce résultat par le préjugé, suffisamment prouvé faux, qu'il fallait respecter le commencement de l'*Année des Tcheou*. C'est une faute que n'a point commise *Wang T'ao*. De plus, en réduisant les dates Juliennes de Gaubil en style nouveau, opération bien simple, puisqu'elle consistait à soustraire de chaque quantième un nombre constant, Chalmers s'est trompé dans un bon nombre de cas. Ainsi les dates écliptiques des 16 Juin 521, 23 Nov. 520 et 9 Avril 518, données correctement par Gaubil, sont traduites par Chalmers en 3 Juin (— 7), 18 Nov. (— 5) et 1ᵉʳ Avril (— 8); et *sic porro*.

(2) A l'exception des années 720 et 599, qui ne portent point mention expresse de la néoménie, toutes ces dates sont fixées par ce dernier élément, ainsi que par l'indication de la Lune et du Signe cyclique diurne.—Rappelons en passant que la computation chronologique diffère d'une Année de la computation astronomique pour les dates antérieures à l'ère chrétienne. Ainsi l'Année dite 720 av. J.-C. suivant la Chronologi·, sera dite — 719 en Astronomie; et ainsi de suite. Cette différence est due à l'intercalation par les astronomes, d'une Année 0 entre les deux ères, pour la constante simplification des calculs.

reporter l'éclipse de 592, 17ᵉ Année de 宣公, à l'Année 602, où l'on trouve en effet le Signe 40 pour la néoménie de la 6ᵉ Lune. Quant à l'éclipse de 525, marquée sous la 6ᵉ Lune, il est prêt à la reporter à la 10ᵉ en faisant le sacrifice de son Signe.

125. En résumé, il restait à notre auteur au moins trente indications de néoménies présentant toute garantie et pouvant servir de première base à son Calendrier. D'autres éléments complétèrent ces premières données. Celui des Années embolismiques, parfois mentionnées, soit dans le Texte (620, 490), soit dans les Commentaires (653, 574, 522, 520). Celui de néoménies ordinaires, dans le Texte (644, 638) et dans les Commentaires (626, 546, 530, 522, 519). Celui des derniers Jours de la Lune, dans le Texte (645, 575), et dans les Commentaires (574, 554, 522). Enfin, un bloc d'environ sept cents dates, la plupart cycliques, empruntées aux mêmes sources, devait à la fois servir à déterminer et à contrôler le système.

126. La détermination du Solstice d'hiver pour chaque Année de cette période a fait ressortir une anomalie curieuse, due au mauvais état de l'Astronomie à cette époque troublée, et notamment à l'irrégularité de l'intercalation. Théoriquement, nous l'avons vu (nn. 41, 42), la Dynastie *Tcheou* datait l'Année civile de la 1ʳᵉ Lune astronomique, 子月; mais ce principe souffrit alors de fréquentes exceptions : sur 245 Années, les listes de *Wang T'ao* n'en donnent que 151 conformes à la théorie. Les commencements du *Tch'oen-ts'ieou* furent sujets à de continuelles variations, avec prédominance du début par la 2ᵉ Lune, 丑月, comme sous les *Chang-Yn*; on en compte 68 pour cette époque, avec 3 Lunes 寅月 (Dyn. *Hia*); puis vers les 6ᵉ et 5ᵉ Siècles, 23 Lunes 亥 (Dyn. *Ts'in*) (1).

127. Disons encore, pour recommander le Traité de notre auteur, qu'il n'a rejeté ou corrigé (plusieurs fois d'après les Commentaires) que 35 dates du Texte, tandis qu'il a pu faire entrer dans son cadre les 352 autres, portant sur 177 Années. Les Commentaires, négligés par le Tableau de Chalmers (2) ont fourni aussi leur appui et leur preuve : 29 dates sont déclarées fautives, contre 339 portant sur 110 années et concordant avec le système (3). Pour quiconque connait l'incorrection des livres

---

(1) J. Legge, *Op. cit.* p. 92, en présentant d'après Chalmers la Chronologie du *Tch'oen-ts'ieou*, remarque à bon droit que « la chose la plus importante à observer dans ce Tableau est la position changeante de la 1ᵉʳᵉ Lune, quelquefois précédant, d'autres fois suivant, le Solstice d'hiver, sans aucune règle apparente. »

(2) *Cf. The Ch'un Ts'ew*, pp. 93 à 97.

(3) Soit en tout, seulement 64 dates inconciliables, sur 755, d'après *Wang T'ao*. — Nous trouvons dans le *Yu-hai* 玉海, 9ᵉ *Kiuen*, fol. 14, les renseignements suivants : 1° D'après le *Han-tche* 漢志, Confucius dans le *Tch'oen-ts'ieou* se serait servi du Calendrier du Royaume de *Lou* 魯 (n. 157,8). 2° D'après le *Tch'ang-li* 長歷 (n. 134), le Texte

chinois (1), même dans les éditions impériales les plus soignées, ces résultats paraîtront très satisfaisants.

128. L'appareil de cette Table se rapproche beaucoup de celui qu'a adopté plus haut le Rév. Père G. Chambeau (nn. 103, *seqq.*); il n'en diffère qu'en deux points : 1° L'entrefilet gauche porte à gauche la succession des Années de règne des Empereurs, à droite celle des Années des Princes de *Lou* 魯. 2° La marge de droite indique par Lune et par quantième la date du Solstice d'hiver d'après *Wang T'ao*.

129. Quant à la série octogénaire, permettant la conversion des dates cycliques en quantièmes Juliens, rappelons-en l'usage au moyen d'un exemple. Soit à convertir en style Julien, la Néoménie écliptique de la 7ᵉ Lune 549, marquée du Signe 1ᵉʳ 甲 子, et affectée d'une **s** dans notre Table, comme les autres éclipses de soleil. L'indice octogénaire de cette Année Julienne étant 11 et la 1ᵉ Lune de l'Année civile chinoise correspondante étant 子月, on voit que l'éclipse eut lieu le 19 Juin, style Julien.

---

de Confucius et les Commentaires renfermeraient 779 indications de Jours. Vers la fin des *Han, Song Tchong-tse* 宋 仲 子 composa un ouvrage pour vérifier l'assertion du *Han-tche.*. Or, il ne put justifier que 529 dates; les 250 autres durent être rejetées. 3ᵉ D'après le 唐志合朔議, les dates du *Tch'oen-ts'ieou*, depuis la 5ᵉ Année de *Hi-kong* (655 av. J.-C.) jusqu'à la 23ᵉ Année de *Tchao-kong* (519 av. J.-C.), concordent avec le Calendrier des *Tcheou*; etc., etc. — Quoi qu'il en soit de *l'intention* de Confucius, de se conformer au Calendrier des *Tchcou* ou à celui de *Lou*, les faits et les chiffres sont là, qui valent mieux que des théories.

(1) Voir notamment la remarque que nous avons faite, à propos des incorrections du *Che-ki*, dans un article sur la *Chronologie des Han*, inséré au *T'oung-pao*, Vol. VIII, 1897 : *La Chronologie des Han*, p. 382 not. 1.

§ V. DE LA PÉRIODE *TCH'OEN-TS'IEOU*
A LA DYNASTIE *HAN*.

130. En ce qui concerne la Chronologie, de 468, dernière Année du 左 傳, à 206 avant J.-C., nous n'avons guère que des débris informes et surtout l'aveu répété des auteurs que les derniers *Tcheou* négligèrent presque entièreement l'observation des astres et des temps.

131. Nous recourrons donc ici au Traité général de *Hoang Ping-heou* sur les embolismes (n. 147). Quelle qu'en soit la valeur, il nous servira à fixer les idées, hypothétiquement du moins. Pour cela, nous joignons au millésime et à l'indice octogénaire des Années embolismiques la date cyclique du *Tcheng-yué-cho* 正 月 朔 ou premier Jour du *Tcheng-yué*. Rappelons que ce Mois est sous les *Tcheou* le Mois *Tse* 子. Sous les *Ts'in*, c'est le Mois *Yn* 寅, bien qu'en réalité l'Année civile de cette Dynastie commence trois Mois plus tôt, à la Lune *Hai* 亥 (nn. 41, 42).

132. Du *Tcheng-yué-cho* d'une Année embolismique (présumé *à un jour près* par interpolation de 478 à 206) on passera aisément (avec pareille approximation) à toute néoménie de la même Année embolismique ou des *précédentes*. L'usage avertirait en effet de procéder régressivement quand il s'agit d'Années communes.

Exemples. En 232, le *Tcheng-yué-cho* étant 23, que sera le premier Jour de la 3ᵉ Lune? — Sensiblement le 22.

En 233? — C'est une Année commune. Partir de 232, embolismique. Le *Tcheng-yué-cho* sera ici 23+6 ou 5, soit 29 ou 28, et non 59 ou 58, puisqu'il n'intervient pas d'embolisme. Du *Tcheng-yué* on passera à tout autre Mois, en diminuant d'un Jour pour deux Mois, de deux Jours pour quatre Mois, etc.

133. Sur tels points où *Hoang Ping-heou* serait convaincu d'erreur, le présent établissement moyen des *Tcheng-yué-cho* servirait encore, par de faciles transpositions, à le corriger. Sur les deux points cependant (237 et 218) où il se sépare de M. Éd. Chavannes (1) nous devons le suivre, conformément aux démonstrations du Rév. Père Havret (2) démonstrations indépendantes de *Hoang Ping-heou* pour cette période, comme du *Tch'ang-li* pour la suivante.

---

(1) *T'oung-pao*, Vol. VII, 1896 : *La Chronologie chinoise de l'an 238 à l'an 87 avant J.-C.*, pp. 20 à 23 ; et *Note rectificative*, p. 516.

(2) *T'oung-pao*, Vol. VIII, *loc. sup. cit.*.

§ VI. LE *TCH'ANG-LI*
(206 av. J.-C. a 960 ap. J.-C.).

134. Reste à décrire et à juger le *Tch'ang-li*. Le *Tch'ang-li* 長歷 de *Lieou Hi-seou* 劉羲叟 *(Tchong-heng* 仲更) est reproduit ici d'après le haut des pages du *Tse-tche-t'ong-kien-mou-lou* 資治通鑑目錄 (Éd. de *Sou-tcheou,* 1891) où *Se-ma Koang* 司馬光 (1019-1086) s'est lui-même résumé en trente *Kiuen* sous la forme du *Tch'oen-ts'ieou.* Les deux auteurs étaient du même temps et ils ont pu marier eux-mêmes leurs enfants ; de fait le *Se-k'ou-ts'iuen-chou* 四庫全書 ne parle du *Tch'ang-li* qu'à propos du *Mou-lou,* et ne lui connait pas d'édition distincte.

135. *Lieou Hi-seou* (1015-1058) est, d'après le *Wan-sing-t'ong-pou* 萬姓統譜, associé à *Ngeou-yang Sieou* 歐陽修 (1007-1072) dans la composition de la nouvelle *Histoire des T'ang.* Il est loué pour sa mémoire, ses vastes lectures et un talent, dangereux ici, de calculateur.

136. Le *Tch'ang-li* contient principalement le régime des lunaisons, avec, aux Années embolismiques, indication du Terme solaire qui suit l'embolisme ; viennent ensuite les éclipses de soleil d'après le *Pen-tche* (n. 144.1) et d'autres sources ; addition primitive ? nous le croyons, on en douterait pourtant à voir l'auteur les enregistrer sans sourciller dans les cas à peine rares où elles contredisent le texte, alors qu'il dénonce les dissidences entre divers catalogues d'éclipses ; suivent les éclipses de lune, le mouvement des planètes, etc... que nous laissons entièrement de côté. L'histoire astronomique n'a pas besoin de nous et saura trouver là ces données si elle n'estime pas avoir épuisé les textes chinois. Nous avons relevé au contraire toutes les mentions d'intérêt général ou concernant le comput lunaire, notamment l'indication très précise, trop brève, de nombreuses réformes ou changements de style, et nous avons consigné en note tout ce qui conserve quelque utilité après le travail fort supérieur des Rév. Pères Pierre *Hoang* et Simon *Tchou* (nn. 156, 157).

137. Dès le début *(T. t. t. k. mou-lou, Kiuen* 3) nous sommes avertis d'un artifice d'abréviation perpétuelle et du reste évidente: le *Tch'ang-li* nous livre au complet la série des dates néoméniques, mais virtuellement ; il n'en trace que les tournants, les points où après Lune cave, les dates d'impaires deviennent paires ou de paires impaires. Soit : 1.52, 3.51, 6.20 ; il faudra lire : 1.52, 2.22, 3.51, 4.21, 5.51, 6.20, etc. Il en résulte, entre autres choses, que la Lune intercalaire est tantôt portée à son rang parce qu'elle suit Lune cave, tantôt rappelée à la fin du texte, pour raison contraire, avec mention de rang mais sans date néoménique : et si, comme au début (—206 —104). il y a deux styles simultanés, tantôt l'un tantôt l'autre présentera un embolisme daté; c'est là que *Ou Yong-koang,* que nous retrouverons bientôt (n. 144.3), a pris des deux mains.

138. Cette abréviation sans profit nous dérobe parfois désespérément la vraie leçon au cas d'une faute de gravure. Le lecteur devra en tenir grand compte pour juger nos corrections, les unes évidentes, les autres douteuses.

139. Cette forme abrégée est-elle primitive ? On peut le penser. Parfois la symétrie des erreurs de gravure donnerait à croire à un modèle synoptique et par conséquent *in extenso;* mais ces effets ne dépassent pas la subtilité des pièges du *Kia-tse,* qui nous fraude aisément de 12, 24, etc..., de 10, 20, hélas! de 30 (difficilement par bonheur de 1, c'est son avantage sur notre style décimal). De plus le manuscrit a dû être nécessairement synoptique; mais plutôt que de faire remonter jusque-là l'origine de fautes aussi claires, il suffirait, s'il le fallait, de supposer une édition synoptique récente ou du moins intermédiaire.

140. Le *Tch'ang-li* couvre presque douze Siècles de notre Table et les premiers, les plus reculés après ceux du *Tch'oen-ts'ieou.*

Il a un tort que rien n'absoudra : il est complet, donc systématique : il mêle à l'histoire des calculs théoriques souvent subtils, et assurément consciencieux, comme quand il nuance les styles simultanés des Trois Royaumes, du Nord et du Sud, sans nous aider à discerner la part des faits réels et celle des conjectures.

141. Il doit être critiqué par périodes : il n'est pas également suspect lors des *T'ang* ou des Cinq Dynasties suivantes et lors des Trois Royaumes ou des *Han.* Mais pour la première période, de −206 à +220, il mérite toutes les sévérités : il distingue cent ans durant (− 206 — 104) le style des *Yn* et le style plus vénérable encore de *Tchoan-hiu;* mais dans tout ce comput des premiers *Han,* il abstrait entièrement du *Che-ki* 史記. Inutile de qualifier sa critique : l'*apparatus* permettra de compter et de mesurer le *minimum* reconnu de ses fautes, au moins de ses lacunes (1).

142. Cependant nous ne nous en passerons pas, quant à présent.

---

(1) Sur le Calendrier des *Yn* et celui de *Tchoan-hiu, Cf.* Éd Chavannes, *Journal asiatique,* 1890, et ses références à *Se-ma Ts'ien,* Traité 4e *(Li-chou).* Gaubil nous rappelle qu'au temps des premiers *Han* il se produisit jusqu'à six Calendriers se prévalant d'origines antiques, entre autres un Calendrier de *Yao.* Sur le Calendrier de *Yao* selon le *Chou-king* et sur ses transformations, voir Fr. Kühnert, *Der Chinesische Kalender (T'oung-pao,* Vol. II, 1891), étude, où nous avons peine à le suivre, des premiers textes relatifs à l'intercalation. Signalons ce point du développement (page 69) : par un calcul en progrès sur la découverte du Cycle de 19 Ans, les astronomes obtiennent l'égalité 336 Lunes = 326 *K'i* (ou Mois solaires); solution intermédiaire entre 337, nombre impliqué par le Cycle de 19 Ans, et 335, chiffre obtenu par les calculateurs de *Yao ;* mais 336, c'est 28 fois 12, 28 Années lunaires; d'où l'importance des 28 *Sieou* 宿, pour l'établissement des embolismes: le *Sieou,* $\frac{1}{28}$ de *K'i* (soit un peu plus d'un Jour), sert à calculer la marche de la lune d'un *K'i* à l'autre.

Bien que fort accessible, bien que cité, il n'est pas connu ; de récentes aventures sinologiques nous le prouvent. De plus il n'est pas traduit : une édition synoptique et décimale est un allègement pour les Chinois mêmes. Rien que comme base de discussion et comme recueil ouvert aux futures trouvailles, aux rencontres d'indices chronologiques, un schéma même tout fictif est indispensable : des mécomptes eussent été naguère encore évités rien qu'à l'aide de cette sorte de crible dont bien des mailles devront se briser mais dont le réseau une fois tracé marque au premier coup d'œil, non pas sans doute les erreurs, du moins les incompatibilités de textes : quel canevas semblable approche du *Tch'ang-li?* comme tel, il s'impose. Mais, il est mieux qu'une fiction : en parcourant, dans les 24 *Histoires,* les Sections de 天文 *Ti'en-wen* et de 歷志 *Li-tche,* on se prend à regretter de ne pouvoir développer par Ans et Mois ces formules laborieuses et successives du Calendrier (sauf à comparer ensuite, le plus possible, ce qu'ont été les Lunes dans l'Histoire avec ce qu'elles auraient dû être selon la loi) : et pourtant qui oserait d'entre nous, dans l'état présent de nos études, et vu l'urgence de travaux autrement positifs, s'absorber dans la demi-objectivité d'une Astronomie débile, et supputer en conscience les prescriptions scientifiquement erronées, historiquement inobservées, de systèmes éphémères, souvent rétrogrades ? *Lieou Hi-seou* s'y est complu. Enfin si le liseur qu'était *Lieou Hi-seou* n'a pas entièrement oublié ses livres sous son abaque. nous flattons-nous de retrouver mieux que lui, après les *Song,* les *Yuen,* les *Ming* et les troubles de l'âge présent, la trace ou l'écho des douze cents *Li-pen* ou Almanachs que nous voudrions reproduire ici? Le départ de l'Histoire et des systèmes dans le *Tch'ang-li* n'est pas entièrement impossible ; mais il est obscur : c'est pourquoi nous ne l'achevons pas seuls et le soumettons au public. Nos corrections présentes seront aisément supplémentées jusqu'à ce que par leur nombre, elles remplacent (s'il se peut) le texte lacéré et renouvelé. Pour l'instant, si, pour prendre exemple de la plus grosse erreur du *Tch'ang-li* (Années —97, —96), nous savons par le *Che-ki* que l'embolisme avance de sept Mois au moins, sans pouvoir restituer une leçon certaine et concrète, comment songer à meilleure base, simplement à meilleur *carnet d'observations* et de comparaisons?

143. Selon notre tâche d'éditeur, nous reproduisons le *Tch'ang-li* fidèlement, avec ses erreurs, dénoncées du reste au plus tôt et redressées selon le possible ; non pas avec les fautes de gravure, corrigées dans le texte, décrites pourtant, par prudence, en note.

§ VII. SOURCES SECONDAIRES.

144. 1. La série des éclipses de soleil. Recueil exclusif et *ex professo* de néoménies solennelles. Au fond, c'est un *Kiuen* du 天文 *T'ien-wen* des 24 Historiens. Certains catalogues d'âges divers y ajoutent quelque peu et servent surtout à garantir la leçon des Historiens et de leurs éditeurs. Voir Al. Wylie *(J. of the N.-Ch. Branch of the Royal Asiatic Society,* Déc. 1867, Art. VII, *Eclipses recorded in Chinese works.* Ce travail nous a particulièrement soutenu au début du nôtre ; ses fautes, étonnamment nombreuses, ne pouvaient nous nuire ; nous regrettons seulement qu'il n'ait pas lui-même exécuté ou dirigé nos propres Tables: de toutes néoménies, écliptiques et autres).

2. Les 24 Historiens, ou, si l'on veut, le reste des 24 Historiens 廿四史 *(Cf. supra* 1). Source secondaire, en tant qu'intermittente, non pas quant à l'autorité. Édition de *Nan-king.* Nous en avons dépouillé tout le *Pen-ki.* Rappelons que de 1260 à 1644, ce sont nos sources principales ; dépouillé pour cette période le *Yuen-che* jusqu'au *Li-tche* inclus., et les 320 *Kiuen* du *Ming-che.* — Voici quelque idée de l'apport des Historiens successifs. Le *Pen-ki* des *Ts'ien-Han* n'offre guère que des dates d'éclipses, mieux données ailleurs *(au T'ien-wen).* La Chronologie lunaire ne commence vraiment qu'à l'Histoire des *Han* Orientaux, mais tarit dans celle des Trois Royaumes, qui nous fournirait jusqu'à trois dates : nous les négligeons ainsi que le *Commentaire,* d'autorité trop incertaine, et le *Roman,* riche d'Histoire, on le sait, mais non de Chronologie ; les seules lunaisons officielles de cette époque semblent être inscrites aux débuts de l'Histoire des *Tsin* suivants, celle-ci féconde. La division du Nord et du Midi donne lieu à une certaine confusion, à deux styles simultanés et davantage, mais en même temps à deux précieuses révisions, le *Nan-che* et le *Pé-che,* où la détermination des embolismes notamment semble en progrès. L'Histoire des *T'ang* et celle des Cinq petites Dynasties suivantes ont été faites deux fois : on comprend rien qu'à lire les dates, la réprobation soulevée par la première *Histoire des T'ang:* les absurdités y abondent, et si ce sont, pour beaucoup, des *lapsus* de gravure, elle accusent au moins une particulière négligence du manuscrit : mais enfin les dates, vraies ou fausses, sont nombreuses et les erreurs d'autant plus souvent redressables; ce vieux *T'ang-chou,* seul peut-être, date des néoménies pour elles-mêmes, sans fait aucun: il prélude au *Tch'ang-li.* Les deux Histoires des *Heou-ou-tai,* très riches, présentent chronologiquement peu de différences. — Nous passons sur le *Song-che,* le *Liao-che,* le *Kin-che,* lu pour nous par *Ts'ien Ta-hin.* — Rappelons que le *Yuen-che* a mérité jadis les mêmes sévérités, ou peu s'en faut, que le *Kieou-T'ang-chou ;* mais il a été corrigé. Inutile d'opposer

à l'abondance du *Pen-ki* des *Yuen* la sécheresse de celui des *Ming,* laquelle nous a forcé à dépouiller le *Ming-che* entier. Mieux que le *Pen-ki* des *Ming,* le *Ming-ki* 明記 de *Tch'en Ho* 陳鶴 ferait par sa juste ampleur à peu près équilibre au *Pen-ki* des *Ming ;* c'est une sorte de concordance abrégée, harmonieuse, sans doute aussi très dépendante, du *Ming-che,* dont nous n'avons pas cru devoir le distinguer par aucun signe critique, non plus que nous n'avons distingué, pour si peu, les témoignages du *Che-ki* de ceux du *Ts'ien-Han-chou.*

3. *Ou Yong-koang* 吳榮光 (1). Jusqu'à 960, c'est, pour les embolismes seulement, un extrait scrupuleux du *Tch'ang-li,* dont il ignore l'appareil abréviatif (n. 137). Il ne nous a pas servi, mais il aurait pu, au cas d'un défaut de l'impression, servir à la collation du *Tch'ang-li* et d'autres recueils. Nous le citons surtout à cause de sa longue étendue (des *Han* aux *Ta-ts'ing*) et dans la pensée qu'il existe d'autres extraits similaires propres à la collation (n. 147).

145. Il s'agit là des sources générales. D'autres seront produites en note. Mais il importe à notre essai de ne pas multiplier les références ; nous aimons mieux retenir à part nous les résultats de dépouillements inachevés. Gardons-nous d'accumuler des témoignages sans les classer : il est vrai que pour établir la filiation des témoignages ou la parenté des versions ou leçons chronologiques et autres, la collation des erreurs de chiffres, et notamment des dates, est une ressource importante, en Chine surtout où chiffres et erreurs abondent ; et cette fin est de nature à relever le travail de dépouillement intégral qui fera oublier quelque jour celui-ci ; mais il faudra savoir attendre l'opportunité proportionnée et successive. Ici nous voulions assurer un ensemble.

146. Vérifications astronomiques. Au défaut des livres, il y a le ciel, dira-t-on, et le calcul.—Les Chinois n'ont pas toujours visé, en Chronologie, ni souvent atteint, à la vérité cosmographique. En ce qui concerne les Termes solaires par exemple, toute vérification est inutile : fausses ou moyennes, comme on voudra, ces dates ont telles quelles la seule et entière vérité *historique* qui nous importe ; nous n'avons qu'à les recueillir aussi empiriquement que possible dans les textes les plus directs. Nous avons insisté sur les éclipses de soleil, mais comme sur des dates solennelles, non comme sur des renseignements astronomiques. Ou bien il faudrait reprendre le recueil et trier soigneusement (Gaubil lui-même doute qu'on y parvienne) ce qui est donné pour *vu :* or, sous les *Song* encore, la moitié peut-être des éclipses sont reconnues *présumées.* Deux exemples : en 1223 les *Kin* attendent

---

(1) Cet auteur, originaire de Canton, vécut de 1773 à 1843. De son ouvrage biographico-chronologique, 歷代名人年譜, nous ne possédons qu'une édition assez défectueuse, celle de *Pé-king,* 1866.

le 6 Octobre une éclipse plus justement attendue le 5 par les *Song*,
la néoménie étant, Heure chinoise, le 5 vers 2 h. du soir; mais
hâtons-nous de dire que *Song* et *Kin* déclarent n'avoir rien *vu* (et
de fait, d'après un calcul sommaire, l'éclipticité est au moins
douteuse): il reste que la néoménie du 5 Oct. style *Song* et celle
du 6 Oct. style *Kin* sont particulièrement historiques. Même
retard des *Kin* en 1135: ils attendent au 17 Janvier, pour commencer l'Année, une éclipse mieux placée la veille par les *Song*
au début de leur Année à eux: la néoménie a eu lieu en effet le
16, vers 10 Heures du matin, mais sans éclipse pour *Kin* ni *Song*,
croyons-les-en, bien que cette néoménie ait été certainement écliptique pour une *partie de la terre*. Ajoutons-le cependant, les *Song*
se trompent beaucoup moins sur le temps que sur l'éclipticité des
néoménies: ainsi le 29 Mars 1009 et le 20 Avril 1045, à propos
de néoménies peu ou point éclipticques malgré l'attente, en tout
cas matinales selon nos calculs, ils déclarent n'avoir *vu* ni ce
jour-là *ni la veille*: cette incertitude d'une nuit, cette préférence de
fait juste mais timide, nous donne la mesure assez précise de leur
science comme de leur assurance cosmographique. Nous n'avons
donc vérifié qu'un petit nombre d'éclipses ayant fait difficulté, et
de ce chef intéressantes plutôt, on le voit, qu'embarrassantes.

    Voici les néoménies *vraies* de quelques Années remarquables:

— 206	52	22	51	20		50*	19	48	18		48	17	47	17
— 105											01.	60	30*	30
— 104	59	29	58	28		58	27	57	26		56*	25	55	24
900	38	07	37	07		36	06	35	05		34	04	34*	03
1260	06	35	05	35		04	34	03	33		02	32	01	31

Nous avons noté d'astérisques les néoménies de minuit, qui,
moyennant 'erreur tolérable ou faible avance de longitude, peuvent être rapportées à la veille. La fameuse néoménie—105. 11
n'est pas de celles-là: elle tombe, astronomiquement, le 24 Déc.,
Jour *Koei-hai*, vers 8 Heures du matin, c.-à-d. à seize Heures de
la néoménie historique, *Kia-tse*, 25 Déc. (1).

---

(1) Il nous a suffi, en cette matière, des *Tables pour le calcul des syzygies écliptiques ou quelconques*, par C.-L. Largeteau (dans les *Additions à la connaissance des
Temps* pour 1846). Elles ne peuvent préciser les *lieux de visibilité* des éclipses. Nous
devrions de plus laisser au lecteur la tâche de passer à l'estimation du temps de la
néoménie *apparente*, et cela selon les latitudes. Maintenons avec l'auteur de ces *Tables*
leur but d'approximation, préparatoire en général, concluante en critique négative..

§ VIII. EMBOLISMES
DE L'AN 837 av. J.-C. A LA DYNASTIE *HAN*.

147. Cette période, embrassant 631 Années, commence à la 5ᵉ Année de l'interrègne *Kong-ho* 共 和 sous les *Tcheou* 周, et comprend, après cette Dynastie, les 42 Années de la Dynastie *Ts'in* 秦. C'est à partir de l'époque *Kong-ho* que concordent les différentes Chronologies chinoises, c'est aussi de cette date que *Hoang Ping-heou* 黃 炳 垕 (*Wei-t'ing* 蔚 廷) (1) fait partir son Tableau général des embolismes (2). Nous reproduisons ici la partie de ce Tableau antérieure à la Dynastie *Han* 漢, tant pour suppléer au défaut du *Tch'ang-li* 長 歷, lequel ne commence qu'à l'Année 206, que pour offrir au lecteur deux nouveaux systèmes expliquant les embolismes du *Tch'oen-ts'ieou* (nn. 122, *seqq.*) ; l'un de *Hoang Ping-heou,* l'autre de *Tou-yu* (n. 123) (3). Les indications mises entre parenthèses sont celles de ce dernier auteur (4).

Hoang Ping-heou poursuit jusqu'à l'an 1953 de notre ère, avec ces variantes :

Avant J.-C.	162. 9	Ap. J.-C.	92. 3	Ap. J.-C.	276. 9	Ap. J.C.	502. 5	Ap.J.-C.	738. 8
	78.11		94.11		309. 4		524. 2		784.10
	67. 9		105. 9		322.11		553.11		833. 7
Après J.-C.	13. 8		170.11		366. 4		581. 3		849.11
	16. 5		181. 9		396. 3		589. 4		936.11
	19. 1		246.11		398.11		591.12		1200. 2
	21. 9		257. 9		407. 2		594.10		1257. 4
	75.11		265.11		431. 6		610.11		1270.10

Cette dernière variante n'est qu'apparente, *Ping-heou* suivant ici expressément le Calendrier des *Song*. — En 431, 502, 524, 784, 833, 936, il est avec les historiens que nous opposons nous-mêmes en note au *Tch'ang-li* fautif. — *Passim* encore, il se sépare du *Tch'ang-li* sur des points déjà signalés comme obscurs. Mais on verra par nos notes qu'il contredit, pour sa part aussi, les historiens, spécialement en 162 et 78 avant J.-C., en 170, 581, 589 après J.-C.

---

(1) Dans son ouvrage 交 食 捷 算, 1885, 1ᵉʳ *Kiuen*. Cet auteur, originaire du *Tché-kiang*, avait alors 71 ans ; il a fait paraître un assez grand nombre d'ouvrages, entre autres : 五 緯 捷 算.

(2) Ce Tableau a pour titre 三 元 積 閏 表. L'expression *San-yuen* 三 元 (上, 中, 下) désigne 3 *Kia-tse* 甲 子 ou Cycles sexagénaires consécutifs. Le premier, dans ce Tableau, commence précisément à la 5ᵉ Année *Kong-ho*, (837 av. J.-C.), marquée du Signe *Kia-tse*.

(3) Bien entendu, nous maintenons nos préférences pour le Calendrier de *Wang T'ao*.

(4) Les chiffres de ce Tableau, de gauche à droite, indiquent : le Signe du Cycle sexagésimal ; le millésime ; l'indice octogénaire ; le *Tcheng-yué-cho* (n. 131) avant et après le 春 秋, déterminé par le Rév. P. Chambeau ; l'Année de Règne (Empereur, Prince de *Lou*) ; la Lune intercalaire.

DYNASTIE 周.

(32)	837	59	26	5	1
03	835	10	44		10
06	832	26	57		7
09	829	41	09		3
11	827	52	28	1	11
14	824	08	41		9
17	821	23	53		6
20	818	39	06		2
22	816	50	24		10
25	813	05	37		7
28	810	21	49		4
30	808	32	08		12
33	805	47	21		8
36	802	02	33		5
39	799	19	46		2
41	797	29	04		10
44	794	45	17		6
47	791	01	29		3
49	789	11	48		12
52	786	27	01		8
55	783	43	13		5
58	780	59	26	2	2
60	778	09	44		11
03	775	25	57		7
06	772	41	09		3
08	770	51	28	1	12
11	767	07	41		9
14	764	23	53		5
17	761	38	06		1
19	759	49	24		10
22	756	05	37		7
25	753	20	49		3
27	751	31	08		11
30	748	47	21		9
33	745	02	33		6
36	742	18	46		2
38	740	29	04		10
41	737	44	17		7
44	734	60	29		4
46	732	11	48		12
49	729	26	01		8
52	726	42	13		5
55	723	58	25		2

PÉRIODE 春秋.

57	721	08	50 2	10	(12)
60	718	24	2 5	6	(12)
02	(716)	35			(12)

03	715	40		3
04	(714)	45		(10)
05	713	50		12
07	(711)	01	9 1	(12)
08	710	06		8
11	707	22		5 (1)
13	(705)	32		(12)
14	704	38		2
16	702	48		11
17	(701)	53		(1)
19	699	04		7 (1)
22	696	20	1 16	3 (6)
24	694	30		12
25	(693)	35	4 1	(10)
27	691	46		9
28	(690)	51		(4)
30	688	02		5
31	(687)	07		(4)
33	685	17		1 (8)
35	683	28		10 (3)
38	680	44	2 14	7 (5)
41	677	59		3 (6)
43	675	10	2 19	11
44	(674)	15		(12)
46	672	26		9
48	(670)	36		(7)
49	669	41		6
52	666	57		2 (3)
54	664	08		10 (2)
56	(662)	18		(3)
57	661	23	16 1	7
58	(660)	29		(5)
59	(659)	34	18 1	(11)
60	658	39		4
02	656	50		12
03	(655)	55		(12)
05	653	05		8 (11)
06	(652)	11		(11)
08	650	21	2 10	5
10	(648)	32		(2)
11	647	37		2
13	645	47		10
15	(643)	58		(12)
16	642	03		6
18	(640)	14		(3)
19	639	19		3
21	637	29		12
22	(636)	35		(4)
23	(635)	40		(12)
24	634	45		8
27	631	01		5
28	(630)	06		(9)

30	628	17		2
32	626	27	26 1	11 (3)
33	(625)	32		(1)
35	623	43		7 (6)
37	(621)	53		(12)
38	620	59		3
40	618	09	1 9	12 (7)
43	615	25		9 (11)
46	612	41	1 15	5
47	(611)	46		(5)
49	609	56		1
51	607	07	6 2	10 (5)
54	604	23	3 5	7
55	(603)	28		(5)
57	601	38		3
59	599	49		11 (5)
(36)	(597)	59		(5)
02	596	05		9
04	(594)	15		(11)
05	593	20		6
08	590	36	17 1	2 (3)
10	588	47		10
11	(587)	52		(7)
13	585	02	1 6	7
14	(584)	08		(8)
16	582	18		4 (11)
18	580	29		12
19	(579)	34		(5)
21	577	41		8 (7)
24	574	60		5 (12)
27	571	16	1 2	2 (4)
29	569	26		10
30	(568)	32		(5)
32	566	42		6 (10)
35	563	58		3 (11)
37	561	08		12
38	(560)	14		(8)
40	558	24		8
41	(557)	29		(10)
43	555	40		5
44	(554)	45		(9)
46	552	56		2 (8)
48	550	06		11
49	(549)	11		(3)
51	547	22		7 (12)
52	(546)	27		(11)
54	544	38	1 29	3 (8)
56	542	48		12
57	(541)	53	4 1	(12)
59	539	04		9
60	(538)	09		(4)
02	536	20		5 (7)

04	(531)	30				(8)
05	533	35			1	
07	531	46			10	
08	(530)	51				(1)
10	528	02			7	
11	(527)	07				(9)
13	525	17			3	
14	(524)	23				(1)
15	523	28			11	
16	(522)	33				(8)
18	520	44	1	22	9	(12)
21	517	59	3	25	6	(12)
24	514	15			2	(5)
26	512	26			10	(5)
29	509	41	10	1	7	
30	(508)	47				(5)
32	506	57			4	(10)
34	504	08			12	
36	(502)	18				(2)
37	501	23			8	
38	(500)	29				(0)
40	498	39			5	(11)
42	(496)	50				(12)
43	495	55			2	
45	493	05	29	2	10	(11)
48	490	21			6	(10)
50	(488)	32				(12)
51	487	37			3	
53	485	47			12	(5)
56	482	03			8	
57	(481)	08				(2)

FIN DU 春秋.

58	(480)	14				(12)
59	479	19	48		5	
(38)	(477)	29				(10)
02	476	35	60		2	
04	474	45	19	2	11	(9)
07	471	01	31		7	(10)
10	468	17	44	1	3	(8)
12	466	27	02		12	
15	463	43	15		9	
18	460	59	28		5	
21	457	14	40		1	
23	455	25	59		10	
26	452	41	11		7	

29	449	56	24		3
31	447	07	42		11
34	444	23	55		9
37	441	38	07	1	6
40	438	54	19	3	2
42	436	05	38		10
45	433	20	50		7
48	430	36	03		4
50	428	47	21		12
53	425	02	34	1	8
56	422	18	47		5
59	419	34	59		2
(39)	417	44	18		10
04	414	60	30		6
07	411	16	43		3
09	409	26	01		12
12	406	42	14		8
15	403	58	26		5
18	400	14	38	2	2
20	398	24	57		11
23	395	40	09		7
26	392	56	22		3
28	390	06	40		12
31	387	22	53		9
34	384	38	06		5
37	381	53	18		1
39	379	04	37		10
42	376	20	49		7
45	373	35	02	3	3
47	371	46	20		11
50	368	02	33	1	9
53	365	17	46		6
56	362	33	58		2
58	360	44	17		10
(40)	357	59	29		7
04	354	15	42		4
06	352	26	60		12
09	349	41	13		8
12	346	57	25		5
15	343	13	37		2
17	341	23	56		10
20	338	39	08		6
23	335	55	21		3
25	333	05	39		12
28	330	21	52		8
31	327	37	05		5
34	324	53	17		2

36	322	03	36		11
39	319	19	48	2	7
42	316	35	01		3
44	314	45	19	1	12
47	311	01	32		9
50	308	17	45		5
53	305	32	57		1
55	303	43	16		10
58	300	59	28		7
(41)	297	14	41		3
03	295	25	59		11
06	292	41	12		9
09	289	56	24		6
12	286	12	36		2
14	284	23	55		10
17	281	38	07		7
20	278	54	20		4
22	276	05	38		12
25	273	20	51		8
28	270	36	04		5
31	267	52	16		2
33	265	02	35		10
36	262	18	47		6
39	259	34	60		3
41	257	44	18		12
44	254	60	31	2	9
47	251	16	44		5

DYNASTIE 秦 (1).

50	248	32	55	2	9
52	246	42	14	1	9
55	243	58	26		9
58	240	14	39		9
(42)	237	29	51		9
03	235	40	09		9
06	232	56	23		9
09	229	11	35		9
11	227	22	54		9
14	224	38	07		9
17	221	53	19		9
20	218	09	31		9
22	216	20	49		9
25	213	35	03		9
28	210	51	13		9
30	208	02	34	2	9

837, 251. Entre autres dates, les deux extrèmes, 837.26 et 251.44, ont été déterminées astronomiquement ; autrement dit ce sont des néoménies *vraies* (selon le ciel), quoi qu'il en soit au Calendrier. Le reste est interpolé à vue. — 837.26 et 251.44 sont, en style Julien, le 29 Novembre 838 et le 30 Novembre 252.

(1) En réalité la Réforme n'a commencé qu'en 221 (nn. 41,50).

§ IX. ABRÉVIATIONS.

148.   L'appareil général est décrit plus haut (nn. 103 à 112).
La notation suivante consiste dans cet ordre et ce choix
de signes:
Si deux nombres se suivent dans une expression, 10.17, 10 n
17, le premier indique le rang du *Mois;* le second, un *Jour
cyclique;* hormis au début *(Tch'oen-ts'ieou,* marge de droite), où
ces dates se suivent nombreuses mais régulièrement (n. 128), nous
marquons d'un ⸓ les Jours *quantièmes* de lunaisons : 10. 17ᵉ
signifiera 17ᵉ Jour de la 7ᵉ L u n e.

a : témoignage concordant des 24 *Historiens.*
i : intercalaire, embolisme.
K : Dynastie *Kin.*
L : Dynastie *Liao.*
n : néoménie. Dans l'entrefilet droit (des néoménies embolismiques) **n**, après ou sans
      date cyclique, signifie néoménie non de la L u n e embolismique, mais de la L u n e
      suivante (n. 110).
p : deuxième Jour de la L u n e qui suit un embolisme.
pp : troisième Jour...
q : éclipse de l'avant-dernier Jour de la L u n e.
r : éclipse du dernier Jour.
s : éclipse de soleil tombant en néoménie.
t : éclipse du deuxième Jour de la L u n e.
Th: *Tchoan-hiu.*
Tl : *Tch'ang-li.*
tt : *Tong-tche,* Solstice d'hiver; sous-entendre toujours 11ᵉ L u n e.
W: Wylie (n. 144.1).
Y ou *Yn*: Calendrier dit des *Yn.*
✶ antérieur: dates suppléées, à un jour près, de 1365 à 1635.
✶ postérieur: affectant une date cyclique:
        supérieur: indice d'un style simultané en retard d'un jour.
        inférieur: ... en avance d'un jour.
✶ en marge à droite: indice d'une note dénonçant une erreur du *Tch'ang-li.*
✶ à droite des millésimes : voir la note au bas de la page.

N.B. — q, **r**, **s**, t sont non seulement des indications de quantièmes lunaires (à cet
égard, s vaut **n**: 1ᵉʳ Jour de la L u n e, néoménie) mais aussi des confirmations, du genre
de **a** et supérieures.

Dans le corps des Tables ou à droite (entrefilet des dates embolismiques), une
expression 7 t signifiera non pas qu'une éclipse signale le second Jour de telle L u n e,
mais que la date néoménique (ou du premier Jour) de cette L u n e, 7 ou *Keng-ou,* est
confirmée par une éclipse du second Jour (conséquemment de date 8 ou *Sin-wei*).

De plus 7r affectant *dans la Table* le rang 10, signifiera que la date *(Keng-ou)* de la
10ᵉ néoménie est confirmée par une éclipse de la veille, fin de la neuvième L u n e; on
pourra donc dire *en note* que 9r6 *(Ki-se)* confirme 10.7; que 10.7r implique 9r6; ou
encore 9q5 *(Ou-tch'en).*

§ X. TABLES DES LUNAISONS.

149. TABLE DES LUNAISONS DU *TCH'OEN-TS'IEOU* (1).

	An	S	É	Q													X	Conc.
55	723	58	48													49		12 12 (29 Déc.)
	722	03	49	1	18	48	17	47	16	46	15	45	14	44	14	43		12 23
	721	08	50	2	13	42	12	41	11	40	10	39	09	39	08	38•	07	12 i 4
	720	14	51	3	37	06s	36	05	35	04	34	03	33	02	32	01		12 16
	719	19	1	4	31	01	30	60	29	59	28	58	27	57	26	56		12 26
60	718	24	2	5	25	55	24	54	23	53	23	52	22	51	21	50•	20	12 i 7
(34)	717	29	3	6	49	19	48	18	47	17	46	16	45	15	45	14		12 18
	716	35	4	7	44	13	43	12	42	11	41	10	40	09	39	08•	38	12 30
	715	40	5	8	07	37	07	36	06	35	05	34	04	33	03	32		12 11
	714	45	6	9	02	31	01	30	60	29	59	29	58	28	57	27		12 21
	713*	50	7	10	56	26	55	25•	24	53	23	52	22	51	21	51	54	12 2
	712*	56	8	11	20	50	19	49	18	48	17	47	16	46	15	45		12 13
	711	01	9	1	14	44	13	43	13	42	12	41	11	40	10	39		12 25
	710	06	10	2	09	38	08	37	07	36	06	35	05	35	04	34•	03	12 i 6
	709*	11	11	3	33	02	32	01	31	60	29s	59	29	58	28	57		12 17
10	708	17	12	4	27	57	26	56	25	55	24	54	23	53	22	52		12 28
	707	22	13	5	21	51	20	50	19	49	19	48	18	47	17	46•	16	12 i 9
	706	27	14	6	45	15	44	14	43	13	42	12	41	11	41	10		12 20
	705	32	15	7	40	09	39	08	38	07	37	06	36	05	35	04•	34	12 i 1
	704	38	16	8	03	33	03	32	02	31	01	30	60	29	59	28		12 12
	703	43	17	9	58	27	57	26	56	25	55	25	54	24	53	23		12 23
	702	48	18	10	52	22	51	21	50	20	49	19	48	18	47	17•	47	12 i 4
	701	53	19	11	16	46	15	45	14	44	13	43	12	42	11	41		12 15
	700*	59	20	12	10	40	09	39	09	38	08	37	07	36	06	35•	05	12 26
	699	04	21	13	34	04	33	03	32	02	31	01	31	60	30	59		12 8
20	698	09	22	14	29	58	28	57	27	56	26	55	25	54	24	53		12 19
	697	14	23	15	23	53	22	52	21	51	20	50	19	49	18	48		12 29
	696	20	1	16	17	47	16	46	15	45	15	44	14	43	13	42•	12	12 i 10
	695	25	2	17	41	11	40	10	39	09	38	08	37	07s	37	06		12 22
	694	30	3	18	36	05	35	04	34	03	33	02	32	01	31	60		
	693	35	4	1	30	59	29	59	28	58	27	57	26	56	25	55•	24	1 3; 12 i 14
	692	41	5	2	54	23	53	22	52	21	51	21	50	20	49	19		12 24
	691	46	6	3	48	18	47	17	46	16	45	15	44	14	43	13•	43	12 i 6
	690	51	7	4	12	42	11	41	10	40	09	39	08	38	07	37		12 17
	689	56	8	5	06	36	05	35	05	34	04	33	03	32	02	31		12 28
30	688	02	9	6	01	30	60	29	59	28	58	27	57	27	56	26		
	687	07	10	7	55	25	54	24	53	23	52	22	51	21	50	20•	50	1 9; 12 i 20
	686	12	11	8	19	49	18	48	17	47	16	46	15	45	14	44		
	685	17	12	9	14	43	13	42	12	41	11	40	10	39	09	38•	08	1 1; 12 i 12
	684	23	13	10	37	07	36	06	36	05	35	04	34	03	33	02		12 23

---

(1) Sur les embolismes et néoménies de 837 à 723, voir *Wang Ping-heou* (nn. 147 et 131).

713* La Table (表) de *Wang T'ao* place l'embolisme après la 12e Lune, mais à tort.

712* Le Traité (考) et la Table de *Wang T'ao* donnent le quantième 13, et le Signe 58 pour le Solstice d'hiver; écart d'un Jour.

709* La Table met à tort le Signe 30 pour la néoménie écliptique de la 7e Lune.

700* La Table reporte l'embolisme après la 12e Lune de 699, mais à tort.

	683*	28	14	11	32	01	31	60•	59	29	58	28	58	27	57	26	30	12 5
	682	33	15	12	56	25	55	24	54	23	53	22	52	21	51	20		12 16
	681	38	1	13	50	20	49	19	48	18	47	17	46	16	45	15		12 26
	680*	44	2	14	44	14	43	13	43•	42	11	41	10	40	09	39	12	12 7
	679	49	3	15	08	38	07	37	06	36	05	35	05	34	04	33		12 19
40	678	54	4	16	03	32	02	31	01	30	60	29	59	28	58	28		12 29
	677	59	5	17	57	27	56	26	55	25	54	24	53	23	52	22•	51	12 i 11
	676	05	1	18	21	51	20	50s?	19	49	18	48	17	47	16	46		12 21
	675	10	2	19	15	45	14	44	14	43	13	42	12	41	11	40		
	674	15	3	20	10	39	09	38	08	37	07	36	06	36	05	35•	04	1 3; 12 i 14
	673	20	4	21	34	03	33	02	32	01	31	60	30	59	29	58		12 25
	672	26	5	22	28	58	27	57	26	56	25	55	24	54	23	53		
	671	31	6	23	22	52	21	51	20	50	20	49	19	48	18	47•	17	1 6; 12 i 16
	670	36	7	24	46	16	45	15	44	14	43	13	42	12	42	11		12 28
	669	41	8	25	41	10	40	09	39	08s	38	07	37	06	36	05		
50	668	47	9	26	35	05	34	04	33	03	32	02	31	01	30	60s•	29	1 9; 12 i 20
	667	52	10	27	59	28	58	27	57	27	56	26	55	25	54	24		
	666	57	11	28	53	23	52	22	51	21	50	20	49	19	48	18•	48	1 1; 12 i 12
	665	02	12	29	17	47	16	46	15	45	14	44	13	43	12	42		12 23
	664	08	13	30	11	41	10	40	09	39	08	38	07s	37	07	36		
	663	13	14	31	06	35	05	34	04	33	03	33	02	32	01	31•	60	1 4; 12 i 15
	662	18	15	32	30	59	29	58	28	57	27	56	26	55	25	55		12 26
	661	23	16	1	24	54	23	53	22	52	21	51	20	50	19	49		
	660	29	17	2	19	48	18	47	17•	16	45	15	44	14	43	13	46	1 7; 12 18
	659	34	18	1	42	12	42	11	40	10	40	09	39	08	38•	37	07	11 i 29
60	658	39	19	2	06	36	05	35	05	34	04	33	03	32	02	31		12 11
(35)	657	44	20	3	01	30	60	29	59	28	58	27	57	27	56	26		12 21
	656	50	21	4	55	25	54	24	53	23	52	22	51	21	50	20		
	655*	55	22	5	49	19	48	18	47	17	46	16	45s	15	44	14		1 3
	654	60	23	6	44	13	43	12	42	12	41	11	40	10	39	09		1 13
	653	05	24	7	38	08	37	07	36	06	35	05	34	04	33	03•	33	1 25
	652	11	25	8	02	32	01	31	60	30	59	29	58	28	58	27		1 6
	651	16	1	9	57	26	56	25	55	24	54	23	53	22	52	21•	51	1 16; 12 i 27
	650	21	2	10	21	50	20	49	19	48	18	47	17	46	16	45		
	649	26	3	11	15	44	14	44	13	43	12	42	11	41	10	40•	09	1 9; 12 i 20
10	648	32	4	12	39	08	38	07s	37	07	36	06	35	05	34	04		
	647	37	5	13	33	03	32	02	31	01	30	60	29	59	28	58•	27	1 1; 12 i 12
	646	42	6	14	57	27	56	26	55	25	54	24	53	23	52	22		12 23
	645	47	7	15	51	21s?	50	20	49	19	48	18	47	17	46	16		
	644*	53	8	16	46	15	45	14	44	13	43	12	42	11	41	10		1 4
	643	58	9	17	40	10	39	09	38	08	37	07	36	06	35	05•	34	1 15; 12 i 26
	642	03	10	18	04	34	03	33	02	32	01	31	60	30	59	29		
	641	08	11	19	58	28	57	27	56	26	55	25	54	24	53	23•	52	1 8; 12 i 19
	640	14	12	20	22	52	21	51	20	50	19	49	18	48	17	47		12 29
	639	19	13	21	16	46	15	45	15	44	14	43	13	42	12	41		
20	638	24	14	22	11	40	10	39	09	38	08	37	07	36	06	36		1 10
	637	29	15	23	05	35	04	34	03	33	02	32	01	31	60	30•	59	1 21

683*   La Table rejette l'embolisme après la 12e Lune, mais à tort.

680*   *Item.*

655*   La Table donne à tort le Signe 46 pour la néoménie écliptique de la 9e Lune.

644*   Le Traité donne le Signe 45 pour la néoménie de la 1re Lune.

	636	35	16	24	29	58	28	57	27	56	26	56	25	55	24	54		1 3
	635	40	17	25	24	53	23	52	22	51	21	50	20	49	19	49•	18	1 13; 12 i 24
	634	45	18	26	48	17	47	16	46	15	45	15	44	14	43	13		
	633	50	19	27	42	12	41	11	40	10	40	09	39	08	38	07		1 5
	632	56	20	28	37	06	36	05	35	04	34	04	33	03	32	02		1 16
	631	01	21	29	31	01	30	60	29	59	28	58	27	57	26	56		1 27
	630	06	22	30	25	55	25	54	24	53	23	52	22	51	21	50•	20	2 8
	629	11	23	31	49	19	48	18	47	17	46	16	45	15	44	14		1 19
30	628	17	24	32	43	13	43	12	42	11	41	10	40	09	39	08		2 1
	627	22	25	33	38	07	37	06	36	05	35	04•	03	33	02	32	34	2 12
	626*	27	26	1	01	51	60s	30	60	29	59	28	58	27	57	26•	56	1 23
	625	32	27	2	25	55	24	54	23	53	23	52	22	51	21	50		1 4
	624	38	28	3	20	50	19	49	18	48	17	47	16	46	15	45•	14	1 15; 12 i 26
	623	43	29	4	44	13	43	12	42	11	41	10	40	10	39	09		
	622	48	30	5	38	08	37	07	36	06	35	05	34	04	33	03		1 7
	621	53	31	6	32	02	32	01	31	60	30	59	29	58	28	57•	27	1 18; 12 i 29
	620	59	32	7	56	26	55	25	55	24	54	23	53	22	52	21		
	619	04	33	8	51	20	50	19	49	19	48	18	47	17	46	16		1 10
40	618	09	1	9	45	15	44	14	43	13	43	12•	11	41	10	40	42	1 21
	617	14	2	10	09	39	08	38	07	37	06	36	05	35	04	34		1 2
	616	20	3	11	03	33	02	32	02	31	01	30	60	29	59	28		1 14
	615	25	4	12	58	27	57	26•	25	55	24	54	24	53	23	52	56	1 24
	614	30	5	13	22	51	21	50	20	49	19	48	18	48	17	47		1 5
	613	35	6	14	16	46	15	45	14	44	13	43	12	42	11	41		1 16
	612	41	1	15	10	40	10	39	09	38s	08	37	07	36	06	35•	05	1 28
	611	46	2	16	34	04	33	03	32	02	32	01	31	60	30	59		1 9
	610	51	3	17	29	58	28	57	27	56	26	55	25	54	24	53		1 19
	609	56	4	18	23	52	22	51	21	50	20	49	19	49	18	48•	17	2 1
50	608	02	5	1	47	16	46	15	45	14	44	13	43	12	42	11		1 12
	607	07	6	2	41	11	40	10	39	09	38	08	37	07	36	06		1 23
	606	12	1	3	35	05	34	04	33	03	32	02	31	01	30	60		2 4
	605	17	2	4	29	59	28	58	28	57	27	56	26	55	25	54•	24	2 15
	604	23	3	5	54	23	53	22	52	21	51	20	50	19	49	18		1 25
	603	28	4	6	48	18	47	17	46	16	45	15	44	14	43	13•	42	2 7
	602	33	5	7	12	41	11	41	10	40s?	09	39	08	38	07	37		1 13
	601*	38	6	8	06	36	05	35	04•	03	33	02	32	01s	31	01	34	1 29
	600	44	7	9	30	60	29	59	28	58	27	57	27	56	26	55		1 10
	599	49	8	10	25	54	24	53s	23	52	22	51	21	50	20	49•	19	1 21
60	598	54	9	11	49	18	48	17	47	16	46	15	45	14	44	13		1 2
(36)	597	59	10	12	43	12	42	12	41	11	40	10	39	09	38	08		1 13
	596	05	11	13	37	07	36	06	35	05	34	04	34	03	33	02•	32	1 24
	595	10	12	14	01	31	60	30	59	29	58	28	57	27	57	26		1 6
	594	15	13	15	56	25	55	24	54	23	53	22	52	21	51	20•	50	1 16; 12 i 27
	593	20	14	16	20	49	19	48	18	47	17	46	16	45	15	44		
	592	26	15	17	14	43	13	42	12	42	11	41	10	40	09	39		1 8
	591	31	16	18	08	38	07	37	06	36	05	35	05	34	04	33		1 20
	590	36	17	1	03	32	02	31	01	30	60	29	59	28	58	27•	57	2 1
	589	41	18	2	26	56	26	55	25	54	24	53	23	52	22	51		1 12
10	588	47	19	3	21	50	20	49	19	48	18	48	17	47	16	46		1 22

626* Nous avons ici substitué l'ordre de la Table à celui du Traité, évidemment fautif: 01, 30, 60 s, 29, 58, 29, 59....

601* La Table donne à tort le Signe 2 pour la néoménie de la 16ᵉ Lune.

	587	52	20	4	15	45	14	44	13	43	12	42	11	41	11	40•	10	2	4
	586	57	21	5	39	09	38	08	37	07	36	06	35	05	35	04		1	15
	585	02	1	6	34	03	33	02	32	01	31	60	30	59	29	58		1	25
	584	08	2	7	28	57	27	56	26	55	25	55	24	54	23	53•	22	2	7
	583	13	3	8	52	21	51	20	50	19	49	18	48	18	47	17		1	18
	582	18	4	9	46	16	45	15	44	14	43	13	42	12	41	11		1	29
	581*	23	5	10	40	10	40	09•	08	38	07	37	06	36	05	35	39	2	10
	580	29	6	11	04	34	03	33	02	32	02	31	01	30	60	29		1	21
	579	34	7	12	59	28	58	27	57	26	56	25	55	25	54	24•	53	2	3
20	578	39	8	13	23	52	22	51	21	50	20	49	19	48	18	47		1	13
	577	44	9	14	17	47	16	46	15	45	14•	13	43	12	42	11	44	1	24
	576	50	10	15	41	11	40	10	39	09	38	08	37	07	36	06		1	5
	575	55	11	16	35	05	34	04	33	03s	32	02	31	01	31	60		1	17
	574*	60	12	17	30	59	29	58	28	57	27	57	26	56	25	54s•	24	1	27
	573*	05	13	18	54	23	53	22	52	21	51	20	50	19	49	19		1	8
	572	11	14	1	48	18	47	17	46	16	45	15	44	14	43	13•	42	1	19
	571*	16	1	2	12	41	11	41	10	40	09	39	08	38	07	37		1	1
	570	21	2	3	06	36	05	35	04	34	03	33	02	32	01	31		1	12
	569	26	3	4	01	30	60	29	59	28	58	27	57	26	56	25•	55	1	22
30	568	32	4	5	24	54	24	53	23	52	22	51	21	50	20	49		1	4
	567	37	5	6	19	48	18	47	17	47	16	46	15	45	14	44		1	14
	566	42	6	7	13	43	12	42	11	41	11	40	10	39•	38	08	09	1	26
	565	47	7	8	37	07	36	06	35	05	34	04	33	03	32	02		1	7
	564	53	8	9	31	01	31	60	30	59	29	58	28	57	27	56		1	18
	563	58	9	10	26	55	25	55	24	54	23	53	22	52	21	51•	20	1	28
	562	03	10	11	50	19	49	18	48	17	47	17	46	16	45	15		1	10
	561	08	11	12	44	14	43	13	42	12	41	11	40	10	40	09•	39	1	21
	560	14	12	13	08	38	07	37	06	36	05	35	04	34	03	33		1	2
	559*	19	13	14	02	32s	01	31	60	30	60	29	59	28	58	27		1	13
40	558	24	14	15	57	26	56	25	55	24	54s	24	53	23	52	22		1	24
	557	29	15	16	51	21	50	20	49	19	49	18	48	17	47	16•	46	2	5
	556	35	16	17	15	45	14	44	13	43	12	42	11	41	10	40		1	16
	555	40	17	18	09	39	09	38	08	37	07	36	06	35	05	34		1	27
	554	45	18	19	04	33	03	32	02	31	01	31	60	30	59	29•	58	2	9
	553	50	19	20	28	57	27	56	26	55	25	54	24	53s	23	52		1	19
	552	56	20	21	22	51	21	50	20	49	19	48•	47s	17	46	16	18	2	1
	551	01	21	22	45	15	45	14	44	13	43	12	42	11	41	10		1	12
	550*	06	22	23	40	10s	39	09	38	08	37	07	36	06	35	05•	34	1	23
	549	11	23	24	04	33	03	32	02	31	01s	30	60	29	59	29		1	4
50	548	17	24	25	58	28	57	27	56	26	55	25	55	24	54	23		1	15
	547	22	25	26	53	22	52	21	51	20	50	19	49	18	48	18		1	25
	546*	27	26	27	47	17	46	16•	15	44	14	43	13	42	12s	42	45	2	7
	545	32	27	28	11	41	10	40	09	39	08	38	07	37	06	36		1	18
	544*	38	1	29	05	35	04	34	04•	03	32	02	31	01	30	60	33	1	29

581* La Table rejette l'embolisme après la 12ᵉ Lune, mais à tort.

574* La Table donne à tort 55 pour le Signe de la néoménie écliptique de la 12ᵉ Lune.

573* Le Traité propose 53 pour la 1ᵉʳᵉ néoménie.

571* Le Traité donne à tort 11 pour la 1ᵉʳᵉ Lune.

559* La Table propose : 2, 32s, 2, 31, 1…..

550* La Table donne fautivement le Signe 9 à la néoménie écliptique de la 2ᵉ Lune.

546* La Table place l'embolisme après la 12ᵉ Lune, mais à tort.

544* La Table place l'embolisme après la 8ᵉ Lune; le Traité a pour lui une donnée probable.

	543	43	2	30	29	59	28	58	27	57	27	56	26	55	25	54		1	10
	542	48	3	51	24	53	23	52	22	51	21	50	20	50	19	49		1	21
	541	53	4	1	18	48	17	47	16	46	15	45	14	44•	43	12	13	2	2
	540*	59	5	2	42	12	41	11	40	10	39	09	38	08	37	07		1	13
	539	04	6	3	36	06	35	05	34	04	34	03	33	02	32	01		1	24
60	538	09	7	4	31	60	30	59•	58	28	58	27	57	26	56	25	29	2	5
(87)	537	14	8	5	55	24	54	23	53	22	52	21	51	20	50	20		1	16
	536	20	9	6	49	19	48	18	47	17	46•	45	15	44	14	43	16	1	27
	535	25	10	7	13	42	12	41s	11	41	10	40	09	39	08	38		1	8
	534	30	11	8	07	37	06	36	05	35	04	34•	33	03	32	02	03	1	19
	533	35	12	9	31	01	30	60	29	59	28	58	27	57	26	56		1	1
	532	41	13	10	25	55	25	54	24	53	23	52	22	51	21	50		1	12
	531	46	14	11	20	49	19	48	18	47	17	46	16	45	15	44•	14	1	22
	530	51	15	12	43	13	43	12	42	11	41	10	40	09	39	08		1	4
	529	56	16	13	38	07	37	06	36	05	35	05	34	04	33	03		1	15
10	528	02	17	14	33	02	32	01	31	60	30	59	29	58	28	57		1	25
	527	07	18	15	27	56	26	55	25	54s	24	54•	53	22	52	21	23	2	7
	526	12	19	16	51	20	50	19	49	18	48	17	47	16	46	15		1	17
	525*	17	20	17	45	14	44	13	43	12	42	11	41	10s?	40	09•	39	1	28
	524	23	21	18	09	38	08	37	07	36	06	35	05	35	04	34		1	10
	523	28	22	19	03	33	02	32	01	31	60	30	59	29	58	28		1	21
	522	33	23	20	57	27	57	26	56	25	55	24•	23	53	22	52	54	2	2
	521*	38	24	21	22	51	21	50	20	49	19s	48	18	47	17	47		1	13
	520*	41	1	22	16	46	15	45	14	44	13	43	12	42	11•	10s	41	1	24
	519	49	1	23	39	09	39	09	38	08	37	07	36	06	35	05		1	5
20	518	54	2	24	34	04	33	03	32s	02	32	01	31	60	30	59		1	16
	517	59	3	25	29	58	28	57	27	56	26	56	25	55	24	54•	23	1	27
	516	05	4	26	53	22	52	21	51	20	50	19	49	18	48	17		1	8
	515	10	5	27	47	16	46	15	45	14	44	13	43	12	42	11		1	19
	514	15	6	28	41	10	40	10	39•	38	08	37	07	36	06	35	09	2	1
	513	20	7	29	05	34	04	33	03	32	02	32	01	31	60	30		1	12
	512	26	8	30	59	29	58	28	57•	56	26	55	25	55	24	54	27	1	23
	511	31	9	31	23	53	22	52	21	51	20	50	19	49	19	48s		1	4
	510	36	10	32	18	47	17	46	16	45	15	44	14	43	13	43		1	14
	509	41	11	1	12	42	11	41	10	40	09	39	08	38	07	37		1	26
30	508*	47	12	2	06	36	05	35	05•	04	33	03	32	02	31	01	34	2	7
	507	52	13	3	31	60	30	59	29	58	28	57	27	56	26	55		1	17
	506	57	14	4	25	54	24	54	23	53	22	52	21	51•	50	19	20	1	28
	505	02	15	5	49	18	48s	17	47	17	46	16	45	15	44	14		1	9
	504	08	16	6	43	13	42	12	41	11	40	10	39	09	39	08		1	21
	503	13	17	7	38	07	37	06	36	05	35	04	34	03	33	02•	32	2	2

540* Nous substituons cet ordre de la Table à celui du Traité, évidemment fautif : 41, 11, 40, 10, 39, 9, 39, 8, 38, 7, 36, 6.

525* Le Traité et la Table donnent pour le Solstice d'hiver le Signe 13 et le quantième 28; écart d'un Jour.

521* Le Traité et la Table donnent à tort le Signe 23 pour le Solstice d'hiver.

520* La Table, en plaçant l'embolisme après la 11e Lune, se conforme mieux au Texte, qui met l'éclipse à la 12e Lune, sous le Signe 10; d'autre part, le Traité, en la rejetant après la 12e Lune, se concilie avec deux mentions des Commentaires, donnant un Signe 17 pour la 12e Lune, et un Signe 38 pour la Lune intercalaire.

508* Le Traité place à tort le Solstice à la 1re Lune.

	502	18	18	8	01	31	01	30	60	29	59	28	58	27	57	26		1 13
	501	23	19	9	56	25	55	24	54	24	53	23	52	22	51	21		1 23
	500	29	20	10	50	20	49	19	48	18.	17	47	16	46	15	45	47	2 5
	499	34	21	11	14	44	13	43	12	42	11	41	10	40	09	39		1 16
40	498	39	22	12	08	38	07	37	06	36	05	35	04	34	03s	33.	02	1 27
	497	44	23	13	32	01	31	60	30	60	29	59	28	58	27	57		1 8
	496	50	24	14	27	56	26	55	25	54	24	53	23	52	22	51.	21	1 19
	495	55	25	15	50	20	49	19	48	18	47	17s	46	16	45	15		1 1
	494	60	26	1	44	14	43	13	42	12	41	11	40	10	39	09		1 12
	493	05	27	2	38	08	37	07	36	06	36	05	35	04	34	03.	33	1 23
	492	11	28	3	03	32	02	31	01	30	60	29	59	28	58	28		1 4
	491	16	29	4	57	27	56	26	55	25	54	24	53	23	52	22		1 15
	490	21	30	5	51	21	50	20	49	19	48	18	47	17	46	16.	45	1 26
	489	26	31	6	15	45	14	44	13	43	12	42	11	41	10	40		1 7
50	488*	32	32	7	10	39	09	38	08	37	07	36	06	35	05	34.	04	1 18 ; 12 i 29
	487	37	33	8	34	03	33	02	32	01	31	60	30	59	29	58		
	486	42	34	9	23	58	27	57	26	56	25	55	24	54	24	53		1 10
	485*	47	35	10	23	52	22	51	21.	20	50	19	49	18	48	17	50	1 20
	484	53	36	11	47	16	46	15	45	14	44	13	43	12	42	11		1 2
	483	58	37	12	41	11	40	10	39	09	38	08	37	07	36	06		1 13
	482	03	38	13	35	05	35	04	34	03	33	02	32	01	31	60.	30	1 24
	481	08	39	14	59	29	58	28	57s	27	57	26	56	25	55	24		1 5
	480	14	40	15	54	23	53	22	52	21	51	20	50	19	49	13		1 16
	479	19	41	16	48	17	47	16	46	16	45	15	44	14	43	13.	42	1 27 [479).
60	478*	24	42	17	12	41	11	40	10	40	09	39	08	33	07	37		1 8 (27 Déc.

150. TABLE DES LUNAISONS DES *HAN* AUX *SONG*.
V. DYNASTIE *HAN* 漢
HAN OCCIDENTAUX 西 漢.

															a
	07											24*	53	23	
206*	12	1	52	22	51	21	51*	20	50*	19	49*	18	48*	17	
205	17	2	47*	16	46*	15	45	14	44	13	43.	42	12*r41r		13*
204	23	3	11*	40	10*	39	09*	38	08	37	07	36	06	35	
203	28	4	05	35*	04	34*	03	33*	02	32*	01	31*	60	30	

488*   Le Traité et la Table donnent faussement le Signe 5 pour la néoménie de la Lune intercalaire; ils donnent également à tort 28 pour le quantième du second Solstice d'hiver, avec le Signe 32.

485*   Le Traité donne à tort 24 pour le quantième du Solstice d'hiver.

478*   Sur les embolismes et néoménies de 478 à 205, voir *Hoang Ping-heou* (nn. 147 et 131).

206*   Le *Tch'ang-li* (soit par abrév. *Tl*) indique pour cette époque l'usage parallèle de deux styles (n. 157. 7 et 3) *Yn* et *Tchoan-hiu* (soit par abrév. *Th*). — Nous présentons en première ligne le style des *Yn* (seul conforme en général au style des listes d'éclipses); mais entièrement aussi, bien que par comparaison, le style *Th*, un astérisque indiquant de retrancher un Jour aux dates *Yn* pour les convertir en *Th*; ainsi 24* signifiera: *Yn* 24. *Th* 23. — Jusqu'à l'An 85 après J.-C., *Tl* exclut le cas de deux Lunes caves ou de trois Lunes de trente Jours consécutives. Ceci a guidé nos corrections de gravure, avec probabilité en — 201 par exemple, avec certitude en — 199. Quant aux corrections de fond, elles laissent en général subsister la loi moyennant retouche d'une date suivante, non pas pourtant en — 93 où la correction commandée par l'éclipse 10r 51 impose trois Lunes consécutives de trente Jours.

Tl donne l'Année — 206 comme la 1ère d'un *Pou* (n. 12) commençant par le 9e Signe cyclique diurne, style *Th*. C'est ainsi qu'il faudra entendre les mentions suivantes, Années 199, 138, 104, etc.

	An															a	
	202	33	5	59	29	58	28	58*	27	57*	26	56*•55*	24	54*	25	
	201*	38	6	23	53*	22	52	21	51	20	50	20*	49	19*	48		—*—
	200	44	7	18*	47	17*	46	16*	45	15	44	14	43	13	43*		
	199*	49	8	12	42*	11	41*	10	40*	09	39*	08•	07	37	06	38*	
40	198	54	9	36	05	35	05*	34	04*	33r	03*	32	02*	31	01*		
	197*	59	10	30	60	29	59	28	58	27	57	27*•26*	55	25*	57*	
	196	05	11	54	24*	53	23*	52	22	51	21	50	20	50*	19	.	
	195	10	12	49*	18	48*	17	47*	16	46*	15	45*	14	44	13		
	194	15	1	43	12	42	12*	41	11*	40	10*	39•38	08*	37		09*	
	193	20	2	07	36	06	35	05	34	04	34*	03	33*	02	32*		
	192	26	3	01	31*	60	30*	59	29	58	28	57	27	57*	26		
	191	31	4	56*	25	55*	24	54*	23	53*	22	52•51	20	50	21	
	190	36	5	19	49	19*	48	18*	47	17*	46	16*	45	15*	44		
	189	41	6	14	43	13	42	12	41	11	41*	10•09	39*	08	40*	
50	188*	47	7	38*s07	37*	06	36	05	35	04	34	04*	33	03*			—*—
	187	52	1	32	02*	31	01*	30	60*	29	59	28	58	27	57		
	186	57	2	26	56	26*	55	25*	51	24*r53	23*•22*	51	21	52	
	185	02	3	50	20	49	19	49*	18	48*	17	47*	16	46*	15		
	184	08	4	45*	14	44	13	43	12	42	11	41	11*	40	10*		
	183	13	5	39	09*	38	08*	37	07*	36	06	35•34	04	34*	05	
	182	18	6	03	33*	02	32*	01	31*	60	30*	59	29*	58	28		
	181	23	7	57	27r	56	26	56*	25	55*	24	54*	23	53*	22		
	180	29	8	52*	21	51	20	50	19	49	18	48•47a	17*	46	18*	
	179	34	1	16*	45	15*	44	14*	43	13	42	12	41	11	41*r		
60	178*	39	2	10	40*	09	39*	08	38*	07	37*	06•05	35r	04	36		—*—
(48)	177	44	3	54	03	33	03*	32	02*	31	01*	30	60*	29	59*		
	176	50	4	28	58	27	57	26	56	26*	55	24	54	24*	53		
	175	55	5	23*	52	22*	51	21*	50	20	49	19•18	48*	17	48	
	174	60	6	47*	16	46*	15	45*	14	44*	13	43	12	42	11		
	173	05	7	41	11*	40	10*	39	09*	38	08*	37	07*	36	06*		
	172	11	8	35	05	34	04	33	03	33*	02	32*•31*	60	30*	01	
	171*	16	9	59	29*	58	28	57	27	56	26	55	25	55*	24		
	170	21	10	54*	23	53*	22	52*	21	51*	20	50•49	18	48	19	
	169	26	11	17	47	17*	46	16*	45	15*	44	14*	43	13*	42		
10	168	32	12	12	41	11	40	10	40*	09	39*	08	38*	07	37*		
	167	37	13	06	36*	05	35	04	34	03	33	02•02*	31	01*	32	
	166	42	14	30	60*	29	59*	28	58*	27	57	26	56	25	55		
	165	47	15	25*	54	24*	53	23*	52	22*	51	21*	50	20	49		
	164	53	16	19	48	18*	47	17	47*	16*	46*	15•14	44*	13	45*	
	163	58	1	43*	12	42	11	41	10	40	10*	39	09*	38	08*		
	162	03	2	37	07*	36	06*	35	05*	31	04	33	03	32	02		
	161	08	3	32*	01	31*	60	30*	59	29*	58	28*•27	56	26	57	
	160	14	4	55	25	54	24	54*r23	53*	22	52*	21	51*	20		
	159	19	5	50*	19	49	18	48	17	47	17*	46•45	15*	44	16*	
20	158	24	6	14*	43	13*	42	12	41	11	40	10	39	09	39*		
	157	29	7	08s	38*	07	37*	06	36*	05	35*	04	34	03	33		

201* 9. *Yn.* Peut-être 19. Texte mutilé.

199* 10. Texte mutilé; mais restitué sans incertitude. — *Tl* donne cette Année 199 comme la 1ère d'un *Pou* commençant par le 43e Signe cyclique, style *Yn*.

197* Exception à la règle donnée plus haut (An 206): quatre cycliques pairs consécutifs : 27—57.

188* 6. Erreur du *Tl*. Il faut 06, en conséquence de 5 q 04 (éclipse l'avant-dernier Jour, *Ting-mao*, de la 5e Lune).

178* 12. Erreur du *Tl*. Il faut 05, en conséquence de 11 r 04.

171* Notre *Tl* porte (faute d'impression): *Th* 2.58 et *Yn* 3.28.

	156	35	1	02	32	02*	31	01*	30	60*	29	59*•58*	27	57*	28
	155	40	2	26	56	25	55	24	54	24*	53	23*	52	22* 51	
	154*	45	3	21*	50	20*r49		19	48	18	47	17	46	16 46*	
	153	50	4	15	45*	14	44*	13	43*	12	42*	11•	10	40 09	41
	152	56	5	39	09*	38	08*	37	07*	36	06*	35	05*	34 04	
	151	01	6	33	03	32	02	31	01	31*	60	30*•29*	58	28*r	59
	150	06	7	57	27*	56	26	55	25	51	24	54*	23	53* 22	
	149	11	1	52*r21		51*	20	50*	19	49*	18	48	17	47 16	
80	148	17	2	46	16*	45	15*	44	14*	43	13*	42•	41	11 40	12*r
	147	22	3	10	39	09	38	08	38*	07	37*	06	36*r05	35*	
	146	27	4	04	34*	03	33	02	32	01	31	01*	30	60* 29	
	145	32	5	59*	28	58*	27	57*	26	56	25	55•	54	23 53	24
	144	38	6	23*	52	22*	51	21*	50	20*	49r	19*	48	18 47	
	143	43	1	17	46	16	46*	15	45*	14	44*q	13	43*	12 42*	
	142*	48	2	11	41*	10	40*	09	39	08	38	08*•07*	36	06*	37
	141	53	3	35	·05*	34	04*	33	03	32	02	31	01	30 60	
	140*	59	1	30*	59	29*	58	28*	57	27*	56	26*•25	54	24	55
	139	04	2	53	23s	53*	22	52*	21	51*	20	50*	19	49* 18	
40	138*	09	3	48	17	47	16	46	15	45	15*	44	14*r43	13*	
	137	14	4	42	12*	41	11*	40	10	39	09	38•	38*	07 37*	08
	136	20	5	06s	36*	05	35*	04	34*	03	33*	02	32	01 31	
	135	25	6	60	30	60*	29	59*	28	58*	27	57*	26	56* 25	
	134	30	1	55	24	54r	23	53	22	52	22*q	51•	50	20* 49	21*
	133	35	2	19*	48	18*	47	17	46	16	45	15	45*	14 41*	
	132	41	3	13	43*	12	42*	11	41*	10	40*	09•	08	38 07	39
	131	46	4	37	07*	36	06*	35	05*	34	04*	33	03*	32 02	
	130	51	5	31	01	30	60	30*	59	29*	58	28*	57	27* 56	a
	129	56	6	26*	55	25*	54	24	53	23	52	22•	21	51* 20	52*
50	128	02	1	50*	19	49*	18	48*	17	47	16	46	15	45 14	
	127*	07	2	44	14*	43r	13*r	42	12*	41	11*	40	10*	39 09	
	126*	12	3	38	08	37	07	37*	06	36*	05	35*•34*	03	33*	04
	125	17	4	02	32*	01	31	60	30	59	29	59*	28	58* 27	
	124	23	5	57*	26	56*	25	55*	24	54	23	53	22	52 22*	
	123	28	6	51r	21*	50	20*	49	19*	48	18*	47•	46	16 45	17*
	122	33	1	15	44	14	44*	13	43*r12		42*	11	41*	10 40*	
	121	38	2	09	39	08	38	07	37	06	36	06*•05*	34	04*	35
	120	44	3	33	03*	32	02*	31	01	30	60	29	59	29* 58	
	119	49	4	28*	57	27*	56	26*	55	25*	54	24*	53	23 •52	
60	118	54	5	22	51	21	51*	20	50*	19	49*	18•	17	47* 16	48*
(44)	117*	59	6	46	15	45a	14	44	13	43	13*	42	12*	41 11*	—*—
	116	05	1	40	10*	39	09*	38	08	37	07	36	06	36* 05	
	115	10	2	35*	04	34*	03	33*	02	32*	01	31•	30	59 29	60
	114	15	3	58	28	58*	27	57*	26	56*	25	55*	24	54* 23	
	113*	20	4	53	22	52	21	51	21*	50	20*	49•	48	18*a47	19*

154*   *Tl* rapporte et réprouve l'absurde mention du *Pen-ki*: 10r 35.

142*   Notre *Tl* porte, fautivement: *Th* 10.36 et *Yn* 11.06.

140*   Notre *Tl* porte, fautivement: *Th* 8.25.

138*   *Tl* donne cette Année comme la 1ère d'un *Pou* commençant par le 48e Signe cyclique, style *Th*.

127*   4.13r non d'après *Tl*, mais *Pen-ki*, *K*. 6 (Wylie).

126*   Notre *Tl* porte, fautivement: *Th* 12.56.

117*   4. Erreur du *Tl*. Le *Che-ki* dit 15.

113*   11 n. 18 (24 Déc.), *T'ong-tche* ou Solstice d'hiver, note *Tl*.

	112	26	5	17*	46	16*	45	15r	44	14	43	13	43*	12	42*	
	111	31	6	11	41*	10	40*	09	39*	08	38	07	37	06	36	a
	110	36	1	05	35	05*	34	04*	33	03*	32	02*•01*	30	60		31
	109	41	2	29	59	28	58	28*	57	27*	56	26*	55	25*	54	
10	108	47	3	24*	53	23	52	22	51	21	50	20	50*	19	49*	
	107	52	4	18	48*	17	47*	16	46*s15		45	11•	13	43	13*	44
	106	57	5	42	12*	41	11*	40	10*	39	09*	38	08*	37	07	
	105	02	6	36	06	35	05	35*	04	34*	03	33*				
												02•	01a	31*		a 32*n
	104*	08	1	60	29	59	28	58	27	57	26	56	25	55	24	
	103	13	2	54	23	53	23	52	22	51	21	50	20	49	19	
	102	18	3	48	18	47	17	46	16•	15	45	14	44	13	43	45n
	101	23	4	12	42	11	41	10	40	09	39	08	38	08	37	
	100	29	1	07	36	06	35	05	34	04	33	03	32	02	31	
	99	34	2	01	30	60•	59	29	58	28	57	27	56	26	55	30n
20	98	39	3	25	54	24	53	23	52	22	52	21	51	20	50	
	97*	44	4	19	49	18	48	17	47	16	46	15	45	15	44•	14 —*—
	96	50	1	43	13	42	12	41	11	40	10	39	09	38	08	
	95	55	2	37	07	37	06	36	05	35	04	34	03	33	02	
	94	60	3	32	01	31	60	30	60	29	59	28•	27	57	26	58p —*—
	93*	05	4	56	25	55	24	54	23	53	22	52	22	51	21	
	92*	11	1	50	20	49	19	48	18	47	17	46	16	45	15	a
	91	16	2	44	14	44	13	43•	42	11	41	10	40	09	39	12n
	90	21	3	08	38	07	37	07	36	06	35	05	34	04	33	
	89	26	4	03	32	02	31	01	30	60	29	59r	29	58	28	
30	88	32	1	57•	56	26	55	25	54	24	53	23	52	22	52	27n
	87	37	2	21	51	20	50	19	49	18	48	17	47	16	46	a
	86*	42	1	15	45	14	44	14	43	13	42	12	41•	40	10	11n
	85	47	2	39	09	38	08	37	07	36	06	36	05	35	04	
	84	53	3	34	03	33	02	32	01	31	60	30	59	29s	59	
	83	58	4	28	58	27	57	26	56	25•	24	54	23	53	22	55n
	82	03	5	52	21	51	21	50	20	49	19	48	18	47	17	
	81	08	6	46	16	45	15	44	14	44	13	43	12	42	11	
	80	14	1	41	10	40•	39	08	38	07	37r	06	36	06	35	09n
	79	19	2	05	34	04	33	03	32	02	31	01	30	60	29	
40	78*	24	3	59	28	58	28	57	27	56	26	55	25	54	24•	53n —*—
	77	29	4	23	52	22	51	21	51	20	50	19	49	18	48	
	76	35	5	17	47	16	46	15	45	14	44	13	43	13	42	
	75	40	6	12	41	11	40	10	39	09	38•	37	07	36	06	08
	74	45	1	36	05	35	04	34	03	33	02	32	01	31	60	
	73	50	1	30	59	29	58	28	58	27	57	26	56	25	55	

104* *Tl* donne cette Année comme la 1ère d'un *Pou* commençant par *Kia-tse*, 1er Signe cyclique.

97*, 78, 59, 40 Le *Che-ki* de *Se-ma Ts'ien* (*K.* 26), continué pour cette époque par *Tchou Chao-suen*, contemporain, nous oblige à placer l'intercalation en 96, 77, 58 et 39, nous ne savons à quel rang. Pour 97, déjà l'éclipse 96.1 r 12 consignée dans *Tl* même contredit notre texte; les dates fournies par le *Che-ki* ajournent l'embolisme jusqu'après la 7e Lune.

93* 11. Erreur du *Tl*. Il faut 52, en conséquence de 10 r 51.

92* Notre *Tl* porte, fautivement : 2.49.

86* *Item* : 11 in *tt*.

78* *Cf.* An 97.

	72	56	2	24	54	23	53	22•	21	51	20	50	20	49	19	52p
	71	01	3	48	18	47	17	46	16	45	15	44	14	43	13	
	70	06	4	43	12	42	11	41	10	40	09	39	08	38	07	
	69	11	1	37•	36	05	35	05	34	04	33	03	32	02	31	06n
50	68	17	2	01	30	60	29	59	28	58	28	57	27	56	26	
	67	22	3	55	25	54	24	53	23	52	22	51	21•	20	50	50n
	66	27	4	19	49	18	48	17	47	16	46	15	45	14	44	
	65	32	1	13	43	12	42	12	41	11	40	10	39	09	38	
	64	38	2	08	37	07	36	06	35	05•	04	34	03	33	02	35
	63	43	3	32	01	31	60	30	59	29	58	28	57	27	57	
	62	48	4	26	56	25	55	24	54	23	53	22	52	21	51	
	61	53	1	20	50	20	49•	48	18	47	17	46	16	45	15	19p
	60	59	2	44	14	43	13	42	12	42	11	41	10	40	09	
	59•	04	3	39	08	38	07	37	06	36	05	35	04	34	04•	33n —★—
60	58	09	4	03	32	02	31	01	30	60	29	59	28	58	27	
(45)	57	14	1	57	27	56	26	55	25	54	24	53	23	52	22s	
	56	20	2	51	21	50	20	49	19	49	18•	17	47	16	46	48
	55	25	3	15	45	14	44	13	43	12	42	12	41	11	40	
	54	30	4	10	39	09	38s	08	37	07	36	06	35	05	34	
	53	35	1	04	34	03	33	02•	01	31	60	30	59	29	58	32n
	52	41	2	28	57	27	56	26	56	25	55	24	54	23	53	
	51	46	3	22	52	21	51	20	50	19	49	19	48	18	47	
	50	51	4	17	46•	45	15	44	14	43	13	42	12	41	11	16p
	49	56	1	41	10	40	09	39	08	38	07	37	06	36	05	
10	48	02	1	35	04	34	04	33	03	32	02	31	01•	60	29	30
	47	07	2	59	28	58	27	57	26	56	26	55	25	54	24	
	46	12	3	53	23	52	22	51	21	50	20	49	19	48	18	
	45•	17	4	48	17	47	16	46	15•	14	44	13	43	12	42	45n
	44	23	5	11	41	11	40	10	39	09	38	08	37	07	36	
	43	28	1	06	35	05	34	04	33	03	33	02	32	01	31	
	42	33	2	60	30	59s•	58	28	57	27	56	26	56	25	55	29n
	41	38	3	24	54	23	53	22	52	21	51	20	50	19	49	
	40•	44	4	18	48	18	47	17	46	16r	45	15	44	14	43•	13p —★—
	39	49	5	42	12	41	11	40	10	40	09	39	08	38	07	
20	38	54	1	37	06	36	05	35	04	34	03	33	03	32	02	a 27n
	37	59	2	31	01	30	60	29	59	28	58•	57	26	56	25	
	36	05	3	55	25	54	24	53	23	52	22	51	21	50	20	
	35	10	4	49	19	48	18	47	17	46	16	46	15	45	14	
	34	15	5	44	13	43	12•	11	41	10r	40	09	39	09	38	42n
	33	20	1	08	37	07	36	06	35	05	34	04	33	03	32	
	32	26	1	02	32	01	31	60	30	59	29	58	28	57	27	a 26n
	31	31	2	56•	56	25	55	24	54	23	53	22	52	21	51	
	30•	36	3	20	50	19	49	18	48	17	47	17	46	16	45s	
	29	41	4	15	44	14	43	13	42	12	41	11	40•	40	09	10n
30	28•	47	1	39	08	38	07	37r	06	36	05	35	04	34	03	
	27	52	2	33	02	32	02	31	01	30	60	29	59	28	58	
	26	57	3	27	57	26	56	25	55•	54	24	53r	23	52	22	24n
	25	02	4	51	21	50s	20	49	19	48	18	47	17	47	16	

59* *Cf.* An 97.

45* Notre *Tl* porte, fautivement : 2.47.

40* Outre l'erreur corrigée An 97, notre *Tl* porte (faute d'impr.) : 6s15.

30* Notre *Tl* porte, fautivement : 2.60.

28* *Tl* donne cette Année comme la 1ère d'un *Pou*, commençant par le 40e Signe cyclique.

	24	08	1	46	15	45r	14	44	13	43	12	42	11	41	10		
	23	13	2	40	09	39•	38	08	37	07	36	06	35	05	34	09n	
	22	18	3	04	33	03	32	02	31	01	31	60	30	59	29		
	21	23	4	58	28	57	27	56	26	55	25	54	24	54	23•	53	
	20	29	1	22	52	21	51	20	50	19	49	18	48	17	47		
	19	34	2	16	46	16	45	15	44	14	43	13	42	12	41		
40	18	39	3	11	40	10	39	09	39	08	38	07•	06	36	05	37n	
	17	44	4	35	04	34	03	33	02	32	01	31	01	30	60		
	16	50	1	29	59	28	58	27	57	26	56	25	55r	24	54		
	15	55	2	23	53	23r	52	22•	21	50	20	49	19	48	18	51n	
	14	60	3	47	17r	46	16	46	15	45	14	44	13	43	12		
	13*	05	4	42	11	41	10	40	09	39	08	38	08	37	07		— * —
	12*	11	1	36s•	35	05	34	04	33	03	32	02	31	01	31	06n	
	11	16	2	60	30	59	29	58	28	57	27	56	26	55	25		
	10	21	3	54	24	53	23	53	22	52	21	51	20•	19	49	50n	
bis.	9*	26	4	18	48	17	47	16	46	15	45	15	44	14	43		
50	8	32	1	13	42	12	41	11	40	10	39	09	38	08	38		
	7	37	2	07	37	06	36	05	35	04•	03	33	02	32	01	34	
	6	42	1	31	60	30	60	29	59	28	58	27	57	26	56		
bis.	5	47	2	25	55	24	54	23	53	23	52	22	51	21	50		
	4	53	3	20	49	19•	18	47	17	46	16	45	15	45	14	48n	
	3	58	4	44	13	43	12	42	11	41	10	40	09	39	08		
	2	03	1	38s	07	37	07	36	06	35	05	34	04	33	03•	32n	
bis.	1	08	2	02	31	01	30r	60	30	59	29	58	28	57	27		
	1	14	1	56	26	55	25	54s	24	53	23	52	22	52	21		
	2	19	2	51	20	50	19	49	18	48	17•	16	46r	15	45	47n	
60	3	24	3	15	44	14	43	13	42	12	41	11	40	10	39		
(43)	4	29	4	09	38	08	37	07	37	06	36	05	35	04	34		
	5	35	5	03	33	02	32	01•	60	30	59	29	59	28	58	31p	
	6	40	1	27	57	26	56	25	55	24	54	23	53s	22	52		
	7	45	2	22	51	21	50	20	49	19	48	18	47	17	46		
	8*	50	1	16•	15	44	14	44	13	42	12	42	11	41	10	45	
	9	56	1	40	09	39	08	38	07	37	07	36	06	35	05		
	10	01	2	34	04	33	03	32	02	31	01	30	60•	59	29	29	
	11	06	3	58	28	57	27	56	26	55	25	54	24	53	23		
	12	11	4	52	22	51	21	51	20	50	19	49	18	48	17		
10	13	17	5	47	16	46	15	45	14	41•	43	13	42	12	41	14n	
	14	22	1	11	40	10r	39	09	38	08	37	07	36	06	36		
	15	27	2	05	35	04	34	03	33	02	32	01	31	60	30		
	16	32	3	59	29	59	28•	27	57	26r	56	25	55	24	54	58n	
	17	38	4	23	53	22	52	21	51	21	50	20	49	19	48		
	18	43	5	18	47	17	46	16	45	15	44	14	43	13	43•	12	
	19	48	6	42	11	41	10	40	09	39	08	38	07	37	06		
	20	53	1	36	06	35	05	34	01	33	03	32	02	31	01		
	21	59	2	30	60	29	59	28	58	28	57•	56	26	55	25	27n	12.32*li-tch'oen*
	22*	04	3	54	24	53	23	52	22	51	21	51	20	50	19		
20	23	09	1	49	18	48	17	47	16	46	15	45	14	44	13		
	24	14	2	43	13	42	12	41•	40	10	39	09	38	08	37	11n	

13* 8. Erreur du *Tl.* Il faut 09, en conséquence de 7 r 08.

12* et 9* Fautes d'impr. : 12.1 r 36 ; 9.11.24.

+ 8* "11.49 *(sic)* (25 Déc.). Solstice d'hiver. De la 12e Lune, *Wang-mang* fait la 1ère Lune de la 1ère Année de la Période *Che-kien-kouo.*"

22* Notre *Tl* porte, fautivement : 12.49.

HAN ORIENTAUX 東漢.

	An1	An2	c													Ann.	
	25*	20	1	07s	36	06	35	05	35	04	34	03	33	02	32		
	26	25	2	01s	31	60	30	50	29	58	28	58	27	57	26		
	27	30	3	56	25•	24	54	23	53r	22	52	21	51	20	50	55p	? a l i
	28	35	4	20	49	19	48	18	47	17	46	06	45	15	44		
	29	41	5	14	43	13	43	12	42	11	41	10	40•	39	08	09n	
	30	46	6	38	07	37	06	36	05	35	05	34	04r	33	03		W 9 r 03
	31	51	7	32	02	31	01r	30	60	29	59	28	58	27	57	a	
	32	56	8	27	56	26	55	25	54•	53	23	52	22	51	21	24n	
30	33	02	9	50	20	50	19	49	18	48	17	47	16	46	15		
	34	07	10	45	14	44	13	43	12	42	12	41	11	40	10		
	35	12	11	39	09	38•	37	07	36	06	35	05	35	04	34	08n	
	36	17	12	03	33	02	32	01	31	60	30	59	29	58	28		
	37	23	13	57	27	57	26	56	25	55	24	54	23	53	22•	52p	
	38	28	14	21	51	20	50	19	49	19	48	18	47	17	46		
	39	33	15	16	45	15	44	14	43	13	42	12	42	11	41		
	40	38	16	10	40	09	39r	08	38	07	37•	36	05	35	04	06n	
	41	44	17	34	04	33r	03	32	02	31	01	30	60	29	59		
	42	49	18	28	58	27	57	27	56	26	55	25	54	24	53	a	
40	43	54	19	23	52	22	51•	50	20	49	19	49	18	48	17	21n	
	44	59	20	47	16	46	15	45	14	44	13	43	12	42	11		
	45	05	21	41	11	40	10	39	09	38	08	37	07	36	06	a	
	46	10	22	35•	34	04	34	03	33r	02	32	01	31	60	30	05n	
	47	15	23	59	29	58	28	57	27	56	26	56	25	55	24		
	48	20	24	54	23	53	22	52	21	51	20	50	19•	19	48	49n	
	49*	26	25	18	47	17	46r	16	45	15	44	14	43	13	42		
	50*	31	26	12	41	11	41	10	40	09	39	08	38	07	37		
	51*	36	27	06	36	05	35	04	34•	33	03	32	02	31	01	03n	
	52*	41	28	30	60	29	59	28	58	27	57	26	56	26	55		
50	53	47	29	25	54s	24	53	23	52	22	51	21	50	20	49	a	
	54	52	30	19	48	18•	17	47	16	46	15	45	14	44	13	48n	
	55*	57	31	43	12	42	11	41	10	40	10	39	09	38	08	a	—*—
	56	02	1	37	07	36	06	35	05	34	04	33	03	33	02r•	32n	
	57	08	2	01	31	60	30	59	29	58	28	57	27	56	26		
	58	13	1	55	25	55	24	54	23	53	22	52	21	51	20		
	59	18	2	50	19	49	18	48	18	47	17	46•	45	15	44	16p	
	60	23	3	14	43	13	42	12	41	11	40	10	40	09	39		
	61	29	4	08	38	07	37	06	36	05	35	04	34	03	33		
	62	34	5	02	32	02	31	01•	60	29	59	28	58	27	57	30n	
60	63	39	6	26	56	25	55	25	54	24	53	23	52	22	51		
(47)	64	44	7	21	50	20	49	19	48	18	47	17	47	16	46		
	65	50	8	15•	14	44	13	43	12	42	11	41	10	40r	10	45n	
	66	55	9	39	09	38	08	37	07	36	06	35	05	34	04		
	67	60	10	33	03	32	02	32	01	31	60	30	59•	58	28	29n	

25*   Notre *Tl* porte, fautivement : 11.32.

49*   *Tl* donne cette Année comme la 1ère d'un *Pou*, commençant par le 19e Signe cyclique.

50*   Notre *Tl* porte, fautivement : 3.41.

51*   Défaut du papier, mais restitution évidente [*Joen*] lou *Ping-yn*...

52*   *Item* [1 *Koei-se*]... 5 *Sin-*[*mao*, 7 *Keng-*]*yn*...

55*   6. Erreur du *Tl*. Il faut 11, en conséquence de 5r10.

	68	05	11	57	27	56	2C	55	25	54	24	54	23	53	22	
	69	11	12	52	21	51	20	50	19	49	18	48	17	47	17	
	70*	16	13	46	16	45	15	44	14	43•	42	12	41	11	40	13p — * —
	71	21	14	10	39	09	39	08	38	07	37	06	36	05	35	
	72	26	15	04	34	03	33	02	32	02	31	01	30	60	29	
10	73	32	16	59	28	58•	57	26	56r	25	55	24	54	24	53	27n
	74	37	17	23	52	22	51	21	50	20	49	19	48	18	47	a
	75	42	18	17	46	16	46	15	45	14	44	13	43	12	42r•	11n
	76	47	1	41	10	40	09	39	09	38	08	37	07	36	06	
	77	53	2	35	05	34	04	33	03	32	02	31	01	31	60	a
	78	58	3	30	59	29	58	28	57	27	56•	55	25	54	24	26n
	79	03	4	54	23	53	22	52	21	51	20	50	19	49	18	
	80	08	5	48	17s	47	16	46	16	45	15	44	14	43	13	a
	81*	14	6	42	12	41	11	40•	39	09r	38	08	37	07	37	10p — * —
	82	19	7	06	36	05	35	04	34	03	33	02	32	01	31	
20	83	24	8	01	30	60	29	59	28	58	27	57	26	56	25	a
	84*	29	1	55•	54	24	53	23	52	22	51	21	50	20	49	24p
	85*	35	2	19	48	17	47	16	46	15	45	14	44	13	43	
	86	40	3	12	42	11	41	11	40	10	39	09	38•	37	07	08n
	87	45	1	36	06	35	05	34	04	33	03	53r	02	32	01	
	88	50	2	31	60	30	59	29	58	28	57	27	56	26	56	a
	89	56	1	25	55	24	54	23	53	22•	21	51	20	50	19	52p
	90*	01	2	49	18	48	18	47	17	46	16	45	15	44	14	
	91*	06	3	43	13	42•	41	11	41	10	40	09	39	08	38	12n — * —
	92	11	4	07	37	06	36	05	35s	04	34	03	33	03	32	
30	93	17	5	02	31	01	30	60	29	59	28	58	27	57	26	
	94	22	6	56	25	55	25	54	24	53	23	52	22	51	21•	50n
	95	27	7	20	49	19	48s	18	48	17	47	16	46	15	45	
	96	32	8	14	44	13	43	12	42	11	41	10	40	10	39	a
	97	38	9	09	38	08	37	07	36	06	35•	34	04	33	03	05n
	98	43	10	33	02	32	01	31	60	30	59	29	58	28	57	
	99	48	11	27	56	26	55	25	55	24	53	23	53	22	52	
	100	53	12	21	51	20	50	19•	18	48s	17	47	17	46	16	49p
	101	59	13	45	15	44	14	43	13	42	12	41	11	40	10	
	102	04	14	40	09	39	08	38	07	37	06	36	05	35	04	a
40	103	09	15	34•	33	02	32	02s	31	01	30	60	29	59	28	03n
	104	14	16	58	27	57	26	56	25	55	25	54	24	53	23	
	105	20	1	52	22	51	21	50	20	49	19	48	18•	17	47	47
	106	25	1	16	46	15	45	14	44	13	43	12	42	11	41	

70* Éclipse 10r 41 incompatible. Impliquerait rejet de 7i en 10i. Lire peut-être 10 s 41. — Pour mémoire l'impossible 10r 29 du *Pen-ki, K.* 2.

81* Peut-être 10.38. — Notre *Tl* porte, fautivement : 11.37.

84* Éclipses impossibles : 8 r 32 (*Pen-tche* = *Han-chou, T'ien-wen*) et 9 r 32 (*Kou-kin-tchou* 古今注), notées dans *Tl.*

85* Le style *Se-fen*, introduit cette Année, admet deux Lunes caves consécutives et trois Lunes consécutives de trente Jours (*Cf. — 206*). — *Tl* donne cette Année comme la 18e d'un *Pou* ayant commencé par le 58e Signe cyclique.

90* Éclipse 2s 19 incompatible.

91* 3i ; au lieu de 02, 3i, *a priori* seul vraisemblable, et conforme aux textes ; il nous paraît difficile de soutenir ici le *Tl* ; pourtant cette époque est critique et obscure ; la leçon expresse et étrange du *Tl* semble indiquer quelque fait caché. — *Ts'ien Ta-tchao* 錢大昭, dans son *Heou-Han-chou-pou-piao*, tient pour 02. De même *Hoang Ping-heou* (n° 147).

	107	30	1	10	40	09t	39	09	38	08	37	07	36	06	35	a
	108	35	2	05	34	04	33	03	32	02•	01	31	60	30	59	32n
	109	41	3	29	58	28	57	27	56	26	55	25	54	24	54	
	110	46	4	23	53	22	52	21	51	20	50	19	49	18	48	a
	111	51	5	17s	47	17	46•	45	15	44	14	43	13	42	12	16p
	112	56	6	41	11	40	10	39	09	39	08	38	07	37	06	
50	113	02	7	36	05	35	04	34r	03	33	02	32	01	31	01•	30
	114*	07	1	60	29	59	28	58	27	57	26	56	25s	55	24	
	115	12	2	54	24	53	23	52	22	51	21	50	20r	49	19	
	116	17	3	48	18	47t	17	46	16	46	15•	14	44	13	43	45n
	117	23	4	12	42s	11	41	10	40	09	39	09	38	08	37	
	118*	28	5	07	36	06	35	05	34	04	33s	03	32	02	31	
	119	33	6	01	31	60	30	59•	58	28	57	27	56	26	55s	29n
	120	88	1	25	54	24	53	23	53	22s	52	21	51	20	50	
	121	44	1	19	49	18	48	17	47	16	46	16	45	15	44	
	122	49	1	14	43•	42	12	41	11	40	10	39	09	38	08	12p
60	123	54	2	38	07	37	06	36	05	35	04	34	03	33	02	a
(48)	124	59	3	32	01	31	01	30	60	29	59	28	58r•	57	26	27n
	125	05	4	56	25	55s	24	54	23	53	23	52	22	51	21	
	126	10	1	50	20	49	19	48	18	47	17	46	16	45	15	a
	127	15	2	45	14	44	13	43	12•	11s	41	10	40	09	39	42n
	128	20	3	08	38	08	37	07	36	06	35	05	34	04	33	
	129	26	4	03	32	02	31	01	30	60	30	59	29	58	28	
	130	31	5	57	27	56•	55	25	54	24	53	23	53	22	52	26n
	131	36	6	21	51	20	50	19	49	18	48	17	47	16	46	a
	132*	41	1	15	45	15	44	14	43	13	42	12	41	11	40•	10p
10	133	47	2	39	09	38	08	37	07	37	06	36	05	35	04	
	134	52	3	34	03	33	02	32	01	31	60	30	60	29	59	a
	135	57	4	28	58	27	57	26	56	25	55•	54	23	53	22	24sn
	136	02	1	52	22	51	21	50	20	49	19	48	18	47	17	
	137	08	2	46	16	45	15	45	14	44	13	43	12	42	11	a
	138*	13	3	41	10	40	09•	08	38	07	37	07	36	06	35s	39n
	139	18	4	05	34	04	33	03	32	02	31	01	30	60	29	
	140	23	5	59	29	58	28	57	27r	56	26	55	25	54	24	a
	141	29	6	53•	52	22	52	21	51	20	50	19	49r	18	48	23
	142	34	1	17	47	16	46	15	45	14	44	14	43	13	42	a
20	143	39	2	12	41	11	40	10	39	09	38	08	37•	37	06	07n
	144*	44	1	36	05	35	04	34	03	33	02	32	01	31	60	
	145	50	1	30	59	29	59	28	58	27	57	26·	56	25	55	a
	146	55	1	24	54	23	53	22	52•	51	21	50	20	49	19	21n
	147	60	1	48s	18	47	17	46	16	45	15	44	14	44	13	
	148	05	2	43	12	42	11	41	10	40	09	39	08	38	07	
	149	11	3	37	06	36•	35	05r	34	04	33	03	32	02	31	06n
	150	16	1	01	30	60	29	59	28	58	28	57	27	56	26	a
	151	21	1	55	25	54	24	53	23	52	22	51	21	51	20•	50n
	152	26	2	19	49	18	48	17	47	16t	46	15	45	14	44	
30	153	32	1	13	43	13	42	12	41	11	40	10	39	09	38	
	154	37	2	08	37	07	36	06	36	05	35	04s•	03	33	02	34p

114* Éclipse *Pen-ki* 3.10, impossible.

118* 12. Notre *Tl* porte, fautivement : 01.

132* *Tong-Han-chou, Lié-tchoan, K.* 20 *hia :* 10i; témoignage apparemment négligeable.

138* 8i, selon le *Pen-tche*, note *Tl.* Erreur bien probable.

144* *Tl* donne cette Année comme la 1ère d'un *Pou* commençant par le 37e Signe cyclique.

	155	42	1	32	01	31	60	30	59	29	58	28	58	27	57	
	156	47	2	26	56	25	55	24	54	23	53	22	52	21	51	a
	157	53	3	20	50	20	49	19.	18r	47	17	46	16	45	15	48n
	158	58	1	44	14	43	13	43	12r	42	11	41	10	40	09	
	159	03	2	39	08	38	07	37	06	36	05	35	05	34	04	a
	160	08	3	33.	32	02	31	01	30	60	29	59	28	58	28	03n
	161	14	4	57	27	56	26	55	25	54	24	53	23	52	22	
	162	19	5	51	21	50	20	50	19	49	18	48	17.	16	46	47n
40	163	24	6	15	45	14	44	13	43	12	42	12	41	11	40	
	164	29	7	10	39	09	38	08	37	07	36	06	35	05	35	
	165	35	8	04	34r	03	33	02	32	01.	60	30	59	29	58	31p
	166	40	9	28s	57	27	57	26	56	25	55	24	54	23	53	
	167	45	1	22	52	21	51	20	50r	20	49	19	48	18	47	
	168	50	1	17	46	16.	15	44	14	43	13	42	12	42	11	46n
	169*	56	2	41	10	40	09	39	08	38	07	37	06	36r	05	a
	170	01	3	35	04	34	04r	33	03	32	02	31	01	30	60.	29n
	171	06	4	59	28	58s	27	57	26	56	26	55	25	54	24	
	172	11	1	53	23	52	22	51	21	50	20	49	19	49	18	
50	173	17	2	48	17	47	16	46	15	45	14.	13	43	12	42	44n
	174*	22	3	12	41	11	40	10	39	09	38	08	37	07	36	—*—
	175	27	4	06	35	05	34	04	34	03	33	02	32	01	31	a
	176	32	5	60	30	59	29	58.	57	27	56	26	56	25	55	28p
	177	38	6	24	54	23	53	22	52	21	51	20	50s	19	49	
	178	43	1	19	48s	18	47	17	46	16	45	15	44	14r	43	
	179	48	2	13.	12	41	11s	41	10	40	09	39	08	38	07	42n
	180	53	3	37	06	36	05	35	04	34	04	33	03	32	02	
	181	59	4	31	01	30	60	29	59	28	58	27s	57.	56	26	26n
	182	04	5	55	25	54	24	53	23	52	22	51	21	50	20	
60	183	09	6	49	19	48	18	48	17	47	16	46	15	45	14	
(49)	184	14	1	44	13	43	12	42	11	41.	40	10	39	09	38	11n
	185	20	2	08	37	07	36	06	35	05	34	04	33	03	33	
	186	25	3	02	32	01	31	60	30r	59	29	58	28	57	27	
	187	30	4	56	26	56	25.	24	54	23	53	22	52	21	51	55p
	188	35	5	20	50	19	49	18	48	18	47	17	46	16	45	
	189	41	6	15	44	14	43s	13	42	12	41	11	40	10	40.	09n
	190	46	1	39	08	38	07	37	06	36	05	35	04	34	03	
	191	51	2	33	03	32	02	31	01	30	60	29	59	28	58	
	192	56	3	27	57	26	56	25	55	25	54.	53	23	52	22	24n
10	193	02	4	51s	21	50	20	49	19	48	18	48	17	47	16	
	194	07	1	46	15	45	14	44	13	43r	12	42	11	41	10	
	195	12	2	40	10	39	09	38.	37	07	36	06	35	05	34	08n
	196	17	1	04	33	03	32	02	32	01	31	60	30	59	29	
	197	23	2	58	28	57	27	56	26	55	25	55	24	54	23	
	198	28	3	53	22.	21	51	20	50	19	49	18	48	17	47	52n
	199	33	4	17	46	16	45	15	44	14	43	13	42	12	41	
	200	38	5	11	40	10	40	09	39	08	38	07s	37.	36	05	06n
	201	44	6	35	04s	34	03	33	02	32	02	31	01	30	60	
	202	49	7	29	59	28	58	27	57	26	56	25	55	24	54	
20	203	54	8	24	53	23	52	22	51.	50	20	49	19	48	18	21n

169*   Pour mémoire *Pen-ki* 10r 37.

174*   1. Erreur du *Tl.*   Il faut 11, en conséquence de 173.12 r 10.

	Année																Note
	204	59	9	47	17	47	16	46	15	45	14	44	13	43	12		
	205	05	10	42	11	41	10	40	09	39	09	38	08	37	07		
	206	10	11	36	06	35.	34	04	33	03	32	02	32	01	31	05n	
	207	15	12	60	30	59	29	58	28	57	27	56	26	55	25		
	208	20	13	54	24	54	23	53	22	52	21	51	20s	50	19.	49n	
	209	26	14	18	48	17	47	17	46	16	45	15	41	14	43		
	210*	31	15	13	42s	12	41	11	40	10	39	09	39	08	38		— ★ —
	211	36	16	07	37	06	36	05	35	04	34.	33	02	32	01	03n	
	212	41	17	31	01	30	60	29	59	28r	58	27	57	26	56		
30	213	47	18	25	55	24	54	24	53	23	52	22	51	21	50		
	214	52	19	20	49	19	48.	47	17	46	16	46	15	45	14	18n	
	215	57	20	44	13	43	12	42	11	41	10	40	09	39	08		
	216	02	21	38	08	37	07	36s	06	35	05	34	04	33	03		
	217	08	22	32.	31	01	31	60	30	59	29	58	28	57	27	02n	
	218	13	23	56	26	55	25	54	24	53	23	53	22	52	21		
	219	18	24	51	20	50r	19	49	18	48	17	47	16.	16	45	46n	

TROIS ROYAUMES.
VI. DYNASTIE *CHOU-HAN* 蜀漢.

	Année																Note
	220*	23		1	15	44s	14	43	13	42	12	41	11	40	10	39	
	221	29		2	09	38	08	38	07	37	06r	36	05	35	04	34	
	222	34	1	3	03s	33	02	32	01	31.	30	60	29	59	28	58r	60n
40	223*	39	2	4	27	57*	26	56*	25	55*	24	54*	23	53*	23*	52	
	224	44	3	5	22*	51	21*	50	20*	49	19*	48	18*	47	17*	46r	
	225	50		6	16	45	15.	14	44	13	43	12	42	11	41	10	45n
			4		15	45	14	44.	43	13	42	12	41	11	40	10	14p
	226	55	5	7	40*	09	39*	08	38*	07	37	07*	36	06*	35	05*	
	227	60	6	1	34	04*	33	03*	32	02*	31	01*	30	60*	30*	59.	29*n
	228	05	7	2	58	28*	57	27*	56	26*	55	25*	54	24*	53	23*	
	229	11	1	3	52	22*	52*	21	51*	20	50*	19	49*	18	48*	17	
	230*	16	2	4	47*	16	46*	15	45*	15*	44	14*	43.	42	12*	41	13*p
	231	21	3	5	11*	40	10*	39	09*	38	08*	37	07*	37*	06	36*r	
	232	26	1	6	05s	35*	04	34*	03	33*	02	32*	01	31*	60	30*	
50	233	32	2	1	59	29*	59*	28	58*.	57*	26	56*	25	55*	24	54*	27sn
	234	37	3	2	23	53*	22	52*	22*	51	21*	50	20*	49	19*	48	
	235	42	4	3	18*	47	17*	46	16*	45	15*	44	14*	44*	13	43*	
	236	47		4	12.	11	41	10	40	09	39	08	38	07	37	07	42n
			5		12	41.	40	10	39	09	38	08	37	07	36	06	11pp
	237*	53		1	36	06	35	05	34	03	33	02	32	01	31	60	

210* 10. Peut-être 38. Notre *Tl* porte, fautivement : 11.38.

226* *Wei* et *Chou* se servent du style *Se-fen.* — *Tl* donne cette Année comme la 1ère d'un *Pou* commençant par le 16e Signe cyclique. — Les éclipses suivantes sont prises de l'Histoire des *Tsin.*

223* *Ou:* style *K'ien-siang ;* dates cycliques inférieures d'un Jour aux dates *Wei* marquées d'un astérisque; dans l'entrefilet gauche, le nombre de gauche des Années *Nien-hao* est celui de *Ou.* Notons cette faute d'impression : 223.5.55, style *Wei.*

230* i 13 p, en style *Wei* : soit donc le Terme *Siao-siué*, Lune 10, second Jour, 43. Mais en style *Ou*, c'est le premier Jour, 42. On voit par là (et maints autres exemples *infra*) que les Termes solaires aussi peuvent (soit erreur, soit système) varier selon les styles.

237* *Wei:* style *King-tch'ou*, faisant la 1ère Lune de la 12e. En conséquence la 3e Lune devient 4e. — *Han* continue le style *Se-fen.* — Entrefilet gauche : seconde date, *Ou*; date de gauche, *Han.* — Remarquer la fréquente conformité entre *Wei* et *Ou.*

		6	35	05	35	04	34	03	33	02	32	01	31	60	
		15	36	06	35	05	34	03	33	03	32	02	31	01	
	238 58	2	30	59	29	58	28	57	27	57	26	56•	55	24	25n
		1	30	59	29	58	28	58	27	57	26	56•	55	24	25n
		1	30	60	29	59	29	58	28	57	27	56•	55	24	26n
	239* 03	3	54	23	53	22	52	21	51	20	50	20	49	19	
		2	54	23	53	22	52	21	51	20	50	20	49	19	
		2	54	24	53	23	52	22	51	21	51	20	50	19	
	240 08	1	48	18	47	17	46	16	45s	15	44	14	43	13	
		3	48	18	47	17	46	16	45	15	44	14	43	13	
		3	49	18	48	17	47	16	46	15	45	14	44	14	
	241 14	2	42	12	41	11	41	10•	09	39	08	38	07	37	40n
		4	42	12	42	11	41	10•	09	39	08	38	07	37	40n
		4	43	13	42	12	41	11	40•	39	09	38	08	37	10p
	242 19	3	06	36	05	35s	04	34	04	33	03	32	02	31	
		5	06	36	05	35	05	34	04	33	03	32	02	31	
		5	07	36	06	36	05	35	04	34	03	33	02	32	
60	243* 24	4	01	30	60	29	59	28	58	27	57	26	56	26	
		6	01	30	60	29	59	28	58	27	57	27	56	26	
		6	01	31	60	30	59	29	59	28	58	27	56	26	
(50)	244 29	5	55	25	54•	53s	23	52	22	51	21	50	20	50	24n
		7	55	25	54•	53	23	52	22	51	21	50	20	50	24n
		7	56	25	55•	54	23	53	22	52	21	51	21	50	24n
	245* 35	6	20	49	19	48	18	47	17	46	16	45s	15	44	—*—
		8	19	49	18	48	17	47	16	46	15	45	14	44	
		8	20	49	19	48	18	47	17	46	16	45	15	44	
	246 40	7	13	43	12	42	11	41	11	40	10	39	09	38•	08n
		9	13	43	12	42	11	41	11	40	10	39	09	38•	08p
		9	14	43	13	43	12	42	11	41	10	40	09	39•	08n
	247 45	8	37	07s	36	06	35	05	34	04	33	03	33	02	
	*	10	37	07	36	06	35	05	34	04	34	03	33	02	
		10	38	07	37	06	36	06	35	05	34	04	33	03	
	248 50	9	32s	01	31	60	30	59	29	58	28	57	27	56	
		11	32	01	31	60	30	59	29	58	28	57	27	56	
		11	32	02	31	01	30	60	29	59	28	58	28	57	
	249 56	1	26	55	25	55	24	54	23	53•	52	21	51	20	22n
		12	26	56s	25	55	24	54	23	53•	52	21	51	20	22n
		12	27	56	26	55	25	54	24	53•	52	22	51	21	23n
	250 01	2	50	19	49	18	48	17	47	17	46	16	45	15	
		13	50	19	49	18	48	18	47	17	46	16	45	15	
		13	51	20	50	19	49	18	48	17	47	16	46	15	
	251 06	3	44	14	43	13	42	12	41	11	40	10	40	09	
		1	44	14	43	13	42	12	41	11	41	10	40	09	
		14	45	14	44	13	43	13	42	12	41	11	40	10	
	252 11	4	39	08	38	07	37•	36	05	35	04	34	03	33	06n
		1	39	08	38	07	37•	36	05	35	04	34	03	33	06n
		15	39	09	38	08	37•	36	06	35	05	35	04	34	07n

239* *Wei* revient à l'Année des *Hia*, en redoublant la 12° Lune.

243* *Tl* rapporte et réprouve l'absurde *Tsin-tche* 5s 14.

245* 4. Erreur du *Tl*, qui lui-même consigne 4s 19 ; soit donc : 49.

247* Notre *Tl* porte fautivement : 1.07.

10	253	17	5	02	32	02	31	01	30	60	29	59	28	58	27	
			2	03	32	02	31	01	30	60	29	59	28	58	27	
			16	03	33	02	32	01	31	60	30	59	29	58	28	
	254	22	1	57	26	56	25	55	24	54	24	53	23	52	22	
			1	57	26	56	25	55	25	54	24	53	23	52	22	
			17	58	27	57	26	56	25	55	24	54	23	53	22	
	255	27	2	51•	50	20	49	19	48	18	47	17	47	16	46	21n
			2	51•	50	20	49	19	48	18	48	17	47	16	46	21n
			18	52•	51	20	50	20	49	19	48	18	47	17	46	21n
	256	32	1	15	45	14	44	13	43	12	42	11	41	10	40	
			1	15	45	14	44	13	43	12	42	11	41	10	40	
			19	16	45	15	44	14	43	13	43	12	42	11	41	
	257	38	2	09	39	09	38	08	37	07	36	06	35•	34	04	05n
			2	10	39	09	38	08	37	07	36	06	35•	34	04	05n
			20	10	40	09	39	08	38	07	37	06	36•	35	05	05
	258	43	3	33	03	32	02	31	01	31	60	30	59	29	58	
			1	33	03	32	02	32	01	31	60	30	59	29	58	
			1	34	04	33	03	32	02	31	01	30	60	29	59	
	259	48	4	28	57	27	56	26	55	25s	54	24	54	23	53	
			2	28	57	27	56	26	55	25	55	24	54	23	53	
			2	28	58	27	57	27	56	26	55	25	54	24	53	
	260	53	1	22s	52	21	51	20	50	19•	18	48	17	47	16	49p
			3	22	52	21	51	20	50	19•	18	48	17	47	17	49p
			3	23	52	22	51	21	50	20•	19	49	18	48	17	50n
	261	59	2	46	16	45	15	44s	14	43	13	42	12	41	11	
			4	46	16	45	15	44	14	43	43	42	12	41	11	
			4	47	16	46	15	45	14	44	13	43	12	42	12	
	262	04	3	40	10	39	09	38	08	38	07	37	06	36s	05	
			5	40	10	39	09	39	08	38	07	37	06	36	05	
			5	41	11	40	10	39	09	38	08	37	07	36	06	
20	263	09	4	35	04	34•	33	02	32	01	31	01	30	60	29	03n
			6	35	04	34•	33	02	32	02	31	01	30	60	29	03n
			1	35	05	35	04•	03	33	02	32	01	31	60	30	34p
	264	14	1	59	28	58	27	57	26	56	25	55	24	54	23	
			1	59	28	58	27	57	26	56	25	55	24	54	24	

VII. DYNASTIE *TSIN* 晉.

TSIN OCCIDENTAUX 西 晉.

265*	20		1	53	23	52	22	51	21	50	20	49	19	48	18•	47n	—*—
		1		53	23	52	22	51	21	50	20	49	19	48	18•	47n	
266*	25		2	17	46	16	45	15	45	14	44r	13	43s	12	42		
		1		17	46	16	46	15	45	14	44	13	43	12	42		
267	30		3	11	41	10	40	09	39	08	38	08	37	07	36		
		2		11	41	10	40	09	39	09	38	08	37	07	36		
268	35		4	06	35	05	34	04	33	03	32•	31	01	30	60	02n	
		3		06	35	05	34	04	33	03	32•	31	01	31	60	02n	
269	41		5	30	59	29	58	2S	57	27	56	26	55	25	54		
		1		30	59	29	58	28	57	27	56	26	55	25	54.		

265*   Style de première ligne : *Tsin* ; de seconde ligne : *Ou* ; dates de gauche : *Ou*. Les *Tsin* continuent, sous le nom de *T'ai-che*, le style *King-tch'ou* (*Cf.* 237). — Faute de notre *Tl* : 2.52.

266*   Le *Song-tche* (observe *Tl*) se tait sur ces deux éclipses. — Astronomiquement la seconde est fausse.

	Idx		n													Note	Comment
	270	46	6	24	53	23	52	22	52	21	51	20	50	19	49		
			2	24	53	23	53	22	52	21	51	20	50	19	49		
	271	51	7	18	48	17	47	16•	15	45	15	44	14s	43	13	46p	*Song-tche:*5s 17
			3	18	48	17	47	16•	15	45	15	44	14	43	13	46p	
	272	56	8	42	12	41	11	40	10	39	09	38	08s	37	07		
			1	42	12	41	11	40	10	39	09	38	08	38	07		
80	273	02	9	37	06	36	05s	35	04	34s	03	33	02	32	01		*Song:* 4s seule.
			2	37	06	36	05	35	04	34	03	33	02	32	01		
	274*	07	10	31•	30	59	29	59	28	58	27	57	26	56	25	60n	—*—
			3	31•	30	60	29	59	28	58	27	57	26	56	25	60n	
	275	12	1	55	24	54	23	53	22	52	22r	51	21	50	20		
			1	55	24	54	23	53	22	52	22	51	21	50	20		
	276	17	2	49	19	48	18	47	17	46	16	45	15•	14	44	44n	
			1	49	19	48	18	47	17	46	16	45	15•	14	44	45n	
	277	23	3	13s	43	12	42	11	41	10	40	09	39	08	38		
			1	15	43	12	42	11	41	10	40	09	39	08	38		
	278	28	4	07s	37	06	36	06	35	05	34	04	33	03	32		
			2	07	37	07	36	06	35	05	34	04	33	03	32		
	279	33	5	02	31	01	30	60	29	59•	58	28	57	27	56	28	
			3	02	31	01	30	60	29	59•	58	28	57	27	56	28	
	280	38	1	26	55	25	54	24	53	23	52	22	51	21	51		
	281	44	2	20	50	19	49	18	48	17	47	16	46	15	45		
	282	49	3	14	44	13	43•	42	12	41	11	40	10	39	09	a 13p	
40	283*	54	4	38	08	37	07	36	06	36	05	35	04	34	03		—*—
	284	59	5	33	02	32	01	31	60	30	59	29	58	28	58•	a 27n	
	285	05	6	57	26	56	25	55	24	54	23s	53	22	52	21		
	286	10	7	51s	20	50	20	49	19	48	18	47	17	46	16		
	287	15	8	45s	15	44	14	43	13	43	12•	11	41	10	40	42n	
	288	20	9	09s	39	08	38	07	37s	06	36	05	35	05	34		*Song:* 6s seule.
	289	26	10	04	33	03	32	02	31	01	30	60	29	59	28		
	290	31	1	58a	27	57	27	56•	55	25	54	24	53	23	52	a 26n	
	291	36	1	22a	51	21	50	20	50	19	49	18	48	17	47		
	292*	41	2	16	46	15	45	14	44	13	43	12	41	11	41		? 10.42 11.12?
50	293	47	3	11	40•	39	09	38	08	37	07	36	06	35	05	10n	
	294	52	4	34a	04	34	03	33	02	32	01	31	60	30	59		
	295	57	5	29	58	28	57	27	57	26	56	25	55•	54	23	24n	
	296	02	6	53	22	52	21	51	20	50	19	49	19	48	18		
	297	08	7	47	17	46	16	45	15	44	14	43	13	42	12		
	298	13	8	41	11	41	10	40	09•	08	38	07	37	06	36	39n	
	299	18	9	ʼ05	35	04	34	04	33	03	32	02	31	01s	30		
	300	23	1	60a	29	59	28s	58	27	57	26	56	25	55a	25		
	301	29	1	54	24	53•	52	22	51	21	50	20	49	19	48	a 23sn	
	302	34	1	18	48	17	47	16	46	15	45	14	44	13	43		
60	303	39	2	13	42	11	41	11	40	10	39	09	38	08	37•	07p	
(51)	304	44	1	36	06	35	05	34	04	33a	03	33	02	32	01		
	305	50	2	31	60	30	59	29	58	28	57	27	56	26	55		
	306	55	1	25s	55	24	54	23	53	22s	52•	51	20	50	19s	21n	*Song* omet 7s.

274* Le *Song-tche* (observe *Tl*) se tait sur l'éclipse 1s 32 du *Tsin-tche*. — *Song* et *Tsin* consignent une éclipse 3s 60, également contraire au texte.

283* 3. Erreur de *Tl*, en conséquence de 3s 38.

292* Faute de gravure possible : 10 pour 12 (12ᵉ L u n e) ; et en ce cas lire ainsi qu'en marge.

	N°		J														
	307*	60	1	49	18	48	18	47	17	46a	16a	45	15	44	14		? a 1.50 — * —
	308	05	2	43s	13	42	12	41	11	40	10	40	00	39	08a		
	309	11	3	38	07	37	06	36•	35	04	34	03	33	02	32	05n	
	310	16	4	02a	31	01	30	60	29	59	28	58	27	57	26		
	311	21	5	56	25	55	25	54	24	53	23	52	22	51	21		
	312*	26	6	50•	49s	19	48	18	47	17	47	16	46	15	45	20n	i 20 p ?
10	313	32	1	14	44	13	43	12	42	11	41	10	40	09	39		
	314*	37	2	09	38	08	37	07	36	06	35	05	34•	33	03	04n	
	315	42	3	32	02	32	01	31	60	30	59	29	58	28	57		
	316	47	4	27	56	26	55	25	54s	24	54	23	53	22	52s		6s*Tsin*,12s*Song*

TSIN ORIENTAUX 東晉.

	N°		J														
	317*	53	1	21	51	20	50	19	49	18•	17	47	16	46	16	48p	
	318	58	1	45	15	44	14s	43	13	42	12	41	11	40	10		
	319	03	2	39	09	39	08	38	07	37	06	36	05	35	04	a	
	320	08	3	34	03	33•	32	01	31	01	30	60	29	59	28	02n	
	321	14	4	58	27	57	26	56	25	55	24	54	23	53	23		
	322	19	1	52	22	51	21	50	20	49	19	48	18	47	17•	46n	
20	323	24	1	16	46	15	45	14	44	13	43	12	42	11	41		
	324	29	2	10	40	09	39	08	38	08	37	07	36	06	35	a	
	325	35	3	05	34	04	33	03	32	02	31•	30	60	30s	59	01n	
	326	40	1	29	58	28	57	27	56	26	55	25	54	24	53		
	327	45	2	23	53	22	52	21s	51	20	50	19	49	18	48		
	328	50	3	17	47	16	46	15•	15	44	14	43	13	42	02	45n	
	329	56	4	41	11	40	10	39	09	38	08	37	07	37	06		
	330	01	5	36	05	35	04	34	03	33	02	32	01	31	60		
	331	06	6	30•	29	59s	28	58	27	57	26	56	25	55	24	60n	
	332	11	7	54	23	53	22	52	22	51	21	50	20	49	19		
80	333	17	8	48a	18	47	17	46	16	45	15	44	14•	13	43	44n	i 44p ?
	334	22	9	12	42	11	41	10	40	09	39	08	38	07	37		
	335	27	1	07a	36	06	35	05	34	04	33	03	32s	02	31		
	336	32	2	01	30	60	29	59	29	58•	57	27	56	26	55	28p	
	337	38	3	25	54	24	53	23	52	22	51	21	51	20	50		
	338	43	4	19	49	18	48	17	47	16	46	15	45	14	44		
	339	48	5	14	43	13	42•	41	11	40	10	39	09	38	08	12p	
	340	53	6	37	07a	36	06	36	05	35	.04	34	03	33	02		
	341	59	7	32	01s	31	60	30	59	29	58	28	58	27	57•	26n	
	342*	04	8	56s	25	55	24	54	23	53	22	52	21	51	21		
40	343	09	1	50	20	49	19	48	18	47	17	46	16	45	15		
	344	14	2	44	14	43	13	43	12	42	11•	10	40	09	39	41n	
	345	20	1	08	38	07	37	06	36	05	35	05	34	04	33		a 1.11 !
	346	25	2	03	32	02	31	01	30	60	29	59	28	58	28		
	347	30	3	57	27	56	26	55•	54	24	53	23	52	22	51	25n	
	348	35	4	21	50	20	50	19	49	18	48	17	47	16	46		
	349	41	5	15	45	14	44	13	43	12	42	12	41	11	40		a 1.18 !
	350	46	6	10	39•	38	08	37	07	36	06	35	05	35	04	09n	
	351	51	7	34s	03	33	02	32	01	31	60	30	59	29	58		

307*   11. Autre erreur de *Tl*.   Il faut 45, en conséquence de 11s 45.

312*   2e **Lune** 1er Jour *Tch'oen-fen*.   Encrage douteux ; peut-être : 2e Jour.

314*   7.06 gravé par pléonasme.

317*   Notre *Tl* porte, faute d'impression : 6.18.

342*   5.54 gravé par pléonasme.

	352	56	8	28s	57	27	57	26	56	25	55	24	54•	53	22	23n	*Song* omet1s.
50	353	02	9	52a	21	51	20	50	19	49	19	48	18	47	17		
	354	07	10	46a	16	45	15	44	14	43	13	42	12	42	11		
	355	12	11	41	10	40	09	39	08•	07	37	06	36	05	35	38n	
	356	17	12	04	34	04	33	03	32	02	31	01	30s	60	29		
	357	23	1	59a	28	58	27	57	26	56	26	55	25	54	24		
	358	28	2	53	23	52•	51	21	50	20	49	19	49	18	48	22n	
	359	33	3	17	47	16	46	15	45	14	44	13	43	12	42		
	360	38	4	11	41	11	40	10	39	09	38s	08	37	07	36•	06p	
	364	44	5	35	05	34	04	33	03	33	02	32	01	31	60		
	362	49	1	30	59	29	58	28	57	27	56	26	56	25	55s		
60	363	54	1	24	54	23	53	22	52	21	51•	50	19	49	18	20n	
(52)	364*	59	2	48	18	47	17	46	16	45	15	44	14	43	13		a 3.49 !
	365	05	3	42	12	41	11	40	10	40	09	39	08	38	07		
	366	10	1	37	06	36	05	35•	34	03	33	03	32	02	31	04n	
	367	15	2	01	30	60	29	59	28	58	27	57	26	56	25		
	368	20	3	55	25	54s	24	53	23	52	22	51	21	50	20		? a 1.54
	369	26	4	49•	48	18	47	17	47	16	46	15	45	14	44	19n	
	370	31	5	13	43	12	42	11	41	10s	40	09	39	09	38		
	371	36	1	08	37	07	36	06	35	05	34	04	33•	32	02	03n	
	372	41	2	32	01	31	60	30	59	29	58	28	57	27	56		
10	373	47	1	26a	55	25	54	24	54	23	53	22	52	21	51		
	374*	52	2	20a	50	19	49	18	48	17•	16	46	16	45	15	47n	
	375	57	3	44	14	43	13	42	12	41	11	40	10s	39	09		
	376	02	1	39a	08	38	07	37	06	36	05	35	04	34	03		
	377	08	2	33	02a	32•	31	01	30	60	29	59	28	58	27	01n	? a 2 i
	378	13	3	57	26	56	25	55	24	54	23	53	23	52	22		
	379	18	4	51	21	50	20	49	19	48	18	47	17	46	16•	46sn	
	380	23	5	15	45	14	44	13	43	12	42	11	41	10	40		
	381	29	6	09	39	08	38	08	37s	07	36	06	35	05	34		
	382	34	7	04	33	03	32	02	31	01	30	60•	59	29	58	30p	
20	383	39	8	28	57	27	56	26	55	25	54	24	53	23	53		
	384	44	9	22	52	21	51	20	50a	19	49	18	48s	17	47		
	385	50	10	16	46	15	45	15•	14	43	13	42	12	41	11	44n	
	386	55	11	40	10	39	09	38	08	37	07	37	06	36	05		
	387	60	12	35	04	34	03	33	02	32	01	31	60	30	60		
	388	05	13	29•	28	58	27	57	26	56	25	55	24	54	23	59n	
	389	11	14	53	22	52	22	51	21	50	20	49	19	48	18		
	390	16	15	47	17	46a	16	45	15	44	14	44	13•	12	42	43n	
	391	21	16	11	41	10	40	09	39	08	38	07	37	07	36		
	392	26	17	06a	35	05	34	04s	33	03	32	02	31	01	30	a	
30	393	32	18	60	29	59	29	58	28	57•	56	26	55	25	54	27n	
	394	37	19	24	53	23	52	22	51	21	51	20	50	19	49		
	395*	42	20	18	48	17s	47	16	46	15	45	14	44	14	43		
	396	47	21	13	42	12	41	11•	10	39	09	38	08	37	07	40	
	397	53	1	37	06	36	05	35	04	34	03	33	02	32	01		? *Wei-chou*1.36
	398*	58	2	31	60	30	59	29	58	28	58	27	57	26	56•	25n	? *Pé-che* 11 i

364* 3. Astronomiquement, 47-48 (minuit); a 49 est donc plausible, contre *Tl.* *Item* 345.1, astr. 09, a 11. *Cf.* éclipses q. Plus étrange est l'écart 349.1, astr. et *Tl.* 15, a 18.

374* Notre *Tl* porte, faute d'impression : 6. 17.

395* Notre *Tl* porte 6.05; pléonastique et fautif.

398* Les *Wei* adoptent le style *King-tch'ou* (*Cf.* 237, 265).

	399	03	3	55	24a	54	23	53	22	52	21	51	21	50	20		
	400	08	4	49	19	48	18	47	17s	46	16	45	15	44	14		
	401	14	5	43	13	43	12	42	11	41	10•	09	39	08	38	40n	
	402	19	1	07	37	06	36	05	35	05a	34	04	33	03	32		?*Wei-chou*1.0S
40	403	24	1	02	31	01	30s	60	29	59	28	58	28	57	27	a	[*Tsin-chou*1.06
	404	29	2	56	26	55	25	54•	53	23	52	22	51	21	50	24n	
	405	35	1	20	50	19	49	18	48	17	47	16	46	15	45		
	406	40	2	14	44	13	43	12	42	12	41	11a	40	10	39		
	407*	45	3	09•	08	37	07a	36	06	35s	05	35	04	34	03	38n	
	408	50	4	33	02	32	01	31	60	30	59	29	58	28	57	a	
	409	56	5	27	57	26	56	25	55	24	54	23	53•	52	21	22n	ia Nord
	410	01	6	51a	20a	50	19	49	19	18	48	47	17	46	16		
	411	06	7	45	15	44	14	43	13	42	12	42	11	41	10	a	
	412	11	8	40	09	39	08	38	07•	06	36	05	35	04	34	37	ia Nord
50	413	17	9	04	33	03	32	02	31	01	30	60	29	59	28		
	414	22	10	58	27	57	26	56	26	55	25	54s	24	53	23a	a	
	415*	27	11	52	22	51•	50	20	49	19	49r	18r	48s	17	47	21n	ia Nord
	416	32	12	16	46	15	45	14	44	13	43	12	42	11	41	a	
	417	38	13	11s	40	10	39	09	38	08	37	07	36	06	35•	05p	
	418	43	14	34	01	33	03	33	02	32	01	31	60	30	59		
	419	48	l	29a	58	28	57	27a	56	26	55	25	55	24s	54		

ÉPOQUE 南 北 朝

VIII. DYN. SONG ANTÉRIEURS 前 宋

	420	53	1	23a	53	22	52	21	51	20	50•	49a	18	48	18a	a 19an	
	421	59	2	47	17	46	16	45	15	44	14	43	13	42	12		
	422	04	3	41a	11	40	10	40	09	39	08	38	07	37	06		
60	423	09	1	36a	05	35	01•	03	33	03	32	02	31	01	30	a 34	6n *Ta-chou*(sic)
(53)	424	14	1	60	30s	59	28	58	27	57	26	56	25	55	25		? *Song-chou* 3 i
	425	20	2	54	24	53	23	52	22	51	21	50	20	49	19	a	[(*Nan-che* 4 i)
	426	25	3	48•	47	17	47	16	46	15	45	14	44	13	43	18n	
	427*	30	4	12	42	11	41	11	40s	10	39	09	38	08	37	a	
	428*	35	5	07	36	06	35	05	34	04	33	13	32•	32s	01	02n	
	429	41	6	31	60	30	59	29s	58	28	57	27	56	26s	55		
	430	46	7	25	54	24	54	23	53	22	52	21	51	20	50		
	431	51	8	19	49	18	48	17	47	17•	16	45	15	44	14	46n	?a6i *Song-chou*,
	432	56	9	43	13	42	12	41	11	40	10	39	09	39	08		[*Nan-che,Wei*-
10	433	02	10	38	07	37	06	36	05	35	04	34	03	33	02		[ia Nord[*chou*)
	434	07	11	32	01	31•	30	60	29	59	28	58	27	57	26	a 01n	11e 1. 7e j. *tt*
	435	12	12	56s	25	55	24	54	24	53	23	52	22	51	21		11e 1.18e j. *tt*
	436	17	13	50a	20	49	19	48	18	47	17	46	16	46	15•	a 45n	11e 1.29ej.*tt*iaN
	437	23	14	14	44	13	43	12	42	11	41	10	40	09	39		11e 1.11e j. *tt*
	438	28	15	08	38	08	37	07	36	06	35	05	34	04s	33		11e 1.21e j. *tt*
	439	33	16	03	32	02	31	01	31	60	30	59•	58	28	57	a 29n	11e 1. 2e j.*tt*iaN
	440	38	17	27	56	26	55s	25	54	24	53	23	53	22	52		11e 1.13ej. *tt*
	441	44	18	21	51	20	50	19	49	18	48	17	47	16	46		11e 1.25e j. *tt*
	442	49	19	15	45	15	44	14•	13	42	12r	41	11	40	10	a 43n	11e 1. 6e j. *tt*

407*   Notre *Tl* porte, faute d'impression : 5.55.

415*   7r 48 dit Wylie, également d'après le *Pen-tche*. — 8r 17 selon le *Wei-chou*.

427*   Notre *Tl* porte, fautivement : 5.40.

428*   7.04 gravé par pléonasme.

	An	v			I–IV	V–VIII	IX–XII		
20	443	54		20	39 09 38 08	38 07 37 06	36 05 35 04		11e1.10e(?17e)j.
	444	59		21	34 03 33 02	32 01 31 60	30 60 29 59		
	445*	05	6	22	28a 58* 27 57*	26• 25s 55 24	54 23 53 22	56n	Wei 1 i 58n
	446	10	7	23	52 22 51 21	50 20s 49 19	48 18 47 17		
	447*	15	8	24	46 16 45 15	45 14 44 13	43 12o 42* 11	a	
	448	20	9	25	41* 10• 09 39	08 38 07 37	07 36 06 35	40n	Wei 10 i 42p
	449	26	10	26	05a 34 04 33s	03 32 02 31	01 30 60 29		
	450*	31	11	27	59 29 58 28	57 27s 56o 26*	55 25*•24 53	54n	Wei 7 i 26p
	451	36	1	28	23 52 22 52	21 51 20 50	19 49 18 48		
	452*	41	1	29	17 47 16 46	15 45 14 44	14 43 13 42	a	
30	453	47	2	30	12a 41 11 40	10 39• 38s 08	37 07 36 06	09n	Wei p
	454*	52	1	1	36a 05 35 04	34 03 33s 02	32 01 31 60	a	
	455	57	1	2	30 59 29 59*	28 58 27 57	26 56 25 55	a	
	456	02	2	3	24 54o 23• 22	52 21 51 21	50 20 49 19	53n	Wei n
	457	08	3	1	48a 18 47 17	46 16 45 15	44 14 43 13	a	
	458	13	4	2	43a 12 42 11	41 10s 40 09	39 08 38o 07•	37n	Wei 11 i 07n [12.37
	459	18	5	3	06a 36 05 35	05 34 04 33	03 32 02 31		Wei 1p Yu-
	460	23	1	4	01a 30 60 29	59 28 58 28	57s 27 56 26	a	[choei
	461	29	2	5	55a 25 54 24	53 23 52 22o	51s•50 20 50	21p	Wei 8i 51n,9.21
	462	34	3	6	19 49s 18 48	17 47 16 46	15 45 14 44		[? Wei-chou7i
40	463	39	4	7	13 43 12 42	12 41 11 40	10 39 09 38	a	
	464	44	5	8	08 37 07 36o	06*•05 35 04	34 03 33 02	35n	Wei4i a06n5.35
	465	50	6	1	32a 01 31 60	30 59 29 58	28 57 27 57a	a	
	466	55	1	2	26a 56 25 55	24 54 23 53	22 52 21 52	50p	Wei pp.
	467	60	1	3	20• 19 49 19	48 18 47 17	46 16s 45 15	a	
	468	05	2	4	44 14 43 13s	42 12 42a 11	41 10s 40 09	04n	Wei 10i 34n
	469	11	3	5	39 08 38 07	37 06 36 05	35 04s°34• 33		[11.04
	470	16	4	6	03 32 02 31	01 30 60 29	59 28 58 27	a	
	471*	21	1	7	57 26 56 26	55 25 54 24	53 23 52 22	18n	Wei6i a49n7.18
	472	26	2	1	51a 21 50 20	49 19o 49*•48	17 47 16 46		
50	473	32	3	1	15a 45 14 44	13 43 12 42	11 41 11 40s	a	
	474	37	4	2	10s 39 09 38	08 37 07 36	06 35 05 34	33n	Wei p
	475	42	5	3	04 33 03• 02	32 01 31 60	30 59 29 58		
	476	47	1	4	18 57 17 56	26 56 25 55	24 54 23 53	a	
	477	53	1	1	22 52 21 51	20 50 19 49	18 48s 18o 47•	17n	Wei 11i a 47n [12.17
	478*	58	2	2	46 16r 46a 15	44 14 43 13	42s 12 41 11		W.1p Yu-choei

IX. DYN. *TS'I* MÉRIDIONAUX 南齊

	An	v			I–IV	V–VIII	IX–XII		
	479	03	3	1	40 10 40s 09	39 08 38 07	37 06a 36 05	a	[? a Wei 7 i
	480	08	4	2	35a 04 34 03	33 03 32 02o	31s•30 60 29	01p	Wei 8i 31n 9.01
	481	14	5	3	59a 28a 58a 27	57a 26 56s 25	55 25 54 24		W.7 s 57,Pé-che
	482	19	6	4	53 23 52 22	51 21 50 20a	49 19 48 08		[7.57

415* Inaug. du style *Yuen-hia* par les *Song*. *Wei* continue le style *King-tch'ou* (*Cf*. 398); retrancher 1 Jour aux dates *Song* marquées d'ast.; différences d'embolismes signalées par points évidés o. Ainsi en 445, lire *Wei*. | 28• 27.57.26 56.25... | 58n.

447* 448 Lire ainsi *Wei*... 43.12• 11.41. | 42p— | 11.40. 9.39...

450* *Wei :* 57.27.56•55. 25.54.24.53 | 26p.

462* Inaug. du style *Hiuen-che* par les *Wei*.

454* Notre *Tl* porte, faute d'impression : 7 s 23.

471* *Item :* 6.54.

478* *Item :* 2s 46.

	An	v															Note	Obs
60	483*	24	7	1	48	17	47	16$_\circ$	46•	45a	14	44	13	43	12	42s	a15n	*W.*4i a 46n 5.16
(54)	484	29	8	2	11	41	10	40	09	39	09	38	08	37	07	36		
	485	35	9	3	06	35	05	34	04	33	03a	32	02	32	01	31	a	
	486	40	10	4	60a	•59	29	58a	28	57	27	56	26	55	25	54	30n	*Wei* p
	487	45	11	5	24a	54	23	53	22	52	21	51	20	50	19	49	a	
	488	50	12	6	18a	48r	17	47	17	46	16	45	15$_\circ$	44•	43	13	14n	*W.*9ia44n,10.14
	489	56	13	7	42	12	41	11	40	10	39	09	39	08	38	07		[? *Pé-che* 10i
	490	01	14	8	37	06s	36	05	35	04	34	03	33	02	32	01		
	491*	06	16	9	31	01r	30	60	29	59$_\circ$	28•	27	57	26	56	25	58n	*Wei* 6i 28n7.58
	492	11	16	10	55a	24	54	24a	53	23	52	22	51	21	50	20s		[? a *Wei* 5 i
10	493	17	17	11	49a	19	48	18	47	17s	46	16	46	15a	45	14	a	*Ts'i-che* 4.17
	494	22	18	1	44a	13	43$_\circ$	12•	11s	41	10	40	09a	39	08a	38a	42p	*Wei* 3i 12n4.42
	495	27	19	2	08	37	07	36	06	35	05	34	04	33	03	32	a	[? a *Wei* 2i
	496	32	20	3	02	31	01	31	60	30	59	29a	58	28r	57$_\circ$	27•	56n	*Wei* 11 i a 27n,
	497	38	21	4	26	55	25	54	24a	53	23	53	22	52	21	51		[12.57
	498	43	22	1	20a	50	19a	49	18	48	17	47	16	46a	15	45	a	i a Sud
	499	48	23	1	15a	44	14	43a	13	42	12	41•	40	10	39	09	11n	*Wei* p
	500	53	1	2	38s	08	38	07	37	06	36s	05	35	04a	34	03		
	501	59	2	1	33	02	32a	01	31	60	30s	60	29	59	28	58		

X. DYN. *LIANG* MÉRIDIONAUX 南梁

	An	v															Note	Obs
	502	04	3	1	27	57	26	56	25$_\circ$	55*	•54s	23	53	22	52	22	24	*Wei* 5i55p,6.24
20	503	09	4	2	51	21	50	20a	49	19a	48	18	47	17	46	16		[? a 4i,a *Wei* 4i
	504*	14	1	3	45	15	45	14	44a	13	43	12	42	11	41	10$_\circ$		
	505	20	2	4	40⁺	09•	08	38	07	37	07	36	06	35	05a	34	39p	
	506	25	3	5	04a	33	03s	32	02a	31	01	30	60	29	59	29	a	
	507	30	4	6	58a	28	57a	27	56	26a	55	25	54$_\circ$	24•	23	52	53n	*Wei* 9 ia 24n,
	508	35	1	7	22a	52	21	51	20	50	19	49s	18a	48	17	47		[10.53
	509	41	2	8	16	46	15	45	14	44	14	43s	13	42	12	41	a	
	510*	46	3	9	11	40	10	39	09	38•	37	07	36	06	36	05	08n	*Wei* p
	511	51	4	10	35	04	34	03	33	02	32	01	31	60	30	59s		
	512	56	1	11	29	59	28	58	27	57r	26	56	25	55	24	54	a	
30	513	02	2	12	23	53$_\circ$	22•	21	51s	21	50	20	49	19	40	18	52p	*Wei* 2 ia 22n,
	514	07	3	13	47	17a	46	16	45	15	44	14	43	13	43	12		[3.52
	515	12	4	14	42a	11a	41a	10	40	09	39	08	38	07	37$_\circ$	06•	36p	*Wei* 11 i 6n,
	516	17	1	15	05a	35	05s	34	04a	33	03	32	02	31	01	30		[12.36
	517	23	2	16	60	29	59	28	58	28	57	27	56	26	55	25	a	
	518	28	1	17	54	24	53	23	52	22	51	21•	20	50	19	49	50n	? a *Wei* 7i 8.50
	519	33	2	18	18s	48	17	47	16	46	15	45	14	44	13	43		
	520	38	1	1	12s	42	12	41	11	40	10	39	09	38	08	37	a	*Liang* 1s 13 !
	521*	44	2	2	07	36	06	35	05•	04	34	03	33	02	32	01	35n	*Wei*p.?a *Wei*4i
	522	49	3	3	31	60	30	59	29s	58	28	57	27	57	26s	56		
40	523*	54	4	4	25	55	24	54	23	53	22	52	21	51	20s	50		
	524*	59	5	5	19•	19$_\circ$	48	18	47	17	46	16	45	15	44	14	49n	*Wei*2.49 2ia19n
	525	05	1	6	43	13	42	12	42	11	41	10	40	09	39	08		[? a *Liang* 2 i

483*   *Tl* 5i est avec le *Nan-che* corrigeant *Ts'i-che* 4i.

491*   *Tl* réprouve *Wei-tche* 1r 10.

504*   *Wei* 12ia 40n. Puis, 505 : 09.39.08...

510*   *Liang*; style *Ta-ming.*

521*   *Tl* cite et néglige *Wei-tche* 5s 34. Selon *Pé-che* aussi, 5.34.

523*   *Wei* : style *Tcheng-koang.*

524*   Notre *Tl* porte, faute d'impression : *Wei* 1.49.

															Note	
	526	10	2	7	38	07	37	06	36	05	35	04	34	04• 03° 32	33n	*Wei* 11.33, 11 i
	527*	15	3	1	02	31	01	30	60	29	59	28	58	27 57 26*		[03p
	528*	20	1	2	56	26	55	25	54	24	53	23	52	22 51 21		
	529	26	1	1	50	20	49	19	49	18•	17*°	47	16	46s 15 45	48n	*Wei* 7.48, 7 ia
	530	31	1	2	14	44	13	43	12	42	11	41	11	40 10 39		[17n
	531	36	1	3	09	38	08	37	07	36s	06	35	05	34 04 33*	a	
	532	41	1	4	09	33	02•	01*	31	60a	30	59a	29	58s 28 57	a 32n	*Wei*4.32,4i 01n
50	533	47		5	27a	56	26a	56s	25	55	24	54	23	53 22 52	a	[?*Pe-che Wei*2i,
	534	52		6	21	51	20	50s	19	49	18a	48	18	47 17 46•	16n	*Wei* n [*Ts'i* 3i
	535*	57	1	1	45a	15	44	14	43	13	42	12	41	11 40* 10		
	536	02	2	2	40a	09	39	08	38	07	37	06	36	05 35 01	a	*Weip?* a *Liang*
	537	08	3	3	34	03	33	03	32	02	31	01	30•	29 59 28	60p	[1.33
	538*	13	4	4	58s	27	57	26	56	25	55	25	54	24 53 23		
	539	18	5	5	52	22	51	21	50	20	49	19	48	18 47* 17		
	540*	23	6	6	47a	16	46	15	45•	44	13	43	12	42 11 41	14sn	
	541*	29	7	7	10	40	10	39	09	38	08	37	07	36 06 35		
	542	34	8	8	05	34	04	33	03	32	02	32	01	31 60 30	a	
60	543	39	9	9	59•	58	28	57	27	56	26	55	25	54* 24 54	29n	
(55)	544	44	10	10	23	53	22	52	21	51	20	50	19	49 18 48		
	545	50	11	11	17	47	17	46	16	45	15	44	14	43• 42 12	13n	
	546	55	12	1	41	11	40	10	39	09	39	08	38	07 37 06		
	547	60	13	1	36s	05	35	04	34	03	33	02	32	01* 31 01		
	548*	05	14	2	30a	60	29	59	28	58	27s•26		56	25 55a 24	57p	*Si Wei* n
	549	11	15	3	54a	24	53	23	52	22	51	21	50	20 49 19		
	550	16	16	1	48a	18	47	17	46	16	46	15	45	14 44 13		
	551*	21	17	1	43	12	42•	41°	10	40	09	49	08*	38a 08 37	11n	*W.*4.11,4i a 41p
			2		43	12•	11	41	10	40	09	49	08	38 08 37	42n	?a*Liang.*4i,6.41
	552	26	3 1	1	07	36	06	35	05	34	04	33	03	32 02 31		
10	553	32		2 2	01	31	60	30	59	29	58	28	57	27 56 26•	55n	
			4		01	31	60	30	59	29	58	28	57	27 56• 55a	26n	
	554	37	5 1	3	25	54	24	53	23	53	22	52	21	51 20 50		
	555	42	6 2	1	19	49	18	48	17	47	16	46	15*	45 15 44	a	*Wei* 9.16
	556	47	7 3	1	14	43	13	42	12	41	11	40•	39	09 38 08	10n	*Ts'i* p

XI. DYNASTIE *TCH'EN* 陳

															Note	
	557	53	8 1	1	38	07	37	06	36	05	35	04	34	03 33 02		
	558	58	9 2	2	32	01	31	60	30	60	29	59	28	58 27 57		
	559*	03		3	26	56	25	55	24•	23	53	22	52	22 51 21	54n	? 5s 53
			1		26	56	25	55	24•	23	53	23	52	22 51 21	a54n	
			10		26	56	25	55•	54	53	53	22	52	22 51 21	a24n	

527*   529 etc. Rappelons le sens de l'astérisque inférieur : ajouter un Jour. 26* = *Wei* 27.

528*   5.54 suppléé (défaut d'encrage).

535*   Entrefilet gauche : dates de droite : *Liang* dates de gauche : *Wei* occidentaux.

538*   *Tl* réprouve, un peu timidement, *Liang-ki* 6s 38 et surtout 16. "38 douteux ; 16 faux," en ce sens que 16 est étranger à la 6e L.; 38 conviendrait à peu près à une éclipse de lune.

540*   *Wei* or., style *Hing-ho; Wei* occ. gardent le style *Tcheng-koang* (523).

541*   *Tl* réprouve *Wei-tche* 4s 29 et 53; tous deux faciles à corriger (*d'une* lettre) en 39.

548*   Notre *Tl* porte, faute d'impression : 10.55.

551*   Dates de droite : *Liang* puis *Tch'en*; du millieu : *Wei* occid.puis,557,*Tcheou*;de gauche : *Ts'i*. — *Ts'i* : style *T'ien-pao.*

559*   *Tcheou* : Calendrier de *Ming K'o-jang.*

	560	08	1	2	1	50a	20	49	19	48	18	47	17	46	16	45	15		
	561	14		1	2	45	14	44	13s	43	12	42	11	41	10	40	09		? 10s 11
			2			45	14	44	13	43	12	42	11	41	10	40	09•	a39n	
	562	19			3	39	08•	07	37	07	36	06	35	05	34	04	33	28p	
			2			39•	38	07	37	07	36	06	35	05s	34	04	33	a08	
			1			08	38	07	37	07	36	06	35	05	34	04	33		
20	563	24	2		4	03	32	02	31	01	30	60	29	59	29	58	28		
				3		03	32	02s	31	01	30	60	30	59	29	58	28		
	564	29			5	57	27s	56	26	55	25	54	24s	53	23•	22	52	52p	? Tch'en 11i
			3	4		57a	27	56	26	55	25	54	24	53•	52	22	52	a23n	[(Nan-che 10)
	565	35	1	5	6	21	51	20	50	19	49	18s	48	17	47	16	46		
	566*	40	2		1	15	45	14	44	14	43	13	42	12	41	11	40		i a Tch'en
				1		16s	45	15	44	14	43	13	42	12	41	11	40	a	Ts'i p
	567	45	3		1	10s	39	09	38	08	37•	36	06	36	05	35s	04	a07n	
			2			10	40	09	39	08	38	07	37•	36	05	35	04		
	568	50	4		2	34	03	33	02	32	02	31	60	30	59	29s	59	a06n	
				3		34	03	33	03	32	02	31	01	30	60	29	59		
	569	56	5		1	28	58	27	57	26	56	25	55	24	54	23	53		
				4		28	58	27	57	26	56	25	55	25	54	24	53		
	570	01			2	22	52	21	51•	50	20	49	19	48	18s	47	17	a21p	
				5		23	52	22	51	21•	20	49	19	48	18	47	17	50	
			1			22	52•	51	21	50	20	49	19	48	18	47	17	a21n	
	571	06	2		3	46	16	45	15	44	14	43	13	43	12	42	11		
				6		46	16	46	15s	45	14	44	13	43	12	42	11	a	
	572	11			4	41	10	40	09	39	08	38	07	37s	06	36	06•	35n	
				1		41	10	40s	10	39	09	38	08	37	07	36	06		
			3			41	10	40	09	39	08	38	07	37	06	36•	35	06n	
30	573	17	4		5	05	34	04	33	03	32	02	31	01	30	60	29a	a	
				2		35•	34	04	33	03	32	02	32	01	31	60	30	05n	
	574	22	5		6	59a	28	58	28	57	27	56	26	55	25	54	24		?2s 29(Tch'en)
				3		59	29	58	28	57	27	56	26	55	25	55	24		
	575	28	6		7	53	23	52	22	51	21	50	20•	19	49	18	48s	a50n	Ts'ip.?a Tchen
				4		54	23s	53	22	52	21	51	20	50	19•	18	48	a49p	[9i selon Tl
	576	32	1		8	17	47	16	46	15	45	14	44	13	43	13	42		
				5		17	47	17	46	16	45s	15	44	14	43	13	42		
	577	38	1		9	12	41	11	40	10	39	09	38	08	37	07	36		
				6		12	41	11	40	10	39	09	39	08	38	07	37r		
	578	43			10	06a	35	05	35	04•	08	33	02	32	01	31	60	34p	? Nan-che 6i
				1		06	36	05	35	04	34•	33	02a	32	01	31	01	a03	
	579*	48			11	30	59	29	58	28	57	27	57	26	56	25	55		
				1		30	60	29	59	28	58	27	57	27	56	26	55		
	580	53			12	24	54	23	53	22	52	21	51	20	50	19	49		
				2		25	54	24	53	23	52	22	51	21	50	20	49		
	581*	59			13	19	48•	47	17	46	16	45	15	44	14	43	13	18n	?10s51(Tcheou-
				1		19	49	18	48•	47	16	46	15	45	14	44	13	17	[ki)
	582	04			14	42	12	42	11	41	10a	40	09	39	08	38	07		? a 2i
				2		43	12	42	11	41	11	40	10	39	09	38	08		
40	583	09			1	37	06	36	05	35	04	34	04	33	03	32•	31	02p	
				3		37	07s	36	06	35	05	34	04	34	03	33	02•	a32n	? Soei 2.06

566*   *Tcheou*: style *T'ien-ho*.
579*   *Tcheou*: style *Ping-yn-yuen*.
581*   Dates de gauche: *Soei*.

	Année		Mois													Note	Note
	584*	14	2	01	30	60	29	59	28	58	27	57	27	56	26		
			4	01s	30	60	30	59	29	58	28	57	27	56	26		
	585	20	3	55s	25	54	24	53	23	52	22	51	21	50	20		
			5	55	25	54	24	53	23	53	22	52	21	51	20		
	586	25	4	49	19	49	18	48	17	47•	46	15	45	14	44	a16n	
			6	50	19	49	18	48	17	47	16•	15	45	15	44	a46	
	587	30	1	13	43	12	42	11	41	11	40	10	39	09	38		
			7	14	43	13	42	11	41	11	40	10	39	09	38		
	588	35	2	08	37	07	36	06	35	05	34	04	34	03	33		
			8	08	37	07	37	06	36	05	35	04	34	03	33		
	589	41	3	02a	32	01	31	60	30•	29	59	28	58	27	57	60p	? a 5i

XII. DYNASTIE *SOEI* 隋

	Année		Mois													Note	Note
	590	46	10	26	56	25	55	24	54	23	53	22	52	22	51		
	591*	51	11	21	50	20a	49	19	48	18	47	17	46	16	45		—*—
	592*	56	12	15	44•	44	13	43	12	42	11	41	10	40	09	14n	—*—
50	593*	02	13	39	08	38	07	37	07	36	06r	35	05	34	04		
	594*	07	14	33	03	32	02	31	01	30	60	29	59	29•	28	a58	? *Pé-che* 10 i
	595	12	15	57	27	56	26a	55	25	54	24	53	33	52	22		5.01 *Hia-tche*
	596	17	16	51	21	51	20	50	19	49	18	48	17	47	16		
	597	23	17	46	15	45	14	44•	43	12	42	11	41	11	40	a13n	
	598	28	18	10	39	09	38	08	37	07	36	06	35	05	34		
	599	33	19	04	33	03	33	02	32	01	31	60	30	59	29		
	600	38	20	58a•	57	27	56	26	55	25	55	24	54	23	53	a28n	
	601	44	1	22a	52s	21	51	20	50	19	49	18	48	18	47		
	602	49	2	17	46	16	45	15	44	14	43	13	42•	41	11	a12n	
60	603	54	3	40	10	40	09	39	08	38	07	37	06	36	05		
(56)	604	59	4	35	04	34	03	33	02	32	02	31	01	30	60		
	605	05	1	29a	59	28	58	27	57	26•	25	55	25	54	24	a56p	
	606	10	2	53	23	52	22	51	21	50	20	49	19	48	18		
	607	15	3	47	17	47	16	46	15	45	14	44	13	43	12		
	608	20	4	42	11	41•	40	09	19	09	38	08	37	07	36	a10n	
	609	26	5	06	35	05	34	04	33	03	32	02	32	01	31		
	610	31	6	60	30	59	29	58	28	57	27	56	26	55	25•	54n	
	611	36	7	24	54	23	53	22	22	21	51	20	50	19	49		
	612	41	8	18	48	17	47	16	46	16	45	15	44	14	43		
10	613	47	9	13	42	12	41	11	40	10	39	09•	08	38	07	a39p	
	614*	52	10	37	06	36	05	35	04	34	03	33	02	32	01		
	615	57	11	31	01	30	60	29	59	28	58	27	57	26	56		
	616	02	12	25	55	24	54	23s•	23	52	22	51	21	50	20	53n	
	617	08	1	49	19a	48	18	47	17	46	16	45	15	45	14		
	618	13	1	44	14	43	12	42	11	40	10	39	09s	39	09		
	619	18	2	38	08•	07	36	05	35	04	34	03	33	03	33	a38n	

584*   *Soei* : style *Kia-tse-yuen.*

591*   *Tl* consigne l'incompatible *Pen-ki* 2r 18.

592*   *Item Pen-ki* 7r 09.

593*   *Tl* note ici *Pen-ki* 10r 05, faute évidente, Leçon probable : 7r 05.

594*   *Tl* mentionne ici un biographe selon qui le solstice d'hiver tomberait la 11e Lune au 58e Signe; cette leçon impliquerait une 10e L. intercalaire.   *Hoang Ping-heou* tient aussi pour la 10e Lune.

614*   Notre *Tl* porte, faute d'impression : 11.01.

XIII. DYN. *T'ANG* ANTERIEURS 前 唐·

															Note	
	620	23	3	02	32	01	31	60	29	59	28	58	27	57	26	a
	621	29	4	56	26	56	25	55	24	53	23s	52	22•	22	50	51n
	622	34	5	20	50	19	49	19	48	17	47	16	46	15	45	
20	623	39	6	14	44	14	43	13	42	12	41	11	40	10	39s	a
	624	44	7	09	38	08	37	07	36	06•	05	35	04	34	03	36n
	625	50	8	33	02	32	01	31	60	30	59	29	59	28	58	
	626	55	9	27	57	26	56	25	54	24	53	23	53s	23	52	a
	627	60	1	22	51	21•	19	49	18	48	17	47s	17	46	16	50sn
	628	05	2	46	15	45s	14	43	13	42	11a	41	11	40	10	a
	629	11	3	40	10	39a	09	38	08	37	06s	35	05	35	04•	34n
	630	16	4	04s	34	03	33	02	31	01s	30	59	29	59	28	
	631	21	5	58	28	57	27	56	26	55	25	54	24	53	23	
	632	26	6,	52s	22	51	21	51	20	50	19•	18	48	17	47	48n
30	633	32	7	16	46	15	45	14	44	14	43	13	42	12	41	
	634	37	8	11	40	10	39	08s	38	08	37	07	37	06	36	a
	635	42	9	05	35	04	34•	32	02	31	01	31	60	30	60	03sn
	636	47	10	29	59	28	57	27	56	26	55	25	54	24	54	
	637	53	11	24a	53	23s	52	22	51	20	49	19	49	18	48	a
	638	58	12	18	48•	47	16	45	15	44	13	43	12	42	12	17sn
	639	03	13	42	11	41	11	40	09	39	·08s	37	07	36	06	a
	640	08	14	36	05	35	05	34	04	33	03	32	02•	01a	30	31n
	641	14	15	60	29	59	28	58	28	57	27	56	26	55	25a	
	642	19	16	54	23	53	23	52	22	51	21	51	20	50	19	a
40	643	24	17	49	18	47	17	46	16s•15		45	14	44	14	43	45n
	644	29	18	13	42	11	41	11	40	09	39	08	38s	08	38	
	645	35	19	07	36	06	35	05	34	04	34	03	33	02	32	a
	646*	40	20	01	31	60•	59	29	58	28	57	27	57	26	56	30sn
	647	45	21	25	55	24	54	23	53	22	52	21	51	20	50	a
	648	50	22	19	49	18	48	18	47	17	46s	16	45	15	44•	14ap
	649	56	23	43	13	42	12	41	11	41	10	40	09	39	08	
	650	01	1	38a	07	37	06a	36	05	35	04	34	03	33	03	a
	651	06	2	32	02	31	01	30	60	29	59	28•	27	57	26	58p
	652	11	3	56	25	55	25	54	24	53	23	52	22	51	21	
50	653	17	4	50	20	49a	19	48	18	48	17	47	16	46	15	a
	654	22	5	45	14	44	13	43•	42	11	41	10	40	10	39	12u
	655	27	6	09a	38	08	37	07	36	06	35	05	34	04a	33	
	656	32	1	03	32	02	32	01	31	60	30	59	29	58	28	a
	657	38	2	57•	56	26	55	25	55	24	54	23	53	22	52	27u
	658	43	3	21	51	20	50	19	49	18	48	17	47	17	46	a
	659	48	4	16	45	15	44	14	43	13	42	12	41•	40	10	11n
60	660	53	5	39	09	39	08	38	07s	37	·06	36	05	35a	04	
(57)	661	59	1	34	03	33a	02	32	02v	31	01	30	60	29	59	a
	662	04	2	28	58	27	57a	26	56a	25•	24	54	24	53	23	55p
	663	09	3	52	22	51	21	50	20	49	19	48	18	47	17	
	664	14	1	46	16	46	15	45	14	44	13a	43	12	42	11	a
	665	20	2	41	10	40•	39	08	38	08	37	07	36	06	35	09n
	666	25	1	05a	34	04	34	03	33	02	31	01	30	60	29	
	667	30	2	59	29	58	28	58	27	57	26s	55	25	54	24•	53n

Right-margin notes:
- 629–630 : ? *Pen-tche et* ⌊*Sin-T'ang-* ⌊*chou* 630.1i
- 645–646 : — * —
- 662–663 : *T'ang-chou* [6.56, 7.24 !
- 665 : ?*Pen-tche*3is10

646* 9—12. Texte mutilé. Restitution incertaine.

															Mark	Note
	668*	35	1	23	52	22	52	21	51	20	50	19	49	18	48		— * —
	669	41	2	17	47	16	46	15	45s	14	44	14	43	13	43		
	670	46	1	12	41	11a	40	10	39s	09	38	08•	07	37	07	a 38n	
	671	51	2	36	05	35	04	33	03	32	02	32	01	31s	01 .		
	672	56	3	31	60	30	59	28	57	27	56	26	55	25s	55		
10	673	02	4	25	54	24	53	23•	21	51	20	50	19	49	19	a 52n	
	674	07	1	49	18	48s	17	47	16	45	15	44	14	43	13		
	675	12	2	43	12	42	12	41	11	40	09	39	08	38	07		
	676	17	1	37	06	36•	35	05	34	04	33	03	32	02	31	a 06n	? *T.'-chou* 3.06
	677	23	2	01	30	60	29	59	29	58	28	57	27	56	26		
	678	28	3	56	25	54	24a	53	23	52	22	52	21	51•	50	a 20n	? *T'ang-chou* 10i
	679	33	1	19	49	18	48	17	46	16	16	15	45	15	44		
	680	38	1	14	43	13	42	11	41	10	40	09	39	09s	39		
	681	44	1	08	38	07	37	06	35	05•	04	33	03s	33	03	a 34n	
	682	49	1	32a	02	31	01s	30	59	29	58	27	57s	27	56		
20	683	54	1	26	56	26	55	25	54	23	53	22	51	21	51		
	684	59	1	21a	50	20	49	19•	18	47	17	46	16	45	15	a 49n	
	685	05	1	44	14	43	13	43	12	42	11	41	10	40	09		
	686	10	2	39	08s	38	07	37	06	36	06	35	05	34	04		
	687	15	3	33•	32	02	31	01	30	60	29	59	29	58	28	a 03n	
	688	20	4	57	27	56	25	55	24s	54	23	53	23	53	22		
	689	26	1	52	21	51	20	49	19	48	18	47•	47	17	46	a 17n	
	690	31	1	16	45	15	44	13	43	12	41	11	41	10	40		
	691	36	2	10	40	09	39s	08	37	07,	36	05	35	05	34		
	692	41	1	04	34	04	33s	03•	01	31	60	29	59	29	58	a 32n	
30	693	47	2	28	58	27	57	26	56	25	55	24s	54	23	53		
	694	52	1	22	52	21	51	21	50	20	49	19s	48	18	47		
	695	57	1	17	46s•	45	15	44	14	44	13	43	12	42	11	a 16n	
	696	02	1	41	10	39	09	38	08	38	07	37	07	36	06		
	697*	08	1	35	05	34	04	33	02	32	01	31	01•	01	30	31	
	698	13	1	59	29	58	27	57	26	56	25	55	24	54	24		
	699	18	2	54	23	53	22	51	21	50	19	49	19	48	18		
	700	23	1	48	18	47	17	46s	15	45•	43	13	42	12	42	a 14n	
	701	29	1	12	41	11	41	10	39	09	38	07	37	06	36		
	702	34	2	06	35	05	35	04	34	03	33	02a	32	01	30		
40	703*	39	3	60	30	59s	29	28	58	27	57	26	56	25	55	a 58n	— * —
	704	44	4	24	53	23	53	22	52	21	51	21	50	20	49		
	705	50	1	19	48	17	47	16	46	15	45	15	44	14	44		
	706	55	2	13•	12	41	11	40	10	39	09	38	08	38	08	a 43an	
	707	60	1	37a	07	36	05	35	04s	33	03	33	02	32	02s		
	708	05	2	32	01	31	60	29	59	28	57	27•	26	56	26	57n	? *T.'-ch.* 7.30
	709	11	3	55	25	55	24	53	23	52	21	51	20	50	20		
	710	16	1	49	19	49	18	48	18	47	16	45	15	45	14		
	711	21	2	44	13	43	13	42	12•	11	40	10	39	08	38	a 41n	
	712	26	1	08	37	07	36	06	35	05	35	04s	34	03	32		
50	713	32	1	02	31	01	30	60	30	59	29	58	28	58	27		
	714	37	2	57	27•	26	55	24	53	23	53	22	52	22	51	a 56n	

668*   Notre *Tl* porte, faute d'impression : 3.52.

607*   La 11e L u n e devint 10e L u n e intercalaire, de façon à avoir le 1er S i g n e, *Kia-tse*, au début de la 11e L u n e ; ainsi 10e L u n e, 28e Jour, *Siao-siué* ; 11e L u n e, 29e Jour, *Ta-han*.

703*   *Tl* note l'éclipse incompatible 9 s 27.

	715	42	3	21	50	19	49	18	48	17s	47	16	46	16	46	a
	716	47	4	15	45	14	44	13	42	11	41	10	40	10	40•	09n
	717	53	5	39a	09	38	07	37	06	35	05	34	04	34	03	
	718	58	6	33a	03a	33	02	31	01	31	60	29	58	28	58	a
	719	03	7	28	57	27	56	26s	55	25•	23	53	22	52	21	54n ? *T'.-ch.* 1.26
	720	08	8	51a	21	50	20	50	19	49	18	47	17	46	16	
	721	14	9	45	15	44	14	44	14	43	12	42s	12	41	10	a
	722	19	10	40	09	39	08	38•	37	07	37	06	36	05	35	08n
60	723	24	11	04	33	03	32	02	31	01	30	60	30	59	29	a
(58)	724	29	12	59	28	57	27	56	25	55	24	54	24	54	23•	53sn
	725	35	13	23	52	21	51	20	49	19	48	18	48	17	47	
	726	40	14	17	46	16	45	15	44	13	43	12	42	11	41	a ? *T'.-ch.* 2.47
	727	45	15	11	41	10	40	10	39	08	38	07•	06	36	05	36n
	728	50	16	35	04	34	04	33	03	32	01	31	60	30	59	
	729	56	17	29	59	28	58	27	57	26	56	25	55s	24	54	a
	730	01	18	23	53	22	52	21	51•	50	20	49	19	48	18	21n
	731	06	19	47	17	46	16	45	15	44	14	44	13	43	12	
	732	11	20	42	11s	41	10	40	09	39	0bs	38	08	37	07	a
10	733*	17	21	37	06	36•	35	04	33	02s	32	02	31	01	31	06p
	734	22	22	01	30	59	29	58	27	57	26	56	25	55	25s	a
	735	27	23	55	24	54	23	53	22	51	20	50	20	49•	49	19sn *T'.-ch.* 11s 09!
	736	32	24	18	48	18	47	17	46	15	45	14	44	13	43	
	737	38	25	12	42	12	42	11	41	10	39	09	38	08	37	
	738	43	26	07	36	06	36a	05	35	04•	03	33s	02	32	01	33p
	739	48	27	31	60	30	59	29	59	28	58	27	57	26	56	
	740	53	28	25	55	24s	54	23	53	22	52	22	51	21	50	
	741*	59	29	20	49	19	48•	47	17	46	46	46	15	45	15	18n —*— *T'.-ch.* [4.47
	742	04	1	44	14	43	12	42	11	40s	10	40	09	39	09	
20	743	09	2	38	08	38	07	36	06	35	04	34	03	33	03	a
	744	14	3	33	02•	02	31	60	30	59	28	58	28	57	27	32n
	745	20	4	56	26	56	25	55	24	54	23	52	22	51	21	a
	746	25	5	50	20	50	20	49s	19	48	18	47	16•	15	45	46p
	747	30	6	14	44	14	43	13	42	12	41	11	40	10	39	*T'.-ch.* 1.18 !
	748	35	7	09	38	08	37	07	37	06	36a	05	35	04	34	a
	749	41	8	03	33	20	32	01	31•	29	59	29	59	28	58	60n
	750	46	9	27a	57	26	56	25	54	24	54	23	53	23	53	
	751	51	10	22	52	21	50	20	49	18	48	17	47	17	47	a
	752	56	11	16	46	15•	14	43	13	42	12	41	11	41	10	45n
30	753	02	12	40	10	39	08	38	07	37	06	36a	05	35	04	a
	754	07	13	34a	04	34	03	33	02s	31	01	30	60	29•	28	59n
	755	12	14	57	27	57	26	56	26	55	24	54	24	53	22	? *T'.-ch.* 12.23
	756*	17	1	52	22	51	21	51	20	50a	19	49	18s	48	17	a
	757	23	2	47	16	46	15a	45	14	44	14•	13	42a	12	41	43n
	758	28	1	11a	40a	10a	39	09a	38a	08a	37	07a	37	07	36	
	759	33	2	06a	35	04a	34a	03	32a	02a	31	01	31	10	30a	a
—	760	38	1	60a	20	59	28•	27a	56	26	55	25	55	24	54	58n
	761	44	2	24a	53	23	52a	22	51	20s	50a	19a	49a	19	48	[8.46, 9.14!
	762	49	1	18	48	17	47	16a	46a	15	44	14a	43	13	42	? *T'.-chou* 16

733*   Remarquer quatre L u n e s caves consécutives. *Cf.* 813.

741*   Notre *Tl* porte, fautivement: 2.19.

756*   Le *T'ang-chou Kiuen* 9 porte 8.20; *Kiuen* 10, 8.19.

Cyc	An	q	L														N.1	N.2
40	763	54	1	12a•	11	41a	11	40a	10a	39a	09	28	08	38a	07	42n	T'.-chou 9.59!, [10.07
	764	59	2	36a	06a	35	05	34a	04	33	03	32a	02	31	01		
	765	05	1	30a	60	29	59	29	58	28a	58	27	56•	55	25	26p	? T'.-ch. i 28
	766	10	1	54a	24a	53	23	52	22	51	21	51	20a	50	19		
	767	15	2	49a	18	48	17	46	16	45a	15	45a	15	44	14		
	768	20	3	43a	13	42s	11	41	10•	09	39	09	38	08	38	a 40	? T'.-ch. 10.39
	769	26	4	07a	37	06	36	05	34	03	33a	03	32	02	32		
	770	31	5	02a	31	01	30	60	29	58	27	57	26	56	26		
	771	36	6	56	25	55•	54	23	53	22	51	21	50	20	50	25	
	772	41	7	20a	49	19	48	18	47a	17	46	16	45	14	44		
50	773	47	8	14a	44	14	43	12	42	11	41	10	40	09•	08	a 39an	
	774	52	9	38	07	37	06	36	06	35	05	34	04	33	03		? T'.-ch. 1.37
	775	57	10	32	02	31	60	30	60	29	59	29	58s	28	57		
	776	02	11	27a	56	25	55a	24	54	23	53•	52	22	52	21	a 23	
	777	08	12	51a	20	50	19	48	18	47	17	46	16	46	16		
	778	13	13	45a	15	44	14	43	12	42	11	41	10	40	10		
	779*	18	14	39a	09	39	08	37•	36a	05s	35	04	34a	04	34	a 07p	
	780	23	1	04r	33	03	32	01a	31a	60	29	59	28	58a	28		
	781	29	2	57a	27	57a	26	56	25a	55	24	53	23	52	22		
	782	34	3	52a•	51	20	50	20	49	19	48	18	47	16	46	a 21n	
60	783	39	4	15a	45	15	44	14	43	13	43	12	42	11	41		
(59)	784*	44	1	10	39	09	38	08	37a	07	37	06	36	06•	05	a 35	in tt (sic) et? [a 10i
	785	50	1	34a	03a	33a	02a	32	01	31a	60	30	60	30a	59		
	786	55	2	29a	58	27	57	26	55	25	54	24	54	24	53		
	787	60	3	23a	53	22	52	21•	19	49	18s	48	18	48	17	a 50n	
	788	05	4	47a	17	46	15	45	14	43	13	42	12	42	11		
	789*	11	5	41s	11	40	10	39	09	38	07	37	06	36	05		
	790*	16	6	35	05a	35	04•	03a	33	02	31	01	30	60	29	a 34p	
	791	21	7	59	29	58	28	57	27	57	26	56	25	54	24		
	792	26	8	53a	23	52	22	52a	21	51a	20	50	20	49s	19•	a 48p	
10	793	32	9	17a	47a	16	46	15	45	14	44	14	44	13	43a		
	794	37	10	12a	41	11	40a	10	39a	09a	38	08a	38	07	37a		
	795	42	11	07a	36	05	35	04a	33	03a	32•	32	01	31	01	02n	
	796	47	12	31a	60	30a	59a	28	57	27	56s	26	55	25	55		
	797	53	13	25a	54	24	53	23	52a	21	51	20	50a	19	49		
	798*	58	14	19a	49a	18	48	17a•	16	45	15	44a	14	43	13	a 47n	
	799	03	15	43a	12	42	12	41	11	40	09a	39	08	38	07		
	800	08	16	37a	06	36	06	35	05	34	04	33	03	32	02		
	801	14	17	31a•	30a	60	29	59s	29	58	28	57	27	56	26	a 01n	
	802	19	18	55a	25a	54	24	53	23	52a	22	52	21	51	21		
20	803	24	19	50a	19a	49a	18	47	17	46	16	46	15•	15	45	a 45n	
	804	29	20	14a	43a	13	42	11a	41	10a	40	09	39	09	39		
	805	35	1	08a	38a	07	37	06	35	05	34	04a	33a	03	33a		
	806	40	1	03a	32a	02	31	01a	30a•	29a	58a	28	57	27a	57a	a 59an	

779*   12e Lune, dernier Jour ou Jour *hoei* : dernière éclipse reconnue; voir pourtant 937; — remarquer les *cinq* néoménies paires consécutives, soient quatre Lunes de 30 Jours.

784*   *Yn* 1er Jour de la Lune intercalaire, Solstice d'hiver.

789*   Autres fautes du *T'ang-chou* : 1.29, 790. 1.05, 791. 6.37.

790*   *Tl* note et réprouve le *T'ang-chou T'ien-wen* mentionnant un Jour 57 compris dans une *troisième* Lune intercalaire.

798*   Notre *Tl* porte, par erreur *d'une* lettre : 11.19.

	807	45	2	26a	56	26	55	25	54a	23a	53a	22	52	21	51		
	808	50	3	20a	50	20	50	19	49	18s	48	17	46a	16	45		
	809	56	4	15	44	14•	13a	43a	12a	42a	11a	41a	10a	40a	09a	44n	
	810*	01	5	39a	08a	38a	07a	37a	07a	36a	06a	35a	05	35	04	a	—*— ⌈12,60 !
	811	06	6	33a	03a	32a	02a	31a	01	30a	60a	30a	59	29a	59•	28an	*T'.-ch.* 11.29,
	812	11	7	58a	27a	56a	26	55a	24a	54	24a	53a	23	53a	23a		? *T'.-ch.* 4 25
30	813	17	8	52a	22a	51	20a	49	18a	48a	18a	47	17a	47a	17a	a	
	814	22	9	46a	16a	46a	15a	44a	13a	43a	12•	11a	41a	11a	40a	42ap	
	815	27	10	10a	40a	09a	39	08a	37	07a	36s	06	35	05	35		? *T'.-ch.* 6.38
	816	32	11	04a	34	04	33	03	32	02	31	60	30	59	29		
	817	38	12	58a	28	58	27	57•	56a	25	55a	24	54	23a	53	27	? *T'.-ch.* 5.27
	818	43	13	22a	52	21	51	21	50s	20	49	19	48	18a	47		
	819	48	14	17a	46a	16a	45a	15	44	14	44	13a	43a	12a	42a	a	
	820	53	15	11a•10a	40	09	39	08	38a	07	37	07	36a	06		41	⌈12.01
	821	59	1	35	05	34a	04	33a	02a	32a	01	31a	01a	31a	60	a	? *T'.-ch.* 1.36,
	822	04	2	30a	60a	29a	58s	27	57a	26a	56a	25a	55•	54a	24a	25a	? *T'.-ch.* 5.28
40	823	09	3	54a	23	53	22	52	21	50	20	49s	19	48	18		
	824	14	4	48a	18a	47	17a	46a	16a	45a	14a	44	13a	43a	12a	a	? *T'.-chou* 9.43
	825	20	1	42a	12	42	11a	41a	10	40a•38a		08a	37a	07a	36a	09a	*T'.-ch.* 6.09,7.40 !
	826	25	2	06a	36a	05a	35a	04	34a	03a	33	02a	32a	01a	31a		? *T'.-ch.* 5.04
	827	30	1	60a	30	59a	29a	59a	28a	58a27a		57a	26	56a	25		
	828	35	2	55a	24a	54a•53a		22a	52a	22	51a	21a	50a	20a	49a	a	
	829	41	3	19a	48a	18	47	16a	46a	16a	45	15a	45a	14a	44a	23an	
	830	46	4	13a	43a	12	42a	11a	40	10a	39a	09a	39	08	38a•	a	
	831	51	5	37a	07a	36	06a	35	04	34a	03	33a	02a	32a	02a	08ap	
	832	56	6	32a	01a	31a	60a	30a	59a	28a	58a	27a	57a	26a	56a	a	
50	833*	02	7	26a	56a	25a	55a	24	54a	23	52•	51a	20a	50a	20a	21	? *T'.-ch.* 7i 52
	834	07	8	50a	19s	49a	19a	48a	18	47a	16a	46a	15	44a	14a		? *T'.-ch.* 6.17
	835	12	9	44a	13a	43	13a	42a	12a	41a	11a	40a	10a	39a	09a	a	
	836	17	1	38s	08a	37a	07a	36a•35		05a	35a	04a	34a	03a	33a	06ap	
	837*	23	2	02a	32a	01	31a	60a	30a	59a	29	58	29	58a	27a		—*—
	838*	28	3	57a	26a	56a	25a	54a	24a	53a	23a	53a	22a	52a	22a	a	—*—
	839	33	4	51a•50a	20a	49a		18a	48a	17a	47a	16a	46a	16a	46a	21an	
	840	38	5	15	45	14	44	13	42	12	41	11	40	10	40	a	⌈*T'.-ch.* 1.39 !
	841	44	1	10	39	09	38	08	37	06	35	05•	04	34a	04	34n	*Pen-tche* 8 i,
	842	49	2	33a	03	33	02a	32	01a	30	59	29	58	28	57		
60	843*	54	3	27	57s	27	56	26	55	25	54	24	53	22	52		—*—
(60)	844	59	4	22a	51s	21	51	20	50	19•	18	48	17	46	16	49p	? *T'.-ch.* 6 i
	845	05	5	46a	15a	45	14	44	13	43s	13	42	12	41	11		
	846	10	6	40a	09	39	08	38	08	37	07	36	06	36	05s	a	
	847	15	1	35a	04	34•	32	02	31	01	31	60	30	60	29	03p	
	848	20	2	59	28	58	27	56s	26	55	25a	54	24	51	24		
	849	26	3	53	23	52	22	51	20	49	19	48•	48	18	47	18p	
	850*	31	4	17	47	16	46	15	44	14	43	13	42	12	41		—*—
	851	36	5	11	41	10	40	10	39	08	37	07	36	06	35		
	852	41	6	05	35	05	34	04	33	03•	01	31	60	30	59	32n	

810*   Notre, *Tl* porte, faute d'impression : 11.04.

833*   in *Ts'ieou-fen.* Cf. 784.

837*   Notre *Tl* porte, faute d'impression : 9.28.

838*   *Item :* 7.23.

843*   Peut-être 9.23. Texte mutilé.

850*   Fautes d'impressions de notre *Tl* : 2.16, 8.13, 10.12.

															Note	Remarque
10	853	47	7	29	59	28	58	28	57	27	56	26	55	24	54		
	854	52	8	23s	53	22	52	22	51	21	50	20	50	19	49	a 16n	
	855	57	9	18	17	17	46•	45	15	45	14	44	14	43	13		
	856	02	10	42	12	41	10	40	09	39	08	38	08	37	07		
	857	08	11	37	06	36	05	34	04	33	02	32	02	32	01	a 30n	
	858	13	12	31	01•	60	29	58	27	57	26	56	26	55	25		
	859	18	13	55	25	54	24	53	22	51	21	50	20	49	19	a 44p	? *T'.-ch.* 11.43
	860	23	1	49	19	48	18	47	17	46	15	45	14•	13	43		
	861	29	2	13	42	12	42	11	41	10	40	09	38	08	37		
	862	34	3	07	37	06	36	05	35	05	34	04	33	02	32	a 59n	
20	863	39	4	01a	31	60	30	60	29•	28s	58	27	57	26	56		*T'.-ch.* 1.55 !
	864	44	5	25	55	24	54	23	53	22	52	22	51	21	51		
	865	50	6	20a	50	19	48	18	47	17	46	16	46	15	45		
	866	55	7	15a	44	14•	12	41	11	40	10	40	09	39	09	43n	
	867	60	8	39a	08	38	07	36	05	35	04	34	05	33	03		
	868	05	9	33	02	32	02	31	60	29	59	28	58	27a	57•	27p	
	869	11	10	56a	26	56	25	55	24a	51	23	52	22	51	21		
	870	16	11	51a	20	50	20a	49	19	48	18a	47	16	46a	15		
	871	21	12	45	14	44	14	43	13	42	12•	11	40	10	39	41n	
	872	26	13	09	38	08	37	07a	37	06	36	05	35	04	34		*T'.-ch.* 1.39 !
30	873	32	14	03a	33	02	32	01	31	60a	30	60	29	59	29	a 56n	
	874	37	1	58a	27	57	26•	25	54	24	54	23	53	23	52		
	875*	42	2	22a	51	21	50	20	49	18	48	17	47	17	47		— * —
	876	47	3	16	46	16	45	14	43	13	42	12s	41	11	41		
	877	53	4	10	40•	39	09s	38	08	37	06	36	05	35	04	10n	
	878	58	5	34	04	34	03	33	02	32	01	30	60	29	59		
	879*	03	6	28a	58	28	57s	27	57	26	55	25	54•	53	23	a 24n	— * —
	880	08	1	52a	22	51	21	51	20	50	19	49	18	48a	17		
	881	14	1	47a	16	46	15	45	14	44a	14	43	13	42	12		
	882	19	2	41a	11	40	10	39	09	38a•	37	07	37	06	36a	08n	
40	883	24	3	05a	35	04	34a	03	32	02	31	01	31	01	30		
	884	29	4	60a	29	59	28	58	27	56	26	55	25	55	24	a 23n	
	885	35	1	54	24a	53a•	52	21	51	20	50	19	49a	18	48a		
	886	40	2	18a	48a	16a	47a	16a	46a	15a	44	13	43	13	42	a 37n	
	887	45	3	12a	42a	12a	41a	11a	40a	09a	39	08a	38	07•	06a		
	888	50	1	36	06a	35s	05	34	04	33	03	32	02	31	01		
	889	56	1	30	60a	29a	59a	29a	58a	28	57	27	56a	26a	55		
	890	01	1	52a	54	24a	53a	23	52	22a	51	21•	20	50a	19	51n	
	891	06	2	49a	18a	48a	17	46	16	45	15	45	15	44	14		*T'.-ch.* 9.44.
	892	11	1	43a	13a	42	12	41	10	40	09	39	09	38	08a		[10.14, 12.13
50	893	17	2	38a	07	37	06	36•	34	04	33a	03a	32	02	32	05p	
	894	22	1	02a	31	01a	30	59	29	58	27	57	27	56	26		[12.21
	895	27	2	56a	26a	55	25	54	23	53a	22a	51a	21a	50	20		? *T'.-ch.* 6.24,
	896	32	3	50a•	19	19	48	18	47	17a	46a	16a	45a	14a	44	20n	? *T'.-ch.* 2.49,
	897	38	4	14a	43a	13a	43a	12a	42	11	41a	10	40	09a	30		[3.49,3.19
	898	43	1	08a	38	07	37	06a	36a	06	35a	05	34a•	33	03	04n	
	899	48	2	32a	01	31	60	30	60	29	59	29	58	28	57		
	900	53	3	27a	56	25	55	24	54	23	53	23	52	22a	52a		? *T'.-ch.* 7.24
	901	59	1	22	51	20a	49	19a	48a•	47	17	46	16a	46a	16	18n	? *T'.-ch.* 1.21
	902	04	2	45a	15	44	13	43	12	41	11	41	10	40	10		

875*   Notre *Tl* porte, faute d'impresion : 2.21.
879*   *Item :* 12.53.

	Année			1	2	3	4	5	6	7	8	9	10	11	12		Notes
60	903	09	3	40a	09a	39	08	37	07	36	05	35	04	34a	04a	a	
(61)	904	14	1	34a	03a	33a	03a•	01	31	60a	29a	59a	28s	58a	28a	32an	? *T'.-eh.*9.54
	905	20	1	57a	27a	57	26	56a	25a	55a	24a	53	23	52a	22a	a	
	906	25	2	52a	21a	51	20s	50a	20a	49a	19	48	18	47	16a•	42p	

PÉRIODE 五代
XIV. DYN. *LIANG* POSTÉRIEURS 後 梁

	Année			1	2	3	4	5	6	7	8	9	10	11	12		Notes
	907	30	1	15a	45	15a	44	11	43	13	43	12	42	11	41		
	908	35	2	10	39	09	38	08	37	07	57	06	36	06	35	a	
	909*	41	3	05*a	34	04	33a	02a	32	01	31•	30a	60	30	59a	60n	
	910	46	4	29a	58	27	57	26a	56a	25	55	24a	54	24a	54		
	911	51	1	23*s	53a	22	52	21a	50	19	49	18	48a	18a	48	a	11.23e j. *tt*
	912	56	2	17a	47a	17a	46	16a•	14	43	13	42	12	42	11	45n	
10	913	02	3	41a	11a	40	10	39a	09a	38	07	37	06a	36a	05		? a 3.41
	914	07	4	35a	05	35	04	34	03	33	02	32	01	30	60	a	
	915	12	1	29	59•	58a	28	58	27a	57	26	56	25	54	24	29n	
	916	17	2	53	23	52a	22a	52	21	51a	20	50	20	49	19	a	
	917	23	3	48	17	47	16	46	15	45	15	44	14•	13	43	44n	
	918	28	4	12	41	10	40	10	39	09	38a	08	38a	07	37a		
	919	33	5	07	36	06	35	04	33	03	32	02	32	02	31		
	920	38	6	01	31	60	30	59	28•	27	56	26	56	25	55	57n	
	921	44	1	25	55	24a	54	23a	52s	21	51	20	50	19	49		
	922	49	2	19	49	18	48	17	47	16	45	15	44	14	43		

XV. DYN. *T'ANG* POSTERIEURS 後 唐

	Année			1	2	3	4	5	6	7	8	9	10	11	12		Notes
20	923	54	1	13	43	12	42•	41	11	40	09a	39	08s	37	07	a 12p	11.8e *tt*? a 11.38
	924	59	2	37a	06	36a	06	35	05	35a	04	34	03	32	02	a	11.18e *tt*
	925	05	3	31a	01a	30a	60s	29a	59	29	58	28a	58	27a	57•	26p	? a 10.58
	926	10	1	55a	25	54a	24a	53	23a	52a	22s	52a	21a	15	21		11.10e *tt*
	927	15	2	50a	19a	49a	18a	48	17	47a	16s	46	16a	45	15a	a	11.21e *tt*
	928	20	3	45a	14s	44a	13	42a	11	41	10a•	10	39	09	39a	40n	11.2e *tt*
	929	26	4	09a	38	08	37a	06a	35	05	34a	04	33a	03	33		11.14e *tt*
	930	31	1	03a	32	02	31a	01	30s	59	29	58	28	57a	27	a	11.25e *tt*
	931	36	2	57a	26a	56	26	55a•	54a	23	53	22	52	21s	51a	25	11.6e *tt*
	932	41	3	20a	50	20	50	19a	49a	18a	47	17	46a	16	45		11.16e *tt*
30	933	47	4	15a	44	14	44	13a	43a	12	42	11	41	10	40a	a	
	934	52	1	09a•	08	38	07a	37	07a	36	06	35	05	54	04a	39n	
	935	57	2	33a	03	32	02	31	01a	30	60	30	59	29	59		

XVI. DYN. *TSIN* POSTÉRIEURS 後 晉

	Année			1	2	3	4	5	6	7	8	9	10	11	12		Notes
	936*	02	1	28a	57	27	56a	26	55	24	54	24	53•	53	22	23n	? a 11.23, 11i
	937*	08	2	51a*	21	51	20a	49a	19a	48	18	47a	17	47	16*		?*Pen-tche*1s52
	938*	13	3	45s*	15*	45	15	44a	13	43a	12	42	11	41	11a		[12 s 17; et a
	939*	18	4	40a	10	40a	09a	39a	08a	37s•	36a	06	35a	05	34a	a 07p	[1.52
	940*	23	5	04a	34a	04a	33a	03	32	01a	31	60	30	59	29a		11.15e *tt*

909*   *Chou :* Calendrier *Yong-tch'ang-li* de *Hou Sieou-lin.*   Lire 909.1.04, et 911.1.24.

936*   12.2e Jour : *Ta-han.*

937*   Style principal : *Tsin ;* style simultanés : *Chou* (*Cf.* 909) 1.52 ; *Nan-T'ang* 12.17.

938*   *Nan-T'ang* 1.46, 2.16.

939*   *Tsin :* Calendrier *Tiao-yuen-siao-li* de *Ma Tchong-tsi.*

940*   *Nan-T'ang :* Calendrier *Tchong-Tcheng-li* de *Tch'en Tch'eng-hiun.*

	941	29	6	58a	28	58	27a	57a	27	56a	25a	55	24a	54	23a	a 21n
	942*	34		53a	22	52•	51a	21	50	20a	49a	19	48a	18	47	
40	943	39		17	46	16a	45s	15	44a	14a	44	13	43	13	42a	a 06n
	944	44		11a	41a	10a	40	09a	38a	08a	38	07s	37	07	36•	
	945	50		35a	05a	34	03	33a	02a	32a	01s	31	01	31a	60	11.10e tt
	946	55		30a	09a	29a	58a	27a	57a	26a	56a	25a	55	25a	54a	

XVII. DYN. HAN POSTÉRIEURS 後漢

	947	60		24a	54a	23a	53	22a	51	21•	19a	49	19	48	18a	n 50an
	948	05	1	48a	18a	47a	17	46a	15s	45a	14	43a	13a	43	12	
	949	11	2	42a	12	41a	11	41a	10s	39	09	38	07a	37	07a	
	950	16	3	36a	06	35a	05a	35a•34	03	33		02	32	01s	31a	a 05n

XVIII. DYN. TCHEOU POSTÉRIEURS 後周

	951	21	1	60	30a	59a	29a	59a	28a	58a	27	57a	26a	56a	25a		11.16e tt
	952	26	2	55a	24	54a	23s	53a	22a	52	21a	51	21	50	20	a 19n	11.27e tt
50	953	22	3	49a•48a	17a	47	16a	46	15a	45		15a	45	14	44		11.9e tt
	954	37	1	13a	43	12	41	11	40a	10a	39a	09a	39	08	38	a	
	955	42	2	08a	37s	07	36	05	35	04a	34	03a•02	32a	02		a 33n	
	956*	47	3	32a	01	31	60	29a	59	28a	57	27	57	26a	56a		11.12e tt
	957	53	4	26a	56	25	55	24	53	23	52a	21	51	20a	50	a 47n	11.24e tt ❘ ? a
	958	58	5	20a	50	19a	49	18s	48	17•	16	46	15	44a	14a		⌊5.25
	959	03	6	44a	13	43	13	42a	12a	41	11a	40	10a	39a	09a		

151 TABLE DES LUNAISONS SOUS LES SONG.

XIX. DYNASTIE SONG 宋

SONG SEPTENTRIONAUX 北宋

	960*	08	1	38	08	37	07	36s	06	36'	05'	35	04'	34	03		
	961	14	2	33	02	32•	30s	60	30	59	29	59	28	58	27	01'	
	962	19	3	57	26'	55	25	55'	24	53	23	53	22	52	22		L 54
60	963	24	1	51	21	50'	19	49	18	48'	17'	47'	16	46	16•	46	
(62)	964	29	2	15'	45	14	44	13	42'	11'	41'	11	40	10	40		L 43,12.10 tt
	965	35	3	10	39's	09	38	08	37	06	35	05	34	04	34		
	966	40	4	04'	33	03	33	02	31	01	30•	29'	58	28	58	59'	
	967	45	5	27'	57	27	56	26	55s	25	54'	23	53	22	52		
	968	50	1	22	51	'	50'	20'	50	19	49	18	47'	17'	46s		L 21, 48.40 tt
	969	56	2	16'	45'	15	45'	14•	13'	43	13	42	12	41'	11	44	L 46
	970	01	3	40	09	39	08s	38	07	37	07	36	06	36	06		
	971	06	4	35	04	33	03	32	02	31	01'	31	60s	30	60'	20n	56 tt
	972	11	5	29	59•	57'	27'	56	25	55	25	54s	24'	54	23	28	
10	973	17	6	53	23	52'	21	50	20	49	19	49	18	48'	18		
	974	22	7	47	17s	47	16	45	15	44'	13	43	12'•12	41		42	
	975	27	8	11'	41	10	40	09	39	08	37	07	36	06	36		
	976	32	1	05	35	05	34	04	33	02'	32	01'	31	60	30		L 03

942* — 947 Inutile d'inscrire ici les années *Nien-hao*; période très confuse.

956* *Tcheou* : Calendrier *K'in-t'ien-li* de *Wang P'ouo*.

960* L'apostrophe indique les dates de *Liao* connues de *Ts'ien Ta-hin*, ou concordantes simplement, ou différentes des dates *Song*, et une note marginale l'indique; quand l'apostrophe est seule, c'est que la date *Song* manque, et l'apostrophe répond à la marge.

Les Solstices d'hiver ou *T'ong-tche* (ici en marge *tt*) sont notés par *Ts'ien Ta-hin* en chiffres cycliques; partout nous sous-entendons, bien entendu, 11e L u n e.

	Year																	Notes
	977	38	2	59	29	59	28	58	28	57●	56	26	55	24	54	27		
	978	43	3	23	53	22	52	22	51	21	50'	20'	50'	20	49			
	979	48	4	18	48	17	46	16'	46	15	45	14	44	14	43			38 *tt*
	980	53	5	13'	42	11●	11	40	10	40	09	39	08'	37	07'	41		43 *tt*
	981	59	6	37	06	36	05	34		33	02	32s	02	32	01			
	982	04	7	31		30s					57	26'	56'	26	55s●	25'		
20	983	09	8	55'	25's	54'	23'	53'	32'	51'	21'	50'	20'	49'	19'			
	984	14	1	49	'	48'	'	47'	17'	'	'	45	15'	44'				L 19,18,16,46, [15 14
	985	20	2	43'	12'	42'	12'	41'	11'	41'	10'	39'●	38'	08'	37's	09'		
	986	25	3	07'	37'	06'	36'	05'	35's	05	34'	03'	33'	02'	32'			L 2.36, 11.03
	987	30	4	01'	31'	60'	30'	60'	29'	'	28	58	27	57	27			L 59,59 [15 *tt*
	988	35	1	56'	26'	55'	24'	53'●	53'	'	52'	22'	51	21'	51'	23'		L 2.25, 5.54,
	989	41	2	20'	49'	19'	48'	17'	'	16	46	16	46	15	45			L 47 [7.22
	990	46	1	15	44'	13	43'	12	41	11	40	10	40	09	39			
	991	51	2	09	38●	37'	07	36	06	35	04	34	04	33	03	08's		
	992	56	3	33	02's	32	01	31'	60	29	59	29	58'	28	57			L 57
30	993	02	4	27	56s	26	56	25	55	24	53s	23	52●	51	21	21		
	994	07	5	51'	20	50	19	49	19'	48's	17	47	16	45'	15's			L 50, 18
	995	12	1	45	14'	44	14	43	13'	42'	12	41	11	40	10			
	996	17	2	39	09	38	08	38	07	36●	36	05	35	04	34	06'		
	997	23	3	03	33'	02'	32'	01'	30	60	30	60	29'	59'	29			
	998	28	1	58	27	57	26	55s	25'	54'	24'	54'	33s	53	23'			
	999	33	2	53'	22	51●	50	19	49	18	48	17's	47	17	47	21		L 52
	1000	38	3	16	46	15s	45	14	43	13	42	12'	41	11'	41			28 *tt*
	1001	44	4	11	40	09	39	09	38	07'	37	06'	36'	05	35●	05		L 11 i
	1002	49	5	34	04	34	03'	53	02	31's	01'	30'	60'	29	59			
40	1003	54	6	28	58	28	57	27'	56	26	55	25	54	24'	53			
	1004	59	1	23	52'	22	51	21	51	20	50	19●	19	48	17's	49'		49 *tt*
	1005	05	2	47	16	46	15	45'	14	44	14	43	13'	42	12			
	1006	10	3	41	11	40	09	39's	08	35'	08	37	07'	37	06			
	1007	15	4	36	05	35	04	33s●	32	02	31	01	31s	01	30	03		1.10ºLi-tch'oen '05 *tt*
	1008	20	1	60	29	59	28'	57's	27	56	26	55	25'	55	24			
	1009	26	2	54	24	53s	23'	52	21	51'	20	49	19	49'	15			
	1010	31	3	48'	18●	17	47	16'	45	15	44	13	43'	13	42	48		
	1011	36	4	12'	42	11	41	11'	40	09	39	08	37'	07'	37			
	1012	41	5	06'	36	05	35	05'	34	04	33's	03	32●	31'	01	02'		
50	1013	47	6	30'	60	29'	59'	25'	58'	25'	57	27	56'	26	55s			
	1014	52	7	25	54	23	53	22'	52'	22'	51'	21'	51'	20	50s			
	1015	57	8	19	49'	18'	47'	17	46s●45		15	45	15	44	14	16		
	1016	02	9	43	13	42'	11	41	11	40	09	39	09	38'	08			
	1017	08	1	58	07	37	06	37'	05'	34	03	33	03	32	02			
	1018	13	2	32	02'	32	01●	59	29	58	27	57	27	56	26	30		
	1019	18	3	56	26	55s	25'	54	23	53	22	51	21	50	20			
	1020●	23	4	50	20	49	19	48	18	47s	17	46	15	45	14●	44		
	1021	29	5	14'	43	13	43	12	42	11's	41	11	40	10'	39			L 09

1020·   Voici, d'après une des sources de *Ts'ien Ta-hin*, le style *Liao* :

  xx xx● 19 48 18 47 17 46 15 45 14 44 | 49

peu vraisemblable : *Ts'ien Ta-hin* cite sans observation et en gros caractères. excepté aux 7e et 10e L u n e s, où il préfère ·grave inconséquence! les dates 47 et 15 du *Liao-ki*. d'accord avec le style *Song*: bref négligeons cette surcharge, et ignorons les L u n e s *Liao*, hormis 7 et 10.

	1022	34	1	08	37'	07	37	06	36	05	35	05	34	04	33		L 38
60	1023	39	1	03'	32	01	31	60	30	59	29	59•	58	28'	57	29'	
(63)	1024*	44	2	27'	56	25	55	24s	54	23	53	23	52	22	52		
	1025	50	3	21	51	20	49	19	48	17	47	17	46	16	46		
	1026	55	4	16'	45	15	44'	14•	12	41	11	41	11s	40	09	43	
	1027	60	5	39'	09	39	08	37	07	36'	05	35	04'	34	04		
	1028	05	6	34	03	33s	03	32	01	31	60	29'	59	28	58'		
	1029	11	7	28	57•	57	26	56	25	55'	24s	53	23'	52'	22'	27	60 tt
	1030	16	8	52'	21	51'	20	50	20	49	19	48	18	47	16		
	1031	21	9	46'	15	45	14	44	14'	43'	13	43	12•	11	40	42'	
	1032	26	1	09'	39'	09'	38	68	37	07	37	06	36	06	35		16 tt
10	1033	32	2	05	34	03	33	02	31s	01'	31	60	30	60	39		
	1034	37	1	59	29'	58	27	57'	26•	25'	55	24	51	24	54	55	
	1035	42	2	23	53	22'	51'	21	50'	19	49	18	18	18	48		
	1036	47	3	17	47	17	46s	15	45	14	43	13'	42	12	42		
	1037	53	4	11	41	11	41•	39	09'	38'	07	37	06	36'	05	10	
	1038	58	1	35s	05'	35'	04	34	03	33	02	31	01'	30'	60		
	1039	03	2	29'	59	29	58	28	57	27	57	26	56	25	54•	24	
	1040	08	1	53's	23	52'	22'	51'	21	51	20	50	20'	49	19		L 52 (5)
	1041	14	1	48'	17'	47	16	46	15	45	14	44	14	44	13'		
	1042	19	2	43	12	41'	11'	40	10s	39'	09'	38•	38	07	37	08	
20	1043	24	3	07	36	05	35	04s	33	03'	32'	02	32	02	31		
	1044	29	4	01'	31	60	29	59'	28	58	27	56	26¯	55s	25		19 tt
	1045	35	5	55	25	54	24s	53•	52	21'	51	20	50	19	49	23	24 tt
	1046	40	6	19	49	18's	48	17	47	16	45	15	44	14'	43		
	1047	45	7	13	43	12	42'	12	41	11	40	09	39	08	38		35 tt
	1048	50	8	07•	06	36	06	35	05	34	04	33	03	32'	02	37	
	1049*	56	1	31's	01	30	60	29	59'	29	58	28	57	27	57		45 tt
	1050*	01	2	26	55	25	54	24	53'	23'	52	22	52	21•	21	51	50 tt
	1051*	06	3	50	19	49'	18	47	17	46	16	46	16'	45	15		56 tt
	1052*	11	4	45	14	43	13	42	11	41'	10'	40	10	39's	09		
30	1053	17	5	39	09	38	07	37	06	35•	34	04	33'	03'	33'	05	
	1054	22	1	03	32	02	31s	01	30	59	29	58	28	57	27		
	1055	27	2	57	26'	56	26	55	25	54	23	53	22	52	21'		Liao 15 tt
	1056	32	1	51	20	50'•	49	19	48	18	47s	17	46	16	45'	20	
	1057	38	2	15	44	14	43	13	43	12	42	11	41	10	40		
	1058	43	3	09'	39	08	38	07'	37	06	36s	06	35'	05	34•	04	

1049*   Termes solaires depuis 1049 *Siao-siué* :

```
                              30 60 |
                           15 45 15 |
1050* | 31 01 32 02  32 03 33 04  34 05 35     |
      | 46 16 47 17  48 18 49 19  49 20 50
```

L'an 1050 s'achève ainsi : 11e Lune intercalaire, 15e j., 05, *Siao-siué*; 12e 1., 1er j., 21, *Tahan*; 16e j., 36, *Li-tch'oen*.

```
1051* | 51 22 52 22  53 23 54 24  55 25 56 26
      | 06 37 07 38  08 39 09 39  ...  11 41
```

Manque * *Ta-siué*; suit 10.52 *Yu-chan—Li-t'ong*.

```
1052* | 56 27 57   28   43 13   *   14 45 15
      | 12 42 12        58 29 59 29  60
```

Manque * *Li-ts'ieou*.

	Année																Note
	1059	48	4	33s	03	32	02'	31'	60'	30	60	30	59	29	59		L 01, 31, 01
	1060	53	5	28	57	27	56	25'	55'	24	54	24	53	23	53		
	1061	59	6	22	52	21	51	20	49's	19	48•	47	17	47	17	18	
	1062	04	7	46	16	45'	15	44	13	43	12	42	11'	41	11		
10	1063	09	8	40	10	40	09	39	08	37	37'	36	05'	35	05		
	1064	14	1	34	04	34	04	33•	32	01	31	60	30'	59	29	03	L 29
	1065	20	2	58'	28	58	27	57	26	56	25	55	24'	54	23		
	1066	25	3	53	22	52	21	51	21	50'	20	49's	19	48	18		
	1067	30	4	47	17	46•	45	15	44	14	44	13	43	12	42	16	
	1068	35	1	11's	41'	10	39	09	38	08	38	07	37	07	36		
	1069	41	2	06	35	05	34	03	33	02s	32	01	31	01•	60	31	
	1070	46	3	30	60	29	58	27	57	26	55	25	55	25	54'		
	1071	51	4	24	54	23	53	22	51	21'	50	19	49	19	48		
	1072	56	5	18	48	18	47	17	46	15•	14	43	13	43	12'	45	
50	1073	02	6	42	12	41	11s	40	10	39	09	38	07	37	07		
	1074*	07	7	36	06	35	05	35	04	34	03	33	02	32	01		
	1075	12	8	31	60	30	59•	58	28	58'	27s	57	26	56	26	29	
	1076	17	9	55	24	53	23	53	22'	52	21	51	21	50	20		
	1077	23	10	49	19'	48'	17	47		46	15	45	15	45	14		L 12 i
	1078	28	1	44•	43	12	41	11	40s	10	39	09	39	08	38	13	
	1079	33	2	08	37	07	36	05	35	04	33	03	33	02	32		
	1080	38	3	02	32	01	31	60'	29	59	28	57•	56'	26's	56	27	
	1081	44	4	26	55	25	55	24	53	23	52	21	51	20s	50		
	1082	49	5	20	50	19	49s	18	48'	17	47	16	45	15	44		[43 tt
60	1083	54	6	14	44	13	43'	13	42•	41	11	40's	10	39	08	12	5.28e Hia-tche,
(64)	1084	59	7	38	17'	37	07	36	06	35	05	35	04	34	03		9.21e Li-tong,
	1085	05	8	33	02	31	01	30	60	30	59	29	59	48	58		[48 tt
	1086	10	1	27	57'•	55	25	54'	24'	53	23	53	22'	52	22	26	
	1087	15	2	51	21	50	29	49	18	47s	17	47	16	46	16'		
	1088	20	3	46	15	45	14	43	13s	42	11	41	10	40	10•	40	L 11i?12i?09 tt
	1089	26	4	09	39	09	38	07	37	06	35	05	34	04'	34		14 tt
	1090	31	5	04	33	03	33	02	31	01	30	59	29	58	28		19 tt
	1091	36	6	58	27	57	27	56's	26	55'	25•	23	53	22	52	54	
	1092*	41	7	21	51	21	50	20	50	19	49	18	47'	17	46		30 tt
10	1093	47	8	16	45	15	44	14	44'	13	43	13	42	12	41		
	1094	52	1	10	40	09's	39'•	38	07	37'	07	36	06	36	05	08'	
	1095	57	2	35'	04s	33	03	32'	02	31	01	30	60	30	60'		
	1096	02	3	29	59	28	57	27	56	25	55	24	54	24	54		
	1097	08	4	23	53'•	52	21	51	20s	49'	19	48	18	48	18	23	
	1098	13	1	47	17	47	16	45	15'	44	13	43	12'	42'	12		01 tt
	1099	18	2	41	11	41	10	40	09	39'	08	37•	36	06'	35	07	
	1100	23	3	05	35	05	34's	04	33	03	32	01	31	60	30		
	1101	29	1	59'	29'	59	28s	58	27'	57	27	56	25	55	24		
	1102	34	1	54	23	53	22 `	52	22•	21	50	20	49	19	48	51	
20	1103*	39	2	18'	47	17	46	16	45	15	44	14	44	14	43		
	1104	44	3	13	42	11	41	10	39	09	39	08	38	08	37		33 tt
	1105	50	4	07	37•	35	05	34	03	33	02	32	02	32	01	06	38 tt
	1106*	55	5	31	01	30	59	29	58	27s	57	26	56	25	55s		
	1107	60	1	25	55	24	54	23	53	22	51	21	50•	49s	19	20	
	1108	05	2	49	19	48	18	47s	17	46	15	45	14	44	13		
	1109	11	3	43'	13	42	12	42	11	41	10	39	09	38	08		

	An		L	1	2	3	4	5	6	7	8	9	10	11	12		Note
	1110	16	4	37	07'	36	06		05	35	01•	03's	33	02	32	34	*L* 7 i
	1111	21	1	01	31	60	30	59	29	59	28	58	27	57	26		
	1112	26	2	56'	25	55	24'	54	23	53	22	52	22	15	21		15 *tt*
30	1113	32	3	51	20	49s	19•	17	47	16	46	16	45	15	45	48	20 *tt*
	1114	37	4	15	44	13	43	12	41	11	40	10	39'	09	39		
	1115*	42	5	09	38	08	37	07	36	05s	35	04'	34	03	33		9, 8, 7, 36
	1116	47	6	03'•	02	32	01	31	60	29	59	28	58	27	57	33	57
	1117	53	7	27	56	26	56	25	55	24	53	23	52'	22	51		
	1118	58	1	21	50	20	50	19's	49	18	48	17'•	16	46	15	47	50, 20, 17
	1119	03	1	45	14	44'	13s	43	13	42	12	41	11'	40	10		13
	1120	08	2	39	09	38	08	37	07	36	06	36	05s	35	04		05
	1121	14	3	34'	03	33	02	31•	30	60	30	59	29	59	28	01	02, 30
	1122	19	4	58	27's	57	26	55	25	54	24	54	23	53	23		27, 25, 23 (10)
40	1123	24	5	52	22'	51	21'	50'	19.	49	18s	48	17	47	17		22, 51, 19,18,48
	1124*	29	6	47'	16	46'•	45	14'	43	13	42'	11	41'	11	41	15'	
	1125	35	7	10'	40	10	39	09	38	07	37	06	35'	05	35		
	1126	40	1	04'	34'	04	34	03	33'	02	31		30'		• 59	29'	1.6ᵉ *Li-tch'oen*

SONG MÉRIDIONAUX 南宋

	An		L	1	2	3	4	5	6	7	8	9	10	11	12		Note
	1127	45	1	28'	58'	28	57	27'	56	26	55	25	54'	24	53		
	1128	50	2	23'	52'	22	51	21	51	20	50	19	49'	18	48		
	1129	56	3	17'	47	16'	45	15	45	14	44•	43's	13	42	12	14	
	1130	01	4	41'	11	40	09	39	08	38'	08	37	07'	37	06		49 *tt*
	1131	06	1	36'	05	35	04	33	03	32	02	31	01'	31			
	1132	11	2	30'	60	29	59•	37	27	56	25	55	25	55	24	28'	
50	1133	17	3	54	24	53	23	52	21	51'	20	49	19'	49	18		
	1134	22	4	48'	18	48	17	47	16	45	15	44	13'	43	12		
	1135	27	5	42's	12•	11'	41	11	40	09	39	08'	37	07	36	42	*K* 43 s
	1136	32	6	06'	36	05	35	05	34	04	33'	03	32	02	31		
	1137	38	7	60'	30's	60	29	59	28	58	28	57	27•	26		56	
	1138	43	8	25'	54	23	53	22	52	22	51	21'	51'	20	50		
	1139	48	9	19'	49	18'	47	17	46'	16	45	15'	45	55	44		
	1140	53	10	14'	43		42'	11	41•	40's	09	39'	09	38	08	10	
	1141	59	11	38'	07	37	06	35	05	34	03	33	03	32	02		
	1142	04	12	32'		31'	01	30'	59	29	58	27		26	56		
60	1143	09	13	26'	56'	25	55•	54'	23'				21	50	20's	25	1.13ᵉ *Li-tch'oen*
(65)	1144	14	14	'	19	49		48'	18's	47	17	46	15	45	14		*K* 50 ⌊57 *tt*
	1145	20	15	44'	14	43	13	43	12's	42	11		10	40•	38	09	
	1146	25	16	08'	37'	07	37		36	05	35	05'	34				
	1147	30	17	02'	32	01		60	30			59	28's	58	28		
	1148	35	18	57'			25's		24		23•		52	22	52		
	1149	41	19	21	51	20's		19	48		47	17	46	16	46'		
	1150	46	20		45'		44	14	43'	12	41	11			'		*K* 10
	1151*	51	21	10'	39	09	IV•	37			05	35	04	34	04	08'	
	1152	56	22	34'	03	33'	03'	32'	01'	31	60'	29	59'	28	58		
10	1153	02	23	28'	57'	27	57			25'	51'	23	53'	23'	52'•	22'	

1115* Ici commence le style *Kin*. L'apostrophe ne désignera jusqu'à 1123 que les concordances de style *Liao*. La marge est réservée aux dates *Kin*, toutes concordantes aussi, et référables à leurs mois respectifs, sans équivoque hormis 1122, 10ᵉ L u n e.

1124* L'apostrophe indique désormais des dates *Kin*.

1151* Quand la date des embolismes est inconnue, un nombre en chiffres romains indiquera désormais le rang de l'embolisme.

				I	II	III	VI	V	VI	VII	VIII	IX	X	XI	XII		
	1154	07	24	51'	21'	51	20	50's	20	49		48	17'	47	16		
	1155	12	25	46'	15		14'	41's					12	42'	11		
	1156	17	26	40'	10'	39'	09	38'	08		07	37	06•	06'	35	36'	
	1157	23	27	05'	34	03'	33	02			31			60	30		
	1158	28	28	59'	29'	58s		57	26	55	25	54	24	54	24		16 tt
	1159	33	29	53'	23'	53'	22	51	21•	19	49	18	48	18	48	50	18 tt
	1160	38	30	17'	47	17	46	15	44	14s	43's	13	42	12	42		
	1161	44	31	11's	41'	11	40	10	29	09	38	07'	37'	06	36		
	1162	49	32	05's	35•	34	04	34'	03	33	02	31'	01	'		05	30 37 tt
20	1163	54	1	29'	59'	29'	58'	28'	57's	27		26'	55'	25	54'		
	1164	59	2	24'	53	23'	52	22	51s	21	51'	20'	50'	19'•		49'	
	1165	05	1	48'	17	47		46			'	44'	14'	'	'		45,43,13
	1166	10	2	'	'	41'	'	40		39	08'	38'			07		43,12,11
	1167	15	3	37'		36'	05's	35	04	34•	32	02	32'	02'	31	03	05 tt
	1168*	20	4	01'	31'	60'		59	28	'			25'		'		58,26,25
	1169*	26	5	'		54'	24	53'	23	52'	21's	'	20	50'	19		55,51
	1170	31	6	49'	19'	'	18	48•	17	16	45'	15	44	14'		17'	49
	1171	36	7	13'	43	12'	42	12		11	40'	09	39'	'			08
	1172	41	8	07'	37	06'	36	06	35		34				'		32
30	1173	47	9	I'•		30'		29's			58	'	57	27	56		02,28
	1174	52	1	'	55	25'	'	'	53			22	52	21	51		26,54,23
	1175*	57	2	21			49	18	47		'	16•	15	45'	15	16	46 45 tt
	1176*	02	3	'	14'	43's			11		10'		09	39'	'		45,09 50 tt
	1177	08	4	'	08	'	07	37'	06	35	05'	34's	04		03		39,38
	1178	13	5	33	03'	'	02	31	01•	59		58	28'	57'	27	30	32,27
	1179	18	6	'	26			55	'		23	53	22	52			57,56,26,25 06tt
	1180	23	7	51'	20	50'		49	20				'				17
	1181	29	8	'		44'•	43'	13	43	12	42		41		40		45 17 tt
	1182	34	9	09'		08'		07	37'		36	06	35	05			
40	1183	39	10	'		03'						29	59s•				04 12.13 Li-
	1184	44	11	28		27'	56'	25'	55	24			'	23			53 [tch'oen
	1185	50	12	'		21	'	20'		'		'	'	'	47		22,51,19,18,47.
	1186	55	13	17		16'				VII•	12'	41'	11'	'		43	41 1.7e Li-tch'.
	1187	60	14	'	'	'			08	37	07	36'	05	35	05		40,10,40 48 tt
	1188	05	15	34'	04'	34'	04	33	03	32	01's	31'	60	29	59		[23.
	1189	11	16	29'	58's	'		V'•	'		'	'	34'		'	57'	28,27,26,25, 55
	1190	16	1	53'		'	21'	51'	21	50	20'	'			18		52,49 [tch'.09tt
	1191*	21	2	47'	17	46	15'	45	15	44	'	'	13	'	12'		14,44,43 1.49Li-
	1192	26	3	42'	11'•	10	39	'	38	'		07	37	07'	37		09,38 13 tt
50	1193	32	4	05'	35	'	'	03'	33	02		01'	31'	01'	31'		05,34 20 tt
	1194	37	5	60			'	58	27	57	26'	'	25•	25	54	55'	29,55
	1195	42	1	24'	54'	23's	52				50'	19'					30 tt
	1196*	47	2	18'	48				'	46	45'	14'	43'	13'	43'	17	17
	1197	53	3	12'				'	VI•	'	09	38	'		'	10	11,39,07,66 40tt
	1198	58	4	36's	'	'	'			04	33'	02			'		06,05,35,01 46tt
	1199*	03	5	30's	'	'	59	29'	58	28s		27'	57	26			60,30
	1200	08	6	25'	II•	'	'		22's	'		'		50's	20'		23,52,51
	1201	14	1	'		48		'		'		'					49,47,15,45 2.8e
	1202	19	2	'				41's			'				XII•		44,39 [Tch'.fen
				I	II	III	IV	V	VI	VII	VIII	IX	X	XI	XII		

1175*   12.31 *Li-tch'oen.*

1196*   2.14e *Tch'oen-fen.*

Déc	Année	m	j	I	II	III	IV	V	VI	VII	VIII	IX	X	XI	XII	§	Notes
60	1203	24	3	'		'	36s					'					08,03 11 *tt*
(66)	1204	29	4	'	'		31			'		57'	27	56	26'		02,32,29
	1205	35	1	56'	'		25'		24	53	23●		'		50	'	26,52,21
	1206	40	2	20'	49's	19'	19	18	'				45'	'	41		48,16,15
	1207*	45	3	14'	44	13		'	'		'		'	10	39'		12,42,41,11
	1208	50	1	'	38	07	37●				35'			'	04		08,34
	1209	56	2		'					60			28		'		02,58s
	1210	01	3	'		18				54's		23	'				27,53
	1211	06	4	'	II●									46's	16		22 [59 *tt*
	1212	11	5	46	15						42	11					7.42 *Li-ts'ieou*
10	1213	17	6								06	IX●	34'	04'	34'	05'	04 *tt*
	1214	22	7	04'	'		'		'	01	30	59's	29	58	28		33,32,31 [22
	1215	27	8	58'		'			'	'	'		'	53'	'		57,55,25,54, 23,
	1216	32	9		21's	'		'		VII●		'		'			51,50,20,50, 19,
	1217	38	10	'	'	'	44'			13's			42		'	'	16,45,15,41[18,
	1218	43	11	10	40	09'	39'	08'	38	07's	37'	07	36	06	36'		[17
	1219	48	12	05'	35	04'●	03'	32'	01'	31	01	30	60'	30'	60	33'	
	1220	53	13	'		28'	57'	27'			55'		54		'		29,24
	1221	59	14	23'	53'	23'	52'	21's	51					18	XII'●	18'	49,48[*Yu-choei*
	1222	04	15	47'				'	'			'	42	12'			45,15,43 1.47
20	1223	09	16	'	'	'	'	'	'		'	37's	07'	37'	06'		41,11,41,10, 40,
	1224	14	17	35'	05	35			04'	34	VIII●	01				32	12.19e *Li-t.*[39,
	1225	20	1	59	29		28'							24			[08
	1226	25	2	54'	23	53											13 *tt*
	1227	30	3	48'	18	47		V●	45's	44'		'	'	13		16	14,44 12.21e
	1228	35	1	13	42'	'	'		39s						'		11,41,37s[*Li-t.*
	1229	41	2	07	37						33		02	32			
	1230	46	3		II●			29			57	26					33 *tt*
	1231	51	4	25	55		54'	23	53	22							[15,45,14,13
	1232	56	5	'	'	19			'	'	'	IX'●	'	'		'	19,49,47,17,46,
30	1233	02	6	'	13'					'	'	39's	09'	'			43,40,10,40,38
	1234	07	1	'				05									37
	1235	12	2	32	01s			30		VII●						59	1.9e *Li-tch'oen*
	1236	17	3	56		55											
	1237	23	1	50	20	49	19							15s			
	1238	28	2	45		44	IV●		41	11				39			
	1239	33	3			08	37			05	35						
	1240	38	4		33	02	32		31				59	28	XII●		
	1241	44	1	27	56												
	1242	49	2	21	50	20	50		49	18	48	17s					36 *tt*
40	1243	54	3	15	45	14s			43		42●			40	10		
	1244	59	4	39	09		08		07	36							47 *tt*
	1245	05	5	34	03					30s	60	30		59			
	1246*	10	6	28s	58		57'●	25				53	23	53'	23		54 57 *tt*
	1247	15	7	52	22			19									
	1248	20	8				15					11					
	1249	26	9	41	10●	10	39s			07	37					40	
	1250	31	10		34	04	34	03	32		31	01		29			18 *tt*
	1251	36	11	59						26		X●		53		54	12.17e *Li-tch'.*
				I	II	III	IV	V	VI	VII	VIII	IX	X	XI	XII		

1246* L'apostrophe se réfère au style *Yuen* jusqu'à 1259.

				I	II	III	IV	V	VI	VII	VIII	IX	X	XI	XII		
	1252	41	12	23	52s			31	50	20	50	19	49	18			
50	1253	47	1	17	46s			15	45		44		43	13			39 *tt*
	1254	52	2	12					39•	38	08		07	37	06		
	1255	57	3		05			33			02	31					
	1256*	02	4	30	60	29	59	28	57	27	56	25	55	25	55		
	1257	08	5	24			IV•		21			49			18		
	1258	13	6	48	18	48	17	47			15	44	13	43	13	,	07
	1259	18	1	42'	12		11	41		40		39'	08'	XI•	36		34,04,32,01,31
	1260	23	1			05's	35'	05'	'	'						'	60,30,29,59, 28,
	1261	29	2	'	'	59's	'	'	'	58'		57	27			21'	55 [56
	1262	34	3	'	24'		23		22			IX•	50				19
60	1263	39	4	'	49	18	47			16	45			44'			41,10
(67)	1264	44	1	14'						'	'	39'	09	39			37,33,03
	1265	50	2	08's	38			V'• 05					57	'	'		26,56 [51,50
	1266	55	3			'		'	'	'	'		'	'			26,55,54,53, 22,
	1267	60	4	'			'	24's	'	23	'	'	'		'		20,49,19,49, 19,
	1268	05	5	I'	'	'	'	48'	18	48		15's	'	'		'	14,43,42 [45
	1269	11	6		'	'										04	06,10 i 34,11 n
	1270*	16	7	38	08	37's				'	05		05	XI•	33		29 [03 *tt*
	1271	21	8	02	32				'	59'	29's	59'		58	28		24
	1272	26	9	57'	27			55	'	54	23's		23	52'	22		21
10	1273	32	10	52	'	51	20	49	VI•			'47			46'		15,40,10,40
	1274	37	11	16'	45		'		43	12	41		'	'	'		39,05,04,34
	1275	42	12	10'		'	09'	39	80'	37's	07'	36'	'	35	'	'	84,33,59 3.15e
	1276	47	13	04'	33'	03'•02'		32	01			29	'	58'		'	[*Tsing-ming*
	1277	55	14			27			56	25	55		53s	23	52		[35 *tt* (*Song*)
	1278	58	15					20		19	49	19	48	17•	16	47	
	1279	03	16	46	15	45	14	44	14	43	13	42	12	42	11		

152 TABLE DES LUNAISONS SOUS LES *YUEN* ET LES *MING*.

XX. DYNASTIE *YUEN* 元.

				I	II	III	IV	V	VI	VII	VIII	IX	X	XI	XII	
	1280	08	17	40				09	38	08		07		36		
	1281	14	18	35					31	01•	60		60			30
	1282	19	19	59	28	58		56	26s	55s	24		54	24		
20	1283	24	20	53												
	1284	29	21					V•		14				41		15
	1285	35	22										06			
	1286	40	23					04	33	03		02	31			
	1287	45	24			29•				57			55s			
	1288	50	25							21	50	20				
	1289	56	26		48	17s			45	15			X•	43		
	1290	01	27		12		10		09		08s					
	1291	06	28			36			04	33	02		02			
	1292	11	29	31s	01				VI•	57	26	56	25			28
				I	II	III	IV	V	VI	VII	VIII	IX	X	XI	XII	

1256* Les termes solaires impairs, de *Li-tch'oen* à *Li-tong*, se datent ainsi : 1e lune, 1er jour ; 2e l., 2e j... 10e l., 10e j.

1260* L'apostrophe se réfère au style *Song* jusqu'à 1276. Dès à présent le style *Yuen*, comme mieux connu, est porté au texte. A partir de 1365 *passim*, nous suppléons à un jour près, sous astérisque antérieur, la date du *Tch'eng-cho*, ou néoménie première, des années vides de dates ; nous n'avons pas cru devoir préférer toujours la néoménie vraie.

				I	II	III	IV	V	VI	VII	VIII	IX	X	XI	XII	
30	1293	17	30					53				50	20	49		
	1294	22	31	49				47	17s					44		
	1295	27	1		13	42	IV•								37	
	1296	32	2		36		36	05		34						
	1297	38	1		31		30s					58		XII•		
	1298	43	2		55	24							51			
	1299	48	3	20	50		48			16	46s		45			
	1300	53	4		44s		43				40•		10	39		10
	1301	59	5							35		03				
	1302	04	6				02		60s	30					57	
40	1303	09	7			26		V•					51	21		55s
	1304	14	8					50s					16			
	1305	20	9			44		43	13	42	12					
	1306	25	10	39•			37									
	1307	30	11	03					30	60					27	
	1308	35	1	58		57								XI•		
	1309	41	2										47	17		
	1310	46	3			16				44			41	11	41	
	1311	51	4	10			39			08•	06	36	05			37
	1312	56	1		04	34	04	33	20s							
50	1313	02	2						56	26	55					
	1314	07	1			III•	21	51								51
	1315	12	2		16		15s	45					13			
	4316	17	3				10									
	1317	23	4	I•		04							31			
	1318	28	5		30s			58		56						
	1319	33	6	54	24s						VIII•					
	1320	38	7	18s							44			13	42	
	1321	44	1						40s	09				28		
	1322	49	2	06	36	05	35	V•	04					31s	01	
60	1323	54	3	30	60	29	59			28				26		
(68)	1324	59	1		54	24				52					50	
	1325	05	2	I•						16	45	45	15			49
	1326	10	3	43		42			41	10			08	37		
	1327	15	4							34		33s•				
	1328	20	1	02						58		57	26		26	
	1329	26	1	56		55		54	24	52s	22	52	21			
	1330	31	1		19		10		18	VII•			45			17
	1331	36	2			13	43		42	11	41s	10		09s		
	1332	41	3	08	38	07		06	36	05						
10	1333	47	1			III•								28	57	
	1334	52	2	27	56	26	55s		54		53		52			
	1335	57	1		51	20	50	19		18	48	17			46•	
	1336	02	2		15		14	43			11s					
	1337	08	3		09s											
	1338	13	4								60s•					
	1339	18	5					56			24					
	1340	24	6		21											
	1341	29	1	46	15			V•								
	1342	34	2								37s	36s				
	1343	39	3			33s					31					
	1344	44	4		II•					25		24s		24		58
	1345	50	5									19s				
				I	II	III	IV	V	VI	VII	VIII	IX	X	XI	XII	

				I	II	III	IV	V	VI	VII	VIII	IX	X	XI	XII	
	1346	55	6		47s								X•			
	1347	60	7	41s	11											
	1348	05	8	35				34	03	33s						
	1349	11	9							VII•				55s		
	1350	16	10	53							20			49s		
	1351	21	11					46s			14				13	
	1352	26	12	43	12	42•	40s	10								11
30	1353	32	13	07			35		33			02s				
	1354	37	14	01		60	30		28			56				
	1355	42	15	55•										49		
	1356	47	16	19												
	1357	53	17	13s		12			41			IX•			07	
	1358	58	18		06	36		35	05s	34	04	34	03	32s	02s	
	1359	03	19	31		30	60	29		29	58		57			
	1360	08	20	26	55	25		24•				52	21	51		53
	1361	14	21	50	20		18s							45		
	1362	19	22	45	14		13	42				40	09			
40	1363	24	23	39		38•		06	35	05	34	04	33		33	
	1364	29	24	03	32		31s				29s	58				
	1365	35	25	*56							24		X•			
	1366	40	26	20	50	20			49	18s						
	1367	45	27			14		13	43s			11	41		40s	

XXI. DYN. *MING* 明

				I	II	III	IV	V	VI	VII	VIII	IX	X	XI	XII	
	1368	50	1	09	39		38	07s	37	06•						36
	1369	56	2	03				31s								
	1370	01	3					55								
	1371	06	4			22•			19	48		47s				
	1372	11	5	*46												
50	1373	17	6			40s						35•				
	1374	22	7		34s					01	51					
	1375	27	8							56s						
	1376	32	9							50s		IX•				
	1377	38	10											42s		
	1378	43	11	11												
	1379	48	12		35	05		V•								
	1380	53	13		59											
	1381	59	14									19	49s			
	1382	04	15	18	II•						14					
60	1383	09	16								09s					
(69)	1384	14	17			35							X•			
	1385	20	18	*60												
	1386	25	19										21	20s		
	1387	30	20		19				VI•							
	1388	35	21					11s								
	1389	41	22									03s				
	1390	46	23				IV•					27s				
	1391	51	24			25s										
	1392	56	25	*20											XII•	
	1393	02	26							41s						
	1394	07	27	*38												
	1395	12	28	*32								IX•				
	1396	17	29	*56												
				I	II	III	IV	V	VI	VII	VIII	IX	X	XI	XII	

§ X. LUNAISONS : DYNASTIE *MING*.

	Année			I	II	III	IV	V	VI	VII	VIII	IX	X	XI	XII	
	1397	23	30					49s			17					
	1398	28	31					41•								
	1399	33	1									05				
	1400	38	2	03		03										
	1401	44	3	58		III•										
	1402	49	4	21	51					19		18				
20	1403	54	1	16			44					13		12•		
	1404	59	2				08	38								
	1405	05	3	*35												
	1406	10	4			28			56s	VII•						
	1407	15	5						20				18s			
	1408	20	6	47			16s						12s			
	1409	26	7				10•					07s				
	1410	31	8	*05												
	1411	36	9	*60											XII•	
	1412	41	10	*24												
30	1413	47	11	18s	48			45								
	1414	52	12	13s			41	10			38	IX•				
	1415	57	13					34s	03s			02		31s		
	1416	02	14					29								
	1417	08	15				54s	V•					20s			
	1418	13	16	*49												
	1419	18	17	*43												
	1420	23	18	I•							34s					
	1421	29	19								28s					
	1422	34	20	56s											XII•	
40	1423	39	21					47s								
	1424	44	22										09			
	1425	50	1	09					05•				03s			
	1426	55	1				31									
	1427	60	2								53			22		
	1428	05	3	*21			IV•									
	1429	11	4	*45												
	1430	16	5								06s				XII•	
	1431	21	6	*03												
	1432	26	7	58s												
50	1433	32	8	*52							VIII•					
	1434	37	9	*16												
	1435	42	10	10										05s		
	1436	47	1				34		VI•							
	1437	53	2	*29												
	1438	58	3	*23												
	1439	03	4		II•							13s				16
	1440	08	5	41s									07			
	1441	14	6	36s						33s				31•		
	1442	19	7						27s							
60	1443	24	8						21s					49s		
(70)	1444	29	9							VII•			43s			
	1445	35	10			11	41s									
	1446	40	11										32s			
	1447	45	12				IV•				57s					
	1448	50	13						22							
	1449	56	14						16	45						
				I	II	III	IV	V	VI	VII	VIII	IX	X	XI	XII	

				I	II	III	IV	V	VI	VII	VIII	IX	X	XI	XII	
	1450	01	1	14•								39	08			
	1451	06	2		07				05s							
	1452	11	3			31						IX•		56s		
10	1453	17	4		25		25									
	1454	22	5				19s									
	1455	27	6				13s			12•						
	1456	32	7	*08												
	1457	38	1		32		31									
	1458	43	2	*56	II•											
	1459	48	3				49				47					
	1460	53	4							12s		11		XI•		
	1461	59	5							36				34s		
	1462	04	6	*33												
20	1463	09	7			27		26s		VII•						55
	1464	14	8			51	20s									
	1465	20	1			45								11		
	1466	25	2			III•					37					
	1467	30	3		34s											
	1468	35	4		29s									24s		
	1469	41	5		II•				50s							
	1470	46	6						45s							
	1471	51	7	*11								IX•				
	1472	56	8	*35												
30	1473	02	9				58s									
	1474	07	10	24					VI•	51		50s				
	1475	12	11									44s				
	1476	17	12		12s											
	1477	23	13		II•							02		31		
	1478	28	14	*60												
	1479	33	15	*54									X•			
	1480	38	16	*18												
	1481	44	17	*13												
	1482	49	18			06					VIII•					
40	1483	54	19				60									
	1484	59	20									22s				
	1485	05	21	21	50	19	IV•				16s					
	1486	10	22	*45												
	1487	15	23										04			
	1488	20	1	I•		02			30s							
	1489	26	2			56							21s	51	21s	
	1490	31	3									47•			45	
	1491	36	4	*15												
	1492	41	5	*09												
50	1493	47	6	*04				V•								
	1494	52	7	*28												
	1495	57	8		52s	22s										
	1496	02	9		46	III•										
	1497	08	10												05	
	1498	13	11											XI•		59s
	1499	18	12									55				
	1500	23	13					51s								
	1501	29	14	47						44•		13s				
	1502	34	15				39					07s				
				I	II	III	IV	V	VI	VII	VIII	IX	X	XI	XII	

	Année			I	II	III	IV	V	VI	VII	VIII	IX	X	XI	XII	
60	1503	39	16	*05												
(71)	1504	44	17				IV•									58
	1505	50	18	*23												
	1506	55	1	*18												
	1507	60	2	12s•								38				
	1508	05	3	*36												
	1509	11	4	*30								IX•				
	1510	16	5	*55												
	1511	21	6	49												
	1512	26	7	*43				V•								
10	1513	32	8	*08												
	1514	37	9											28s		
	1515	42	10				IV•								50s	
	1516	47	11	20									46			
	1517	53	12						42s		41		40		XII•	
	1518	58	13	38			06	36s								
	1519	03	14	33			01			29					58	
	1520	08	15	27					54		VIII•					
	1521	14	16	51		50s				47	17					
	1522	19	1	*45												
20	1523	24	2				19•							04		
	1524	29	3	03		03		02			30					
	1525	35	4								25				XII•	
	1526	40	5		51			20s					48			
	1527	45	6					14s								
	1528	50	7					08s	38				X•			
	1529	56	8										60s		60s	
	1530	01	9	*29												
	1531	06	10	*23					VI•							
	1532	11	11	*47												
30	1533	17	12	41							08			36		
	1534	22	13	*35	II•											
	1535	27	14									56				
	1536	32	15	*54											XII•	
	1537	38	16	*18												
	1538	43	17										08			
	1539	48	18	07	37	06			34		VIII•	32				
	1540	53	19			30s										
	1541	59	20													
	1542	04	21					V•		46s						
40	1543	09	22	43s												
	1544	14	23	*37												
	1545	20	24	I•			59s									
	1546	25	25	*56												
	1547	30	26	*50								IX•				
	1548	35	27	*14												
	1549	41	28			08s										
	1550	46	29						VI•			28				
	1551	51	30	*26												
	1552	56	31		50											
	1553	02	32	15s		14•							11			
	1554	07	33	39												
	1555	12	34	34										29s•		

I II III IV V VI VII VIII IX X XI XII

				I	II	III	VI	V	VI	VII	VIII	IX	X	XI	XII	
	1556	17	35										23s			
	1557	23	36					50							17	
	1558	28	37	*46						VII•						
	1559	33	38	*10												
	1560	38	39	*04						02						
	1561	44	40		28s			V•		26s						
	1562	49	41	*22												
60	1563	54	42	*16												
(72)	1564	59	43		II•			39s								
	1565	05	44	*35												
	1566	10	45		60		59s						X•			
	1567	15	1				23				20					
	1568	20	2	*48												
	1569	26	3	42s					VI•				38		36	
	1570	31	4	06			35									
	1571	36	5					59	28							
	1572	41	6		II•				52s							
10	1573	47	1	*18												
	1574	52	2	*12											XII•	
	1575	57	3				06s									
	1576	02	4	*30												
	1577	08	5								VIII•					22s
	1578	13	6	*49												
	1579	18	7	*44												
	1580	23	8		08s		IV•									
	1581	29	9	*02												
	1582	34	10				25	24s								
20	1583	39	11		II•							16s				
	1584	44	12									10	40			
	1585	50	13	*09								IX•				
	1586	55	14	*34												
	1587	60	15									24s				
	1588	05	16	*22					VI•							
	1589	11	17	46s												
	1590	16	18	41						37s						
	1591	21	19			III•	33									03
	1592	26	20	*59												
30	1593	32	21	*53										XI•		
	1594	37	22				46s									
	1595	42	23	*11												
	1596	47	24	60							VIII•					02s
	1597	53	25					28								
	1598	58	26	24												
	1599	03	27	*18			IV•									
	1600	08	28	*42												
	1601	14	29	*36												
	1602	19	30		II•						56					
40	1603	24	31				24s	53								
	1604	29	32				18s					IX•				
	1605	35	33	*13												
	1606	40	34	*08												
	1607	45	35						VI•	58						
	1608	50	36	*26												
				I	II	III	IV	V	VI	VII	VIII	IX	X	XI	XII	

	Année			I	II	III	IV	V	VI	VII	VIII	IX	X	XI	XII
	1609	56	37	*20											
	1610	01	38			III•								39s	
	1611	06	39	*38											
	1612	11	40					31s						XI•	
50	1613	17	41	*56											
	1614	22	42	*50											
	1615	27	43			44s					VIII•				
	1616	32	44		09	08s									
	1617	38	45							60s					
	1618	43	46	*56			IV•								
	1619	48	47			21									
	1620	53	1								43	12			
	1621	59	1		II•		09s								
	1622	04	2			34						31			60
60	1623	09	3				57						X•	54	
(73)	1624	14	4	53				51							
	1625	20	5	47											
	1626	25	6						VI•	08s					
	1627	30	7							02			31		
	1628	35	1	*60											
	1629	41	2				IV•	22s						19	
	1630	46	3												42
	1631	51	4										38s	XI•	
	1632	56	5	37	06										
10	1633	02	6						58						
	1634	07	7			24s					VIII•				
	1635	12	8	*50											
	1636	17	9	*44											
	1637	23	10	38s			IV•								
	1638	28	11					60							
	1639	33	12									52			
	1640	38	13	I•					48						44
	1641	44	14			13							40		
	1642	49	15				36	06						XI•	
20	1643	54	16		02s			30	60	59			58		58
	1644	59	17	27		26									
				I	II	III	IV	V	VI	VII	VIII	IX	X	XI	XII

PROLÉGOMÈNES

DU P. HOANG

À LA «CONCORDANCE NÉOMÉNIQUE.» (1)

*Ces «Prolégomènes» sont extraits du manuscrit latin intitulé par
le P. Hoang : «Introductio ad concordantiam chronologiæ neomenicæ
«sinico-europeæ.» L'ordre suivi dans cette publication diffère quelque peu
de celui du manuscrit (voir Préface); une note jointe à la table indique
à quelles pages correspondent les renvois faits par le P. Hoang à ce manuscrit dans sa Concordance.*

*Dans ce qui suit, seuls les passages imprimés en caractères italiques
ne sont pas une traduction du texte latin du P. Hoang.*

---

(1) *Le titre complet de cet ouvrage est «Concordance des chronologies néoméniques chinoise
«et européenne.» Variétés Sinologiques* N° 29.

CHAPITRE I.

NOTIONS PRÉLIMINAIRES SUR LE CALENDRIER.

§ I. NATURE DU CALENDRIER, LES 24 STATIONS 氣.

§ II. LA LUNE INTERCALAIRE, LA PÉRIODE 章.

§ III. NOMS ET AUTEURS DES CALENDRIERS ADOPTÉS SOUS LES DIVERSES DYNASTIES.

PARAGRAPHE I.

Dans les plus anciens monuments chinois, le temps apparaît supputé déjà par des règles, fixées dans leur ensemble et basées sur les déplacements apparents du soleil et de la lune. Comment ces lois ont été déterminées, comment ont été connues les durées des révolutions sidérales, par quelles observations et déductions ont été obtenues certaines valeurs constantes réglant la division du temps, ce n'est pas ici le lieu de le chercher. Dans une étude de chronologie, nous considérons le calendrier comme existant et constitué, sans nous préoccuper ni de sa genèse ni des procédés employés pour en calculer au moment voulu les divers éléments (1).

Quelques remarques préliminaires sur sa nature semblent toutefois à propos. À juste titre, le calendrier chinois a été dit luni-solaire : la lune en effet lui fournit le groupement des jours en lunaisons, tandis que le mouvement du soleil détermine le jour d'abord puis l'année (2); les jours

---

(1) *Est donc laissée de côté toute question qui serait surtout astronomique. Dans ses «Études sur l'astronomie indienne et chinoise» (Michel Lévy, Paris 1862), Biot indique (p.323-343) les principes sur lesquels reposait le calendrier chinois ; et si tel ou tel détail est discutable, si des travaux historiques parus depuis ont élucidé certains points, à le lire, on a claire connaissance des données primitives d'où ont pu partir les Chinois.*

(2) *Lunaison, jour, année, mots pris ici en excluant toute idée de rigueur astronomique et toute recherche de définition précise.*

d'une année étaient en outre répartis en 24 autres divisions dépendant encore du soleil, mais rattachées surtout à des phénomènes atmosphériques ou météorologiques, et dites les 24 stations solaires eul-che-se-k'i 二十四氣 (1).

Ces 24 stations des signes du zodiaque (2) remontent dans le calendrier chinois à une époque très ancienne.

1° Sous le règne de l'Empereur *Yao* 堯 (2355-2256 av. J.-C.), les astronomes observaient quatre temps de l'année, c'est-à-dire les deux équinoxes du printemps et de l'automne, et les deux solstices d'été et d'hiver (3).

2° Dans le calendrier de la dynastie *Hia* 夏 (2205-1767 av. J.-C.) appelé *Hia-sio-tcheng* 夏 小 正, on trouve la dénomination de station *k'i-tche* 啟 蟄 (4).

3° Dans le calendrier de la dynastie *Tcheou* 周 (1122 av. J.-C.) rapporté au livre *Ki-mong tcheou-chou* 汲 冢 周 書, on a ces stations rangées dans un ordre où la 1ère place est occupée par la station *li-tch'oen* 立 春, commencement du printemps. Dans la préface du livre, l'on insinue que ces stations avaient été établies par *Tcheou Kong* 周 公, premier ministre et frère du fondateur de la dynastie *Tcheou* 周 (1122 av. J.-C.) (5).

4° Les annales de la dynastie *Si Han* 西 漢 (206 av. J.-C.), à propos des calendriers *Li-tche* 曆 志 (6), et le livre *Hoai-nan-tse* 淮 南 子 composé par le prince *Lieou Ngan* 劉 安 de la même dynastie (178-122 av. J.-C.), au chapitre de l'Astronomie *T'ien-wen-hiun* 天 文 訓 (7), parlent au long des 24 stations des signes du zodiaque.

Ces 24 stations sont par ailleurs groupées deux à deux, et l'on a alternativement une «station articulaire» *tsié-k'i* 節 氣 et une «station centrale» *tchong-k'i* 中 氣, deux stations consécutives débutant à 15 ou 16 jours de

---

(1) Voir p. 9. Fait à noter, les phénomènes climatologiques caractérisant les stations correspondent à des pays au nord du Fleuve Bleu *Yang-tse-kiang* 揚 子 江, c'est-à-dire au-dessus du 32e parallèle : les anciens rédacteurs de calendriers en effet étaient tous des régions septentrionales ; voir 七 修 類 藁 k. 3. *Biot s'appuyant sur Humboldt avait déjà fait la même remarque (op. cit. p. 329).*

(2) *Les réserves de Biot sur cette assimilation des stations aux signes du zodiaque (op. cit. p. 325) paraissent fort justes.*

(3) 書 經 堯 典 Zottoli III p. 328, 330.

(4) 夏 小 正 k. 1.

(5) 汲 冢 周 書 k. 6 篇 52 et 序.

(6) 前 漢 書 k. 21 下.

(7) 淮 南 子 k. 3.

différence.   Les principales sont les deux solstices, celui d'hiver *tong-tche* 冬至, et celui d'été *hia-tche* 夏至, et les deux équinoxes,celui du printemps *tch'oen-fen* 春分, et celui de l'automne *ts'ieou-fen* 秋分.

C'est la date du solstice d'hiver qui règle celle des autres stations (1), et le commencement de chacune est susceptible de se déplacer dans un intervalle de deux jours, le jour étant compté de minuit à minuit.

Selon la chronologie chinoise, ce solstice d'hiver a lieu :

a)	l'an	2603	av. J.-C.	Décemb.	le	23 (?)	style	grégorien	(2)
b)	,,	1753	,,	,,	,,	23 (?)	,,	,,	(3)
c)	,,	1660	,,	,,	,,	15 (?)	,,	,,	(4)
d)	,,	1112	,,	,,	,,	14 (?)	,,	,,	(5)
e)	,,	1036	,,	,,	,,	15	,,	,,	(6)
f)	,,	960	,,	,,	,,	16	,,	,,	(7)
g)	,.	884	,,	,,	,,	17	,,	,,	(8)
h)	,,	837-712 av. J.-C.		,,	,,	17	,,	,,	
i)	,,	693-609	,,	,,	,,	18	,,	,,	
j)	,,	579-533	,,	,,	,,	19	,,	,,	
k)	,,	484-305	,,	,,	,,	20	,,	,,	
l)	,,	275-218	,,	,,	,,	21	,,	,,	
m)	,,	199 av. J.-C. 2015 ap. J.-C.		,,	,,	21,22 ou 23	,,	,,	(9)

Nous donnerons la liste de ces 24 *k'i* 氣 en reproduisant le calendrier de l'année 1256 ap. J.-C. (10), auquel nous ajouterons quelques remarques sur ces diverses stations d'après les explications des érudits (11).

---

(1) Pour faciliter la concordance entre les calendriers chinois et européen, rappelons ici que : a) l'an 46 av. J.-C., Jules César,dans la réforme du calendrier, fixa le solstice d'hiver au 25 décembre (23 décembre, style grégorien);

b) la 1ère année de l'ère chrétienne, le solstice d'hiver eut lieu le même jour;

c) l'an 325 apr. J.-C., le Concile de Nicée le mit au 21 décembre, style julien, 22, style grégorien.

(2) Voir plus bas ch. IV, date N° 1.

(3) Ibidem date N° 6 (2).

(4) Ibidem date N° 8.

(5) Ibidem date N° 13.

(6) Ibidem date N° 19.

(7) Ibidem date N° 20.

(8) Ibidem date N° 21.

(9) Voir 歷代長術輯要 et 萬年書.

(10) Ce calendrier, composé suivant le système *Hoei-t'ien-li* 會天曆 alors en usage, a été conservé et est cité dans le 歷代長術輯要; tel qu'il est reproduit, il a des dates conformes aux résultats du calcul; dans l'ouvrage *Koei-sin-tsa-tche-siu-tsi* 癸辛雜識續集 la 7e station *li-hia* 立夏 est au 4 de la 4e lune, la 11e station *han-lou* 寒露 au 9 de la 9e lune et la 23e station *siao-han* 小寒 au 12 de la 12e lune.

(11) 七修類藁 k. 3 et k. 2.

CALENDRIER DE L'AN 1256 ap. J.-C.

4ᵉ année du règne *Pao-yeou* 寶祐 Emp. *Li Tsong* 理宗 Dyn. *Song* 宋 (1).

宋理宗寶祐四年二十四氣單

	Stations des signes du zodiaque			Lune jour Cycle			Style jul. mois jour		Style grég. mois jour		Heure
1	Li-tch'oen	立春	Début du printemps	1	1	30	Janv.	29	Févr.	5	4. p.m.
2	Yu-choei	雨水	Eau de pluie	1	16	45	Févr.	13	,,	20	9. 3 ,,
3	King-tche	驚蟄	Mouvement des insectes	2	2	1	,,	29	Mars	7	2.17 a.m.
4	Tch'oen-fen	春分	Équinoxe de printemps	2	17	16	Mars	15	,,	22	7. 3 a.m.
5	Ts'ing-ming	清明	Clarté sereine	3	3	31	,,	30	Avril	6	1 p.m.
6	Kou-yu	穀雨	Pluie des semailles	3	18	46	Avr.	14	,,	21	6. 3 ,,
7	Li-hia	立夏	Début de l'été	4	3	1	,,	29	Mai	6	11.17 ,,
8	Siao-man	小滿	Petite réplétion	4	19	17	Mai	15	,,	22	4.31 ,,
9	Mang-tchong	芒種	Céréales à barbes	5	5	32	,,	30	Juin	6	10. a.m.
10	Hia-tche	夏至	Solstice d'été	5	20	47	Juin	14	,,	21	3. 3 p.m.
11	Siao-chou	小暑	Petite chaleur	6	6	2	,,	29	Juil.	6	8.11 ,,
12	Ta-chou	大暑	Grande chaleur	6	22	18	Juil.	15	,,	22	1.31 ,,
13	Li-ts'ieou	立秋	Début de l'automne	7	7	33	,,	30	Août	6	7. a.m.
14	Tch'ou-chou	處暑	Chaleur cessante	7	22	48	Août	14	,,	21	13. 3 midi
15	Pé-lou	白露	Rosée blanche	8	8	3	,,	29	Sept.	5	5.17 p.m.
16	Tsi'eou-fen	秋分	Équinoxe d'automne	8	23	18	Sept.	13	,,	20	10.31 p.m.
17	Han-lou	寒露	Rosée froide	9	10	34	,,	29	Oct.	6	3.46 a.m.
18	Choang-kiang	霜降	Descente de givre	9	25	49	Oct.	14	,,	21	9 ,, ,,
19	Li-tong	立冬	Début de l'hiver	10	10	4	,,	29	Nov.	5	2. 3 p.m.
20	Siao-siué	小雪	Petite neige	10	25	19	Nov.	13	,,	20	7.17 ,, ,,
21	Ta-siué	大雪	Grande neige	11	11	35	,,	29	Déc.	6	12.14 nuit.
22	Tong-tche	冬至	Solstice d'hiver	11	26	50	Déc.	14	,,	21	6. a.m.
23	Siao-han	小寒	Petit froid	12	11	5	,,	29	Janv.	5	11. 3 a.m.
24	Ta-han	大寒	Grand froid	12	26	20	Janv.	13	,,	13	4.17 ,, ,,

1ᵉ *Li-tch'oen* 立春 début du printemps.

Station articulaire (2) qui tombe le 3-4 février (3), quand le soleil

(1) Il s'agit de la dynastie *Nan Song* 南宋 de *Hang-tcheou* 杭州.

(2) Les stations soit articulaires soit centrales commencent souvent dans la lune qui précède celle à laquelle elles sont attribuées.

(3) *Les dates données pour chaque station ne concordent pas avec celles que fournit la «Concordance» en 1256; le P. Hoang ne s'explique pas à ce sujet.*

parvient au milieu du Verseau. *Tch'oen* 春 signifie produire : à ce moment en effet les différentes productions commencent à germer.

2ᵉ *Yu-choei* 雨 水 eau de pluie.

Station centrale qui tombe le 18-19 février, lorsque le soleil entre dans les Poissons ; à ce moment, la glace fondant, l'évaporation cause de la pluie.

3ᵉ *King-tche* 驚 蟄 mouvement des insectes (1).

Station articulaire qui tombe le 5-6 mars, le soleil étant parvenu au milieu des Poissons ; à ce moment les vers et autres animaux commencent à sortir.

4ᵉ *Tch'oen-fen* 春 分 équinoxe de printemps.

Station centrale qui tombe le 20-21 mars, à l'entrée du soleil dans le Bélier. Le printemps contient trois lunaisons, soit 90 jours. La station se trouve au milieu de cette période, le jour étant alors égal à la nuit.

5ᵉ *Ts'ing-ming* 清 明 clarté sereine.

Station articulaire qui tombe le 4-5 avril, le soleil étant au milieu du Bélier. À cette époque, au souffle d'un vent doux, l'atmosphère se dégage, et tout apparaît dans une pure clarté.

6ᵉ *Kou-yu* 穀 雨 pluie des semailles.

Station centrale qui tombe le 19-20 avril, lorsque le soleil entre dans le Taureau. À ce moment, les semailles font tomber dans les champs comme une pluie de grains.

7ᵉ *Li-hia* 立 夏 début de l'été.

Station articulaire qui tombe le 5-6 mai, lorsque le soleil parvient au milieu du Taureau. *Hia* 夏 signifie grandir, car c'est alors que les plantes commencent à grandir.

8ᵉ *Siao-man* 小 滿 petite réplétion.

Station centrale qui tombe le 20-21 mai, lorsque le soleil entre dans les Gémeaux. C'est le temps où les pousses des plantes prennent de la force et de la consistance.

---

(1) La station *king-tche* 驚 蟄 s'appelait anciennement *k'i-tche* 啟 蟄, sortie des insectes. Dans la suite, comme *King Ti* 景 帝 Empereur de la Dynastie *Si Han* 西 漢 (150 av. J.-C.) se nommait *K'i* 啟, l'usage du caractère *k'i* 啟 fut interdit (*pi-hoei* 避 諱); la station fut appelée *king-tche* 驚 蟄 (voir 文 心 雕 龍 k. 5 et 日 知 錄 k. 30 註).

9e *Mang-tchong* 芒 種 céréales à barbes (1).

Station articulaire qui tombe le 5-6 juin, lorsque le soleil est au milieu des Gémeaux. C'est le temps où les céréales à épis barbus sont plantées comme le riz, ou moissonnées comme le froment.

10e *Hia-tche* 夏 至 solstice d'été (2).

Station centrale qui tombe le 21-22 juin, lorsque le soleil entre dans le Cancer. C'est le temps où les plantes ont leur maximum de croissance.

11e *Siao-chou* 小 暑 petit chaleur.

Station articulaire qui tombe le 7-8 juillet, quand le soleil est au milieu du Cancer. C'est le temps où la chaleur commence à être plus intense.

12e *Ta-chou* 大 暑 grande chaleur.

Station centrale qui tombe le 22-23 juillet, lorsque le soleil entre dans le Lion ; la chaleur atteint alors son maximum.

13e *Li-ts'ieou* 立 秋 début de l'automne.

Station articulaire qui tombe le 7-8 août, quand le soleil est au milieu du Lion. *Ts'ieou* 秋 signifie revenir sur soi-même : pendant l'automne, tout commence à se replier sur soi-même.

14e *Tch'ou-chou* 處 暑 chaleur cessante.

Station centrale qui tombe le 23-24 août, lorsque le soleil entre dans la Vierge. C'est le temps où la chaleur décroît.

15e *Pé-lou* 白 露 rosée blanche.

Station articulaire qui tombe le 7-8 septembre, lorsque le soleil atteint le milieu de la Vierge. À ce moment, la fraîcheur venant, la rosée augmente.

---

(1) Le livre *Tcheou-li-chou* 周 禮 疏 (k. 16) porte que les graines à barbes sont le riz et le froment 芒 種 稻 麥 也.

(2) Le solstice d'été s'appelle aussi : a) *tchong-hia-je-tche* 仲 夏 日 至, soleil au terme à la 2e lune d'été ; b) *je-pé-tche* 日 北 至, soleil au bout septentrional, ou simplement *pé-tche* 北 至 au bout septentrional ; c) *je-tch'ang-tche* 日 長 至, ou *tch'ang-tche-je* 長 至 日, jour le plus long, ou simplement *tch'ang-tche* 長 至 le plus long (jour).

Notons ici les expressions suivantes : a) *tche-je* 至 日 signifie le solstice, soit d'été, soit d'hiver ; b) *liang-tche* 兩 至 veut dire les deux solstices ; c) *liang-fen* 兩 分 signifie les deux équinoxes ; d) *liang-k'i* 兩 啟 (ouvrir) signifie les deux commencements, du printemps et de l'été, *li-tch'oen* 立 春 et *li-hia* 立 夏 ; e) *liang-pi* 兩 閉 (fermer) signifie les deux commencements de l'automne et de l'hiver, *li-ts'ieou* 立 秋 et *li-tong* 立 冬 (voir 春 秋 朔 閏 至 日 考 k. 上).

16ᵉ *Ts'ieou-fen* 秋分 équinoxe d'automne.

Station centrale qui tombe le 22-23 septembre, quand le soleil entre dans la Balance. L'automne contient trois lunaisons, soit 90 jours ; la station est au milieu de cette période et le jour est égal à la nuit.

17ᵉ *Han-lou* 寒露 rosée froide.

Station articulaire qui tombe le 8-9 octobre, lorsque le soleil est au milieu de la Balance, temps où la rosée congelée cause des chutes de température.

18ᵉ *Choang-kiang* 霜降 descente de givre.

Station centrale qui tombe le 23-24 octobre, quand le soleil entre dans le Scorpion ; à ce moment la rosée devient givre.

19ᵉ *Li-tong* 立冬 début de l'hiver.

Station articulaire qui tombe le 7-8 novembre, quand le soleil est au milieu du Scorpion. *Tong* 冬 signifie se cacher, se ramasser : c'est en cette saison que tout se ramasse sur soi-même.

20ᵉ *Siao-siué* 小雪 petite neige.

Station centrale qui tombe le 22-23 novembre, quand le soleil entre dans le Sagittaire. C'est le temps où la neige commence à se former.

21ᵉ *Ta-siué* 大雪 grande neige.

Station articulaire qui tombe le 6-7 décembre, quand le soleil est au milieu du Sagittaire. À cette époque, la neige augmente.

22ᵉ *Tong-tche* 冬至 solstice d'hiver (1).

Station centrale qui tombe le 21-22 décembre, à l'entrée du soleil dans le Capricorne. À ce moment, tout est ramassé sur soi-même.

23ᵉ *Siao-han* 小寒 petit froid.

Station articulaire qui tombe le 5-6 janvier, quand le soleil est au milieu du Capricorne ; le froid n'est pas encore très vif.

24ᵉ *Ta-han* 大寒 grand froid.

Station centrale qui tombe le 20-21 janvier, lorsque le soleil entre dans le Verseau ; temps du froid très intense.

---

(1) Le solstice d'hiver *tong-tche* 冬至 s'appelle encore : a) *tchong-tong-je-tche* 仲冬日至 le soleil au terme extrême, à la 2ᵉ lune d'hiver ; b) *je-nan-tche* 日南至 soleil au bout méridional ou simplement *nan-tche* 南至 au bout méridional ; c) *je-toan-tche* 日短至 ou *toan-tche-je* 短至日, jour le plus court, ou simplement *toan-tche* 短至 ; d) ou l'appelle même *tch'ang-tche* 長至 arrivée des jours qui allongent (voir 春秋朔閏至日考 k. 上).

L'ordre de ces stations fut sujet d'ailleurs à quelques changements qu'il y a lieu de noter (1).

1° Depuis l'an 1122 av. J.-C. (commencement de la dynastie *Tcheou* 周) à 84 ap. J.-C. (1ère année de règne *Yuen-houo* 元和 de l'Emp. *Tchang Ti* 章帝, dynastie *Tong Han* 東漢) inclusivement :

a) la 2e station était *king-tche* 驚蟄 mouvement des insectes,

b) la 3e station était *yu-choei* 雨水 eau de pluie,

c) la 5e station était *kou-yu* 穀雨 pluie des semailles,

d) la 6e station était *ts'ing-ming* 清明 pure clarté.

2° Depuis 85 ap. J.-C. (2e année de règne *Yuen-houo* 元和 de l'Emp. *Tchang Ti* 章帝, dynastie *Tong Han* 東漢), où fut adopté le calendrier *Se-fen-li* 四分曆, à 618 ap. J.-C. (1ère année de règne *Ou-té* 武德 de l'Emp. *Kao Tsou* 高祖 Dynastie *T'ang* 唐) inclusivement, on suivit l'ordre donné ci-dessus.

3° Depuis 619 ap. J.-C. (2e année de règne *Ou-té* 武德 de l'Emp. *Kao Tsou* 高祖, dynastie *T'ang* 唐) où fut adopté le système du calendrier *Ou-in-yuen-li* 戊寅元曆, jusqu'à 728 ap. J.-C. (16e année de règne *K'ai-yuen* 開元 de l'Emp. *Hiuen Tsong* 玄宗, dynastie *T'ang* 唐) inclusivement :

a) la 2e station fut *king-tche* 驚蟄 mouvement des insectes,

b) la 3e station fut *yu-choei* 雨水 eau de pluie.

4° Depuis 729 ap. J.-C. (17e année de règne *K'ai-yuen* 開元 de l'Emp. *Hiuen Tsong* 玄宗, dynastie *T'ang* 唐), où fut adopté le système du calendrier *Ta-yen-li* 大衍曆, jusqu'à maintenant, l'ordre est celui qui est donné plus haut.

______

(2) Voir 汲冢周書 k. 6 篇 52; 前漢書 k. 21; 淮南子 k. 3; 七修類藁 k. 2; 日知錄集釋 k. 30; 陔餘叢考 k. 31; 歷代長術輯要 années 841 av. J.-C., 85, 619, 666 ap. J.-C.

PARAGRAPHE   II.

Les jours étant groupés d'une part en lunaisons ou mois lunaires, d'autre part en années subdivisées en 24 stations, il fallait, pour rédiger un calendrier, faire concorder ces deux divisions du temps, et comme le nombre des jours d'une année n'est pas multiple de celui des jours d'une lunaison, la solution n'était pas immédiate. Elle fut obtenue de façon assez exacte quand on s'aperçut de l'existence du cycle de 19 ans dit tchang 章 (1) : *en 19 ans contenant 456 stations* k'i 氣 *et très approximativement 235 lunaisons (2), il suffit de prendre 12 années communes de 12 mois et 7 dites* joen-nien 閏 年 *contenant une lune intercalaire (*joen-yué 閏 月*) de plus, pour que les mêmes phénomènes, solstices, équinoxes, etc., se reproduisent aux mêmes jours de la lune après la période d'un* tchang 章. *On introduisait ainsi des années civiles différentes des années solaires astronomiques (3), les unes enjambant sur les autres pour se rejoindre à la fin d'un cycle et au commencement du suivant.*

Les années joen-nien 閏 年 *où étaient insérées les 7 lunes intercalaires* joen-yué 閏 月 *ont été déterminées par les règles suivantes.*

De façon générale dans les divers systèmes de calendrier, après 32 ou 33 lunaisons, on intercale une lune où tombe seulement une station articulaire *tsié-k'i* 節 氣, de sorte que la station centrale *tchong-k'i* 中 氣, qui a précédé, se trouve le dernier ou l'avant-dernier jour de la lune précédente et que la station centrale qui vient ensuite se trouve le 1er ou le 2e jour de la lune suivante.

---

(1) *Voir plus haut p. 5.*

(2) *Le calcul simple sur lequel se fonde ce résultat est indiqué par Biot (op. cit. p. 330-331).*

(3) *Il faut distinguer entre les mois civils et les mois astronomiques, double terminologie qui n'est pas sans causer bien des embarras aux chronologistes et sur laquelle il y aura lieu de revenir (voir en particulier ch. II. § III).*

Disons seulement ici que du point de vue astronomique le mois où tombait le solstice d'hiver étant appelé 1er (子 月)*, les autres étaient dénommés suivant leur ordre de succession, et que, dans l'année civile, différente était la numérotation des lunes qui commençait au gré des empereurs à tel ou tel mois astronomique.*

Cette règle générale n'est pas observée sous la dynastie partielle *Ts'in* 秦 et sous la 1ère période de la dynastie *Si Han* 西 漢 (an. 324-255-206-104 av. J.-C.) : à cette époque la lune intercalaire s'ajoute à la fin de l'année dont on double la dernière lune ; il en résulte que la lune s'intercale après 24 ou 36 lunaisons.

Dans le système de calendrier de la dynastie *Ts'ing* 清, on observe la règle générale susdite, d'après laquelle la lune intercalaire n'a qu'une station articulaire, mais l'on statue en outre que l'équinoxe de printemps, *tch'oen-fen* 春分, doit être dans la 2e lune de l'année civile, Ve mois astronomique, *mao-yué* 卯 月 ; il en résulte que la lune s'intercale communément tantôt après 34 ou 35, tantôt après 28 ou 29 lunes. Pour la numérotation des lunes dans une année *joen-nien* 閏 年, la lune intercalaire et la lune commune précédente ne comptent que pour une, et un seul signe cyclique leur correspond : une naissance ou une mort arrive-t-elle pendant une lune intercalaire, par exemple le 5 d'une 7e lune intercalaire, les anniversaires sont célébrés au 5 des 7es lunes communes, d'où le sens de cet axiome traditionnel : dans une lune intercalaire, on ne sacrifie pas, 閏 月 不 祀.

Comme 1ère année du cycle *tchang* 章, on choisit, chose assez naturelle, l'année où le solstice d'hiver coïncide avec la néoménie du Ies mois astronomique, en remarquant que si, en cette même année, tombait une lune intercalaire, ce solstice serait rejeté au dernier ou avant-dernier jour du Ier mois astronomique. Au cours des siècles, il n'y eut pas du reste continuité absolue dans le renouvellement du cycle, et souvent une année fut désignée comme début d'un *tchang* 章 nouveau avant la fin du précédent. On sait que, dans le comput ecclésiastique, à chaque année correspond un numéro d'ordre allant de 1 à 19, dit nombre d'or; afin de savoir, pour une époque, à quelles années commençait le cycle *tchang* 章, il suffit donc de connaître le nombre d'or de ces années ; la table ci-dessous renseignera sur ce sujet.

Époques.   La 1ère année du cycle *tchang* 章 de 19 ans correspondait au nombre d'or

De 826 ap. J.-C. à 446 ap. J.-C. „ „ „ „ „	12
„ 451 ap. J.-C. à 755 ap. J.-C. „ „ „ „ „	15
„ 766 ap. J.-C. à 1184 ap. J.-C. „ „ „ „ „	7
„ 1195 ap. J.-C. à 1651 ap. J.-C. „ „ „ „ „	18

PARAGRAPHE III.

Les néoménies, les époques où il fallait intercaler une lune, les 24 stations du zodiaque ainsi que les éclipses de soleil et de lune, étaient officiellement déterminées d'après un système de calendrier calculé par des fonctionnaires. Quand le calendrier, au cours des années, se trouvait inexact, on le réformait ou on en composait un autre. Du premier calendrier appelé *T'iao-li* 調曆, dû à *Yong Tch'eng* 容成, ministre de l'Emp. *Hoang Ti* 黃帝 (2697 av. J.-C.), jusqu'au calendrier *Si-yang-sin-fa* 西洋新法, «nouveau système occidental», composé en 1645 par le P. Adam Schall S.J. *T'ang Jo-wang* 湯若望, et employé sous la dynastie *Ts'ing* 清, on trouve, énumérés dans les documents historiques, 146 calendriers, dont la majeure partie d'ailleurs ne fut jamais en usage. Dans un premier tableau, nous citerons seulement ceux qui furent adoptés par les diverses dynasties principales et partielles depuis l'an 841 av. J.-C., date par laquelle débute notre Concordance néoménique.

Un second tableau indiquera, quand on le sait, par qui chacun de ces calendriers fut composé.

TABLEAU I.
Calendriers employés par les diverses dynasties.
Dynasties principales.

Noms des dynasties.	Dates de l'ère chrétienne.	Années des périodes de règne.	Empereurs.	Systèmes de calendrier (1).	
1 Ki Tcheou 姬周	841-256 av. J.-C.	1	Kong-houo (interrègne) 共和	Tcheou-li 周曆	1
2 Ing Ts'in 嬴秦	255-207 av. J.-C.	52	Tchao-hiang Wang 昭襄王	Tchoan-hiu-li 顓頊曆 (2)	2
3 Si Han 西漢	206-104 av. J.-C.	1	Kao Ti 高帝	In-li 殷曆 3 et Tchoan-hiu-li 顓頊曆	2
,,	103av.-24ap.J.-C.	2 T'ai-tch'ou 太初	Ou Ti 武帝	T'ai-tch'ou-li 太初曆	4
4 Tong Han 東漢	25-84 ,,	1 Kien-ou 建武	Koang-ou Ti 光武帝		
,,	85-220 ,,	2 Yuen-houo 元和	Tchang Ti 章帝	Se-fen-li 四分曆	5
5 Chou Han 蜀漢	221-264 ,,	1 Tchang-ou 章武	Tchao-lié Ti 昭烈帝		
6 Si Tsin 西晉	265-316 ,,	1 T'ai-che 泰始	Ou Ti 武帝	King-tch'ou-li 景初曆	7
7 Tong Tsin 東晉	317-419 ,,	1 Kien-ou 建武	Yuen Ti 元帝	,,	
8 Ts'ien Song 前宋	420-444 ,,	1 Yong-tch'ou 永初	Ou Ti 武帝	,,	
,,	445-478 ,,	22 Yuen-kia 元嘉	Wen Ti 文帝	Yuen-kia-li 元嘉曆	10
9 Nan Ts'i 南齊	479-501 ,,	1 Kien-yuen 建元	Kao Ti 高帝	,,	
10 Nan Liang 南梁	502-509 ,,	1 T'ien-kien 天監	Ou Ti 武帝	,,	
,,	510-556 ,,	9 ,,	,,	Ta-ming-li 大明曆	11
11 Tch'en 陳	557-589 ,,	1 Yong-ting 永定	,,	,,	
12 Soei 隋	590-596 ,,	10 K'ai-hoang 開皇	Wen Ti 文帝	K'ai-hoang-li 開皇曆	17
,,	597-607 ,,	17 ,,	,,	Kiao-ting-k'ai-hoang-li 校定開皇曆	19
,,	608-617 ,,	4 Ta-yé 大業	Yang Ti 煬帝	Ta-yé-li 大業曆	20
13 Ts'ien T'ang 前唐	618 ,,	1 Ou-té 武德	Kao Tsou 高祖	,,	
,,	619-625 ,,	2 ,,	,,	Ou-in-yuen-li 戊寅元曆	21
,,	626-665 ,,	9 ,,	,,	Kiao-ting-ou-in-li 校定戊寅曆	22
,,	666-728 ,,	1 K'ien-fong 乾封	Kao Tsong 高宗	Lin-té-li 麟德曆	23
,,	729-757 ,,	17 K'ai-yuen 開元	Hiuen Tsong 玄宗	Ta-yen-li 大衍曆	24
,,	758-762 ,,	1 K'ien-yuen 乾元	Sou Tsong 肅宗	Tche-té-li 至德曆	25
,,	763-783 ,,	1 Koang-té 廣德	Tai Tsong 代宗	Ou-ki-li 五紀曆	26
,,	784-806 ,,	1 Hing-yuen 興元	Té Tsong 德宗	Tcheng-yuen-li 正元曆	27
,,	807-821 ,,	2 Yuen-houo 元和	Hien Tsong 憲宗	Koan-siang-li 觀象曆	28
,,	822-892 ,,	2 Tch'ang-k'ing 長慶	Mou Tsong 穆宗	Siuen-ming-li 宣明曆	29
,,	893-906 ,,	2 King-fou 景福	Tchao Tsong 昭宗	Tch'ong-hiuen-li 崇玄曆	30

(1) Les numéros placés dans cette colonne renvoient au tableau II qui suit.

(2) Au commencement de la dynastie *Si Han* 西漢, les deux calendriers *In-li* 殷曆 et *Tchoan-hiu-li* 顓頊曆 étant en usage, les dates consignées dans les Annales de cette dynastie suivent soit l'un soit l'autre ; dans la 3ᵉ partie de notre Concordance, nous avons mis la correspondance des néoménies d'après le *Tchoan-hiu-li* 顓頊曆.

Dynasties principales (suite).

Noms des Dynasties.	Dates de l'ère chrétienne.	Années des périodes de règne.	Empereurs.	Systèmes de calendrier.	
14 Heou Liang 後梁	907-922 ap. J.-C.	1 K'ai-p'ing 開平	T'ai Tsou 太祖	Tch'ong-hiuen-li 崇玄曆	30
15 Heou T'ang 後唐	923-935 "	1 T'ong-koang 同光	King Tsong 敬宗	"	
16 Heou Tsin 後晉	936-938 "	T'ien-fou 天福	Kao Tsou 高祖	"	
" "	939-943 "	4 "	"	T'iao-yuen-li 調元曆	31
" "	944-946 "	1 K'ai-yun 開運	Tch'ou Ti 出帝	Tch'ong-hiuen-li 崇玄曆	30
17 Heou Han 後漢	947-950 "	12 T'ien-fou 天福	Kao Tsou 高祖	"	30
18 Heou Tcheou 後周	951-955 "	1 Koang-choen 廣順	T'ai Tsou 太祖	"	30
" "	956-959 "	3 Hien-té 顯德	Che Tsong 世宗	K'in-t'ien-li 欽天曆	32
19 Pé Song 北宋	960-963 "	1 Kien-long 建隆	T'ai Tsou 太祖	"	
" "	964-982 "	2 K'ien-té 乾德	"	Ing-t'ien-li 應天曆	33
" "	983-1000 "	8 T'ai-p'ing-hing-kouo 太平興國	T'ai Tsong 太宗	K'ien-yuen-li 乾元曆	34
" "	1001-1023 "	4 Hien p'ing 咸平	Tchen Tsong 真宗	I-t'ien-li 儀天曆	35
" "	1024-1031 "	2 T'ien-cheng 天聖	Jen Tsong 仁宗	Tch'ong-t'ien-li 崇天曆	36
" "	1032-1064 "	1 Ming-tao 明道	"	Tch'ong-sieou-tch'ong-t'ien-li 重修崇天曆	37
" "	1065-1067 "	2 Tche-p'ing 治平	Ing Tsong 英宗	Ming-t'ien-li 明天曆	38
" "	1068-1074 "	1 Hi-ning 熙寧	Chen Tsong 神宗	Tch'ong-sieou-tch'ong-t'ien-li 重修崇天曆	37
" "	1075-1093 "	8 "	"	Fong-t'ien-li 奉天曆	39
" "	1094-1102 "	1 Chao-cheng 紹聖	Tché Tsong 哲宗	Koan-t'ien-li 觀天曆	40
" "	1103-1105 "	2 Tch'ong-ning 崇寧	Hoei Tsong 徽宗	Tchan-t'ien-li 占天曆	41
" "	1106-1122 "	5 "	"	Ki-yuen-li 紀元曆	42
20 Nan Song 南宋	1127-1135 "	1 Kien-yen 建炎	Kao Tsong 高宗	"	
" "	1136-1151 "	6 Chao-hing 紹興	"	T'ong-yuen-li 統元曆	43
" "	1152-1166 "	22 "	"	Ki-yuen-li 紀元曆	42
" "	1167 "	3 K'ien-tao 乾道	Hiao Tsong 孝宗	T'ong-yuen-li 統元曆	43
" "	1168-1176 "	4 "	"	K'ien-tao-li 乾道曆	44
" "	1177-1190 "	4 Choen-hi 淳熙	"	Choen-hi-li 淳熙曆	45
" "	1191-1198 "	2 Chao-hi 紹熙	Koang Tsong 光宗	Hoei-yuen-li 會元曆	46
" "	1199-1277 "	5 K'ing-yuen 慶元	Ning Tsong 寧宗	T'ong-yuen-li 統天曆	47
" "	1228-1230 "	1 Kia-ting 嘉定	"	K'ai-hi-li 開禧曆	48
" "	1251-1252 "	1 Choen-yeou 淳祐	Li Tsong 理宗	Choen-yeou-li 淳祐曆	49
" "	1253-1270 "	1 Pao-yeou 寶祐	Li Tsong 理宗	Hoei-t'ien-li 會天曆	50
" "	1271-1276 "	7 Hien-choen 咸淳	Tou Tsong 度宗	Tch'eng-t'ien-li 成天曆	51
" "	1277-1279 "	2 King-yen 景炎	Toan Tsong 端宗	Pen-t'ien-li 本天曆	52
21 Yuen 元	1280 "	17 Tche-yuen 至元	Che Tsou 世祖	Tch'ong-sieou-ta-ming-li 重修大明曆	55
" "	1281-1367 "	18 "	"	Cheou-che-li 授時曆	56
22 Ming 明	1368-1644 "	1 Hong-ou 洪武	T'ai Tsou 太祖	Ta-t'ong-li et Hoei-hoei-li 大統曆 回回曆	58

Dynasties partielles.

Noms des dynasties.	Dates de l'ère chrétienne.	Années des périodes de règne.	Empereurs.	Systèmes de calendrier.	
1 Iog Ts'in 嬴秦	324-256 av. J.-C.	1	Hoei-wen Wang 惠文王	Tchoan-hiu-li 顓頊曆	2
2 Ts'ien Wei 前魏	220-236 ap. J.-C.	1 Hoang-tch'ou 黃初	Wen Ti 文帝	Se-feu-li 四分曆	5
" "	237-264 "	1 King-tch'ou 景初	Ming Ti 明帝	King-tch'ou-li 景初曆	7
3 Tong Ou 東吳	222 "	1 Hoang-ou 黃武	Ta Ti 大帝	Se-feu-li 四分曆	5
" "	223-280 "	2 "	"	K'ien-siang-li 乾象曆	6
4 Heou Ts'in 後秦	384-417 "	1 Pé-tsio 白雀	On-tchao Ti 武照帝	San-ki-kia-tse-yuen-li 三紀甲子元曆	8
5 Pé Wei 北魏	398-451 "	1 T'ien-hing 天興	Tao-ou Ti 道武帝	King-tch'on-li 景初曆	7
" "	452-522 "	1 Hing-ngan 興安	Wen-tch'eng Ti 文成帝	Hiuen-che-li 玄始曆	9
" "	523-534 "	4 Tcheng-koang 正光	Hiao-ming Ti 孝明帝	Tcheng-koang-li 正光曆	12
6 Tong Wei 東魏	534-539 "	1 T'ien-p'ing 天平	Hiao-tsing Ti 孝靜帝	"	
" "	540-550 "	1 Hing-houo 興和	"	Hing-houo-li 興和曆	13
7 Si Wei 西魏	535-556 "	1 Ta-t'ong 大統	Wen Ti 文帝	Tcheng-koang-li 正光曆	12
8 Pé Liang 北涼	412-499 "	1 Hiuen-che 玄始	On-siuen Wang 武宣王	Hiuen-che-li 玄始曆	9
9 Pé Ts'i 北齊	550 "	1 T'ien-pao 天保	Wen-siuen Ti 文宣帝	Hing-bouo-li 興和曆	31
" "	551-577 "	2 " "	"	T'ien-pao-li 天保曆	14
10 Pé Tcheou 北周	557-558 "	1	Ming Ti 明帝	Tcheng-koang-li 正光曆	12
" "	559-565 "	1 Ou-tch'eng 武成	"	Ming-k'o-jang li 明克讓曆	15
" "	566-578 "	1 T'ien-houo 天和	Ou Ti 武帝	T'ien-houo-li 天和曆	16
" "	579-581 "	1 Ta-siang 大象	Tsing Ti 靜帝	Ping-in-yuen-li 丙寅元曆	17
11 Soei 隋	581-683 "	1 K'ai-hoang 開皇	Wen Ti 文帝	"	
" "	584-589 "	4 " "	"	K'ai-hoang-li 開皇曆	18
12 Liao 遼	947-994 "	1 T'ien-lou 天祿	Che Tsong 世宗	T'iao-yuen-li 鬮元曆	31
" "	995-1125 "	13 T'ong-houo 統和	Cheng Tsong 聖宗	Tch'ong-pien-ta-ming-li 重編大明曆	53
13 Kin 金	1123-1136 "	6 T'ien-fou 天輔	T'ai Tsou 太祖	"	
" "	1137-1181 "	15 T'ien-hoei 天會	Hi Tsong 熙宗	Tch'ong-kiao-ta-ming-li 重校大明曆	54
" "	1182-1234 "	2 Ta-ting 大定	Che Tsong 世宗	Tch'ong-sieou-ta-ming-li 重修大明曆	55
14 Yuen 元	1215-1279 "	10	T'ai Tsou 太祖	"	
15 Ming 明	1645-1662 "	1 Hong-koang 宏光	Fou Wang 福王	Ta-t'ong-li 大統曆	57

TABLEAU II.

	Systèmes de calendrier		Noms des auteurs (1).	
1	Tcheou-li	周 曆		
2	Tchoan-hiu-li	顓 項 曆	? sous Tchoan-hiu	顓 項
3	In-li	殷 曆	? sous la dynastie In 殷 (Chang 商)	
4	T'ai-tch'ou li	太 初 曆 (2)	Teng-P'ing Se-ma Ts'ien et Lo Hia-hong	登 平 司 馬 遷 落 下 閎 ou 洛 下 閎
5	Se-fen-li	四 分 曆	Pien Siu	編 訴
6	K'ien-siang-li	乾 象 曆	Lieou Hong	劉 洪
7	King-tch'ou-li	景 初 曆 (3)	Yang Wei	楊 偉
8	San-ki-kia-tse	三 紀 甲 子 曆	Kiang Ki	姜 岌
9	Hiuen-che-li	玄 始 曆	Tchao Fei	趙 歐
10	Yuen-kia-li	元 嘉 曆 (4)	Ho Tch'eng-t'ien	何 承 天
11	Ta-ming-li	大 明 曆	Tsou Tch'ong-tche	祖 冲 之
12	Tcheng-koang-li	正 光 曆	Tchang Long-siang	張 龍 祥
13	Hing-houo-li	興 和 曆	Li Yé-hing	李 業 興
14	T'ien-pao-li	天 保 曆	Song King-yé	宋 景 業
15	Ming-k'o-jang-li	明 克 讓 曆	Ming K'o-jang	明 克 讓
16	T'ien-houo-li	天 和 曆	Tchen Loan	甄 欒
17	Ping-in-yuen-li	丙 寅 元 曆	Ma Hien	馬 顯
18	K'ai-hoang-li	開 皇 曆	Tchang Pin	張 賓
19	Kiao-ting-k'ai-hoang-li	校 定 開 皇 曆	TchangTcheou-hiuen	張 冑 玄
20	Ta-yé-li	大 業 曆	„ „ „	„
21	Ou-in-yuen-li	戊 寅 元 曆	Fou Jen-kiun	傅 仁 均
22	Kiao-ting-ou-in-yuen-li	校 定 戊 寅 元 曆	Ts'oei Chan-wei	崔 善 篤
23	Lin-té-li	麟 德 曆	Li Choen-fong	李 淳 風
24	Ta-yen-li	大 衍 曆	Seng I-hing	僧 一 行
25	Tche-té-li	至 德 曆	Han Ing	韓 穎
26	Ou-ki-li	五 紀 曆	Kouo Hien-tche	郭 獻 之
27	Tcheng-yuen-li	正 元 曆	Siu Tch'eng-se	徐 承 嗣
28	Koan-siang-li	觀 象 曆	Siu Ngang	徐 昂
29	Siuen-ming-li	宣 明 曆	„ „	„
30	Tch'ong-hiuen-li	崇 玄 曆	Pien Kang	邊 岡

(1) Quelques détails biographiques sur ces auteurs sont donnés à l'index alphabétique des noms.

(2) La 1ère année ap. J.-C. sous l'Emp. *P'ing Ti* 平帝, de la dynastie *Si Han* 西漢, ce calendrier ayant été annoté par *Lieou Hin* 劉歆, reçut dans la suite le nom de *San-t'ong-li* 三統曆.

(3) Ce calendrier fut appelé *T'ai-che-li* 泰始曆, sous les dynasties *Si Tsin* 西晉 et *Tong Tsin* 東晉, puis *Yong-tch'ou-li* 永初曆 sous la dynastie *Ts'ien Song* 前宋.

(4) Ce calendrier fut appelé *Kien-yuen-li* 建元曆 sous la dynastie *Nan Ts'i* 南齊.

31	T'iao-yuen-li	調元曆	Ma Tchong-tsi	馬重續
32	K'in-t'ien-li	欽天曆	Wang P'ouo	王朴
33	Ing-t'ien-li	應天曆	Wang Tch'ou-nou	王處訥
34	K'ien-yuen-li	乾元曆	Ou Tchao-cheou	吳昭素
35	I-t'ien-li	儀天曆	Che Siu	史序
36	Tch'ong-t'ien-li	崇天曆	Tch'ou Yen	楚衍
37	Tch'ong-sieou-tch'ong-t'ien-li 重修崇天曆 (1)		" "	"
38	Ming-t'ien-li	明天曆	Tcheou Tsong	周琮
39	Fong-t'ien-li	奉天曆	Wei P'ouo	衞朴
40	Koan-t'ien-li	觀天曆	Hoang Kiu-k'ing	皇居卿
41	Tchan-t'ien-li	占天曆	Yao Choen-fou	姚舜輔
42	Ki-yuen-li	紀元曆	" " "	"
43	T'ong-yuen-li	統元曆	Tch'en Té-i	陳德一
44	K'ien-tao-li	乾道曆	Lieou Hiao-yong	劉孝榮
45	Choen-hi-li	淳熙曆	" " "	"
46	Hoei-hi-li	會元曆	" " "	"
47	T'ong-t'ien-li	統天曆	Yang Tchong-fou	楊忠輔
48	K'ai-hi-li	開禧曆	Pao Hoan-tche	鮑澣之
49	Choen-yeou-li	淳祐曆	Li Té-hiang	李德卿
50	Hoei-t'ien-li	會天曆	T'an Yu	譚玉
51	Tch'eng-t'ien-li	成天曆	Tch'en Ting	陳鼎
52	Pen-t'ien-li	本天曆	Teng Koang-tsien	鄧光薦
53	Tch'ong-pien-ta-ming-li	重編大明曆	Kia Tsuen	賈俊
54	Tch'ong-kiao-ta-ming-li	重校大明曆	Yang Ki	楊級
55	Tch'ong-sieou-ta-ming-li	重修大明曆	Tchao Tche-wei	趙知微
56	Cheou-che-li	授時曆	Kouo Cheou-king	郭守敬
57	Ta-t'ong-li	大統曆	Yuen T'ong	元統
58	Hoei-hoei-li	回回曆	Ma-cha-i-hé	馬沙亦黑

(1) Ce calendrier n'est qu'une modification du précédent.

CHAPITRE II.

VALEUR DE CERTAINES EXPRESSIONS
CHRONOLOGIQUES CHINOISES.

§ I. CHANGEMENTS DANS LES CARACTÈRES DU CYCLE SEXAGÉNAIRE.

§ II. PÉRIODE DE RÈGNE 紀元 ET PÉRIODE DES ANNÉES DE RÈGNE 年 號.

§ III. DÉSIGNATION DES MOIS ASTRONOMIQUES POUR LE COMMENCEMENT DE L'ANNÉE CIVILE 建 正.

PARAGRAPHE I.

1° Les signes du cycle sexagénaire (1) sont formés de dix caractères appelés troncs célestes *t'ien-kan* 天干, ou simplement troncs *kan* 干, et de douze caractères appelés branches terrestres *ti-tche* 地 支, ou simplement *tche* 支.

2° Les dix troncs *kan* 干 sont : 1er *kia* 甲, 2e *i* 乙, 3e *ping* 丙, 4e *ting* 丁, 5e *ou* 戊, 6e *ki* 己, 7e *keng* 庚, 8e *sin* 辛, 9e *jen* 壬 et 10e *koei* 癸.

3° Les douze branches *tche* 支 sont : 1e *tse* 子, 2e *tch'eou* 丑, 3e *in* 寅, 4e *mao* 卯, 5e *tch'en* 辰, 6e *se* 巳, 7e *ou* 午, 8e *wei* 未, 9e *chen* 申, 10e *yeou* 酉, 11e *siu* 戌 et 12e *hai* 亥.

4° On obtient les 60 signes cycliques en prenant 6 fois la liste des 10 troncs et en écrivant au-dessous de chacun une des 12 branches dont la suite naturelle doit être répétée 5 fois ; ces 60 groupes de deux caractères sont appelés *kan-tche* 干 支 à cause des éléments qui les constituent, ou

____

(1) Voir p. 1.

kia-tse 甲子, nom du 1ᵉʳ groupe, ou encore *hoa-kia* 花甲. Ce sont d'ailleurs de simples numéros d'ordre sans aucun sens spécial (1).

Dans les documents historiques (livres et autres), on rencontre des signes cycliques où certains caractères sont changés, et il est à propos de signaler quelques-unes de ces substitutions.

1. Le caractère *king* 景 a remplacé *ping* 丙. Par exemple dans le Mémorial funéraire de l'empereur *Tai Tsong* 代宗, de la dynastie des *T'ang* 唐, 唐代宗哀冊文, on lit : 14ᵉ année de la période *Ta-li* 大歷, 5ᵉ lune 26ᵉ jour sous le signe cyclique *king-in* 景寅, 大歷十四年五月二十六日景寅 (15 juin 779 ap. J.-C.). Ce signe cyclique *king-in* 景寅 est substitué au 3ᵉ signe cyclique *ping-in* 丙寅, parce que le père de *Kao Tsou* 高祖 de la dynastie *T'ang* 唐 (620 ap. J.-C.), s'appelait *Ping* 昞 ; comme le caractère *ping* 丙 a même son et même signification que le caractère *ping* 昞, avec une forme semblable à une partie du même caractère, *Kao Tsou* 高祖, par respect pour le nom de son père, interdit le caractère *ping* 丙 (*pi-hoei* 避諱), et ordonna que le caractère *king* 景 lui fût substitué (2).

2. Le caractère *ou* 武 a remplacé *ou* 戊. Par exemple l'épitaphe de la pagode de *Tch'ong Fou-heou* 崇福侯, composée la 2ᵉ année de la période *K'ai-p'ing* 開平 de l'empereur *T'ai Tsou* 太祖 de la dynastie *Heou Liang* 後梁 (908 ap. J.-C.), porte le signe cyclique *ou-in* 武寅 ; ce signe *ou-in* 武寅 est à la place du 15ᵉ signe *ou-in* 戊寅. Le bisaïeul de *T'ai Tsou* 太祖, fondateur de la dynastie *Heou Liang* 後梁 (907 ap.J.-C.), s'appelait *Meou-lin* 茂琳 ; or le caractère *ou* 戊 avait alors même son que *meou* 茂, avec un sens et une forme analogues ; aussi en cette année 907, *T'ai Tsou* 太祖, d'après l'avis des rédacteurs du calendrier, par respect pour le nom de son bisaïeul, interdit l'usage du caractère

---

(1) Les caractères des troncs et branches pris séparément ont été expliqués par divers auteurs ; parmi les ouvrages anciens qui donnent cette interprétation on compte surtout ceux qui suivent :

1° *Chouo-wen* 說文, écrit l'an 100 ap. J.-C. par *Hiu Chen* 許慎.

2° *Pé-hou-t'ong* 白虎通, écrit l'an 32 ap.J.-C. par *Pan Kou* 班固.

3° *Che-ming* 釋名, écrit vers la moitié du 2ᵉ siècle ap. J.-C. par *Licou Hi* 劉熙.

4° *Che-ki-liu-chou* 史記律書, écrit vers la fin du 2ᵉ siècle av. J.-C. par *Se-ma Ts'ien* 司馬遷.

(2) 歷代名人年譜 k. 3.

ou 戊 (*pi-hoei* 避 諱), et prescrivit d'employer à sa place le caractère *ou* 武 (1). De là vint que ce caractère 戊 fut prononcé *ou* 武 par les habitants de la Chine septentrionale, où dominait la dynastie *Heou Liang* 後 梁 (2).

3. Sur les grands vases d'airain anciens dits *tche-toen* 戠 敦, on lit : le jour signe cyclique *i-tse* 乙 子, de la 1ère lune, 正 月 乙 子 ; et sur la coupe antique, pareillement d'airain, appelée *Chang-hiong-koei-i* 商 兄 癸 彝, on lit : signe cyclique *ting-tse* 丁 子 (3). Selon l'interpétation de l'érudit *Liu Ta-lin* 呂 大 臨, *i-tse* 乙 子 est employé au lieu de *kia-tse* 甲 子, et *ting-tse* 丁 子 au lieu de *ping-tse* 丙 子 (4).

---

(1) *Hong Mai* 洪 邁, dans l'ouvrage intitulé *Yong-tchai-siu-pi* 容 齋 續 筆, dit que l'on défendit l'usage du caractère *ou* 戊 (*pi-hoei* 避 諱), parce que le père du fondateur de la dynastie *Heou Liang* 後 梁 s'appelait *Tcheng* 誠, et que le caractère *ou* 戊 est semblable au caractère *tch'eng* 成, entrant dans la composition du caractère *tcheng* 誠 ; mais un contemporain de *Hong Mai* 洪 邁, *Tchang Hao* 張 淏, auteur de l'ouvrage *Yun-kou-tsa-ki* 雲 谷 雜 記, et les auteurs des observations sur les Anciennes Annales des Cinq Dynasties, *Kieou-ou-tai-che* 舊 五 代 史, disent qu'il s'est trompé. Et de fait, selon les règles qui interdisent l'emploi d'un caractère (*pi-hoei* 避 諱), on ne doit point interdire le caractère *ou* 戊 à cause du caractère *tcheng* 誠, qui n'a nul rapport avec lui (voir 瑯 琊 代 醉 編 k. 12 容 齋 續 筆 k. 6 et 舊 五 代 史 考 證 k. 3).

(2) 舊 五 代 史 考 證 k. 3. 新 五 代 史 後 梁 太 祖 紀 k. 2. 康 熙 字 典 au caractère *ou* 戊.

(3) 呂 大 臨 考 古 圖 k. 3, k. 4.

(4) 考 古 圖 k. 3.

PARAGRAPHE II.

Que le rang d'une année soit marqué par un signe cyclique (1), *ce n'est là qu'une bien vague indication sur sa place dans le cours des temps; celle-ci peut être précisée au moyen des périodes de règne* ki-yuen 紀元 *ou du nom des années de règne* nien-hao 年 號·

Avant qu'existât l'usage de cette notation (2), les années des Empereurs *Ti-wang* 帝 王, ou des Seigneurs *Tchou-heou* 諸 侯, étaient énumérées depuis le début de leur règne (3); voici quelques dates anciennes consignées de la sorte (4).

1° Sur un vase de sacrifice en airain, fondu sous la dynastie *Chang* 商 et appelé *Chang-hiong-koei-i* 商 兄 癸 彝, on trouve cette mention : 19e lune 9e année du Roi, 十 九 月 惟 王 九 紀 (5).

Cette coupe d'airain fut retrouvée dans le pays de *Yé* 鄴, où habitait autrefois *Ho Tan-kia* 河 亶 甲, Emp. de la dynastie *Chang* 商. Selon la Chronologie *Tchou-chou-ki-nien* 竹 書 紀 年, celui-ci mourut la 9e année de son règne (1373 av. J.-C. selon la même chronologie), raison pour croire que la 19e lune enregistrée sur la coupe en question appartient à la 9e année prolongée du règne *Ho Tan-kia* 河 亶 甲 (5).

2° Sur un grand vase d'airain fondu sons la dynastie *Chang* 商, et appelé *mou-toen* 牧 敦, on lit : 10e jour de la 13e lune de la 10e année du Roi 惟 王 十 年 十 叉 三 月 旣 生 魄 (6). Or selon le *Tchou-chou-ki-nien* 竹 書 紀 年, *Wai Jen* 外 壬, Emp. de la dynastie *Chang* 商, mourut la 10e année de son règne (1382 av. J.-C.), et *Siao I* 小 乙, Emp. de la même dynastie, mourut également la 10e année de règne (1275 av. J.-C.); dès lors la 13e lune en question peut être la prolongation de la 10e année soit du règne de *Wai Jen* 外 壬, soit du règne de *Siao I* 小 乙.

---

(1) *Sur la façon de désigner une année dans les dates chinoises, voir plus haut p.5 et suiv.*

(2) *C'est-à-dire avant 197 av. J.-C. d'après le P. M. Tchang S. J. (voir* Synchronisme chinois, *Introduction, p. III).*

(3) L'année où mourait un prince était considérée comme faisant partie de son règne, et la suivante était la 1ère année de règne du successeur.

(4) Ces documents sont tirés du *K'ao-kou-t'ou* 考 古 圖, ouvrage illustré sur vases anciens composé au 11e siècle par *Liu Ta-lin* 呂 大 臨·

(5) Op. cit. k. 4.

(6) Op. cit. k. 3.

3º Sur un trépied d'airain, fondu sons la dynastie *Chang* 商, et nommé *Chang-lo-ting* 商 雒 鼎, on trouve la date : 14ᵉ lune du Roi, 惟 王 十 又 四 月 (1).

À titre d'exemples citons encore la façon dont s'exprime le *Tchou-chou-ki-nien* 竹 書 紀 年. Rapportant les dates du Roi sous lequel il fut écrit, il dit simplement : "telle année du Roi actuel" 今 王 : ainsi pour l'année 318 av. J.-C. début d'un règne, on lit : "la 1ᵉʳᵉ année du roi actuel" 今 王 元 年; pour l'année 299 av. J.-C. où l'ouvrage fut terminé, on lit: "la 20ᵉ année du Roi actuel" 今 王 二 十 年 (2).

Après la mort d'un roi, son titre posthume *che-hao* 諡 號 était ajouté, dans les dates, au nombre d'années de règne ; par exemple dans les Annales, l'année 722 av. J.-C. est nommée 49ᵉ année de *P'ing Wang* 平 王 de la dynastie *Tcheou* 周 平 王 四 十 九 年, ou 1ᵉʳᵉ année de *In Kong* 隱 公 prince de *Lou* 魯 隱 公 元 年. *P'ing Wang* 平 王 et *In Kong* 隱 公 sont des titres posthumes qu'il ne faut pas prendre pour des noms de période de règne.

La détermination des dates se complique du fait que certains rois changèrent de leur vivant (*kai-yueu* 改 元) le début de leur période de règne. *Hoei Wen-kong* 惠 文 公, prince feudataire de *Ts'in* 秦 (324 av. J.-C.), fut le premier qui le fit. Ce prince commença à gouverner en 337 av. J.-C., mais la 13ᵉ année de son gouvernement il usurpa le titre de roi *Wang* 王, voulut que l'année suivante fût désignée comme 1ᵉʳᵉ et que l'on commençât par elle une nouvelle période de règne (voir Concordance 3ᵉ partie, dynastie partielle *Ts'in* 秦 (324 av. J.-C.) (3).

---

(1) Op. cit. k. 1. Ces dates de 19ᵉ, 13ᵉ ou 14 lune sont expliquées comme il suit par l'auteur du *K'ao-kou-t'ou* 考 古 圖 : "Il semble que dans ces siècles, à la mort du roi, son «successeur en portait le deuil dans la vie privée et ne commençait pas tout de suite l'année de son «propre règne ; les lunes de deuil étaient ajoutées à la dernière année du prédécesseur, d'où les «dates de 19ᵉ, 13ᵉ ou 14ᵉ lune.» Op. cit. k. 1.

(2) 竹 書 紀 年 統 箋 k. 12, Legge III 1ère partie p. 175 et 176. Cet écrit fut composé par les annalistes officiels *che-koan* 史 官 de la dynastie partielle *Wei* 魏 en 299 av. J.-C., sous un prince monté sur le trône en 318 av. J.-C., mort en 296 av. J.-C., et dont le nom posthume est *Siang Wang* 襄 王.

(3) Selon l'ouvrage *Tchou-chou-ki-nien* 竹 書 紀 年, le prince régnant qui renouvela le premier la période du règne aurait été le prince feudataire *Wei-hoei Wang* 魏 惠 王. Il commença à gouverner en 370 av.J.-C. et l'année 36 de son règne (335 av.J.-C.), voulant commencer une nouvelle période de règne, il appela 1ère année l'an 37 qui suivait (voir 竹 書 統 年 統 箋 k.12, Legge III 1ère partie p. 174 et 欽 定 歷 代 年 表 k.18).

Son exemple fut imité par *Wen Ti* 文帝 et *King Ti* 景帝, Emp. de la dynastie *Si Han* 西漢 ; le 1ᵉʳ commença à régner en 179 av. J.-C. et en 163 voulut inaugurer uue nouvelle période pour compter ses années de règne ; le 2ᵉ, qui lui succéda en 156 av. J.-C., commença une nouvelle période en 149, puis une autre encore en 143 (voir Concordance aux années 179, 163, 156, 149, 143 av. J.-C.).

Dans un même règne, afin de distinguer les unes des autres les périodes où les années se numérotent de même façon, les historiographes ont eu recours aux expressions *ts'ien* 前, *tchong* 中 et *heou* 後.

D'après cela :

a) la série des années 324-311 av. J.-C. est dite la période postérieure *heou* 後, de *Hoei-wen Wang* 惠文王 ;

b) la série des années 179-164 av. J.-C. est dite la période antérieure *ts'ien* 前 de *Wen Ti* 文帝, et celle des années 163-157 av. J.-C. en est la période postérieure *heou* 後 ;

c) la série des années 156-150 av. J.-C. est la période antérieure *ts'ien* 前, la série 149-144 est la période intermédiaire *tchong* 中, et la série des années 143-141 est la période postérieure *heou* 後 de *King Ti* 景帝.

Sous *Ou Ti* 武帝, Emp. de la dynastie *Si Han* 西漢, s'introduisit l'usage du nom de la période de règne *nien-hao* 年號, et dès lors l'emploi de ces dénominations des années fut une coutume inviolable : qui prenait le sceptre, par droit de succession ou par droit de conquête, devait en un édit solennel annoncer quels caractères il choisissait pour désigner son règne, dont les années continuaient à être dites 1ᵉʳᵉ, 2ᵉ etc. *Ou Ti* 武帝 choisit, ainsi en montant sur le trône (140 av. J.-C.) (1) les deux caractères *Kien-yuen* 建元 (2).

---

(1) Certains critiques pensent que *Ou Ti* 武帝 commença seulement en 110 av. J.-C. l'emploi du *nien-hao* 年號 et décréta que cette année s'appellerait *Yuen-fong* 元封 (voir la Concordance à l'an 110). Les cinq dénominations qui précèdent n'auraient pas été établies par *Ou Ti* 武帝, mais assignées après coup par les officiers *yeou-se* 有司 ; d'où la régularité 4 fois 4 ans, 6 fois 6 ans.

(2) *Dans les notes du P. Hoang sont donnés ici d'autres renseignements sur les* nien-hao ; *l'étude de cette question ayant été faite par le P. Tchang S. J. dans les* Synchronismes chinois, Introduction, *il semble suffisant d'y renvoyer le lecteur.*

PARAGRAPHE III.

En dehors de certains noms spéciaux attribués à telle ou telle (1), chaque lune rentre dans un triple système de notation ; on la désigne en effet soit par un signe cyclique, soit par son rang dans l'année civile, soit par son rang dans l'année astronomique, une convention générale dominant d'ailleurs toute cette question : pour une lune intercalaire il n'y a ni signe cyclique dans la 1ère façon de désigner les lunes, ni numéro d'ordre dans les deux autres (2).

La suite de signes cycliques des lunes se poursuit d'une année à l'autre, et quand les 60 ont été employés, un nouveau cycle recommence ; ces signes ne peuvent donc servir qu'à situer une lune déterminée dans une période connue de 5 années.

L'année civile commune contient 12 lunaisons ; celle par laquelle l'année commence s'appelle lune initiale *tcheng-yué* 正 月, ou première lune (3) ; les suivantes se nomment par ordre : 2e lune, *eul-yué* 二 月 ; 3e lune, *san-yué* 三 月 ; 4e lune, *se-yué* 四 月 ; 5e lune *ou-yué* 五 月 ; 6e lune, *lou-yué* 六 月 ; 7e lune, *ts'i-yué* 七 月 ; 8e lune, *pa-yué* 八 月 ; 9e lune, *kieou-yué* 九 月 ; 10e lune, *che-yué* 十 月 ; 11e lune, *che-i-yué* 十 一 月 ; 12e lune, *che-eul-yué* 十 二 月. Les années embolismiques, on ajoute la lune intercalaire *joen-yué* 閏 月, dite d'après sa place 1ère lune embolismique *joen-tcheng-yué* 閏 正 月, 2e lune embolismique *joen-eul-yué* 閏 二 月, 3e lune embolismique *joen-san-yué* 閏 三 月 etc. (4).

Outre la numérotation précédente, on fait correspondre une des 12 branches cycliques *tche* 支 à chacune de ces 12 lunaisons, qui sont considérées alors comme mois astronomiques *t'ien-wen-yué* 天 文 月. On nomme premier mois astronomique la lunaison dont la néoménie précède de plus près le solstice d'hiver, et on lui assigne la 1ère branche *tse* 子, puis, suivant leurordre, on attribue aux lunes suivantes chacune des 12 branches conformément au tableau suivant :

---

(1) Voir p. 17, 18, et l'énumération n'y est sans doute pas complète ; on trouve d'autres noms dans l'ouvrage déjà cité du P. M. Tchang S. J. p. LXXIII et suiv..

(2) Les 15 premiers jours de la lune embolismique sont censés appartenir à la lune précédente, les 15 derniers à la lune suivante.

(3) Cela sauf les exceptions dont il sera parlé plus bas.

(4) Contrairement à cette règle, dans l'inscription sur pierre *Long-hing-cheou-sin-sicou-san-men-ki* 龍 興 壽 新 修 三 門 記, on lit : lune 13e de la 7e année du règne *T'ai-p'ing-hing-kouo* 太 平 興 國 (982 ap. J.-C.) de l'Emp. *T'ai Tsong* 太 宗, dynastie *Song* 宋. Ici la lune 13e signifie la 12e embolismique (voir 寰 字 訪 碑 錄 k. 6).

Mois astronomiques (1).			Saisons de l'année.			
III	In-yué	寅 月		Mong-tch'oen	孟 春	
IV	Mao-yué	卯 月	Tch'oen 春	Tchong-tch'oen	仲 春	
V	Tch'en-yué	辰 月		Ki-tch'oen	季 春	
VI	Se-yué	巳 月		Mong-hia	孟 夏	
VII	Ou-yué	午 月	Hia 夏	Tchong-hia	仲 夏	
VIII	Wei-yué	未 月		Ki-hia	季 夏	
IX	Chen-yué	申 月		Mong-ts'ieou	孟 秋	
X	Yeou-yué	酉 月	Ts'ieou 秋	Tchong-ts'ieou	仲 秋	
XI	Siu-yué	戌 月		Ki-ts'ieou	季 秋	
XII	Hai-yué	亥 月		Mong-tong	孟 冬	
I	Tse-yué	子 月	Tong 冬	Tchong-tong	仲 冬	
II	Tch'eou-yué	丑 月		Ki-tong	季 冬	

La désignation (*kien-tcheng* 建 正), du mois astronomique où débutait l'année civile était faite au gré des empereurs et changée selon leur bon plaisir. Depuis l'antiquité, les mois astronomiques désignés pour le commencement de l'année civile sont au nombre de quatre : le Ier, *tse-yué* 子 月, le IIe, *tch'eou-yué* 丑 月, le IIIe, *in-yué* 寅 月, et le XIIe, *hai-yué* 亥 月. L'année civile qui commence au Ier mois, *tse-yué* 子 月, se termine par le XIIe, *hai-yué* 亥 月 ; celle qui commence au IIe mois, *tch'eou-yué* 丑 月, se termine par le Ier mois, *tse-yué* 子 月 ; celle qui commence au IIIe, *in-yué* 寅 月, se termine par le IIe mois, *tch'eou-yué* 丑 月 ; et celle qui commence au XIIe, *hai-yué* 亥 月, se termine par le Ier mois, *tse-yué* 子 月.

Quand l'année civile commence au			Ier mois, la désignation est dite					*kien-tse*		建 子	
,,	,,	,,	,,	,, IIe	,,		,,	,, ,,	*kien-tch'eou*	建 丑	
,,	,,	,,	,,	,, IIIe	,,		,,	,, ,,	*kien-in*	建 寅	(2)
,,	,,	,,	,,	,, XIIe	,,		,,	,, ,,	*kien-hai*	建 亥	

(1) Dans la suite, nous réserverons les chiffres romains pour indiquer le rang des mois astronomiques par opposition aux chiffres arabes pour les lunes civiles.

(2) Selon les rédacteurs des calendriers, cette désignation du IIIe mois pour commencer l'année civile est plus conforme au retour régulier des phénomènes naturels, car alors l'année se partage plus régulièrement suivant les quatre saisons atmosphériques, *se-che* 四 時 : elle commence par le printemps, *tch'oen* 春, où la face de la terre se renouvelle par les reproductions de la nature et finit à l'hiver quand tout prend l'aspect de la mort. Dans ce système, les trois premiers mois civils, c'est-à-dire le IIIe *in-yué* 寅 月, le IVe *mao-yué* 卯 月, et le Ve *tch'en-yué* 辰 月, sont attribués au printemps, *tch'oen* 春 ; le VIe *se-yué* 巳 月, le VIIe *ou-yué* 午 月, et le VIIIe *wei-yué* 未 月, le sont à l'été, *hia* 夏 ; le IXe *chen-yué* 申 月, le Xe *yeou-yué* 酉 月, XIe *siu-yué* 戌 月, le sont à l'automne, *ts'ieou* 秋 ; enfin les trois qui restent, le XIIe *hai-yué* 亥 月, le Ier *tse-yué* 子 月 et le IIe *tch'eou-yué* 丑 月, le sont à l'hiver, *tong* 冬. Dans la désignation du IIe mois *tch'eou-yué* 丑 月, l'année commence à la fin de l'hiver ; dans la désignation du Ier mois *tse-yué* 子 月, elle commence à la moitié de l'hiver ; dans la désignation du XIIe mois *hai-yué* 亥 月, elle commence au début de l'hiver.

Que bien des difficultés chronologiques résultent de ces changements, on le devine facilement ; et pour les élucider, nous étudierons :

I quel mois astronomique fut désigné aux diverses époques pour commencer l'année civile ;

II comment on faisait se correspondre soit les numéros d'ordre, soit les noms des lunes civiles et astronomiques ; enfin, à l'occasion, nous indiquerons les dispositions spéciales édictées par les Empereurs quand on passait, souvent au milieu de l'année, d'une désignation à une autre.

I Choix du mois astronomique où débutait l'année.

Les érudits, faute de documents, discutent sur la désignation (*kien-tcheng* 建 正) adoptée avant la dynastie *Hia* 夏 (2205 av. J.-C.).

Chaque dynastie, affirment certains auteurs, avait alors sa désignation spéciale, en particulier le Ier mois (*tse-yué* 子 月) et le IIe mois (*tch'eou-yué* 丑 月), avaient été choisis ; d'après le lettré *Tcheng Hiuen* 鄭 玄, sous l'Emp. *Yao* 堯 (2357 av. J.-C.), c'était au IIe mois, *tch'eou-yué* 丑 月, et sous l'Emp. *Choen* 舜 (2255 av. J-.C.) au Ier mois, *tse-yué* 子 月, que l'année commençait (1).

Selon d'autres, anciennement pour calculer le calendrier, on prenait toujours comme point de départ le solstice d'hiver, *tong-tche* 冬 至, qui marque la station *k'i* 氣 du Ier mois astronomique, *tse-yué* 子 月. L'Emp. *Fou-hi* 伏 羲 (2952 av. J.-C.), en composant les huit trigrammes *koa* 卦, au moyen de trois traits *hoa* 畫, représenta les 24 stations solaires dont la première est le solstice d'hiver ; puis l'Emp. *Hoang Ti* 黃 帝 (2697 av. J.-C.) régla le calendrier *T'iao-li* 調 曆. Plus tard, disent ces auteurs, sous l'Emp. *Tchoen-hiu* 顓 頊, qui commença à régner en 2513 av. J.-C., il arriva que le commencement du printemps, *li-tchoen* 立 春 (4 fév.), tomba à la néoménie du IIIe mois astronomique, *in-yué* 寅 月, qui, pour cette raison, fut choisi comme commencement de l'année civile ; cette désignation du IIIe mois pour le début de l'année fut reprise sons la dynastie *Hia* 夏 (2205-1767 av. J.-C.).

Ces opinions sont communément rejetées par les critiques qui, s'appuyant sur l'ouvrage très ancien *Ki-tchong-tcheou-chou* 汲 眾 周 書 (2), le lettré *K'ong Ngan-kouo* 孔 安 國 et l'historien *Lo Pi* 羅 泌, tiennent que les

---

(1) 日 知 錄 k. 4, 玉 海 k. 12.

(2) 汲 眾 月 書 k. 6 篇 51.

anciens Empereurs, depuis la fondation l'Empire jusqu'à la dynastie
Hia 夏 inclusivement, désignaient, pour commencer l'année civile, le
IIIe mois, *in-yué* 寅 月. D'après cela, dans le calendrier *T'iao-li* 調 曆
composé par l'Emp. *Hoang Ti* 黃 帝, le IIIᵉ mois astronomique était
pris comme commencement de l'année; il en était de même dans le calendrier de l'Emp. *Tchoan Hiu* 顓 頊 (2513 av. J.-C.), de même aussi
sous les Emp. *Yao* 堯 (2357 av. J.-C.) et *Choen* 舜 (2255 av. J.-C.). Le premier en effet ordonna aux astronomes *Hi* 羲 et *Houo* 和 d'observer les quatre
saisons de l'année en débutant par le printemps; le second, faisant la visite
annuelle de l'Empire, la commençait du côté de l'orient, qui répond au
printemps, 東 方 属 春, et à la 2ᵉ lune, qui en est le milieu (1). Dès lors la
2ᵉ lune serait le milieu du printemps et la 1ᵉʳᵉ en serait le commencement,
ce qui revient à dire que, sous les Emp. *Yao* 堯 et *Choen* 舜, l'année
commençait au IIIᵉ mois astronomique, *in-yué* 寅 月.

Une coutume de ces époques primitives confirme la conclusion précédente: tandis en effet que les Empereurs qui se rendaient maîtres de
l'Empire par une guerre contre la dynastie régnante, changeaient la
désignation du mois initial de l'année, (et cela pour faire savoir au peuple
que le nouveau gouvernement avait été établi par choix de la Divinité) (2),
les Empereurs qui recevaient le sceptre par élection et institution du
prédécesseur (*chan* 禪) ne changeaient pas cette désignation. Or la dynastie
Hia 夏 (2205 av. J.-C.) se servait du IIIᵉ mois, *in-yué* 寅 月, pour
commencer l'année; d'ailleurs le 1ᵉʳ Empereur de cette dynastie, *Yu* 禹,
a été institué par l'Emp. *Choen* 舜, comme ce dernier l'a été par l'Emp.
Yao 堯, comme tous leurs prédécesseurs en remontant jusqu'au 1ᵉʳ fondateur
de l'Empire *Fou Hi* 伏 羲, l'ont été aussi par l'Empereur les précédant
immédiatement; et donc on est en droit de penser que, depuis la fondation
de l'Empire jusqu'à la dynastie *Hia* 夏 inclusivement, le IIIᵉ mois astronomique, *in-yué* 寅 月, fut désigné pour le commencement de l'année (3).

---

(1) 書 經 k. 1, Zottoli III p. 332 et suiv. 路 史 發 揮 k. 3.

(2) Ainsi firent *T'ang Wang* 湯 王, fondateur de la dynastie *In* 殷 (1766 av. J.-C.), et *Ou Wang* 武 王, fondateur de la dynastie *Tcheou* 周 (1122 av. J.-C.) (voir 路 史 發 揮 k. 3).

(3) 路 史 發 揮 k. 3, 玉 海 k. 9. k. 12, 史 記 k. 26. et 圖 天 圖 說 續 編 k. 下.

Quoi qu'il en soit de ces époques reculées, sous la dynastie *Hia* 夏 (2205-1767 av. J.-C.), le IIIe mois astronomique, *in-yué* 寅 月, fut désigné pour commencer l'année, *kien-in* 建 寅 ; cette désignation s'appelle *Hia-tcheng* 夏 正.

Sous la dynastie *In* 殷 ou *Chang* 商 (1766-1123 av. J.-C.), le IIe mois astronomique, *tch'eou-yué* 丑 月, fut désigné pour commencer l'année, *kien-tch'eou* 建 丑 ; cette désignation s'appelle *In-tcheng* 殷 正.

Sous la dynastie *Tcheou* 周 (1122-256 av. J.-C.), le Ier mois astronomique, *tse-yué* 子 月, fut désigné pour commencer l'année, *kien-tse* 建 子; cette désignation s'appelle *Tcheou-tcheng* 周 正.

Sous la dynastie *Ts'in* 秦 (324-207 av. J.-C.), et sous la première période de la dynastie *Si Han* 西 漢, c'est-à-dire depuis sa fondation (206 av. J.-C.), jusqu'à 104 av. J.-C., le XIIe mois astronomique, *hai-yué* 亥 月, fut désigné pour commencer l'année, *kien-hai* 建 亥 ; cette désignation s'appelle *Ts'in-tcheng* 秦 正.

En 104 av. J.-C., l'empereur *Ou Ti* 武 帝 fit réformer le calendrier et introduisit le système *T'ai-tch'ou-li* 太 初 曆 où l'année civile commence au IIIe mois astronomique, *in-yué* 寅 月, comme sous la dynastie *Hia* 夏. Cette décision fut prise dans le courant de l'année 104 av. J. C., et afin de raccorder les deux calendriers, il fut statué, pour les 3 mois (XIIe lune, *hai-yué* 亥 月, I^e lune, *tse-yué* 子 月, et IIe lune, *tch'eou-yué* 丑 月), précédant le nouveau début de l'année, qu'ils seraient considérés comme appartenant à cette année 104. Une lune intercalaire tombait en outre à ce moment, aussi cette année 104 av. J.-C. contient-elle en tout 16 lunes (voir Concordance année 104 av. J.-C.).

Depuis lors la désignation *kien-in* 建 寅 du IIIe mois fut constamment adoptée, sauf de rares et courtes exceptions énumérées ci-après.

a) Sous la dynastie *Si Han* 西 漢, le 25 de la 12e lune, 1ère année de la période *Tch'ou-che* 初 始 (10 janv. 9 ap. J.-C.) de *Jou Tse-ing* 孺 子 嬰 âgé de cinq ans, son tuteur *Wang Mang* 王 莽 déposa le petit Empereur, usurpa le trône et voulut que sa dynastie s'appelât *Sin* 新, que le nom du règne (*nien-hao* 年 號) fût *Che-kien-kouo* 始 建 國, et que l'année commençât au IIe mois astronomique, *kien-tch'eou* 建 丑. D'après ce décret, la première année de règne *Tch'ou-che* 初 始 (8 ap. J.-C.) n'eut que 11 lunes en dehors de la lune intercalaire; elle se termina à la IIe lune, et la 12e lune fut la lune initiale *tcheng-yué* 正 月 de la 1ᵉ année de la période *Che-kien-kouo* 始 建 國 de la nouvelle dynastie *Sin* 新 (9 ap. J.-C.).

Cette désignation *kien-tch'eou* 建 丑 fut en usage jusqu'à 22 ap. J.-C. inclusivement, année où il y eut 13 lunes. L'année suivante, 23 ap. J.-C., le 11 mars (1ᵉʳ de la 2ᵉ lune), *Hoai-yang Wang* 淮 陽 王, ayant été proclamé Empereur de la dynastie *Han* 漢, reprit la désignation *kien-in* 建 寅 (1).

b) Sous la dynastie partielle *Ts'ien Wei* 前 魏, à la 2ᵉ lune (février-mars) de l'année 237 ap. J.-C. commencée au IIIᵉ mois, l'Emp. *Ming Ti* 明 帝 voulut que cette année fût considérée comme ayant commencé au IIᵉ mois, *tch'eou-yué* 丑 月 ; il décréta donc que la lune suivante (ancienne 3ᵉ civile, et Vᵉ mois astronomique, *tch'en-yué* 辰 月), serait dite la 4ᵉ civile, et que l'année finirait au Iᵉʳ mois astronomique, *tse-yué* 子 月 ; 237 n'eut ainsi que 11 lunes.

Les années 238, 239, commencèrent d'après cela au IIᵉ mois, mais à la mort de *Ming Ti* 明 帝, 1ᵉʳ jour de la 1ᵉʳᵉ lune (22 janvier 239), son successeur *Chao Ti* 少 帝 voulut à la 12ᵉ lune (en décembre) reprendre la désignation du IIIᵉ mois, *in-yué* 寅 月, et il décréta que la lune suivante, qui était le IIᵉ mois, *tch'eou-yué* 丑 月, s'appellerait 12ᵉ lune bis, *heou-che-eul-yué* 後 十 二 月 : de cette sorte l'année 239 eut 13 lunes et l'année suivante commença de nouveau au IIIᵉ mois, *in-yué* 寅 月 (2).

c) Sous le dynastie *Ts'ien T'ang* 前 唐, l'Impératrice *Ou Heou* 武 后, le 1ᵉʳ de la 11ᵉ lune (18 décembre) 689, décréta qu'à l'avenir le Iᵉʳ mois, *tse-yué* 子 月, serait pris pour le début de l'année (désignation *kien-tse* 建 子), que la 10ᵉ lune précédente (XIIᵉ mois, *hai-yué* 亥 月) marquerait la fin de 689, que la présente 11ᵉ lune (Iᵉʳ mois, *tse-yué* 子 月) serait la 1ᵉʳᵉ, *tcheng-yué* 正 月, de 690, et que la terminologie suivante serait adoptée : le Iᵉʳ mois, *tse-yué* 子 月, serait dit la lune initiale *tcheng-yué* 正 月 ; le

---

(1) Voir Concordance années 8-23 ap. J.-C. et 西 漢 書 k. 99 上. Comme l'usurpateur du trône, *Wang Mang* 王 莽, ne fut pris et exécuté que le 6 octobre de l'an 23 ap. J.-C., les auteurs des Annales *Si-han-chou* 西 漢 書, dans la biographie de *Wang Mang* 王 莽, et ceux des Annales *Sou-heou-han-tche* 續 後 漢 志, en marquant les dates de l'an 23 ap. J.-C., suivent la désignation *kien-tch'eou* 建 丑, tandis que les autres historiens suivent la désignation *kien-in* 建 寅 (voir 西 漢 書 王 莽 傳 k. 99 下).

(2) Voir Concordance 3ᵉ partie dyn. part. Ts'ien Wei. 237-240 et 三 國 志 魏 書 k. 3. et k. 4.

IIe mois, *tch'eou-yué* 丑 月, serait dit la lune d'hiver, *la-yué* 臘 月 ; le IIIe mois, *in-yué* 寅 月, serait dit première lune *i-yué* 一 月, et les autres mois astronomiques, IVe , Ve et XIIe , continueraient à être appelés 2e , 3e et 10e lunes comme dans la désignation *kien-in* 建 寅.

De là suit qu'en 689 il n'y eut que 11 lunes, y compris la lune intercalaire (1).

d) Cet emploi de la désignation *kien-tse* 建 子 ne dura que 10 ans, de 691 à 700 inclusivement, après lesquels la même Impératrice fit reprendre la désignation *kien-in* 建 寅 : le 10 de la 10e lune (24 novembre) 700, elle ordonna que l'année, commencée au Ier mois, *tse-yué* 子 月, ne se terminerait pas avec cette 10e lune, XIIe mois astronomique, *hai-yué* 亥 月, mais serait majorée des 2 lunes suivantes : ces 2 lunes suivantes (Ier mois ou ancienne lune initiale, *tcheng-yué* 正 月, de 701 et IIe mois ou ancienne lune d'hiver, *la-yué* 臘 月, de 701) devenaient les lunes 11e et 12e de 700 qui, avec sa lune intercalaire, compte alors 15 lunes. Ainsi le raccord des calendriers était obtenu et 701 débutait au IIIe mois, *in-yué* 寅 月 (2).

e) Sous cette même dynastie *T'ang* 唐, l'Emp. *Sou Tsong* 肅宗 introduisit à nouveau la désignation *kien-tse* 建子, et le 21 de la 9e lune, 2e année de la période *Chang-yuen* 上 元 (23 octobre 761), il édicta dans ce but les dispositions suivantes : l'année 761, commencée au IIIe mois, *in-yué* 寅 月, se terminerait à la 10e lune, c'est-à-dire au XIIe mois, *hai-yué* 亥 月, d'où pour cette année 10 lunes seulement ; 762 commencerait au Ie mois, *tse-yué* 子 月 ; ce même mois, qui devenait la lune initiale de l'année, *tcheng-yué* 正月, les autres qui auraient dû être les lunes 2e , 3e , 4e , 5e , 6e , 7e , etc., ne seraient point désignés des numéros d'ordre *tcheng-yué* 正 月, *eul-yué* 二 月, *san-yué* 三 月, *se-yué* 四 月, *ou-yué* 五 月, *lou-yué* 六 月, *ts'i-yué* 七 月, etc., mais par les douze branches *tche* 支, et on dirait *tse-yué* 子 月, *tch'eou-yué* 丑 月, *in-yué* 寅月, *mao-yué* 卯 月, *tch'en-yué* 辰 月, *se-yué* 巳 月, *ou-yué* 午 月, etc. ; enfin cette année 762 ne serait pas appelée 3e année de la période *Chang-yuen* 上 元, mais simplement *Yuen-nien* 元 年, 1ère année (3).

____

(1) Voir Concordance années 680-690, et 新 唐 書 k. 4.

(2) Voir Concordance années 700,701, et 新 唐 書 k. 4.

(3) Voir Concordance années 761, 761.

f) Mais après sa mort, le 5 du VIᵉ mois, *se-yué* 巳 月, (3 mai) 762, son fils et successeur *Tai Tsong* 代 宗, le 16 du même mois (14 mai) abrogea la réforme ainsi faite en décrétant : que le nom de la période de la dernière année de son père serait *Pao-ing* 寶 應 ; que le VIᵉ mois, *se-yué* 巳 月, serait compté pour la 4ᵉ lune, et le mois suivant VIIᵉ, *ou-yué* 午 月, pour la 5ᵉ, comme si cette année avait commencé le IIIᵉ mois, *in-yué* 寅 月 ; que cette année serait de 14 lunes et se terminerait à la 12ᵉ lune (IIᵉ mois, *tch'eou-yué* 丑 月) ; que l'année suivante 763 commencerait selon l'ancien usage au IIIᵉ mois, *in-yué* 寅 月. Depuis cette époque, la désignation *kien-in* 建 寅 a été maintenue. — Cette année 763 est la 1ᵉʳᵉ de la période de règne *Koang-té* 廣 德 (1).

II Correspondance entre les noms des lunes civiles et des lunes astronomiques.

En dépit de ces changements pour faire commencer l'année, la détermination d'une date ne serait pas encore trop compliquée si, par une règle fixe, on savait, dans les quatre désignations *kien-tcheng* 建 正, quel nom donner à chaque lune civile ; mais à voir, dans ce qui précède, l'arbitraire et la diversité des édits impériaux à ce sujet, on devine qu'il en va tout autrement ; et de là bien des hésitations, des dicussions au milieu desquelles nous tâcherons, sinon d'arriver à une certitude, au moins d'indiquer les diverses opinions en notant celle qui a été adoptée pour rédiger la Concordance des néoménies.

1º Comment sous les dynasties *Hia* 夏, *In* 殷, et *Tcheou* 周 convertissait-on les lunes astronomiques en lunes civiles? Deux réponses ont été données à cette question.

Selon une opinion plus récente, celle de *Hou Ngan-kouo* 胡 安 國 (12ᵉ siècle), et *Ts'ai Tch'en* 蔡 沉 (13ᵉ siècle) :

a) sous la dynastie *Hia* 夏, le IIIᵉ mois, *in-yué* 寅 月, du fait qu'il était désigné comme lune initiale, s'appelait *tcheng-yué* 正 月, et les mois suivants s'appelaient 2ᵃ, 3ᵉ lune, etc., (voir plus bas table C).

b) sous les dynasties suivantes, *In* 殷 et *Tcheou* 周, quoique l'une prît le IIᵉ mois, *tch'eou-yué* 丑 月, et l'autre le Iᵉʳ, *tse-yué* 子 月, pour le commencement de l'année, le nom des mois astronomiques dans la numérotation lunaire resta le même que sous la dynastie *Hia* 夏. Ainsi sous la

____

(1) Voir Concordance années 701-702, 703, et 新 唐 書 k. 6.

dynastie *In* 殷, le IIᵉ mois, *tch'eou-yué* 丑月, par où commencait l'année, ne s'appelait pas lune initiale, *tcheng-yué* 正月, mais 11ᵉ lune, comme sous la dynastie *Hia* 夏 (voir table A); de même sous la dynastie *Tcheou* 周, le Iᵉʳ mois, *tse-yué* 子月, par où commencait l'année, ne s'appelait pas lune initiale, *tcheng-yué* 正月, mais 11ᵉ lune, comme sous la dynastie *Hia* 夏 (voir table B.)

TABLE A

Sous la désignation du IIᵉ mois, le mois astr.		est dit	lune
IIᵉ	丑月	十二月	12ᵉ
IIIᵉ	寅月	正月	1ère
IVᵉ	卯月	二月	2ᵉ
Vᵉ	辰月	三月	3ᵉ
VIᵉ	巳月	四月	4ᵉ
VIIᵉ	午月	五月	5ᵉ
VIIIᵉ	未月	六月	6ᵉ
IXᵉ	申月	七月	7ᵉ
Xᵉ	酉月	八月	8ᵉ
XIᵉ	戌月	九月	9ᵉ
XIIᵉ	亥月	十月	10ᵉ
Iᵉʳ	子月	十一月	11ᵉ

TABLE B

Sous la désignation du Iᵉʳ mois, le mois astr.		est dit	lune
Iᵉʳ	子月	十一月	11ᵉ
IIᵉ	丑月	十二月	12ᵉ
IIIᵉ	寅月	正月	1ère
IVᵉ	卯月	二月	2ᵉ
Vᵉ	辰月	三月	3ᵉ
VIᵉ	巳月	四月	4ᵉ
VIIᵉ	午月	五月	5ᵉ
VIIIᵉ	未月	六月	6ᵉ
IXᵉ	申月	七月	7ᵉ
Xᵉ	酉月	八月	8ᵉ
XIᵉ	戌月	九月	9ᵉ
XIIᵉ	亥月	十月	10ᵉ

Les anciens avec *K'ong Ngan-kouo* 孔安國 étaient d'avis différent. Pour eux, le IIᵉ mois, *tch'eou-yué* 丑月, sous la dynastie *In* 殷 et le Iᵉʳ mois, *tse-yué* 子月, sous la dynastie *Tcheou* 周, désignés pour commencer l'année, par le fait même devaient s'appeler première lune, *tcheng-yué* 正月, tout comme il en était pour le IIIᵉ mois, *in-yué* 寅月, sous la dynastie *Hia;* et les mois suivants se comptaient à partir de cette 1ère lune et se nommaient 2ᵉ, 3ᵉ etc. On avait alors les tables D et E (1).

TABLE C

Sous la désignation du IIIᵉ mois, le mois astr.		est dit	lune
IIIᵉ	寅月	正月	1ère
IVᵉ	卯月	二月	2ᵉ
Vᵉ	辰月	三月	3ᵉ
VIᵉ	巳月	四月	4ᵉ
VIIᵉ	午月	五月	5ᵉ
VIIIᵉ	未月	六月	6ᵉ
IXᵉ	申月	七月	7ᵉ
Xᵉ	酉月	八月	8ᵉ
XIᵉ	戌月	九月	9ᵉ
XIIᵉ	亥月	十月	10ᵉ
Iᵉʳ	子月	十一月	11ᵉ
IIᵉ	丑月	十二月	12ᵉ

TABLE D

Sous la désignation du IIᵉ mois, le mois astr.		est dit	lune
IIᵉ	丑月	正月	1ère
IIIᵉ	寅月	二月	2ᵉ
IVᵉ	卯月	三月	3ᵉ
Vᵉ	辰月	四月	4ᵉ
VIᵉ	巳月	五月	5ᵉ
VIIᵉ	午月	六月	6ᵉ
VIIIᵉ	未月	七月	7ᵉ
IXᵉ	申月	八月	8ᵉ
Xᵉ	酉月	九月	9ᵉ
XIᵉ	戌月	十月	10ᵉ
XIIᵉ	亥月	十一月	11ᵉ
Iᵉʳ	子月	十二月	12ᵉ

TABLE E

Sous la désignation du Iᵉʳ mois, le mois astr.		est dit	lune
Iᵉʳ	子月	正月	1ère
IIᵉ	丑月	二月	2ᵉ
IIIᵉ	寅月	三月	3ᵉ
IVᵉ	卯月	四月	4ᵉ
Vᵉ	辰月	五月	5ᵉ
VIᵉ	巳月	六月	6ᵉ
VIIᵉ	午月	七月	7ᵉ
VIIIᵉ	未月	八月	8ᵉ
IXᵉ	申月	九月	9ᵉ
Xᵉ	酉月	十月	10ᵉ
XIᵉ	戌月	十一月	11ᵉ
XIIᵉ	亥月	十二月	12ᵉ

(1) 路史發揮 k. 3, 路史餘論 k. 3, 鐘伯敬綱鑑大全 k. 2, 日知錄 k. 4 et 陔餘叢考 k. 16.

Quoique la 1ᵉʳᵉ opinion plus récente s'appuie sur des raisons probables, l'ancienne est pourtant de beaucoup la plus commune. C'est elle qui, pour la chronologie de la dynastie *Tcheou* 周, fut adoptée par *Wang Yué-tcheng* 汪月楨, et c'est elle qui a été suivie par nous dans la Concordance néoménique.

2³ Quant au nom à donner, dans la liste des mois lunaires, au XIIᵉ mois astronomique, *hai-yué* 亥月, qui, sous la dynastie *Ts'in* 秦 et sous la 1ᵉʳᵉ période de la dynastie *Si Han* 西漢, fut désigné pour commencer l'année, les lettrés ne sont pas non plus d'accord.

Quelques modernes, à la suite de *Hou Ngan-kouo* 胡安國 et *Ts'ai Tch'en* 蔡沉, disent que sous ces dynasties le XIIᵉ mois, *hai-yué* 亥月, n'était pas appelé lune initiale, *tcheng-yué* 正月, mais 10ᵉ lune comme sous la dynastie *Hia* 夏, conformément à la table F. Et de vrai, dans les Annales de cette époque, les dates sont marquées comme dans cette table ; s'il y avait une lune intercalaire, on l'ajoutait à la fin de l'année et on l'appelait 9ᵉ lune postérieure *heou-kieou-yué* 後九月.

TABLE F			
Sous la désignation du XIIᵉ mois, le mois astr.	est dit	lune.	
XIIᵉ 亥月	十	月	10ᵉ
Iᵉʳ 子月	十一	月	11ᵉ
IIᵉ 丑月	十二	月	12ᵉ
IIIᵉ 寅月	正	月	1ᵉʳᵉ
IVᵉ 卯月	二	月	2ᵉ
Vᵉ 辰月	三	月	3ᵉ
VIᵉ 巳月	四	月	4ᵉ
VIIᵉ 午月	五	月	5ᵉ
VIIIᵉ 未月	六	月	6ᵉ
IXᵉ 申月	七	月	7ᵉ
Xᵉ 酉月	八	月	8ᵉ
XIᵉ 戌月	九	月	9ᵉ

Contrairement à cette opinion, le commentateur des Annales de la dynastie *Si Han* 西漢, *Yen Che-kou* 顏師古, dit que le XIIᵉ mois, *hai-yué* 亥月, lorsqu'il fut désigné pour le commencement de l'année, prit par le fait même, le nom de lune initiale ou première lune, *tcheng-yué* 正月, et que les mois suivants furent appelés 2ᵉ, 3ᵉ, etc. La dénomination des lunes employée dans les Annales, et suivant laquelle les années commençaient à la 10ᵉ lune, selon la table F, aurait été introduite par les historiographes postérieurs ; ils auraient fait ce changement afin que les noms des lunes fussent conformes au calendrier réformé en 104 av. J.-C.; on retrouve ainsi la dénomination usitée sous la dynastie *Hia* 夏, alors que le IIIᵉ mois, *in-yué* 寅月, par où commençait l'année, s'appelait lune initiale (1).

Sans discuter ces opinions, disons seulement que, comme *Wang Yué-tcheng* 汪月楨, nous avons adopté, dans la Concordance, la dénomination des lunes telles qu'on la trouve dans les Annales.

____

(1) 西漢書 k. 1 上, 路史發揮 k. 3, 日知錄 k. 4 et 陔餘叢考 k. 16.

Dans la suite des signes du cycle sexagénaire, on remarque facilement qu'un rameau, *tche* 支, par exemple le 1er, *tse* 子, réapparaît quand 12 signes cycliques ont été écrits; dès lors, en faisant une première fois correspondre à un mois astronomique une branche déterminée, le signe cyclique de ce mois astronomique la contiendra toujours dans le cours des années. En fait à chaque mois astronomique correspond un signe cyclique qui contient la branche caractérisant ce mois : pour le Ier mois (*tse-yué* 子 月) la branche *tse* 子, pour le IIe (*tch'eou-yué* 丑 月) la branche *tch'eou* 丑 etc.

De là suit que, d'après le signe cyclique de la 1ère lune civile d'une année, on peut savoir immédiatement quel est le mois astronomique correspondant, et donc quelle était la désignation *kien-tcheng* 建 正 alors en usage. Cinq signes cycliques différents peuvent être composés avec chacune des branches; voici ceux qui correspondent aux branches *tse* 子, *tch'eou* 丑, *in* 寅 et *hai* 亥.

Signes formés avec la branche

子		丑		寅		亥	
1. kia-tse	甲子	2. i-tch'eou	乙丑	3. ping-in	丙寅	12. i-hai	乙亥
13. ping-tse	丙子	14. ting-tch'eou	丁丑	15. ou-in	戊寅	24. ting-hai	丁亥
25. ou-tse	戊子	26. ki-tch'eou	己丑	27. keng-in	庚寅	36. ki-hai	己亥
37. keng-tse	庚子	38. sin-tch'eou	辛丑	39. jen-in	壬寅	48. sin-hai	辛亥
49. ien-tse	壬子	50. koei-tch'eou	癸丑	51. kia-in	甲寅	60. koei-hai	癸亥

D'après ce qui vient d'être dit :

a) l'année dont la lune initiale a un signe cyclique de la 1ère série, c'est-à-dire 1, 13, 25, 37 ou 49, commence au Ier mois astronomique, *tse-yué* 子 月; voir Concordance années 841, 840, etc. av. J.-C.

b) l'année dont la lune initiale a un signe cyclique de la 2e série, c'est-à-dire 2, 14 26, 38 ou 50, commence au IIe mois astronomique, *tch'eou-yué* 丑 月; voir Concordance années 9, 10, 11, etc. ap. J.-C.

c) l'année dont la lune initiale a un signe cyclique de la 3e série, c'est-à-dire 3, 15, 27, 39 ou 51, commence au IIIe mois astronomique, *in-yué* 寅 月; voir Concordance années 103, 102, etc. av. J.-C.

d) l'année dont la lune initiale a un signe cyclique de la 4e série, c'est-à-dire 12, 24, 36, 48 ou 60, commence au XIIe mois astronomique, *hai-yué* 亥 月; voir Concordance années 246, 245, etc. av. J.-C.

Dans chacune des désignations *kien-tcheng* 建 正, si l'on considère 60 années consécutives correspondant à un cycle complet, elles se répartissent en 5 groupes de 12, le signes cyclique de la 1ère lune étant le même pour les 12 années du même groupe. Les signes cycliques de ces 12 années sont régis par des lois qu'on peut prévoir et dont il est facile de se rendre compte d'après les tableaux suivants.

Années pour lesquelles le signe cyclique de la 1ère lune est :

dans la désignation *kien-tse* 建 子

Signes cycliques de ces années	1 甲子	13 丙子	25 戊子	37 庚子	49 壬子
	1 甲子, 6 己巳,	2 乙丑, 7 庚午,	3 丙寅, 8 辛未,	4 丁卯, 9 壬申,	5 戊辰, 10 癸酉,
	11 甲戌, 16 己卯,	12 乙亥, 17 庚辰,	13 丙子, 18 辛巳,	14 丁丑, 19 壬午,	15 戊寅, 20 癸未,
	21 甲申, 26 己丑,	22 乙酉, 27 庚寅,	23 丙戌, 28 辛卯,	24 丁亥, 29 壬辰,	25 戊子, 30 癸巳,
	31 甲午, 36 己亥,	32 乙未, 37 庚子,	33 丙申, 38 辛丑,	34 丁酉, 39 壬寅,	35 戊戌, 40 癸卯,
	41 甲辰, 46 己酉,	42 乙巳, 47 庚戌,	43 丙午, 48 辛亥,	44 丁未, 49 壬子,	45 戊申, 50 癸丑,
	51 甲寅, 56 己未,	52 乙卯, 57 庚申,	53 丙辰, 58 辛酉,	54 丁巳, 59 壬戌,	55 戊午, 60 癸亥;

dans la désignation *kien-tch'eou* 建 丑

Signes cycliques de ces années	2 乙丑	14 丁丑	26 己丑	38 辛丑	50 癸丑
	1 甲子, 6 己巳,	2 乙丑, 7 庚午,	3 丙寅, 8 辛未,	4 丁卯, 9 壬辰,	5 戊辰, 10 癸酉,
	11 甲戌, 16 己卯,	12 乙亥, 17 庚辰,	13 丙子, 18 辛巳,	14 丁丑, 19 壬午,	15 戊寅, 20 癸未,
	21 甲申, 26 己丑,	22 乙酉, 27 庚寅,	23 丙戌, 28 辛卯,	24 丁亥, 29 壬辰,	25 戊子, 30 癸巳,
	31 甲午, 36 己亥,	32 乙未, 37 庚子,	33 丙申, 38 辛丑,	34 丁酉, 39 壬寅,	35 戊戌, 40 癸卯,
	41 甲辰, 46 己酉,	42 乙巳, 47 庚戌,	43 丙午, 48 辛亥,	44 丁未, 49 壬子,	45 戊申, 50 癸丑,
	51 甲寅, 56 己未,	52 乙卯, 57 庚申,	53 丙辰, 58 辛酉,	54 丁巳, 59 壬戌,	55 戊午, 60 癸亥;

dans la désignation *kien-in* 建 寅

Signes cycliques de ces années	3 丙寅	15 戊寅	27 庚寅	39 壬寅	51 甲寅
	1 甲子, 6 己巳,	2 乙丑, 7 庚午,	3 丙寅, 8 辛未,	4 丁卯, 9 壬申,	5 戊辰, 10 癸酉,
	11 甲戌, 16 己卯,	12 乙亥, 17 庚辰,	13 丙子, 18 辛巳,	14 丁丑, 19 壬午,	15 戊寅, 20 癸未,
	21 甲申, 26 己丑,	22 乙酉, 27 庚寅,	23 丙戌, 28 辛卯,	24 丁亥, 29 壬辰,	25 戊子, 30 癸巳,
	31 甲午, 36 己亥,	32 乙未, 37 庚子,	33 丙申, 38 辛丑,	34 丁酉, 39 壬寅,	35 戊戌, 40 癸卯,
	41 甲辰, 46 己酉,	42 乙巳, 47 庚戌,	43 丙午, 48 辛亥,	44 丁未, 49 壬子,	45 戊申, 50 癸丑,
	51 甲寅, 56 己未,	52 乙卯, 57 戊申,	53 丙辰, 58 辛酉,	54 丁巳, 59 壬戌,	55 戊午, 60 癸亥;

dans la désignation *kien-hai* 建 亥

Signes cycliques de ces années	60 癸亥	12 乙亥	24 丁亥	36 己亥	48 辛亥
	1 甲子, 6 己巳,	2 乙丑, 7 庚午,	3 丙寅, 8 辛未,	4 丁卯, 9 壬申,	5 戊辰, 10 癸酉,
	11 甲戌, 16 己卯,	12 乙亥, 17 庚辰,	13 丙子, 18 辛巳,	14 丁丑, 19 壬午,	15 戊寅, 20 癸未,
	21 甲申, 26 己丑,	22 乙酉, 27 庚寅,	23 丙戌, 28 辛卯,	24 丁亥, 29 壬辰,	25 戊子, 30 癸巳,
	31 甲午, 36 己亥,	32 乙未, 37 庚子,	33 丙申, 38 辛丑,	34 丁酉, 39 壬寅,	35 戊戌, 40 癸卯,
	41 甲辰, 46 己酉,	42 乙巳, 47 庚戌,	43 丙午, 48 辛亥,	44 丁未, 49 壬子,	45 戊申, 50 癸丑,
	51 甲寅, 56 己未,	52 乙卯, 57 庚申,	53 丙辰, 58 辛酉,	54 丁巳, 59 壬戌,	55 戊午, 60 癸亥;

CHAPITRE III.

MOYEN DE FIXER LES DATES CHINOISES.

§ I. ÉPOQUE OÙ ONT RÉGNÉ LES ANCIENS EMPEREURS (avant 840 av. J.-C.) SELON WANG YUÉ-TCHENG 汪曰楨 ET AUTRES AUTEURS.
§ II. CONVERSION D'UNE DATE CHINOISE EN DATE EUROPÉENNE.

PARAGRAPHE I.

Le travail (1) *Li-tai-tch'ang-chou-tsi-yao* 歷代長術輯要, de *Wang Yué-tcheng* 汪曰楨, mène le lecteur jusqu'à la 1ère année de l'interrègne, *Kong-houo* 共和, de la dynastie *Tcheou* 周 (841 av. J.-C.); pour établir une chronologie néoménique des années antérieures, les sources font défaut, car les documents historiques ne citent pour cette époque reculée que très peu de néoménies et de lunes intercalaires. Bien plus, on ne peut restituer de façon sûre les années de règne des divers Empereurs. Les opinions des historiographes sur pareil sujet ont été relevées par *Wang Yué-tcheng* 汪曰楨 et réunies par lui sons le titre *I-nien-piao* 疑年表, table de chronologie incertaine. À ces données, nous avons ajouté celles des deux chronologies *Kia-tse-hoei-ki* 甲子會紀 et *K'in-ting-li-tai-nien-piao* 欽定歷代年表, et de cet ensemble ont été tirés les deux tableaux insérés ci-dessous. À l'occasion de ces tableaux, nous donnerons quelques renseignements sur les ouvrages qui y sont cités et sur diverses opinions qui y sont adoptées (2).

____

(1) C'est l'ouvrage qui a été suivi pour composer la Concordance. Voir Introduction de cette Concordance, p. XI et suiv.

(2) *Ces renseignements out été en grande partie reportés à la table bibliographique des ouvrages cités par le P. Hoang et à l'index des noms propres.*

TABLE I

Opinion

Empereurs	Années de règne	竹書紀年 Tchou-chou-ki-nien. I	三統術世經 San-t'ong-chou-che-king. II	鄭注尚書 Tcheng-tchou-chang-chou. III	帝王世紀年曆 Ti-wang-che-ki-nien-li. IV	歷帝圖 Li-ti-t'ou. V
Fou Hi 伏羲	1ère					27 keng-in 庚寅 2851
Chen Nong 神農	,,				55 ou-ou 午戌 3363	
Hoang Ti 黃帝	,,	27 keng-in 庚寅 2491			45 ou-chen 戊申 2713	
Chao Hao 少昊	,,	10 koei-yeou 癸酉 2388			25 ou-tse 戊子 2613	
Tchoan Hiu 顓頊	,,	37 keng-tse 庚子 2301			5 ou-tch'en 戊辰 2513	
Ti K'ou 帝嚳	,,	58 sin-yeou 辛酉 2220			23 ping-siu 丙戌 2435	
Ti Tche 帝勢	,,	4 ting-mao 丁卯 2154				
T'ang Yao 唐堯	,,	13 ping-tse 丙子 2145	35 ou-siu 戊戌 2303		41 kia-tch'en 甲辰 2357	
Yu Choen 虞舜	,,	56 ki-wei 己未 2042	45 ou-chen 戊申 2233		19 jen-ou 壬午 2259	
Hia Yu 夏禹	,,	49 jen-tse 壬子 1989	35 ou-siu 戊戌 2183		41 kia-tch'en 甲辰 2237	
Hia Tchong-k'ang 夏仲康 XIV	,,	26 ki-tch'eou 己丑 1952			20 koei-wei 癸未 2138	
XIV	5e	30 koei-se 癸巳 1948			24 ting-hai 丁亥 2134	
Chang T'ang 商湯 XV	18e	60 koei-hai 癸亥 1558	47 keng-siu 庚戌 1751		32 i-wei 乙未 1766	
Tcheou Ou 周武 XVI	13e	28 sin-mao 辛卯 1050	16 ki-mao 己卯 1122	8 sin-wei 辛未 1070	22 i-yeou 乙酉 1116	
Tcheou Li 周厲	1ère	45 ou-chen 戊申 853			18 sin-se 辛巳 880	
Kong-houo 共和	,,	57 keng-chen 庚申 841			57 keng-chen 庚申 841	
Tcheou Yeou 周幽 XVII	6e	2 i-tch'eou 乙丑 776				

(1)   Les chiffres romains renvoient aux annotations

Chronologie incertaine.

des ouvrages (1) :

大衍術議 Ta-yen-chou-i. VI	皇極經世書 Hoang-ki-king-che-chou. VII	通鑑外紀 T'ong-kien-wai-ki. VIII	路史 Lou-che. IX	通鑑前編 T'ong-kien-ts'ien-pien. X	甲子會紀 Kia-tse-hoei-ki. XI	綱目前編 Kang-mou-ts'.-pien. XII	欽定年表 K'in-ting-nien-piao. XIII
		18 sin-se 辛巳 4360				26 ki-tch'eou 己丑 3332	
		18 sin-se 辛巳 3100		22 i-yeou 乙酉 3216		21 kia-chen 甲申 3217	
		24 ting-hai 丁亥 2674		1 kia-tse 甲子 2697	54 ting-se 丁巳 2704	60 koei-hai 癸亥 2698	1 kia-tse 甲子 2697
		4 ting-mao 丁卯 2574	23 ping-siu 丙戌 2555	11 kia-tch'en 甲辰 2597	24 ting-hai 丁亥 2554	40 koei-mao 癸卯 2598	41 kia-tch'en 甲辰 2597
		28 sin-mao 辛卯 2490	47 keng-siu 庚戌 2471	5 ou-tch'en 戊辰 2513	8 sin-wei 辛未 2510	4 ting-mao 丁卯 2514	5 ou-tch'en 戊辰 2513
		46 ki-yeou 己酉 2412	ping-in 丙寅 2395	23 ping-siu 丙戌 2435	26 ki-tch'eou 己丑 2432	22 i-yeou 乙酉 2436	23 ping-siu 丙戌 2435
		56 ki-wei 己未 2342			36 ki-hai 己亥 2362	32 i-wei 乙未 2366	32 i-wei 乙未 2366
	41 kia-tch'en 甲辰 2357	5 ou-tch'en 戊辰 2333	15 ou-in 戊寅 2323	11 kia-tch'en 甲辰 2357	41 kia-tch'en 甲辰 2357	41 kia-tch'en 甲辰 2357	41 kia-tch'en 甲辰 2357
	23 ping-siu 丙戌 2255	45 ou-chen 戊申 2233	55 ou-ou 戊午 2223	23 ping-siu 丙戌 2255	21 kia-chen 甲申 2257	23 ping-siu 丙戌 2255	23 ping-siu 丙戌 2255
47 keng-siu 庚戌 2291	13 ping-tse 丙子 2205	35 ou-siu 戊戌 2183	45 ou-chen 戊申 2173	13 ping-tse 丙子 2205	11 kia-siu 甲戌 2207	13 ping-tse 丙子 2205	13 ping-tse 丙子 2205
	59 jen-siu 壬戌 2159	22 i-yeou 乙酉 2136		59 jen-siu 壬戌 2159	59 jen-siu 壬戌 2159	59 jen-siu 壬戌 2159	59 jen-siu 壬戌 2159
	3 ping-in 丙寅 2155	26 ki-tch'eou 己丑 2132		3 ping-in 丙寅 2155	3 ping-in 丙寅 2155	3 ping-in 丙寅 2155	3 ping-in 丙寅 2155
59 jen-siu 壬戌 1859	32 i-wei 乙未 1766	47 keng-siu 庚戌 1751		32 i-wei 乙未 1766	32 i-wei 乙未 1766	32 i-wei 己未 1766	32 i-wei 乙未 1766
28 sin-mao 辛卯 1230	16 ki-mao 己卯 1122	16 ki-mao 己卯 1122		16 ki-mao 己卯 1122	16 ki-mao 己卯 1122	16 ki-mao 己卯 1122	15 ki-mao 己卯 1122
	20 koei-wei 癸未 878	17 keng-tch'en 庚辰 881		20 koei-wei 癸未 878	20 koei-wei 癸未 878	20 koei-wei 癸未 878	20 koei-wei 癸未 878
	57 keng-chen 庚申 841	57 keng-chen 庚申 841		57 keng-chen 庚申 841	57 keng-chen 庚申 841	57 keng-chen 庚申 841	20 keng-chen 庚申 841
	2 i-tch'eou 乙丑 776	2 i-tch'eou 乙丑 776		2 i-tch'eou 乙丑 776	2 i-tch'eou 乙丑 776	27 i-tch'eou 乙丑 776	2 i-tch'eou 乙丑 776

qui suivent dans le texte.

I   *Tchou-chou-ki-nien* 竹書紀年, Chronologie écrite sur des tablettes de bambou. Cette chronologie fut composée en 299 av. J.-C., à la fin de la dynastie *Tcheou* 周, par les Annalistes officiels, *che-koan* 史官, du royaume partiel *Wei* 魏. À cette époque, la fabrication du papier n'était pas encore connue et, avec une sorte de vernis, on écrivait sur des planchettes en bambou appelées *tchou-kien* 竹簡, *kien-tch'é* 簡策 ou même *kien-chou* 簡書; les tablettes étaient attachées les unes aux autres par un cordon.

Voici comment on raconte la découverte des tablettes chronologiques dont il est ici question (1). Dans la sous-préfecture *Ki Hien* 汲縣 (préfecture de *Wei-hoei Fou* 衛輝府, prov. du *Ho-nan* 河南), il y avait un ancien sépulcre à 27 *li* 里 au sud-ouest de la ville de *Wei-hoei Fou* 衛輝府; selon la tradition, c'était le sépulcre de *Siang Wang* 襄王, prince du royaume partiel de *Wei* 魏, mort en 296 av. J.-C. (2). La 1ère année de la période *T'ai-k'ang* 太康 de l'Emp. *Ou Ti* 武帝 (281 ap. J.-C., dynastie *Si Tsin* 西晋), les gens du pays ouvrirent le tombeau espérant y découvrir des objets précieux, et on y trouva une grande quantité de tablettes écrites sur bambou (3), et cachées là en l'an 19 de l'Emp. *Nan Wang* 赧王 (296 av. J.-C., dernier Empereur de la dynastie *Tcheou* 周). Parmi ces tablettes, plusieurs étaient pourries, et d'autres furent brûlées par les voleurs pour s'éclairer pendant leurs recherches dans le tombeau; il en resta pourtant encore beaucoup. Les caractères en étaient de forme ancienne et appelés *k'o-teou-wen* 科斗文 (dont les traits ressemblent à des têtards). Par ordre de l'Emp. *Ou Ti* 武帝, des académiciens fort érudits, *Chou Si* 束晢, *Siun Hiu* 荀勗, *Houo K'iao* 和嶠 et *Wei Heng* 衛恒 rédigèrent, d'après ces tablettes, deux ouvrages écrits en caractères modernes. Le premier a pour titre *Ki-tchong-tcheou-chou* 汲冢周書,

---

(1) 汲冢周書序志考; 竹書紀年統箋序雜述; 晋書 k. 51; 束晢 傳 明一統志 k.28; 四庫全書提要 k. 4 et 50.

(2) Quelques historiographes estiment que le sépulcre où furent trouvées les tablettes de bambou, était celui du Roi *Ngan-li Wang* 安釐王, petit-fils de *Siang Wang* 襄王 et mort en 239 av. J.-C.; mais cette opinion est rejetée par les érudits; voir 竹書紀年 統箋序雜述.

(3) Selon d'autres, ces tablettes furent retrouvées en 279 ap. J.-C., la 5e année de la période *Hien-ning* 咸寧 du même Emp. *Ou Ti* 武帝; voir 竹書紀年汲上王 謨序.

Histoire de la dynastie *Tcheou ;* le second est intitulé *Tchou-chou-ki-nien* 竹 書 紀 年, Chronologie écrite sur des tablettes de bambou. Cette chronologie commence à la 1ère année de l'Emp. *Hoang Ti* 黃 帝 (2491 av. J.-C. affirme-t-elle), et finit à la 16e année de l'Emp. *Nan Wang* 赧 王 de la dynastie *Tcheou* 周, 20e du prince *Siang Wang* 襄 王 de l'état partiel *Wei* 魏, 299 av. J.-C. (1).

II *San-t'ong-chou-che-king* 三 統 術 世 經. Cet ouvrage fut composé par *Lieou Hin* 劉 歆, l'an 7 ap. J.-C.; c'est un commentaire du calendrier *T'ai-tch'ou-li* 太 初 曆 (voir ci-dessus p. 124 et p. 127).

III *Tcheng-tchou-chang-chou* 鄭 注 尚 書. C'est un commentaire des Annales *Chang-chou* 尚 書, écrit par *Tcheng Hiuen* 鄭 玄 au 2e siècle ap. J.-C.

IV *Ti-wang-che-ki-nien-li* 帝 王 世 紀 年 曆. L'auteur de cet ouvrage est *Hoang Fou-mi* 皇 甫 謐, 3e siècle ap. J.-C.

V *Li-ti-t'ou* 歷 帝 圖. L'auteur de cet ouvrage est *Tchang I* 張 彝, 5e siècle ap. J.-C. C'est une histoire en cinq livres *(kiuen* 卷) de 16 dynasties et de 128 Empereurs depuis la 1ère année de l'Emp. *Fou Hi* 伏 羲 jusqu'à la dernière année de la dynastie *Tong Tsin* 東 晉, comptée comme la 3270e depuis l'an 1er de *Fou Hi* 伏 羲 (2).

VI *Ta-yen-chou-i* 大 衍 術 議. Cet ouvrage fut composé en 721 ap. J.-C. par *Seng I-hing* 僧 一 行.

VII *Hoang-ki-king-che-chou* 皇 極 經 世 書. Cet ouvrage fut composé par *Chao Yong* 邵 雍 au 11e siècle.

VIII *T'ong-kien-wai-ki* 通 鑑 外 紀. Cet ouvrage fut composé au 11e siècle par *Lieou Chou* 劉 恕.

---

(1) Sur l'époque du règne de *Siang Wang* 襄 王, comme *Se-ma Koang* 司 馬 光 (voir la note sur le *Tse-tche-t'ong-kien* 資 治 通 鑑) et plusieurs Annalistes, nous suivons le *Tchou-chou-ki-nien* 竹 書 紀 年 et abandonnons *Se-ma Ts'ien* 司 馬 遷. Car, d'après la table des six royaumes, *lou-kouo-piao* 六 國 表, composée par ce dernier, *Hoei Wang* 惠 王 devint Empereur en 370 av. J.-C. et mourut en 335. Son fils, *Siang Wang* 襄 王, lui succéda en 331 et mourut en 319 ; le fils de ce dernier, *Ngai Wang* 哀 王, monta sur le trône en 318 et mourut en 297 (voir *Che-ki* 史 記 k. 15). D'où il suit que l'année 299 av. J.-C. était la 20e année, non pas du Roi *Siang Wang* 襄 王, mais de son fils, *Ngai Wang* 哀 王. Tel est l'argument, qui nous paraît solide, par lequel *Se-ma Koang* 司 馬 光 dans son ouvrage *T'ong-kien-k'ao-i* 通 鑑 考 異 k. 1, fait au long ressortir l'erreur de *Se-ma Ts'ien* 司 馬 遷.

(2) 北 魏 書 k. 64; 圖 書 集 成 氏 族 編 k. 327.

IX *Lou-che* 路 史. L'auteur de cet ouvrage est *Lo Pi* 羅泌, qui vivait au 12e siècle. Son fils *P'ing* 苹 y ajouta un commentaire.

X *T'ong-kien-ts'ien-pien* 通 鑑 前 編. L'auteur de cet ouvrage est *Kin Li-siang* 金 履 祥, du 13e siècle.

XI *Kia-tse-hoei-ki* 甲 子 會 紀. L'auteur de cet ouvrage est *Sié Ing-k'i* 薛 應 旂 du 16e siècle.

XII *T'ong-kien-kang-mou-ts'ien-pien* 通 鑑 綱 目 前 編. Cet ouvrage fut écrit en 1595 par *Nan Hien* 南 軒.

XIII *K'in-ting-li-tai-ki-che-nien-piao* 欽 定 歷 代 紀 事 年 表. Ce tableau chronologique fut composé par plusieurs lettrés de grande érudition par ordre de l'Emp. *K'ang-hi* 康 熙, de la dynastie *Ta-ts'ing* 大 淸, l'an 51e de son règne (1712).

À propos de *Fou Hi* 伏 羲 et *Chen Nong* 神 農, signalons des opinions singulières: selon le *T'ong-kien-wai-ki* 通 鑑 外 紀, l'Emp. *Fou Hi* 伏 羲 régna 110 ans, et après lui jusqu'à *Chen Nong* 神 農 exclusivement, il y eut les 15 Empereurs suivants:

1º *Niu Koa* 女 媧, 2) *Ta T'ing* 大 庭, 3) *Pé Hoang* 柏 皇, 4º *Tchong Ing* 中 英, 5º *Li Lou* 栗 陸, 6º *Li Lien* 驪 連, 7º *Hé Siu* 赫 胥, 8º *Tsuen Lou* 尊 盧, 9) *Hoen Toen* 混 沌, 10º *Hao Ing* 皞 英, 11º *Yeou Tch'ao* 有 巢, 12º *Tchou Siang* 朱 襄, 13) *Ko T'ien* 葛 天, 14º *In Kang* 陰 康, 15º *Ou Hoai* 無 懷.

Ces 15 Empereurs auraient régné successivement l'espace de 1150 ans, jusqu'à l'an 3100 av. J.-C exclusivement. D'après d'autres historiens, ces personnages ne furent pas des Empereurs, mais simplement des ministres de l'Emp. *Fou Hi* 伏 羲 ou des Seigneurs (*tchou-heou* 諸 侯) soumis à la domination de l'Empereur.

Le même ouvrage donne 120 ans de règne à *Chen Nong* 神 農; après lui jusqu'à *Hoang Ti* 黃 帝 exclusivement, il y aurait eu les sept Empereurs suivants: 1º *Lin K'oei* 臨 魁, 2º *Tch'eng* 承, 3º *Ming* 明, 4º *Tche* 直, 5º *Li* 釐, 6) *Ngai* 哀, 7º *Yu Wang* 楡 罔.

Ces sept Empereurs auraient régné successivement l'espace de 305 ans, jusqu'à l'an 2674 av. J.-C. exclusivement.

Les deux chronologies *T'ong-kien-ts'ien-pien* 通 鑑 前 編 et *T'ong-kien-kang-mou-ts'ien-pien* 通 鑑 綱 目 前 編 accordent jusqu'à 140 ans de règne à ce même Empereur, et citent les sept mêmes noms pour ses successeurs.

Les critiques pensent en général que ces sept personnages ne furent pas des Empereurs, mais des Seigneurs feudataires.

XIII Ces deux dates, 1ère et 5e année du règne de l'Emp. *Tchong K'ang* 仲 康, ont été insérées dans ce tableau de la Chronologie incertaine parce que la 1ère éclipse solaire rapportée dans les histoires chinoises est celle mentionnée dans les Annales de la dynastie *Hia* 夏, comme arrivée sous le règne de *Tchong K'ang* 仲 康, la 1ère année selon quelques historiographes, la 5e selon d'autres. C'est cette éclipse dont les sinologues et astronomes européens ont souvent cherché à déterminer la date (1).

XIV Cette année est celle où l'Emp. *T'ang Wang* 湯 王, fondateur de la dynastie *Chang* 商, après avoir renversé la dynastie précédente *Hia* 夏, commença la sienne. Cette année est nommée la 18e du même Empereur par les Annalistes qui font commencer son règne 17 ans avant l'extinction de la dynastie précédente *Hia* 夏, c'est-à-dire l'année où n'étant encore que Seigneur feudataire (*tchou-heou* 諸 侯), *T'ong Wang* 湯 王 transféra sa capitale de *Nan Po* 南 亳 à *Si Po* 西 亳.

XV Cette année est indiquée comme 1ère de l'Emp. *Ou Wang* 武 王, fondateur de la dynastie *Tcheou* 周 ; c'est celle où, ayant mis fin à la dynastie précédente *Chang* 商, il commença la sienne. Cette année est appelée la 13e de son règne d'après le *K'in-ting-li-tai-nien-piao* 欽 定 歷 代 年 表, ou la 12e d'après le *Tchou-chou-ki-nien* 竹 書 紀 年 ; les Annalistes veulent en effet que le règne de cet Empereur commence 12 ou 11 ans avant l'extinction de la dynastie *Chang* 商, c'est-à-dire dès l'année où il succéda à son père *Wen Wang* 文 王 dans le royaume féodal (*tchou-heou-kouo* 諸 侯 國).

XVI Cette année est la 6e de l'Emp. *Yeou Wang* 幽 王 de la dynastie *Tcheou* 周.

Elle est notée au bas du tableau, parce que, date de la 2e éclipse solaire rapportée dans les histoires chinoises et date sur laquelle s'accordent calculs des astronomes et données de la sinologie, elle peut être considérée comme acquise à l'histoire, et comme séparant les âges où la chronologie reste incertaine de l'époque où elle devient établie de façon sûre (2).

----

(1) Sur cette éclipse, voir l'Introduction au *Catalogue des éclipses de soleil et de lune d'après les livres chinois* par le P. Hoang.

(2) Sur la date de cette éclipse, voir l'Introduction au *Catalogue des éclipses de soleil et et de lune d'après les livres chinois* par le P. Hoang.

IIe TABLEAU.

Chronologie des anciens Empereurs.

Dynasties.	Empereurs.		Tchou-chou-ki-nien 竹書紀年 (1). Cycle des années av. J.-C.		K'in-ting-li-tai-nien-piao 欽定歷代年表 (2). Cycle des années av. J.-C.	
1	Hoang Ti	黃帝	27 keng-in	庚寅 2491	1 kia-tse	甲子 2697
2	Chao Hao	少昊	10 koei-yeou	癸酉 2388	41 kia-tch'en	甲辰 2597
3	Tchoan Hiu	顓頊	37 keng-tse	庚子 2301	5 ou-tch'en	戊辰 2513
4	Ti K'ou	帝嚳	58 sin-yeou	辛酉 2220	23 ping-siu	丙戌 2435
5	Ti Tche	帝摯	4 ting-mao	丁卯 2154	32 i-wei	乙未 2366
6 T'ang 唐	Yao	堯	13 ping-tse	丙子 2145	41 kia-tch'en	甲辰 2357
7 Yu 虞	Choen	舜	56 ki-wei	己未 2042	23 ping-siu	丙戌 2255
8 Hia 夏	Yu	禹	49 jen-tse	壬子 1989	13 ping-tse	丙子 2205
9 ,,	K'i	啟	60 koei-hai	癸亥 1978	21 kia-chen	甲申 2197
10 ,,	T'ai K'ang	太康	20 koei-wei	癸未 1958	30 koei-se	癸巳 2188
11 ,,	Tchong K'ang	仲康	26 ki-tch'eou	己丑 1952	59 jen-siu	壬戌 2159
12 ,,	Siang	相	35 ou-siu	戊戌 1943	12 i-hai	乙亥 2146
13 ,,	Chao K'ang	少康	43 ping-ou	丙午 1875	40 koei-mao	癸卯 2118
14 ,,	Tchou	杼	6 ki-se	己巳 1852	41 kia-tch'en	甲辰 2057
15 ,,	Hoai	槐 (3)	25 ou-tse	戊子 1833	58 sin-yeou	辛酉 2040
16 ,,	Mang	芒	9 jen-chen	壬申 1789	24 ting-hai	丁亥 2014
17 ,,	I	泄	8 sin-wei	辛未 1730	42 i-se	乙巳 1996
18 ,,	Pou Kiang	不降	36 ki-hai	己亥 1702	58 sin-yeou	辛酉 1980
19 ,,	Kiong	扃	35 ou-siu	戊戌 1643	57 keng-chen	庚申 1921
20 ,,	Kin	厪	56 ki-wei	己未 1622	18 sin-se	辛巳 1900
21 ,,	K'ong Kia	孔甲	6 ki-se	己巳 1612	39 jen-in	壬寅 1879
22 ,,	Kao	皋 (4)	17 keng-tch'en	庚辰 1601	10 koei-yeou	癸酉 1848
23 ,,	Fa	發	22 i-yeou	乙酉 1595	21 kia-chen	甲申 1837
24 ,,	Koei	癸	29 jen-tch'en	壬辰 1589	40 koei-mao	癸卯 1818

---

(1)   Voir plus haut l'annotation I.

(2)   Voir plus haut l'annotation II.

(3)   Dans l'ouvrage *Tchou-chou-ki-nien* 竹書紀年, au lieu de *Hoai* 槐, il y a *Fen* 芬.

(4)   Ibid., au lieu de *Kao* 皋, il y a *Hao* 昊.

(Suite du II⁰ TABLEAU)
Chronologie des anciens Empereurs.

Dynasties.	Empereurs.		Tchou-chou-ki-nien 竹書紀年. Cycle des années av. J.-C.		K'in-ting-li-tai-nien-piao 欽定歷代年表. Cycle des années av. J.-C.	
25 Chang 商	T'ang	湯	43 ping-ou	丙午 1575	15 ou-in	戊寅 1783
26 ,,	,,	,, (1)	60 koei-hai	癸亥 1558	32 i-wei	乙未 1766
27 ,,	Wai Ping	外丙 (2)	12 i-hai	乙亥 1546		
28 ,,	Tchong Jen	仲壬 (2)	14 ting-tch'cou	丁丑 1544		
29 ,,	T'ai Kia	太甲	18 sin-se	辛巳 1540	45 ou-chen	戊申 1753
30 ,,	Ou Ting	沃丁	30 koei-se	癸巳 1528	18 sin-se	辛巳 1720
31 ,,	T'ai Keng	太庚 (3)	49 jen-tse	壬子 1509	47 heng-siu	庚戌 1691
32 ,,	Siao Kia	小甲	54 ting-se	丁巳 1504	12 i-hai	乙亥 1666
33 ,,	Yong Ki	雍己	11 kia-siu	甲戌 1487	29 jen-tch'en	壬辰 1649
34 ,,	T'ai Ou	太戊	23 ping-siu	丙戌 1475	41 kia-tch'en	甲辰 1637
35 ,,	Tchong Ting	仲丁	38 sin-tch'cou	辛丑 1400	56 ki-wei	己未 1562
36 ,,	Wai Jen	外壬	47 keng-siu	庚戌 1391	9 jen-chen	壬申 1549
37 ,,	Ho Tan-kia	河亶甲	57 keng-chen	庚申 1381	24 ting-hai	丁亥 1534
38 ,,	Tsou I	祖乙	6 ki-se	己巳 1372	33 ping-chen	丙申 1525
39 ,,	Tsou Sin	祖辛	25 ou-tse	戊子 1353	52 i-mao	乙卯 1506
40 ,,	Ou Kia	沃甲 (3)	39 jen-in	壬寅 1339	8 sin-wei	辛未 1490
41 ,,	Tsou Ting	祖丁	44 ting-wei	丁未 1334	33 ping-chen	丙申 1465
42 ,,	Nan Keng	南庚	53 ping-tch'en	丙辰 1325	5 ou-tch'en	戊辰 1433
43 ,,	Yang Kia	陽甲	59 jen-siu	壬戌 1319	30 koei-se	癸巳 1408
44 ,,	P'an Keng	盤庚	3 ping-in	丙寅 1315	37 keng-tse	庚子 1401
45 ,,	Siao Sin	小辛	31 kia-ou	甲午 1287	5 ou-tch'en	戊辰 1373
46 ,,	Siao I	小乙	34 ting-yeou	丁酉 1284	26 ki-tch'eou	己丑 1352
47 ,,	Ou Ting	武丁	44 ting-wei	丁未 1274	54 ting-se	丁巳 1324

(1) *T'ang* 唐, qui, 17 ans auparavant, aurait succédé à son père, fut, cette année, proclamé Empereur, après l'extinction de la dynastie *Hia* 夏.

(2) Dans l'ouvrage *K'in-ting-li tai-ki che-nien-pi to* 欽定歷代紀事年表, *Wai Ping* 外丙 et *Tchong Jen* 仲壬 ne sont pas mentionnés dans la liste des Empereurs de la dynastie *Chang* 商.

(3) Dans le *Tchou chou-ki-nien* 竹書紀年, au lieu de *T'ai Keng* 太庚, il y a *Siao Keng* 小庚, et au lieu de *Ou Kia* 沃甲, il y a *K'ai Kia* 開甲.

(Suite du IIe TABLEAU)

Chronologie des anciens Empereurs.

Dynasties.	Empereurs.		Tchou-chou-ki-nien 竹書紀年. Cycle des années av. J.-C.			K'in-ting-li-tai-nien-piao 欽定歷代年表. Cycle des années av. J.-C.		
48 Chang 商	Tsou Keng	祖庚	43 ping-ou	丙午	1215	53 ping-tch'en	丙辰	1265
49 ,,	Tsou Kia	祖甲	54 ting-se	丁巳	1204	60 koei-hai	癸亥	1258
50 ,,	Lin Sin	廩辛 (1)	27 keng-in	庚寅	1171	33 ping-chen	丙申	1225
51 ,,	Keng Ting	庚丁	31 kia-ou	甲午	1167	39 jen-in	壬寅	1219
52 ,,	Ou I	武乙	39 jen-in	壬寅	1159	60 koei-hai	癸亥	1198
53 ,,	T'ai Ting	太丁 (1)	14 ting-tch'eou	丁丑	1124	4 ting-mao	丁卯	1194
54 ,,	I	乙	27 keng-in	庚寅	1111	7 keng-ou	庚午	1191
55 ,,	Sin	辛	36 ki-hai	己亥	1102	44 ting-wei	丁未	1154
56 Tcheou	Ou Wang	武王	17 keng-tch'en	庚辰	1061	4 ting-mao	丁卯	1134
57 周	,,	,, (2)	28 sin-mao	辛卯	1050	16 ki-mao	己卯	1122
58 ,,	Tch'eng Wang	成王	34 ting-yeou	丁酉	1044	23 ping-siu	丙戌	1115
59 ,,	K'ang Wang	康王	11 kia-siu	甲戌	1007	60 koei-hai	癸亥	1078
60 ,,	Tchao Wang	昭王	37 keng-tse	庚子	981	26 ki-tch'eou	己丑	1052
61 ,,	Mou Wang	穆王	56 ki-wei	己未	962	17 keng-tch'en	庚辰	1001
62 ,,	Kong Wang	共王	51 kia-in	甲寅	907	12 i-hai	乙亥	946
63 ,,	I Wang	懿王	3 ping-in	丙寅	895	24 ting-hai	丁亥	934
64 ,,	Hiao Wang	孝王	28 sin-mao	辛卯	870	49 jen-tse	壬子	909
65 ,,	I Wang	夷王	37 keng-tse	庚子	861	4 ting-mao	丁卯	894
66 ,,	Li Wang	厲王	45 ou-chen	戊申	853	20 koei-wei	癸未	878
67 ,,	,,	,, (3)	56 ki-wei	己未	842	56 ki-wei	己未	842
68 ,,	Kong Houo	共和	57 keng-chen	庚申	841	57 keng-chen	庚申	841

---

(1) Dans le *Tchou-chou-ki-nien* 竹書紀年, au lieu de *Lin Sin* 廩辛, il y a *Fong Sin* 馮辛, et au lieu de *T'ai Ting* 太丁, il y a *Wen Ting* 文丁.

(2) *Ou Wang* 武王, qui, 12 ans auparavant, aurait succédé à son père, fut, pendant cette année, proclamé Empereur, après l'extinction de la dynastie *Chang* 商.

(3) L'Emp. *Li Wang* 厲王 s'enfuit et se réfugia à *Tche* 彘.

PARAGRAPHE II.

Quand on veut trouver la date européenne qui correspond à une date chinoise, deux transformations sont à faire, l'une pour la notation des années, l'autre pour la désignation des jours. Les années solaires européennes et lunaires chinoises n'ayant d'ailleurs pas le même nombre de jours (1) ne peuvent jamais coïncider dans toute leur durée, et l'année chinoise est censée correspondre à l'année européenne dont elle contient la majeure partie. Suivant la désignation *kien-tcheng* 建正 en usage (2), on peut savoir, d'après le tableau suivant, laquelle des années chinoise ou européenne est en avance sur l'autre.

L'année civile chinoise   ne commence dans l'année européenne

débutant au XIIe mois astron. 亥月 ni avant le 23 octobre,   ni après le 23 novembre;
    „   „   Ier   „   „   „   子月   „   „   le 19 novembre, „   „   le 27 décembre;
    „   „   IIe   „   „ ,.   丑月   „   „   le 22 décembre, „   „   le 20 janvier;
    „   „   IIIe   „   „   „   寅月   „   „   le 21 janvier,   „   „   le 20 février.

Dès lors, avec la désignation *kien-hai* 建亥, l'année chinoise précède toujours l'année européenne de 70 jours au plus; avec la désignation *kien-tse* 建子, elle la précède toujours de 43 jours au plus; avec la désignation *kien-tch'eou* 建丑, l'année chinoise tantôt précède l'année européenne de 10 jours au plus, tantôt retarde sur elle de 20 jours au plus; avec la désignation *kien-in* 建寅, l'année chinoise retarde toujours sur l'année européenne de 51 jours au plus.

L'ordre des années de règne de chaque Empereur étant rétabli, (3) il est facile d'avoir l'année européenne correspondant à telle année chinoise déterminée.

Mais cela fait, quand il faut préciser le quantième de mois correspondant à la date connue en notation chinoise, deux cas sont à étudier séparément.

---

(1) L'année civile chinoise contient 354 ou 355 jours, et s'il y a une lune intercalaire 383, 384 ou 385 jours.

(2) Voir plus haut ch. II. par. III.

(3) *Cet ordre est indiqué par exemple dans le K'in-ting-li-tai-nien-piao* 欽定歷代 年表.

Lorsque, sans solution de continuité, on peut remonter la série des signes cycliques des jours depuis l'époque actuelle jusqu'à cette date, on conçoit un moyen sûr, et théoriquement simple, pour se la procurer en style européen: il suffit, en partant d'une date contemporaine, d'assigner aussi de façon continue un jour du calendrier européen à chaque signe cyclique. C'est précisément ce qui a été fait, une fois pour toutes, dans la Concordance néoménique, *en considérant comme exacte la chronologie établie par* Wang Yué-tcheng 汪曰楨 *depuis* 1624 *ap. J.-C. jusqu'à l'année* 841 *av. J.-C., et en se servant, pour la période plus récente, du* Wannien-chou 萬年書.

Après le début de l'ère chrétienne, les dates sont notées en style grégorien ou julien suivant le calendrier adopté à l'époque (1); avant l'ère chrétienne, le style grégorien a été suivi comme cadrant mieux avec l'année solaire. À cause de ces passages du style grégorien au style julien et réciproquement, il y a lieu d'étudier comment doit se faire le raccord des calendriers, soit au moment de la réforme grégorienne, soit au début de l'ère chrétienne.

Le 15 octobre 1582, jour où fut inauguré le style grégorien, se trouve sous le 11ᵉ signe cyclique *kia-siu* 甲戌.

Or on sait que, dans la correction du calendrier, 10 jours furent supprimés, en sorte que la veille du 15 octobre 1582, style grégorien, est le 4 octobre 1582, style julien, jour sous le 10ᵉ signe cyclique *koei-yeou* 癸酉.

Dès lors la correspondance peut être établie entre les signes cycliques et les dates en style julien allant du 4 octobre 1582 au 1ᵉʳ *janvier de l'an* 1 *ap. J.-C. Dans le style julien, le* 1ᵉʳ *janvier de l'an 1 ap. J.-C. est sous le* 14ᵉ *signe cyclique ting-tch'eou* 丁丑.

Pour les dates plus anciennes, on reprend dans la Concordance le calendrier grégorien, qui est considéré comme s'étant poursuivi dans le passé à travers les 1582 années de style julien, et il faut un nouveau point de départ qui donne moyen d'établir encore pour cette période correspondance entre les signes cycliques et les jours solaires grégoriens. On l'obtient en déterminant quel est le jour, style grégorien, qui précède le 1ᵉʳ

---

(2) Le passage du cycle julien au cycle grégorien est toujours possible et facilité par les renseignements de la Concordance (nombre d'or chaque année).

janvier de l'an 1 ap. J.-C., style julien.   Les remarques suivantes permettent d'arriver à ce résultat.

Pendant l'ère chrétienne, aucune date n'est supposée manquer dans le calendrier grégorien : les 14, 13 octobre 1582, style grégorien, sont les 4, 3 octobre 1582, style julien, et ainsi de suite; mais on doit tenir compte de ce que les années bissextiles sont moins nombreuses que dans le calendrier julien, de ce qu'il y en a 3 de moins pour une période complète de 400 ans.   Dans les années de 1 ap. J.-C à 1582 en style grégorien, il y a donc 12 équations solaires de moins que dans le style julien, celles qui correspondent aux années 100, 200, 300, 500, 600, 700, 900, 1000, 1100, 1300, 1400, 1500.

Si ce nombre d'années bissextiles en moins dans le style grégorien, de l'an 1 à l'an 1582, était égal au nombre des dates supprimées à la réforme du calendrier, les 1er janvier de l'an 1 en style grégorien et en style julien coïncideraient.

Mais comme on supprima seulement 10 dates contre les 12 équations solaires en moins dans le style grégorien, le 1er janvier 1, style grégorien, arrive après le 1er janvier 1, style julien, dont il est séparé par 2 jours. Il est donc sous le 16ᵉ signe cyclique *ki-mao* 己卯, le 1er janvier, style julien, étant sous le 14ᵉ.

C'est pour cette raison que dans la Corcordance les deux derniers jours de décembre an 1 av. J.-C. ont été supprimés à la place des deux qui ne le furent pas à la correction du calendrier.

La double suite des signes cycliques et des dates européennes, étant de nouveau amorcée ainsi, se poursuit sans difficulté tant que dure la chronologie de Wang Yué-tcheng 汪曰楨, *c'est-à-dire jusqu'en* 841 *av. J.-C.,* interrègne Kong-houo 共和.

Pour la période antérieure à cette époque, a-t-il été dit, les signes cycliques des diverses néoménies ne peuvent plus être retrouvés de façon continue, et une nouvelle voie toute différente doit être suivie dans l'étude des dates.

Pour une année déterminée en styles chinois et européen, afin de faire correspondre ses lunaisons civiles chinoises aux mois solaires, nous recourrons à la façon d'évaluer les phases de la lune dans le comput ecclésiastique.

Voici alors la marche à suivre :

1ᵉ) Le nombre d'or et l'épacte de l'année européenne étant obtenus, nous déterminerons en jours solaires européens les dates des diverses néoménies qui arrivent pendant l'année ; admettant que ces néoménies coïncident avec le début des lunaisons chinoises, nous saurons dès lors comment celles-ci se distribuent par rapport aux mois solaires.

2ᵉ) Il restera à trouver la numérotation de ces lunaisons dans l'année chinoise, ce qui sera fait en cherchant tout d'abord laquelle d'entre elles répond au Iᵉʳ mois astronomique, *tse-yue* 子 月 (1), puis en tenant compte de la désignation *kien-tcheng* 建 正 (2) alors en usage.

En fait ce Iᵉʳ mois astronomique sera soit la dernière lunaison de l'année européenne immédiatement précédente, soit la première de l'année considérée.

3°) Chacune des lunes ayant son numéro d'ordre chinois et étant localisée dans l'année européenne, il sera facile de trouver les jour solaires qui correspondent aux différents jours des lunes chinoises (3).

Des tables facilitant ces calculs sont données aux appendices I et II, et si pareille conversion d'une date ancienne en jour solaire paraît théoriquement quelque peu embrouillée, les exemples développés dans les chapitres qui suivent éclairciront la méthode, espérons-le (4).

---

(1) C'est celle dont la néoménie précède immédiatement le solstice d'hiver.

(2) Voir plus haut ch. II par. III.

(3) Deux cas peuvent ici se présenter dans la notation d'une date chinoise : si on indique le jour lunaire par son rang dans la lunaison, par exemple 1ᵉʳ, 2ᵉ, 3ᵉ, etc., jour de la lune, la transformation dernière est immédiate ; si au contraire on indique le signe cyclique d'un jour qu'on sait appartenir à telle lune, il faut préalablement connaître le signe cyclique de la néoménie ; on le peut grâce à la table, donnée en appendice, intitulée : *Table pour trouver le signe cyclique d'un jour solaire quelconque.*

(4) Pour la date sous le numéro 1 du chapitre IX, on indique. à titre d'exemple, au moyen de quelle table des appendices se fait chacune des transformations intermédiaires.

CHAPITRE IV.

CONVERSION EN DATES EUROPÉENNES DES DATES ANTÉRIEURES AU DÉBUT DE LA CONCORDANCE
(841 av. J.-C.).

La Concordance néoménique débute seulement à l'année 841 av. J.-C., et nous nous proposons ici d'étudier les dates plus anciennes fournies par les ouvrages chinois. Dans la mesure où nous avons pu nous procurer ces écrits, nous les avons tous parcourus et y avons trouvé en fait un grand nombre de dates antérieures à 841 av. J.-C.. Pour la plupart, l'année civile et la lune sont seulement indiquées, et il n'y en a que 52 pour lesquelles le jour est fixé. Ce sont ces 52 dates énumérées ci-dessous auxquelles nous ferons correspondre des dates européennes ; le procédé que nous employons (1), appliqué aux autres données chronologiques chinoises, fournirait le mois solaire répondant à une lunaison quelconque d'une année connue (2).

1. 黃 帝 己 酉 朔 旦 冬 至 (3).

Sous l'Emp. *Hoang Ti* 黃 帝, au jour de la néoménie, sous le 46ᵉ signe cyclique *ki-yeou* 己 酉, eut lieu le solstice d'hiver.

---

(1) C'est le procédé exposé à la fin du chapitre précédent p. 157 et suiv..

(2) Pour convertir les années civiles chinoises en années de l'ère chrétienne, nous avons suivi la chronologie *K'in-ting-li-tai-nien-piao* 欽 定 歷 代 年 表, comme l'a fait le P.M. Tchang S.J. dans ouvrage *Synchronismes chinois.* (Var. sin. N° 25).

De préférence au style julien, nous avons adopté le grégorien, parce que, dans ce dernier, les néoménies épactales diffèrent moins des néoménies chinoises; du style grégorien, le passage est facile à l'autre style.

(3) Sur cette date, voir 史 記 測 議 封 禪 書 k. 28 et 路 史 後 紀 k. 5. *Pour ne pas juger à faux des citations faites ici et dans les pages suivantes, il faut noter la manière du P. Hoang dans les références qu'il donne : le sens du texte étant assuré, il ne se fait pas scrupule d'intervertir, d'omettre ou d'introduire certains caractères; en outre il paraphrase plutôt qu'il ne vise à une traduction serrée, et il est manifeste que son attention se porte avant tout sur les données chronologiques qu'il rencontre.*

Ni l'année, ni la lune ne sont mentionnées, mais nous avons trouvé que cet équinoxe n'a pu arriver qu'en l'année 95ᵉ de cet Empereur, à la 11ᵉ lune, année sous le 35ᵉ signe cyclique *ou-siu* 戊 戌; aussi croyons-nous pouvoir suppléer les caractères 九 十 五 年 戊 戌 十 一 月 indiquant l'année et la lune, et interpréter : La 95ᵉ année de *Hoang Ti* 黄帝 sous le 35ᵉ signe cyclique *ou-siu* 戊 戌, à la néoménie de la 11ᵉ lune, jour sous le 46ᵉ signe cyclique *ki-yeou* 己 酉, eut lieu le solstice d'hiver (1).

Cette 95ᵉ année civile de *Hoang Ti* 帝 黄 serait l'an 2603 av. J.-C.; le nombre d'or en est 2 (2) et l'épacte grégorienne ✳ (3).

Le Iᵉʳ mois astronomique, *tse-yué* 子 月, de cette année 95 est la 11° lune civile de l'année précédente 94, 12ᵉ lune épactale intercalaire de l'an 2604 (4); le calcul des épactes montre qu'elle commence au 2 décembre 2604 (5) (en 2604 le nombre d'or est 1, l'épacte 19).

Par ailleurs la 1ᵉʳᵉ lune civile de l'an 95 est le IIIᵉ mois astronomique, *in-yué* 寅 月 (6), et en cette même année il y a une lune intercalaire puisque l'épacte est ✳.

La 11ᵉ lune civile proposée serait dès lors le Iᵉʳ mois astronomique, *tse-yué* 子 月, de 96, 1ᵉʳᵉ lune épactale de 2602 commençant le 21 décembre 2603 (7).

Ce 21 décembre 2603 est sous le 44ᵉ signe cyclique *ting-wei* 丁 未 (8). Or, d'après le texte, la néoménie en question est sous le 46ᵉ signe cyclique *ki-yeou* 己 酉; elle serait, donc en retard de 2 jours sur la néoménie épactale, et par conséquent la date signalée dans le texte serait le 23 décembre 2603 av. J.-C. style grégorien (14 janvier 2602 style julien) (9).

---

(1) Qu'il s'agisse de la 11ᵉ lune, l'ouvrage *Lou-che* 路 史 le confirme en disant au même endroit : ce cas du solstice d'hiver tombant au jour de la néoménie sous le 46ᵉ signe cyclique *ki-yeou* 己 酉 de la 11ᵉ lune civile ne s'est représenté que la 8ᵉ année *Tcheng-houo* 政 和, 1ᵉʳᵉ année *Tch'ong-houo* 重 和 de l'Emp. *Hoei Tsong* 徽 宗 de la dynastie *Song* 宋, en 1118 ap. J.-C., le 22 décembre style grégorien (ou le 15, style julien); voir 路 史 後 紀 k. 5).

(2) Voir la table du par. I de l'Appendice I.

(3) Voir la table I du par. II de l'Appendice I.

(4) Ceci d'après l'une des tables II ou III du par. II de l'Appendice I, en se rappelant que le Iᵉʳ mois astronomique est celui dont la néoménie précède immédiatement le solstice d'hiver.

(5) D'après ces mêmes tables.

(6) D'après la désignation *kien-tcheng* 建 正 alors en usage; voir chap. VI par. III.

(7) D'après l'une des tables II ou III du par. II de l'Appendice I.

(8) D'après la table de l'Appendice II.

(9) De cette différence de jours entre les deux styles, il ressort, comme nous le disions plus haut (p. 161 note 2), que le style grégorien s'adapte mieux aux données chronologiques chinoises : le solstice d'hiver n'y peut tomber au mois de janvier.

2. 唐 帝 堯 又 十 三 載 五 月 上 日 舜 受 終 于 文 祖 (1).

L'an 73 de l'Emp. *Yao* 堯 de la dynastie *T'ang* 唐, la 1ère lune civile, le 1er jour, *Choen* 舜 reçut de l'Emp. *Yao* 堯 dans le temple, devant les tablettes des ancêtres de celui-ci, l'investiture comme administrateur de l'Empire avec droit de succession au trône.

Sous l'Emp. *Yao* 堯, l'année civile commençait au IIIe mois astronomique (*kien-in* 建 寅).

L'année civile en question serait l'an 2285, le nombre d'or en est 16 et l'épacte grégorienne 3. Pour l'année civile 73 de *Yao* 堯, le Ier mois astronomique, *tse-yué* 子 月, est la 11e lune civile de l'année précédente 72, 19e lune épactale de l'an 2286 av. J.-C., lune commencée le 29 novembre.

La lune civile citée dans le texte est le IIIe mois astronomique, *in-yué* 寅 月, de la 73e année et serait la 2e lune épactale de 2285 commencée le 28 janvier.

Ce 28 janvier est sous le 3e signe cyclique *ping-in* 丙 寅.

En supposant donc que les néoménies des lunes épactale et chinoise civile coïncident, la date proposée serait le 28 janvier style grégorien (16 février style julien) 2285 av. J.-C.

3. 虞 帝 舜 元 載 正 月 元 旦 舜 格 于 文 祖 (3).

La 1ère année de l'Emp. *Choen* 舜 de la dynastie *Yu* 虞, le 1er de la 1ère lune civile, *Choen* 舜, dans le temple devant les tablettes des ancêtres de l'Emp. *Yao* 堯, inaugura sa succession à l'Empire.

L'année en question serait 2255 av. J.-C., le nombre d'or en est 8 et l'épacte grégorienne 5.

À cette époque, l'année civile commençait au IIIe mois astronomique (*kien-in* 建 寅), le Ier mois astronomique, *tse-yué* 子 月, de l'année proposée est la 11e lune civile de l'année précédente, c'est-à-dire de l'an 102 de de l'Emp. *Yao* 堯, et serait la 12e lune épactale de 2256 av. J.-C., lune commencée le 27 novembre.

---

(1) Sur cette date, voir 書 經 虞 書 舜 典 k. 1, Zottoli III p. 333; 註 疏 k. 3. 欽 定 歷 代 年 表 k. 1.

(2) Voir plus haut ch. II par. III p. 135 et suiv..

(3) Sur cette date, voir 書 經 虞 書 舜 典 k. 1, Zottoli III p. 336; 註 疏 k. 3; 欽 定 歷 代 年 表 k. 2.

La lune citée dans le texte est le IIIᵉ mois astronomique, *in-yué* 寅 月, de la 1ᵉʳᵉ année de *Choen* 舜 et serait la 2ᵉ lune épactale de 2255 av. J.-C. commençant le 26 janvier.

En supposant donc que coïncident les néoménies des lunes épactale et chinoise civile, la date du texte serait le 26 janvier style grégorien (17 février style julien) 2255 av. J.-C., jour sous le 39ᵉ signe cyclique *jen-in* 壬寅.

4. 舜 三 十 三 載 正 月 朔 旦 禹 受 命 于 神 宗 (1).

La 33ᵉ année de l'Emp. *Choen* 舜, la 1ᵉʳᵉ lune civile, au jour de la néoménie, *Yu* 禹 reçoit de l'Emp. *Choen* 舜 dans le temple, devant la tablette de l'Emp. *Yao* 堯, l'investiture pour administrer l'Empire, avec droit de succession au trône.

Cette 33ᵉ année civile serait l'an 2223 av. J.-C., le nombre d'or en est 2 et l'épacte grégorienne 29.

Le Iᵉʳ mois astronomique, *tse-yué* 子 月, de cette 33ᵉ année civile est la 11ᵉ lune civile de l'année précédente, et serait la 1ᵉʳᵉ épactale de 2223 av. J.-C. commençant le 3 décembre 2224 av. J.-C.

La 1ᵉʳᵉ lune civile citée ici est le IIIᵉ mois astronomique, *in-yué* 寅 月, de cette 33ᵉ année et serait la 3ᵉ lune épactale de 2223 av. J.-C., commençant le 1ᵉʳ février.

Ce 1ᵉʳ février est sous le 33ᵉ signe cyclique *ping-chen* 丙申 ; en supposant donc que coïncident les néoménies des lunes épactale et chinoise civile, la date proposée serait le 1ᵉʳ février style grégorien, (20 style julien) 2223 av. J.-C., jour sous le 33ᵉ signe cyclique *ping-chen* 丙申.

5. 商 王 湯 十 八 祀 勝 夏 放 桀 於 南 巢 三 踐 天 子 位 丙 寅, 封 夏 後 於 孤 竹 以 交 禹 (2).

La 18ᵉ année de *T'ang* 湯, roi de *Chang* 商, celui-ci ayant vaincu la dynastie *Hia* 夏, en exila l'Emp. *Kié* 桀 à *Nan-tch'ao* 南巢 ; à la 3ᵉ lune civile, l'Empereur de la nouvelle dynastie *Chang* 商 fut proclamé, et, au jour sous le signe cyclique *ping-in* 丙寅, il choisit un descendant de la dynastie *Hia* 夏, lui conféra la principauté de *Kou-tchou* 孤竹, afin qu'il continuât de sacrifier à *Yu* 禹, fondateur de la dynastie éteinte.

---

(1) Sur cette date, voir 書 經 虞 書 大 禹 謨 k. 1, Zottoli p. 344; 註 疏 k. 4; 欽 定 歷 代 年 表 k. 2.

(2) Sur cette date, voir 足 史 後 紀 k. 4, k. 13; 繹 史 k. 14; 索 隱 註 k. 17; 欽 定 歷 代 年 表 k. 4.

Sous la dynastie *Chang* 商, l'année civile commençait au IIe mois astronomique (*kien-tch'eou* 建丑).

L'année en question serait 1766 av. J.-C., dont le nombre d'or est 3 et l'épacte grégorienne 7.

Le Ier mois astronomique, *tse-yué* 子月, de l'année en question est la 12e lune de l'année civile précédente et serait la 12e épactale de l'an 1767 av. J.-C., lune commençant le 26 novembre.

La 1ère lune civile de cette 18e année est le IIe mois astronomique, *tch'eou-yué* 丑月, et serait la 1ère lune épactale de 1766 av. J.-C., lune commençant le 25 décembre 1767.

La 3e lune civile du texte est le IVe mois astronomique, *mao-yué* 卯月, de l'année 18, et serait la 3e lune épactale de 1766, lune commençant le 22 février.

Ce 22 février est sous le 49e signe cyclique *jen-tse* 壬子.

Donc le jour en question sous le 3e signe cyclique *ping-in* 丙寅 de la 3e lune civile est le 15e de cette 3e lune, et serait le 15e aussi de la 3e lune épactale.

La date citée serait donc le 8 mars style grégorien (23 style julien) 1766 av. J.-C.

6. (1°) 商壬太甲元紀十二月乙丑伊尹祠于先王，奉嗣王祇見厥祖 (1).

T'ai Kia 太甲, Emp. de la dynastie *Chang* 商, la 1ère année civile de son règne, la 12e lune civile, au jour sous le 2e signe cyclique *i-tch'eou* 乙丑, comme succédant à *T'ang* 湯, alla au temple conduit par le ministre *I In* 伊尹 afin d'y offrir le sacrifice aux ancêtres.

Sous la dynastie *Chang* 商, l'année civile commençait au IIe mois astronomique (*kien-tch'eou* 建丑).

L'année en question serait 1753 av. J.-C; le nombre d'or en est 16, l'épacte grégorienne ✳.

Le Ier mois astronomique, *tse-yué* 子月, de cette année civile est la 12e lune de l'année civile précédente, c'est-à-dire de la 30e et dernière année de l'Emp. *T'ang* 湯, et serait la 12e lune épactale intercalaire de l'année 1754, lune commençant le 2 décembre de la même année.

---

(1) Sur cette date, voir 書經商書伊訓 k.3, Zottoli III p.378; 註疏 k. 8; 欽定歷代年表 k. 4.

Cette même 12e lune civile de la 1ère année de l'Emp. *T'ai Kia* 太甲 est la 12e lune de la dernière année de l'Emp. *T'ang* 湯 (1), Ier mois astronomique, et serait la 12e lune épactale intercalaire commençant le 2 décembre 1754 ; ce 2 décembre est sous le 35e signe cyclique *ou-siu* 戊戌.

Donc la date du texte, sous le 2e signe cyclique *i-tch'eou* 乙丑, 12e lune civile, serait le 29 décembre 1754 style grégorien (13 janvier 1753 style julien).

(2°) 太甲元紀十二月乙丑朔旦冬至 (2).

La 1ère année civile de l'Emp. *T'ai Kia* 太甲, la 12e lune civile, au jour de la néoménie (3), sous le 2e signe cyclique *i-tch'eou* 乙丑, eut lieu le solstice d'hiver.

Cette est 1ère année civile serait l'an 1753 av. J.-C. ; le nombre d'or en est 16 et l'épacte grégorienne ✳.

Le Ier mois astronomique, *tse-yué* 子月, de cette 1ère année civile, est la 12e lune civile de l'année précédente, la dernière de l'Emp. *T'ang* 湯, et serait la 12e lune épactale intercalaire de 1754, commençant le 2 décembre 1754.

La 1ère lune civile de la 1ère année étudiée en est le IIe mois astronomique, *tch'eou-yué* 丑月, et serait la 1ère lune épactale de 1753 commençant le 1er janvier de cette année.

D'ailleurs l'année étant sous l'épacte ✳, il y a une lune intercalaire.

D'où il résulte que la 12e lune civile en question est le Ier mois astronomique de l'année civile qui suit et serait la 1ère épactale de 1752 av. J.-C., lune commençant le 21 décembre de l'année 1753 av. J.-C.

----

(1) L'Empereur *T'ang* 湯 mourut à la 11e lune civile, XIIe mois astronomique, *hai-yué* 亥月 (30e année de son règne), ce serait la 12e lune épactale de 1754 av. J.-C. Son héritier, *T'ai Kia* 太甲, lui succéda à la lune suivante ; or cette lune est la 12e civile de la 30e année de l'Emp. *T'ang* 湯 ou Ier mois astronomique, *tse-yué* 子月, 12e lune intercalaire de 1755. Selon l'usage commun, cette 12e lune civile doit être attribuée à la dernière année de l'Empereur défunt, mais les Annalistes la comptèrent comme 1ère de *T'ai Kia* 太甲, de telle sorte que la 1ère année de celui-ci commence dès la 12e lune. Évidemment la 12e lune en question dans le texte n'a pas pu être la dernière de la 1ère année de *T'ai Kia* 太甲, car en succédant au trône, il n'aurait pas retardé jusqu'à la fin de l'année le sacrifice ancestral ; voir 書經商書註疏伊訓 k. 8 ; 通志堂經解前集春秋王正月考.

(2) Sur cette date, voir 路史後紀 k. 5.

(3) Cette 12e lune civile est la dernière de la 1ère année de *T'ai Kia* 太甲, et n'a pu être celle par laquelle les Annalistes font débuter cette 1ère année (voir note précédente) : dans cette dernière en effet, le jour sous le 2e signe cyclique *i-tch'eou* 乙丑 est le 29 décembre 1754, où n'a pu avoir lieu le solstice d'hiver.

Ce 21 décembre est sous le 60ᵉ signe cyclique *koei-hai* 癸亥.

Donc la néoménie du texte, jour sous le 2ᵉ signe cyclique *i-tch'eou* 乙丑, serait le 3ᵉ de la 1ère lune épactale de 1752, c'est-à-dire le 23 décembre 1753 style grégorien (ou 7 janvier 1752 style julien).

Cette néoménie sous le 2ᵉ signe cyclique *i-tch'eou* 乙丑 de la 12ᵉ lune civile retarderait de deux jours sur la néoménie épactale qui est sous le 60ᵉ signe cyclique *koei-hai* 癸亥.

7. 太甲三祀十二月朔伊尹奉嗣歸于亳 (1).

L'Emp. *T'ai Kia* 太甲, la 3ᵉ année de son règne, 12ᵉ lune civile au jour de la néoménie, fut ramené par le ministre *I In* 伊尹 à la capitale *Po* 亳 (2).

Cette 3ᵉ année civile serait 1751 av. J.-C., dont le nombre d'or est 18 et l'épacte grégorienne 12.

Le Iᵉʳ mois astronomique, *tse-yué* 子月, de cette année, 12ᵉ lune civile de l'année précédente, serait la 1ère lune épactale de 1751 commençant le 10 décembre 1752.

La 12ᵉ lune en question dans le texte serait précisément cette 12ᵉ lune civile de l'an 2 (3), 1ère lune épactale de 1751 dont la néoménie a lieu le 10 décembre 1752.

Ce 10 décembre est sous le 54ᵉ signe cyclique *ting-se* 丁巳.

En supposant que coïncident les néoménies des lunes épactale et chinoise civile, la date du texte serait donc le 10 décembre style grégorien (25 style julien) 1752 av. J.-C.

8. 商王甲七年十二月甲申朔旦冬至 (4).

La 7ᵉ année de l'Emp. *Siao Kia* 小甲 de la dynastie *Chang* 商, la 12ᵉ lune civile au jour de la néoménie, sous le 21ᵉ signe cyclique *kia-chen* 甲申, eut lieu le solstice d'hiver.

Cette année serait l'an 1660 av. J.-C., le nombre d'or en est 14 et l'épacte grégorienne 8.

---

(1) Sur cette date, voir 書經商書太甲中 k. 3. Zottoli III p. 382; 註疏 k. 8; 欽定歷代年表 k. 4.

(2) Depuis la 11ᵉ lune civile de sa 2ᵉ année, l'Empereur s'était acquitté de son deuil, demeurant au palais dit *T'ong-kong* 桐宮, voisin du tombeau de l'empereur *T'ang* 湯; ce tombeau était à 30 *li* 里 à l'ouest de la ville de *Yen-che hien* 偃師縣.

(3) Voir les notes (1) et (3) de la page 166.

(4) Sur cette date, voir 圖書集成歲功典冬至部 k. 90; 前漢書 k. 21 下; 宋史 k. 10.

Le Ier mois astronomique, *tse-yué* 子 月, de cette 7e année civile, 12e lune de la 6e année civile précédente, serait la 12e lune épactale de 1661 commençant le 25 novembre.

La 1ère lune civile de cette 7e année, IIe mois astronomique, *tch'eou-yué* 丑 月, serait la 1ère lune épactale de 1660 commençant le 24 décembre de l'année précédente 1661 av. J.-C.

Par ailleurs dans cette année civile, qui se trouve sous l'épacte grégorienne 8, il y a une lune intercalaire.

La 12e lune civile en question ici est le Ier mois astronomique de l'année suivante 1659, et serait la 1ère lune épactale de 1659 commençant le 13 décembre 1660.

Ce 13 décembre est sous le 59e signe cyclique *jen-siu* 壬 戌.

Dès lors le jour indiqué pour la néoménie de la 12e lune civile, sous le 21e signe cyclique *kia-chen* 甲 申, serait dans le style grégorien le 23e de la 1ère lune épactale, 4 janvier de 1659, et il ne peut être ni la néoménie, ni le jour du solstice d'hiver.

Il faut donc supposer une erreur d'un copiste qui aurait écrit le 21e signe cyclique *kia-chen* 甲 申, au lieu du 1er signe cyclique *kia-tse* 甲 子, et le jour de la néoménie de la 12e lune civile serait sous le 1er signe cyclique *kia-tse* 甲 子, correspondant au 3e jour de la 1ère lune épactale de l'année suivante 1659.

Cette correction admise, la date du texte serait le 15 décembre style grégorien (29 style julien) 1660 av. J.-C., la néoménie du calendrier chinois précédant de deux jours la néoménie épactale.

9 商 王 紂 十 三 祀, 周 文 王 四 十 三 年, 正 月 庚 子 朔 文 王 在 酆, 九 州 諸 侯 咸 朝 (1).

La 13e année de l'Emp. *Tcheou* 紂 de la dynastie *Chang* 商, la 43e année de *Wen Wang* 文 王, prince de *Tcheou* 周, la 1ère lune civile au jour de la néoménie sous le 37e signe cyclique *keng-tse* 庚 子, tandis que *Wen Wang* 文 王 se trouvait dans la capitale *Fong* 豐, de nombreux seigneurs venus là des neuf provinces, lui firent hommage comme à leur chef.

Wen Wang 文 王 suivait le calendrier de la dynastie *Chang* 商, avec la désignation *kien-tch'eou* 建 丑 (l'année civile commençant au IIe mois astronomique).

---

(1) Sur cette date, voir 梁 孝 元 帝 金 樓 子 k. 1; 欽 定 歷 代 年 表 k. 5.

Cette année 43e de *Wen Wang* 文 王, serait l'an 1142 av. J.-C., le nombre d'or en est 19 et l'épacte grégorienne 1.

Le 1er mois astronomique, *tse-yué* 子 月, de cette 43e année civile, 12e lune civile de l'année 42, serait la 12e lune épactale de l'an 1143 commencée le 1er décembre 1143.

La 1ère lune civile de l'an 43, IIe mois astronomique, *tch'eou-yué* 丑 月, de la même année serait la 1ère lune épactale de 1142 commençant le 31 décembre de 1143 av. J.-C.

Ce 31 décembre est sous le 28e signe cyclique *sin-mao* 辛 卯.

D'où il suit que le jour de la néoménie en question sous le 37e signe cyclique *keng-tse* 庚 子 serait le 19 janvier 1142, 10e jour de la 1ère lune épactale de 1142, jour qui ne peut pas être néoménie.

Il y a donc lieu de croire qu'une faute de transcription a introduit le 37e signe cyclique *keng-tse* 庚 子 au lieu du 27e *keng-in* 庚 寅 ; la néoménie proposée de la 1ère lune civile serait alors le 30 de la 12e lune épactale de 1143 ; cette correction admise, la date du texte serait le 30 décembre 1143 style grégorien (10 janvier 1142, style julien) en supposant d'ailleurs que la néoménie du calendrier chinois précédât d'un jour celle de la lune épactale.

10. 商 紂 二 十 一 祀 周 武 王 元 祀 二 月 丙 辰 朔 武 王 訪 於 周 公 (1).

L'an 21 de l'Emp. *Tcheou* 紂 de la dynastie *Chang* 商, la 1ère année de *Ou Wang* 武 王, roi de *Tcheou* 周, la 2e lune civile, au jour de la néoménie, sous le 53e signe cyclique *ping-tch'en* 丙 辰, le roi visita *Tcheou Kong* 周 公.

Le roi *Ou Wang* 武 王 suivait alors le calendrier de la dynastie *Chang* 商, avec la désignation *kien-tch'eou* 建 丑, l'année civile commençant au IIe mois astronomique.

Cette 1ère année de *Ou Wang* 武 王 serait 1134 av. J.-C ; le nombre d'or en est 8 et l'épacte grégorienne ✳.

Le Ier mois astronomique, *tse-yué* 子 月, de cette 1ère année civile, 12e lune civile de l'année précédente, 50e de *Wen Wang* 文 王, serait la 12ème lune intercalaire épactale de l'an 1135, commençant le 2 décembre de cette même année.

---

(1) Sur cette date, voir : 玉 海 古 史 k. 46.

La 1ère lune civile de cette 1ère année de *Ou Wang* 武王, IIe mois astronomique, *tch'eou-yué* 丑 月, de la même année serait la 1ère lune épactale de 1134, commençant le 1er janvier 1134. La 2e lune civile en question, IIIe mois astronomique, *in-yué* 寅 月, de cette 1ère année serait la 2e lune épactale de 1134, qui commence le 31 janvier.

Ce 31 janvier est sous le 41e signe cyclique *kia-tch'en* 甲辰.

Donc le jour en question sous le 53e signe cyclique *ping-tch'en* 丙 辰 de la 2e lune civile serait le 13 de cette lune, 13 de la 2e lune épactale.

Mais ce 13e jour de la lune épactale ne peut être une néoménie et il semble qu'il y a eu faute de transcription, le 53e signe cyclique *ping-tch'en* 丙 辰 ayant été écrit au lieu du 41e *kia-tch'en* 甲辰.

Cette correction admise, la date du texte serait la néoménie de la 2e lune épactale de 1134, c'est-à-dire le 31 janvier style grégorien (11 février style julien) 1134 av. J.-C.

11. 商王紂三十二年周武王十二年四月丙辰立子誦爲嗣 (1).

La 32e année de *Tcheou* 紂 Emp. de la dynastie *Chang* 商, la 12e année de *Ou Wang* 武王, roi de *Tcheou* 周, la 4e lune civile au jour sous le 53e signe cyclique *ping-tch'en* 丙 辰, *Ou Wang* 武王 établit son fils *Song* 誦 (âgé de 6 ans) héritier du royaume.

Le roi *Ou Wang* 武王 suivait alors le calendrier de la dynastie *Chang* 商, avec la désignation *kien-tch'eou* 建 丑, l'année civile commençant au IIe mois astronomique.

Cette 12e année de *Ou Wang* 武王 serait l'an 1123 av. J.-C.; le nombre d'or en est 19 et l'épacte grégorienne 1.

Le Ier mois astronomique, *tse-yué* 子 月, de cette 12e année civile, 12e lune de 11e année civile, serait la 12e lune épactale de 1124, commençant le 1er décembre.

La 1ère lune de cette 12e année, qui en est le IIe mois astronomique, serait la 2e lune épactale de 1123, commençant le 31 décembre de l'année précédente 1124.

La 4e lune civile, Ve mois astronomique, *tch'en-yué* 辰 月, de cette 12e année civile serait la 5e lune épactale de 1123 qui commence le 30 mars.

____

(1) Sur cette date, voir 逸 周 書 k. 5.

Ce 30 mars est sous le 37ᵉ signe cyclique *keng-tse* 庚子.

Donc le jour en question, sous le 53ᵉ signe cyclique *ping-tch'en* 丙辰 de la 4ᵉ lune civile, serait le 15 avril style grégorien (ou 26 style julien) 1123.

12. 周 武 王 十 三 年 春 大 會 于 孟 津 伐 商 (1).

La 13ᵉ année (2) de *Ou Wang* 武王, Emp. de la dynastie *Tcheou* 周, au printemps (3), tandis que celui-ci se trouvait à *Mong-tsin* 孟津, plusieurs vassaux s'y réunirent pour attaquer, la dynastie *Chang* 商.

Sous la dynastie *Tcheou* 周, l'année civile commençait au Iᵉʳ mois astronomique (*kien-tse* 建子).

Cette 13ᵉ année civile serait l'an 1122 av. J.-C.; le nombre d'or en est 1 et l'épacte grégorienne 13.

Le Iᵉ mois astronomique, *tse-yué* 子月, de cette 13ᵉ année civile serait la 12ᵉ lune épactale de l'année précédente 1123 av. J.-C. (4), commençant le 21 novembre.

Comme aux diverses lunes de cette 13ᵉ année de *Ou Wang* 武王 s'échelonnent d'assez nombreuses dates, nous insérons ici une table des néoménies des lunes civiles chinoises et des lunes épactales de cette année, avec les jours solaires correspondants; les calculs à faire seront ainsi abrégés.

----

(1) Sur cette date, voir 書 經 周 書 泰 誓 上 k. 1, Zottoli III p. 406; 註 疏 k. 11; 欽 定 歷 代 年 表 k. 6.

(2) L'année où la dynastie *Chang* 商 fut renversée par *Ou Wang* 武王 serait, selon *Se-ma Ts'ien* 司 馬 遷, la 11ᵉ de ce roi (voir 史 記 測 議 k. 4); mais d'après l'opinion commune des critiques, c'est la 13ᵉ comme le dit le *Chou-king* 書 經.

(3) Ce printemps n'est pas le printemps naturel, mais le printemps civil d'après le calendrier; nous exposons au long pareille distinction à propos de la chronologie du *Tch'oen-ts'ieou* 春 秋 (voir chap. V par. I).

(4) L'an 1123 av. J.-C., sous le nombre d'or 19 et l'épacte grégorienne 1, la 12ᵉ lune épactale commence régulièrement le 21 novembre et finit le 19 décembre; mais l'année suivante 1122, de nombre d'or 1, d'épacte 13, la 1ère lune épactale commence le 20 (non le 19) décembre de l'année précédente et se termine le 17 janvier.   Cette 1ère lune épactale devient donc ici cave, contrairement aux données de la table III de l'Appendice I par. II.

Table des néoménies de la 13ᵉ année de *Ou Wang* 武王 (1).

Année de Ou-wang.	Mois as-tronomi-ques.	Lunes civiles.		Signes cycliq. des néo-ménies.	Dates euro-péennes cor-respondantes	Années av. J.-C.	Lunes épact.	Signes cycliq. des néo-ménies.	Dates euro-péennes cor-respondantes
						1123	11ᵉ P.	3 丙 寅	22 oct. 1123.
13	Iᵉʳ	1ᵉʳᵉ	P.	28 辛 卯	16 nov. 1123	1123	12ᵉ C.	33 丙 申	21 nov. 1123.
13	IIᵉ	2ᵉ	C.	58 辛 酉	16 déc. 1123	1122	1ᵉ C.	2 乙 丑	20 déc. 1123.
13	IIᵉ bis	2ᵉ intercalaire	P.	27 庚 寅	14 janv. 1122	1122	2ᵉ C.	31 申 午	18 janv.1122.
13	IIIᵉ	3ᵉ	C.	57 庚 申	13 fév. 1122	1122	3ᵉ P.	60 癸 亥	16 fév. 1122.
13	VIᵉ	4ᵉ	P.	26 巳 丑	14 mars 1122	1122	4ᵉ C.	30 癸 巳	18 mars1122.

En comparant les signes cycliques, on voit que les néoménies des lunes civiles chinoises retardent de 3, 4 ou 5 jours sur celles des lunes épactales.

(1°) 是 一 年 月 壬 辰 旁 死 晚，越 翌 日 癸 巳 王 朝 步 日 周 干 正 伐 商 (2).

Dans cette 13ᵉ année, à la 1ᵉʳᵉ lune civile, dont le 2ᵉ jour était sous le 29ᵉ signe cyclique *jen-tch'en* 壬 辰, le jour suivant, sous le 30ᵉ signe cyclique *koei-se* 癸 巳, de grand matin *Ou Wang* 武 王, à la tête de son armée, partit de *Hao-king* 鎬 京 capitale de *Tcheou* 周, pour aller attaquer la dynastie *Chang* 商 (2).

(1) Voir 書 經 註 疏 周 書 武 成 篇 大 告 武 成 句 下 疏 k. 11.

Explication des abréviations : P. lune pleine de 30 jours, C. lune cave de 29 jours.

(2) Sur cette date, voir : 書 經 周 書 武 成 k. 4, Zottoli III p. 414; 註 疏 k. 11; 欽 定 歷 代 年 表 k. 6.

(3) Cette même expédition se trouve rapportée dans le livre *I-tcheou-chou* 逸 周 書, mais à une date différente. Voici le passage : 一 月 丙 辰 旁 生 魄 若 翌 日 丁 巳 王 乃 步 日 周 干 征 商 王 紂; la première lune dont le 16ᵉ jour était sous le 53ᵉ signe cyclique *ping-tch'en* 丙 辰, au jour sous le 54ᵉ signe cyclique *ting-se* 丁 巳, l'Emp. *Ou Wang* 武 王 quitta la capitale pour aller attaquer *Tcheou* 紂 Emp. de la dynastie *Chang* 商; (voir 逸 周 書 k. 4. et 繹 史 k. 20).

Pour ces dates, il y a ici une faute de transcription; car plus bas on lit dans ce même ouvrage : la 2ᵉ lune, au 5ᵉ jour sous le signe *kia-tse* 甲 子, le matin *Ou Wang* 武 王 arriva dans la plaine hors de la capitale de la dynastie *Chang* 商, et engagea le combat : 二 月 既 死 魄 越 五 日 甲 子 朝 至 接 干 商. Or si le 16ᵉ jour de la 1ᵉʳᵉ lune était sous le 53ᵉ signe *ping-tch'en* 丙 辰 et le 17ᵉ jour de la même lune 54ᵉ signe *ting-se* 丁 巳, le jour sous le signe *kia-tse* 甲 子 serait 24ᵉ de la même 1ᵉʳᵉ lune, et non pas le 5ᵉ de la 2ᵉ lune. De plus au même endroit, un peu plus bas encore, on rapporte 16 dates, soit dans la même 1ᵉʳᵉ lune, soit dans les lunes suivantes, comme l'on verra ci-après; or ces dates ne concorderaient pas, si *Ou Wang* 武 王 s'était mis en route le 17 sous le 54ᵉ signe cyclique *ting-se* 丁 巳 de la 1ᵉʳᵉ lune; on a donc dû faire une faute en écrivant *I yué ping tch'en pang cheng p'é jo i je ting se* 一 月 (丙) 辰 旁 (生) 魄 若 翌 日 (丁) 巳 au lieu de *I yué jen tch'en pang se p'é yué i je koei se* 一 月 (壬) 辰 旁 (死) 魄 越 翌 日 (癸) 巳, texte du *Chou-king* 書 經; cette correction admise, toutes les dates concordent.

Ces jours en question sous les signes 29 *jen-tch'en* 壬辰, et 30 *koei-se* 癸巳, 2ᵉ et 3ᵉ jours de la 1ᵉʳᵉ lune civile, seraient les 27ᵉ et 28ᵉ de la 11ᵉ épactale de l'année précédente 1123 av. J.-C., 17 et 18 novembre style grégorien (28 et 29 novembre style julien).

(2º) 是 年 一 月 戊 午 師 逾 孟 津 羣 后 以 師 畢 會 (1).

Cette même 13ᵉ année, la 1ᵉʳᵉ lune civile au jour sous le 55ᵉ signe cyclique *ou-ou* 戊午, l'armée de *Ou Wang* 武王, du port de *Mong-tsin* 孟津, passa le fleuve *Hoang-ho* 黃河 et campa sur la rive septentrionale, où les vassaux, avec leurs troupes, s'étaient réunis.

Ce jour sous le 55ᵉ signe cyclique *ou-ou* 戊午 de 1ᵉʳᵉ lune civile est le 28ᵉ de la même lune, et serait le 23ᵉ de la 12 lune épactale de l'année précédente, 1123 av. J.-C., 13 décembre style grégorien (ou 24 style julien).

(3º) 是 年 二 月 癸 亥 師 陳 于 商 交 牧 野 (2).

La même 13ᵉ année, la 2ᵉ lune civile au 1ᵉʳ jour sous le signe cyclique *koei-hai* 癸亥, le soir, l'armée était disposée dans la plaine dite *Mou-yé* 牧野, située au nord du *Hoang-ho* 黃河.

Le jour en question sous le 60ᵉ signe cyclique *koei-hai* 癸亥 de la 2ᵉ lune civile est le 3ᵉ de cette lune et serait le 28ᵉ de la 12ᵉ lune épactale de l'année précédente, 1123 av. J.-C., 18 décembre style grégorien (29 style julien).

(4º) 是 年 二 月 甲 子 王 朝 至 牧 野 而 紂 昧 爽 率 具 旅 若 林 會 于 牧 野 (3).

La même 13ᵉ année au jour sous le 1ᵉʳ signe cyclique *kia-tse* 甲子, de grand matin, *Ou Wang* 武王 arriva dans la plaine *Mou-yé* 牧野; et *Tcheou* 紂, Emp. de la dynastie *Chang* 商, avant qu'il fît jour, étant sorti de la capitale à la tête de troupes nombreuses, vint à sa rencontre dans la même plaine; y ayant engagé un combat de peu d'importance, il fut vaincu, s'enfuit vers la capitale, puis ayant mis le feu à son palais, *Lou-t'ai* 鹿臺, il se jeta dans les flammes.

---

(1) Sur cette date, voir 書 經 周 書 武 成 k. 4, Zottoli III p. 414; 註 疏 k. 11; 泰 誓 中 k. 4; 註 疏 k. 11; 欽 定 歷 代 年 表 k. 6; et ci-après ch. VI Chronologie du *Che-ki* 史 記 par. I date n° 1.

(2) Sur cette date, voir 書 經 周 書 武 成 k. 4, Zottoli III p. 414; 註 疏 k. 11.

(3) Sur cette date, voir 書 經 周 書 牧 誓 k. 4, Zottoli III p. 412; 註 疏 k. 11; 武 成 k. 4; 註 疏 k. 11; 史 記 測 議 k. 4; 欽 定 歷 代 年 表 k. 6.

Le jour en question sous le 1er signe cyclique *kia-tse* 甲子 de la 2e lune civile est le 4e jour de la même lune, et serait le 29e de la 12e lune épactale 1123 av. J.-C., 9 décembre style grégorien (ou 30 décembre style julien).

(5°) 是 年 二 月 丁 卯 太 公 望 命 禦 紂 黨 方 來 至 告 以 馘 俘 (1).

La même 13e année, la 2e lune civile, au jour sous le 4e signe cyclique *ting-mao* 丁 卯, *Wang* 望, ministre de *Ou Wang* 武 王, qui avait reçu l'ordre d'attaquer *Fang Lai* 方 來 partisan de *Tcheou* 紂, à son retour remit les prisonniers, auxquels l'oreille gauche avait été coupée.

Ce jour sous le 4e signe cyclique *ting-mao* 丁 卯, est le 7e de la 2e lune civile et serait le 3e de la 1ère lune épactale de cette année 1122 av. J.-C., 22 décembre de l'année précédente 1123 av. J.-C. style grégorien (ou 2 janvier 1122 style julien).

(6°) 是 年 二 月 戊 辰 武 王 祀 文 王 (2).

La même 13e année, la 2e lune civile, au jour sous le 5e signe cyclique *ou-tch'en* 戊 辰, *Ou Wang* 武 王 en personne offrit un sacrifice à son père *Wen Wang* 文 王.

Ce jour, sous le 5e signe cyclique *ou-tch'en* 戊 辰 de la 2e lune civile, est le 8e de cette lune et serait le 4e de la 1ère lune épactale de 1122 av. J.-C, 23 décembre de l'année précédente 1123 style grégorien (3 janvier 1122 style julien).

(7°) 是 年 二 月 壬 申 荒 新 至 告 以 馘 俘 (3).

La même 13e année, la 2e lune civile, au jour sous le 9e signe cyclique *jen-chen* 壬 申, le chef militaire *Hoang Sin* 荒 新, qui avait reçu l'ordre de prendre les villes *Hi* 戲 et *Fang* 方, qui étaient en faveur *Tcheou* 紂, à son retour, remit les captifs, auxquels l'oreille gauche avait été coupée.

Ce jour sous le 9e signe cyclique *jen-chen* 壬 申 de la 2e lune civile est le 12e de la même lune et serait le 8e de la 1ère lune épactale de cette année 1122 av. J.-C., le 27 décembre 1123 style grégorien (7 janvier 1122 style julien).

(8°) 是 年 二 月 辛 巳, 侯 來 至 告 以 馘 俘 (4).

Cette même 13e année, la 2e lune civile au jour sous le 18e signe cyclique *sin-se* 辛 巳, le chef militaire *Heou Lai* 侯 來, qui avait reçu l'ordre de prendre

---

(1) Sur cette date, voir 逸 周 書 k. 1; 繹 史 k. 20.
(2) Sur cette date, voir 逸 周 書 k. 4; 繹 史 k. 20.
(3) Sur cette date, voir 逸 周 書 k. 4; 繹 史 k. 20.
(4) Sur cette date, voir 逸 周 書 k. 4; 繹 史 k. 20.

la ville de *Mi* 靡 qui était en faveur de *Tcheou* 紂, à son retour, remit les captifs, auxquels l'oreille gauche avait été coupée.

Ce jour sous le 18e signe cyclique *sin-se* 辛巳 de la 2e lune civile est le 21e de la même lune et serait le 17e de la 1ère lune épactale de l'année 1122 av. J.-C., 5 janvier style grégorien (ou 16 style julien).

(9°) 是 年 二 月 甲 申 百 弇 告 以 馘 俘 (1).

Cette même 13e année, la 2e lune civile, au jour sous le 21e signe cyclique *kia-chen* 甲申, le chef militaire *Pé Yen* 百弇, qui avait reçu l'ordre de prendre la ville de *Wei* 衞 qui était en faveur de *Tcheou* 紂, remit les captifs, auxquels l'oreille gauche avait été coupée.

Ce jour sous le 21e signe cyclique *kia-chen* 甲申 de la 2e lune civile est le 24 de cette lune, et serait le 20e de la 1ère lune épactale de 1122 av. J.-C., 8 janvier style grégorien (19 janvier style julien).

(10°) 是 年 閏 二 月 庚 子 陳 本 命 伐 磨 (2).

Cette même 13e année, la 2e lune civile intercalaire, au jour sous le 37e signe cyclique *keng-tse* 庚子, le chef militaire *Tch'en Pen* 陳本 reçut l'ordre de prendre la ville *Mo* 磨 qui était en faveur de *Tcheou* 紂.

Ce jour sous le 37e signe cyclique *keng-tse* 庚子 de la 2e lune intercalaire civile est le 11e de la même lune et serait le 7e de la 2e lune épactale de l'an 1122 av. J.-C., 24 janvier style grégorien (ou 4 février style julien).

(11°) 是 年 閏 二 月 乙 巳 陳 本 至 告 以 禽 霍 侯 (3).

Cette même 13e année, la 2e lune civile intercalaire, au jour sous le 42e signe cyclique *i-se* 乙巳, le chef militaire *Tch'en Pen* 陳本, à son retour, remit le vassal de *Houo* 霍 qu'il avait fait captif.

Ce jour sous le 42e signe cyclique *i-se* 乙巳 de la 2e lune intercalaire civile est le 16e de la même lune et serait le 12˙ de la 2e lune épactale de 1122, 29 janvier style grégorien (ou 9 février style julien).

(12°) 是 年 四 月 哉 生 明 武 王 自 商 至 于 豐 (4).

Cette même 13e année, la 4e lune civile, au jour où la lune après la néoménie recommence à luire, c'est-à-dire au 3e jour, *Ou Wang* 武王, ayant renversé la dynastie *Chang* 商, s'en retournant, arriva à *Fong* 豐.

---

(1) Sur cette date, voir 逸 周 書 k. 4; 繹 史 k. 20.
(2) Sur cette date, voir 逸 周 書 k. 4; 繹 史 k. 20.
(3) Sur cette date, voir 逸 周 書 k. 4; 繹 史 k. 20.
(4) Sur cette date, voir 書 經 周 書 武 成 k. 4, Zottoli III p. 414; 註 疏 k. 11; 欽 定 歷 代 年 表 k. 6.

Le jour en question, 3e de la 4e lune civile, serait le 29e de la 3e lune épactale de 1122 av. J.-C., sous le 28ᵉ signe cyclique *sin-mao* 辛卯, le 16 mars style grégorien (ou 27 style julien).

(13°) 是 年 四 月 乙 未 武 王 成 辟 四 方 通 殷 有 國 (1).

Cette même 13e année, la 4e lune civile, au jour sous le 32e signe cyclique *i-wei* 乙未, *Ou Wang* 武王, revenu à sa capitale, renvoya tous les captifs dans leurs royaumes respectifs.

Ce jour sous le 32e signe cyclique *i-wei* 乙未 de la 4e lune civile, est le 7e de cette même lune et serait le 3ᵉ de la 4e lune épactale de 1122 av. J.-C., 20 mars style grégorien (1er avril style julien).

(14°) 是 年 四 月 旣 生 魄 庶 冢 君 暨 百 工 受 命 于 周 (2).

Cette même 13e année, la 4e lune civile, au jour où la lune, après avoir été pleine, commence à décroître, c'est-à-dire le 16, tous les vassaux et fonctionnaires déclarèrent se considérer comme sujets de la nouvelle dynastie *Tcheou* 周.

Ce 16e jour de la 4e lune civile serait le 12e de la 4e lune épactale de 1122, jour sous le 41e signe cyclique *kia-tch'en* 甲辰, 20 mars style grégorien (ou 9 avril style julien).

(15°) 是 年 四 月 丁 未 武 王 祀 于 周 廟 (3).

Cette même 13e année, la 4e lune civile, au jour sous le 44e signe cyclique *ting-wei* 丁未, *Ou Wang* 武王 offrit un sacrifice dans le temple aux ancêtres de sept générations.

Le jour en question, sous le 44e signe cyclique *ting-wei* 丁未 de la 4e lune civile, est le 19e de cette 4e lune civile et serait le 15e de la 4e lune épactale de 1122, 1er avril style grégorien (ou 12 style julien).

(16°) 是 年 四 月 庚 戌 武 王 柴 望 (4).

Cette même 13ᵉ année, la 4e lune civile, au jour sous le 47e signe cyclique *keng-siu* 庚戌, *Ou Wang* 武王 offrit un sacrifice au Ciel et aux Esprits des montagnes et des fleuves.

---

(1) Sur cette date, voir 逸 周 書 k. 4; 繹 史 k. 20.

(2) Sur cette date, voir 書 逸 周 書 武 成 k. 4, Zottoli III p. 416; 註 疏 k. 11; 欽 定 歷 代 年 表 k. 6.

(3) Sur cette date, voir 書 經 周 書 武 成 k. 4, Zottoli III p. 416; 註 疏 k. 11; 欽 定 歷 代 年 表 k. 6.

(4) Sur cette date, voir 書 經 周 書 武 成 k. 4, Zottoli III p. 416; 註 疏 k. 11; 欽 定 歷 代 年 表 k. 6.

Ce jour sous le 47ᵉ signe cyclique *keng-siu* 庚 戌 de la 4ᵉ lune civile est le 22ᵉ de cette lune et serait le 18 de la 4ᵉ lune épactale de 1122 av. J.-C., 4 avril style grégorien (ou 15 style julien).

(17°) 是 年 四 月 辛 亥, 武 王 告 天 宗 上 帝 (1).

Cette même 13ᵉ année, la 4ᵉ lune civile, au jour sous le 48ᵉ signe cyclique *sin-hai* 辛 亥, *Ou Wang* 武 王 offait un sacrifice à la suprême Divinité du ciel.

Ce jour sous le 48ᵉ signe cyclique *sin-hai* 辛 亥 de la 4ᵉ lune civile est le 23ᵉ de cette lune et serait le 19ᵉ de la 4ᵉ lune épactale de 1122 av. J.-C., 5 avril style grégorien (ou 16 style julien).

(18°) 是 年 四 月 壬 子, 武 王 服 衣 正 邦 君 (2).

Cette même 13ᵉ année, la 4ᵉ lune civile, au jour sous le 49ᵉ signe cyclique *jen-tse* 壬 子, *Ou Wang* 武 王 en habit de cérémonie institua les seigneurs feudataires.

Ce jour sous le 59ᵉ signe cyclique *jen-tse* 壬 子 de la 4ᵉ lune civile est le 24ᵉ de cette lune et serait le 20 de la 4ᵉ lune épactale de 1122 av. J.-C., 6 avril style grégorien (ou 17 style julien).

(19°) 是 年 四 月 癸 丑 武 王 薦 殷 俘 王 士 百 人 (3).

Cette même 13ᵉ année, la 4ᵉ lune, au jour sous le 50ᵉ signe cyclique *koei-tch'eou* 癸 丑, *Ou Wang* 武 王 présenta, en les recommandant, cent captifs, fonctionnaires de l'Emp. *Tcheou* 紂.

Ce jour sous le 50ᵉ signe cyclique *koei-tch'eou* 癸 丑 est le 25ᵉ de la 4ᵉ lune civile, et serait le 21 de la 4ᵉ lune épactale de 1122 av. J.-C., 7 avril style grégorien (ou 18 style julien).

(20°) 周 公 攝 政 五 年 丁 巳 朔 冬 至 (4).

La 5 année de *Tcheou Kong* 周公 (oncle et tuteur de l'Emp. *Tch'eng Wang* 成王), régent de l'empire, de la dynastie *Tcheou* 周, le jour de la néoménie de la 1ʳᵉ lune, sous le 54ᵉ signe cyclique *ting-se* 丁 巳, eut lieu le solstice d'hiver.

Cette 5ᵉ année civile serait 1111 av. J.-C.; le nombre d'or en est 12 et l'épacte grégorienne 14.

Le solstice d'hiver, selon le calendrier de la dynastie *Tcheou* 周, arrive toujours dans la 1ᵉʳᵉ lune civile.

---

(1) Sur cette date, voir 逸 周 書 k. 4 f 6; 繹 史 k. 20.
(2) Sur cette date, voir 逸 周 書 k. 4; 繹 史 k. 20.
(3) Sur cette date, voir 逸 周 書 k. k; 繹 史 k. 20.
(4) Sur cette date, voir 路 史 後 紀 註 k. 5.

Le Ier mois astronomique, *tse-yué* 子 月, de cette 5e année civile en est la 1ère lune, en question ici, et serait la 1ère lune épactale de 1111 commençant le 18 décembre de l'année précédente 1112.

Ce 18 décembre se trouve sous le 58e signe cyclique *sin-yeou* 辛 酉.

Donc le jour de la néoménie sous le 54e signe cyclique *ting-se* 丁 巳 serait le 25e de le 12e lune épactale, 14 décembre style grégorien (25 style julien) 1122 av. J.-C.; la néoménie épactale serait en retard de 4 jours sur celle de la lune civile (1).

(21°) 周 成 王 五 年 五 月 丁 亥 王 來 自 奄 至 于 宗 周 (2).

La 5e année de l'Emp. *Tch'eng Wang* 成 王 de la dynastie *Tcheou* 周, la 5e lune civile, au jour sous le 24e signe cyclique *ting-hai* 丁 亥, l'Empereur revenant d'une guerre contre le vassal rebelle de la principauté *Yen* 奄, atteignit la capitale *Hao-king* 鎬 京.

Cette 5e année civile serait l'année 1111 av. J.-C.; le nombre d'or en est 12 et l'épacte grégorienne 14.

Le Ier mois astronomique, *tse-yué* 子 月, de cette 5e année civile, 1ère lune civile de la même année, serait la 1ère lune épactale de 1111 av. J.-C. commençant le 18 décembre de 1112.

La 5e lune civile du texte, V^e mois astronomique, *tch'en-yué* 辰 月, et serait la 5e lune épactale de 1111 commençant le 15 avril.

Ce 15 avril est sous le 56e signe cyclique *ki-wei* 己 未.

Donc le jour en question sous le 24e signe cyclique *ting-hai* 丁 亥 est le 29e de la même 5e lune civile, et serait le 29 de la 5e lune épactale, 13 mai style grégorien (ou 24 style julien) 1111.

(22°) 周 成 王 七 年 (3).

La 7e année civile de l'Emp. *Tch'eng Wang* 成 王 de la dynastie *Tcheou* 周, plusieurs dates s'échelonnent dans les diverses lunes et pour établir leur concordance avec les jours solaires, il y a lieu d'insérer ici un tableau donnant la concordance des néoménies de ces lunes.

---

(1) Sur cette date, voir 書 經 周 書 多 方 k. 5, Zottoli III p. 474; 註 疏 k. 17; 欽 定 歷 代 年 表 k. 6.

(2) Sur cette date, voir 書 經 註 疏 召 誥 k. 15; ib. 洛 誥 k. 15; 欽 定 歷 代 年 表 k. 6.

(3) Le 14 décembre est une date trop prématurée pour le solstice d'hiver; il semble donc qu'il y ait ici une faute de texte.

Sous la dynastie *Tcheou* 周, le calendrier était établi en employant la désignation *kien-tse* 建子, l'année débutant au Ier mois astronomique.

La 7e année dont il s'agit serait 1109 av. J.-C.; le nombre d'or en est 14 et l'épacte grégorienne 6 ; l'année est d'ailleurs bissextile.

On voit que la néoménie de la lune épactale retarde de 4, 5 ou 6 jours sur celle de la lune chinoise.

Table des néoménies de la 7ᵉ année de *Tch'eng Wang* 成王 (1).

Année de Tch'eng Wang.	Mois astronomiques.	Lunes civiles.		Signes cycliques des néoménies.	Dates européennes.	Années européennes.	Lunes épactales.		Signes cycliques des néoménies.	Dates européennes.
7	I	1ᵉʳᵉ	P.	42 乙巳	22 nov. 1110	1110	12ᵉ	P.	46 巳酉	26 nov. 1110
,,	II	2ᵉ	C.	12 乙亥	22 déc. 1110	1109	1ᵉʳᵉ	P.	16 巳卯	26 déc. 1110
,,	III	3ᵉ	P.	41 甲辰	20 janv. 1109	,,	2ᵉ	C.	46 巳酉	25 janv. 1109
,,	IV	4ᵉ	C.	11 甲戌	19 fév. 1109	,,	3ᵉ	P.	15 戊寅	23 fév. 1109
,,	V	5ᵉ	P.	40 癸卯	19 mars 1109	,,	4ᵉ	C.	46 巳酉	25 mars 1109
,,	VI	6ᵉ	C.	10 癸酉	18 avril 1109	,,	5ᵉ	P.	15 戊寅	23 avril 1109
,,	VII	7ᵉ	P.	39 壬寅	17 mai 1109	,,	6ᵉ	C.	45 戊申	23 mai 1109
,,	VIII	8ᵉ	C.	9 壬申	16 juin 1109	,,	7ᵉ	P.	14 丁丑	21 juin 1109
,,	IX	9ᵉ	P.	38 辛丑	15 juil. 1109	,,	8ᵉ	C.	44 丁未	21 juil. 1109
,,	IXᵇⁱˢ	9ᵉ intʳᵉ	C.	8 辛未	14 août 1109	,,	9ᵉ	P.	13 丙子	19 août 1109
,,	X	10ᵉ	P.	37 庚子	12 sept. 1109	,,	10ᵉ	C.	43 丙午	18 sept. 1109
,,	XI	11ᵉ	C.	7 庚午	12 oct. 1109	,,	11ᵉ	P.	12 乙亥	17 oct. 1109
,,	XII	12ᵉ	P.	36 巳亥	10 nov. 1109	,,	12ᵉ	C.	42 乙巳	16 nov. 1109

(1°) 是 年 二 月 旣 望 越 六 日 乙 未 王 朝 步 與 周 則 至 于 豐 (2).

Dans cette 7e année civile, la 2e lune, le 6e jour après la pleine lune sous le 32e signe cyclique *i-wei* 乙未, le 21e jour de la lune, l'Emp. *Tch'eng Wang* 成王, étant parti de la capitale *IIao-king* 鎬京, arriva à *Fong* 豐.

Cette 2e lune civile, IIe mois astronomique, *tch'eou-yué* 丑月, serait la 1ᵉʳᵉ lune épactale de cette année 1109, commençant le 26 décembre de l'année précédente 1110.

Ce 26 décembre 1110 est sous le 15ᵉ signe cyclique *ki-mao* 巳卯.

---

(1) Voir 書 經 疏 洛 誥 惟 七 年 句 傳. Explication des abréviations : P. lune pleine; C. lune cave. L'an 1109 av. J.-C. étant bissextile, le mois de février a 29 jours et la 3e lune épactale en a 31.

(2) Sur cette date, voir 書 經 周 書 召 誥 k. 6, Zottoli p. 448; 註 疏 k. 15; 欽 定 歷 代 年 表 k. 6.

Donc le jour en question, 6e après la pleine lune, sous le 32e signe cyclique *i-wei* 乙未, 21e de la 2e lune civile, serait le 17e de la 1ère lune épactale, 11 janvier style grégorien, (22 style julien) 1109 av. J.-C.

(2°) 是 年 三 月 惟 丙 午 朏，越 三 日 戊 申 太 保 召 公 朝 至 于 洛 邑 人 宅 (1).

Cette même 7e année, à la 3e lune civile, le jour sous le 43e signe cyclique *ping-ou* 丙午, la lune commença à luire après la néoménie (c'est-à-dire que ce jour fut le 3e de la lune); le 3e jour après (le 5e jour de la lune), sous le 45e signe cyclique *ou-chen* 戊申, *Tchao Kong* 召公, 1er tuteur de *Tch'eng Wang* 成王, de grand matin arriva à *Lo-i* 洛邑 pour consulter les sorts sur la nouvelle capitale à construire.

Ces jours sous les 43e signe cyclique *ping-ou* 丙午 et 45e *ou-chen* 戊申, les 3e et 5e de la 3e lune civile, seraient les 28 et 30 de la 1ère lune épactale de 1109 av. J.-C., 22 et 24 janvier style grégorien (2 et 4 février style julien).

(3°) 是 年 三 月 庚 戌 太 保 召 公，乃 以 庶 殷 攻 位 于 洛 汭 (2).

La même 7e année, la 3e lune civile, au jour sous le 47e signe cyclique *keng-siu* 庚戌, le tuteur suprême *Tchao Kong* 召公 régla que les gens qui relevaient de la précédente dynastie des *Chang* 商 et étaient venus s'établir au nord du canal *Lo* 洛, travailleraient à élever et aplanir les terres.

Ce jour sous le 47e signe cyclique *keng-siu* 庚戌 est le 7e de la 3e lune civile et serait le 2e de la 2e lune épactale de 1109 av. J.-C., 26 janvier style grégorien (ou 6 février style julien).

(4°) 是 年 三 月 甲 寅 太 保 召 公 位 成 (3).

Cette même 7e année, la 3e lune civile, au jour sous le 51e signe cyclique *kia-in* 甲寅, le tuteur suprême *Tchao Kong* 召公 marqua l'emplacement de la ville, du faubourg, des temples et des palais que l'on devait bâtir au nord du canal *Lo* 洛.

Ce jour sous le 51e signe cyclique *kia-in* 甲寅, 11e de la 3e lune civile, serait le 6e de la 2e lune épactale de l'an 1109 av. J.-C., 30 janvier style grégorien (10 février style julien).

---

(1) Sur cette date, voir 書 經 周 書 召 誥 k. 5, Zottoli III p. 450; 註 疏 k.15; 欽 定 歷 代 年 表 k. 6.

(2) Sur cette date, voir 書 經 周 書 召 誥 k. 5, Zottoli III p. 450; 註 疏 k. 15; 欽 定 歷 代 年 表 k. 6.

(3) Sur cette date, voir 書 經 周 書 召 誥 k. 5, Zottoli III p. 450; 註 疏 k. 15.

(5°) 是 年 三 月 乙 卯, 周 公 朝 至 于 洛 邑 則 達 覩 于 新 邑 營 (1).

Cette même 7ᵉ année, le 3ᵉ lune civile, au jour sous le 52ᵉ signe cyclique, *i-mao* 乙 卯, le matin, le ministre *Tcheou Kong* 周 公 alla à *Lo-i* 洛 邑 pour étudier les fondations de la nouvelle capitale à construire.

Ce jour sous le 52ᵉ signe cyclique *i-mao* 乙 卯, le 12ᵉ de la 3ᵉ lune civile, serait le 7ᵉ de la 2ᵉ lune épactale de 1109 av. J.-C., 31 janvier style grégorien (11 février style julien).

(6°) 是 年 三 月 丁 巳, 周 公 用 牲 于 交 牛 二 (2).

Cette même 7ᵉ année, la 3ᵉ lune civile, au jour sous le 54ᵉ signe cyclique *ting-se* 丁 巳, *Tcheou Kong* 周 公 (d'après l'ordre de l'Empereur) offrit un sacrifice au Ciel, en immolant deux bœufs, pour le rendre favorable à la construction de la nouvelle capitale.

Ce jour sous le 54ᵉ signe cyclique *ting-se* 丁 巳, 14ᵉ de la 3ᵉ lune civile, serait le 9ᵉ de la 2ᵉ lune épactale de 1109 av. J.-C., 2 février style grégorien (13 style julien).

(7ᵉ) 是 年 三 月 戊 午, 周 公 祉 于 新 邑 牛 一 羊 一 豕 一 (3).

Cette même 7ᵉ année, la 3ᵉ lune civile, au jour sous le 55ᵉ signe cyclique *ou-ou* 戊 午, *Tcheou Kong* 周 公, dans la nouvelle ville à construire, offrit un sacrifice à la Terre en immolant un bœuf, une brebis et un cochon.

Ce jour sous le 55ᵉ signe cyclique *ou-ou* 戊 午, le 15ᵉ de la 3ᵉ lune civile, serait le 10ᵉ de la 2ᵉ lune épactale de 1109 av. J.-C., 3 février style grégorien (14 style julien).

(8°) 是 年 二 月 哉 生 魄 周 公 初 基 作 新 大 邑 于 洛 河 (4).

Cette même 7ᵉ année, la 3ᵉ lune civile au jour où la lune, après la pleine lune, commence à décroître, c'est-à-dire au 16ᵉ jour, *Tcheou Kong* 周 公 commença les fondements de la nouvelle capitale au nord du canal *Lo* 洛.

Le jour proposé, 16ᵉ de la 3ᵉ lune civile, serait le 11ᵉ de la 2ᵉ lune épactale de 1109 av. J.-C., 4 février style grégorien (ou 15 style julien). Le signe cyclique de ce 16ᵉ jour de la 3ᵉ lune est le 56ᵉ *ki-wei* 己 未.

---

(1) Sur cette date, voir 書 經 周 書 召 誥 k. 5 f. 2, Zottoli III p. 450; 註 疏 k. 15; 洛 誥 k. 5; 註 k. 15; 欽 定 歷 代 年 表 k. 6.

(2) Sur cette date, voir 書 經 周 書 召 誥 k. 5, Zottoli III p. 450; 註 疏 k. 15.

(3) Sur cette date, voir 書 經 周 書 召 誥 k. 5, Zottoli III p. 450; 註 疏 k. 15.

(4) Sur cette date, voir 書 經 周 書 洛 誥 k. 4, Zottoli III p. 450; 註 疏 k. 44.

(9º) 是 年 三 月 甲 子, 周 公 乃 朝 用 書 命 庶 殷 侯 甸 男 邦 伯 (1).

Cette même 7ᵉ année, la 3ᵉ lune civile, au jour sous le 1ᵉʳ signe cyclique *kia-tse* 甲子, le matin, *Tcheou Kong* 周公, d'apès le registre des travaux, enjoignit aux vassaux qui étaient présents de concourir à la construction de la nouvelle capitale.

Ce jour sous le 1ᵉʳ signe cyclique *kia-tse* 甲子, 21ᵉ de la 3ᵉ lune civile, serait le 16ᵉ de la 2ᵉ lune épactale de 1109 av. J.-C., 9 février *style grégorien* (20 style julien).

(10º) 是 年 十 二 月 戊 辰, 成 王 在 新 邑 丞 歲 祭 文 王 騂 牛 一 武 王 騂 牛 一 (2).

Cette même 7ᵉ année, la 12ᵉ lune civile, au jour sous le 5ᵉ signe cyclique *ou-tch'en* 戊辰, l'Emp. *Tch'eng Wang* 成王, dans la nouvelle ville, où il était allé lui-même avec *Tcheou Kong* 周公 le 12 de la 3ᵉ lune civile (voir nº 15 (5º)), fit le sacrifice d'hiver à son aïeul *Wen Wang* 文王 et à son père *Ou Wang* 武王, offrant à chacun un bœuf roux.

Ce jour sous le 5ᵉ signe cyclique *ou-tch'en* 戊辰, 30ᵉ de la 12ᵉ lune civile, serait le 24ᵉ de la 12ᵉ lune épactale de 1109 av. J.-C., 9 décembre style grégorien (20 style julien).

16. 周 成 王 三 十 七 年.

Plusieurs dates se rapportent à cette 37ᵉ année de *Tch'eng Wang* 成王 qui serait 1709 av. J.-C., année dont le nombre d'or est 6 et l'épacte grégorienne 8.

(1º) 是 年 四 月 哉 生 魄 成 王 不 懌, 甲 子 乃 順 纇 水 相 被 寬 服 憑 王 几 (3).

Cette 37ᵉ année, la 4ᵉ lune civile, au jour où, après avoir été pleine, la lune commence à décroître, c'est-à-dire le 16, sous le 1ᵉʳ signe cyclique *kia-tse* 甲子, l'Emp. *Tch'eng Wang* 成王, triste parce que malade, se lava la chevelure et le visage, aidé de son chambellan, puis coiffa la tiare, s'habilla des vêtements impériaux et s'appuya à une table de pierre précieuse.

---

(1) Sur cette date, voir 書 經 周 書 召 誥 k. 5, Zottoli III p. 450; 註 疏 k. 15; 欽 定 歷 代 年 表 k. 6.

(2) Sur cette date, voir 書 經 周 書 洛 誥 k. 5, Zottoli III p. 458; 註 疏 k. 15; 欽 定 歷 代 年 表 k. 6.

(3) Sur cette date, voir 書 經 周 書 顧 命 k. 6, Zottoli III p. 490; 註 疏 k. 18; 欽 定 歷 代 年 表 k. 6.

Le Ier mois astronomique, *tse-yué* 子 月, de cette 37e année civile, 1ère lune civile de cette même année, serait la 12e lune épactale de l'année précédente 1080 av. J.-C., lune qui commence le 25 novembre 1080.

La lune citée, 4e civile, IVe mois astronomique, *mao-yué* 卯 月, serait la 3e lune épactale de 1079 av. J.-C. commençant le 21 février.

Ce 21 février 1079 est sous le 50e signe cyclique *koei-tch'eou* 癸 丑.

Le jour en question sous le 1er signe cyclique *kia-tse* 甲 子 étant le 16e jour la 4e lune civile, la néoménie de cette 4e lune est sous le 46e signe cyclique *ki-yeou* 己 酉, et serait le 17 février 1029.

Il y a donc une différence de 4 jours entre les néoménies épactale et chinoise, celle-ci étant en avance sur la 1ère.

Dès lors le jour en question sous le 1er signe cyclique *kia-tse* 甲 子, 16e de la 4e lune civile, serait le 12e de la 3e lune épactale de 1079, 4 mars style grégorien (14 style julien).

(2°) 是 年 四 月 乙 丑 成 王 崩 (1).

Cette même 37e année, la 4e lune civile, au jour sous le 2e signe cyclique *i-tch'eou* 乙 丑, l'Emp. *Tch'eng Wang* 成 王 mourut.

Ce jour sous le 2e signe cyclique *i-tch'eou* 乙 丑 est le 17e de la 4e lune civile et serait le 13e de la 3e lune épactale de 1079, 5 mars style grégorien (15 style julien).

(3°) 是 年 四 月 丁 卯, 太 保 召 公 命 史 作 册 度 (2).

Cette même 37e année, la 4e lune civile, au jour sous le 4e signe cyclique *ting-mao* 丁 卯, le tuteur suprême *Tchao Kong* 召 公 enjoignit au scribe officiel de consigner par écrit les dispositions testamentaires de l'Empereur défunt et les rites à observer par l'héritier.

Ce jour sous le 4e signe cyclique *ting-mao* 丁 卯, 19e de la 4e lune civile, serait le 15e de la 3e lune épactale, 7 mars style grégorien (17 style julien) 1079 av. J.-C.

(4°) 是 年 四 月 癸 酉 召 相 公 命 士 須 村 (3).

---

(1) Sur cette date, voir 書 經 周 書 顧 命 k. 6, Zottoli III p. 492; 註 疏 k. 17; 欽 定 歷 代 年 表 k. 6.

(2) Sur cette date, voir 書 經 周 書 顧 命 k. 6, Zottoli III p. 492; 註 疏 k. 17; 欽 定 歷 代 年 表 k. 6.

(3) Sur cette date, voir 書 經 周 書 顧 命 k. 6, Zottoli III p. 492; 註 疏 k. 17; 欽 定 歷 代 年 表 k. 6.

Cette même 37e année, la 4e lune civile, au jour sous le 10e signe cyclique *koei-yeou* 癸 酉, le ministre *Tchao Kong* 召 公 ordonna de préparer tout ce qu'il fallait pour les funérailles.

Ce jour sous le 10e signe cyclique *koei-yeou* 癸 酉 est le 25e de la 4e lune civile et serait le 21º de la 3e lune épactale de 1079, 13 mars style grégorien (23 style julien).

17. 周 康 王 十 二 年 六 月 庚 午 朏 越 三 日 壬 申 朝 步 自 宗 于 豐 (1).

La 12e année de *K'ang Wang* 康 王, Emp. de la dynastie *Tcheou* 周, la 6e lune civile, le jour sous le 7e signe cyclique *keng-ou* 庚 午 fut celui où la lune, après la néoménie, commença à luire c'est-à-dire le 3e jour de la lune ; le 3e jour après, c'est-à-dire le 5e jour de la lune, sous le 9e signe cyclique *jen-chen* 壬 申, le matin, l'Empereur, venant de sa capitale *Hao-king* 鎬 京, arriva à *Fong* 豐, ancienne capitale de *Wen Wang* 文 王.

Cette 12º année de *K'ang Wang* 康 王 serait l'an 1067 av. J.-C ; le nombre d'or en est 18 et l'épacte grégorienne 20.

Le Ier mois astronomique, *tse-yué* 子 月, de cette 12ª année civile, 1ère lune de la même année, serait la 1ère lune épactale de 1067, commençant le 12 décembre de l'année précédente 1068 av. J.-C.

La 6e lune civile citée ici, VIe mois astronomique, *se-yué* 巳 月, serait la 6e lune épactale de 1067 commençant le 9 mai.

Ce 9 mai de 1067 est sous le 10e signe cyclique *koei-yeou* 癸 酉, jour de la néoménie de cette 6e lune épactale.

Le jour en question, sous le 7e signe cyclique *keng-ou* 庚 午, étant le 3e de la 6e lune civile, la néoménie de cette lune est sous le 5e signe cyclique *ou-tch'en* 戊 辰 et serait le 4 mai.

Il y a donc une différence de 5 jours entre les néoménies épactale et chinoise, celle-ci étant en avance de 4 jours sur la 1ère ; les jours en question sous les 7e signe cyclique *keng-ou* 庚 午 et 9e *jen-chen* 壬 申, 3 et 5 de la 6e lune civile, seraient les 28 et 30 de la 5e lune épactale, 6 et 8 mai style grégorien (16 et 18 style julien) 1067 av. J.-C.

18. 周 昭 王 二 十 六 年 甲 寅 四 月 八 日 井 泉 泛 溢 宮 殿 震 動 恒 星 不 見 五 光 貫 于 大 微 (2).

---

(1) Sur cette date, voir 書 經 周 書 畢 命 k. 6, Zottoli III p. 489 ; 註 疏 k. 19 ; 欽 定 歷 代 年 表 k. 6.

(2) Sur cette date, voir 路 史 發 揮 k. 3.

La 26ᵉ année (sous le 51ᵉ signe cyclique *kia-in* 甲寅) de *Tchao Wang* 昭王, Emp. de la dynastie *Tcheou* 周, la 4ᵉ lune civile, le 8 (de nuit), l'eau des puits bouillonna et se répandit au dehors; les palais et les temples furent secoués et ébranlés, et les étoiles ne paraissaient plus (1).

Cette 26ᵉ année de *Tchao Wang* 昭王 serait l'an 1027 av. J.-C.; le nombre d'or en est 1, et l'épacte grégorienne 13.

Le Iᵉʳ mois astronomique, *tse-yué* 子月, de cette 26ᵉ année civile, 1ᵉʳᵉ lune civile de l'année en question, serait la 1ᵉʳᵉ lune épactale de 1027 commençant le 19 décembre de l'année précédente 1028.

La 4ᵉ lune civile citée ici, IVᵉ mois astronomique *mao-yué* 卯月, serait la 4ᵉ épactale commençant le 18 mars.

Ce 18 mars 1027 est sous le 48ᵉ signe cyclique *sin-hai* 辛亥.

Donc le jour en question, 8ᵉ de la 4ᵉ lune civile, serait le 8ᵉ de la 4ᵉ lune épactale, en supposant la concordance des néoménies, 25 mars style grégorien (ou 4 avril style julien) de l'an 1027. Ce 8ᵉ jour de la 4ᵉ lune civile est sous le 55ᵉ signe cyclique *ou-ou* 戊午.

19. 魯煬公二十四年正月丙申朔旦冬至 (2).

La 24ᵉ année (sous le 43ᵉ signe cyclique *ping-ou* 丙午) de *Yang Kong* 煬公, prince de *Lou* 魯, la 1ᵉʳᵉ lune à la néoménie, sous le 33ᵉ signe cyclique *ping-chen* 丙申, eut lieu le solstice d'hiver (3).

Dans le calendrier de *Lou* 魯, l'année civile commençait au Iᵉʳ mois astronomique *kien-tse* 建子.

____

(1) Dans le livre *Lou-che-fa-hoei* 路史發揮, on lit que ce phénomène est arrivé en l'année 24 (sous le 51ᵉ signe cyclique *kia-in* 甲寅) de *Tchao Wang* 昭王, Emp. de la dynastie *Tcheou* 周, et en d'autres livres où il est question du même phénomène cette 2ᵉ date est donnée aussi. Mais il est certain qu'il y a eu erreur de copiste en mettant 24 au lieu de 26. En effet: 1° la 24ᵉ année de l'Emp. *Tchao Wang* 昭王 n'est pas sous le 51ᵉ signe cyclique *kia-in* 甲寅, mais sous le 49ᵉ signe cyclique *jen-tse* 壬子, c'est la 26ᵉ année qui est sous le 51ᵉ signe cyclique *kia-in* 甲寅; 2° dans le susdit ouvrage, on lit peu après, qu'un phénomène semblable se produisit sous le 31ᵉ signe cyclique *kia-ou* 甲午 de *Tchoang Wang* 莊王, Emp. de la même dynastie (voir 春秋左傳魯莊公七年), et que l'intervalle entre les deux phénomènes fut 340 ans. Or du 49ᵉ signe cyclique *jen-tse* 壬子 au 31ᵉ signe cyclique *kia-ou* 甲午, il y a non pas 340, mais 342 ans; or la 24ᵉ année de l'Emp. *Tchao Wang* 昭王 est l'an 1029 av. J.-C. et la 10ᵉ année de *Tchoang Wang* 莊王 est l'an 687; de 1029 à 687 il y a bien 342 et non pas 340 ans. La 26ᵉ année de *Tchao Wang* 昭王 au contraire est 1027, et on a 1027—687 = 340; le phénomène eut donc certainement lieu la 26ᵉ année de *Tchao Wang* 昭王.

(2) Sur cette date, voir 前漢書 k. 21 下; 通志堂經解前集春王正月考.

(3) Nous ne suivons pas ici la chronologie *King-ting-li-tai-nien-piao* 欽定歷代年表, mais les Annales *Ts'ien-han-chou* 前漢書 k. 21 下.

Cette année serait l'an 1035 av. J.-C.; le nombre d'or en est 12 et l'épacte grégorienne 14.

La 1ère lune citée ici est le Ier mois astronomique, *tse-yué* 子 月, et serait la 1ère lune épactale de l'année 1035, commençant le 18 décembre de l'année précédente 1036.

Le 18 décembre 1036 est sous le 36e signe cyclique *ki-hai* 己 亥.

Donc le jour en question, sous le 33e signe cyclique *ping-chen* 丙 申, serait le 27 de la 12e lune épactale, 15 décembre style grégorien (ou 25 style julien).

20. 魯 微 公 二 十 六 年 壬 (戎 正) 月 乙 亥 朔 旦 冬 至 (1).

La 26e année de *Wei Kong* 微 (ailleurs on lit 魏) 公, prince de *Lou* 魯, la 1ère lune, à la néoménie, sous le 12e signe cyclique *i-hai* 乙 亥, eut lieu le solstice d'hiver

Cette année serait la 959e av. J.-C.; le nombre d'or en est 12 et l'épacte grégorienne 13.

Cette 1ère lune, Ier mois astronomique, *tse-yué* 子 月, serait la 1ère lune épactale de 959 commençant le 19 décembre de l'année précédente 960. Ce 19 décembre 960 se trouve sous le 15e signe cyclique *ou-in* 戊 寅.

Donc le jour en question sous le 2e signe cyclique *i-hai* 乙 亥 serait le 27 de la 12e lune épactale, 16 décembre style grégorien (25 style julien) 960.

21. 魯 獻 公 十 五 年 正 月 甲 寅 朔 旦 冬 至 (2).

La 15e année de *Hien Kong* 獻 公, prince de *Lou* 魯, la 1ère lune, le jour de la néoménie, sous le 51e signe cyclique *kia-in* 甲 寅, eut lieu le solstice d'hiver (3).

Cette année serait l'an 883 av. J.-C.; le nombre d'or en est 12 et l'épacte 12.

Cette 1ère lune, Ier mois astronomique, *tse-yué* 子 月, serait la 1ère lune épactale de 883, commençant le 20 décembre de l'année précédente 884.

Ce 20 décembre 884 est sous le 54e signe cyclique *ting-se* 丁 巳.

Donc le jour en question sous le signe cyclique *kia-in* 甲 寅, serait le 28 de la 12e lune épactale, c'est-à-dire le 17 décembre style grégorien (25 style julien) 884.

---

(1) Sur cette date, voir 前 漢 書 k. 21 下; 通 志 堂 經 解 前 集 春 王 正 月 考.

(2) Sur cette date, voir 前 漢 書 k. 21 下; 通 志 堂 經 解 前 集 春 王 正 月 考.

(3) Voir note 1 page précédente.

CHAPITRE V.

LA CHRONOLOGIE DU *TCH'OEN-TS'IEOU* 春 秋 ET DU *TSOUO-TCHOAN* 左 傳.

§ I. DISTINCTION À FAIRE DANS CES ÉCRITS ENTRE LES SAISONS CIVILES ET NATURELLES.

§ II. DANS LES DATES QUI Y SONT RAPPORTÉES, DIVERGENCE DUE À L'EMPLOI DE DIVERS CALENDRIERS.

§ III. ESSAIS QUI ONT ÉTÉ FAITS POUR CONCILIER CERTAINES DATES DE CES ÉCRITS.

§ IV. CRITIQUE DE CES ESSAIS ET CONCLUSION.

PARAGRAPHE I.

Sous le titre de *Tch'oen-ts'ieou* 春 秋, littéralement *Printemps et automnes,* furent désignées certaines Annales, parce que les évènements n'y sont pas seulement consignés à telle date, jour de la lune et de l'année, mais y sont rapportés comme ayant eu lieu à telle saison, printemps, été, automne ou hiver, époques de l'année parmi lesquelles le printemps et l'automne sont considérés comme d'importance plus grande.

Ce nom était commun aux Annales des divers royaumes anciens; ainsi l'on disait pour les Annales de l'Empire *Tcheou* 周: *Tcheou Tch'oen-ts'ieou* 周 春 秋; pour celles de *Yen* 燕: *Yen Tch'oen-ts'ieou* 燕 春 秋; pour celles de *Song* 宋: *Song Tch'oen-ts'ieou* 宋 春 秋; pour celles de *Ou* 吳 et *Yué* 越: *Ou Yué Tch'oen-ts'ieou* 吳 越 春 秋. Plus tard on trouve encore ce même titre, par exemple pour les Annales des 16 royaumes féodaux: *Che-lou-kouo-tch'oen-ts'ieou* 十 六 國 春 秋, et pour celles des dix royaumes

(907-979 ap. J.-C.) : *Che-kouo-tch'oen-ts'ieou* 十 國 春 秋. Des ouvrages, même sans être des Annales, sont appelés *Tch'oen-ts'ieou* 春 秋, par exemple : la collection des documents publiée par *Liu Pou-wei* 呂 不 韋, ministre cour à la impériale de la dynastie *Ts'in* 秦 (246-436 ap. J.-C.), *Liu-che Tch'oen-ts'ieou* 呂 氏 春 秋; la collection des décrets choisis des Empereurs depuis 206 av. J.-C., jusqu'à 1398 ap. J.-C. par le lettré *Ts'oei Sien* 崔 銑 (1478-1541 ap. J.-C.), *Wen-yuen Tch'oen-ts'ieou* 文 苑 春 秋. Toutefois lorsque l'on dit simplement *Tch'oen-ts'ieou* 春 秋, on entend par antonomase les Annales du royaume de *Lou* 魯 dont nous nous occupons ici (1).

On distingue dans cet ouvrage deux parties: la 1ère, dite *King* 經, texte de Confucius lui-même, la 2e, dite *Siu-king* 續 經, due à ses disciples et continuation de l'histoire du royaume.

Confucius rédigea cet écrit d'après les anciennes Annales du royaume de *Lou* 魯, qu'il compulsa pendant 9 mois; il commença son récit à la 1ère année de *In Kong* 隱 公 (722 av. J.-C.), 49e année de *P'ing Wang* 平 王, Emp. de la dynastie *Tcheou* 周, année où fut inaugurée une nouvelle période, celle de la dynastie dite *Tcheou orientaux, Tong Tcheou* 東 周.

Il le termina à la 14e année de *Ngai Kong* 哀 公 (481 av. J.-C.), en racontant comment dans une chasse fut pris un cerf à une corne dont l'apparition, tenue pour miraculeuse, avait été l'occasion même de l'écrit (2). Le texte de Confucius, dit *King* 經, va donc de 722 à 481 av. J.-C.; dans le supplément, *Siu-king* 續 經, l'histoire fut continuée par les disciples jusqu'à la mort du maître, c'est-à-dire jusqu'en 479 av. J.-C.; Confucius serait mort en effet la 16e année de *Ngai Kong* 哀 公, la 4e lune selon le calendrier *kien-tse* 建 子, au jour sous le 26e signe cyclique *ki-tch'eou* 己 丑 (3).

Sous le titre de *Tsouo-tchoan* 左 傳, on a en outre les annales continuées jusqu'à la 27e et dernière année de *Ngai Kong* 哀 公 (468 av. J.-C. inc.); ce nouvel écrit, dû à *Tsouo K'ieou-ming* 左 邱 明, commente aussi certains passages du *Tch'oen-ts'ieou* 春 秋 auquel il ajoute des détails nouveaux.

------

(1) *Le P. S. Couvreur S. J. a rendu aux lecteurs français le service de faire paraître à* Ho-kien fou 河 間 府, *en 1914, l'ouvrage en 3 volumes :* «Tch'oen-ts'ieou 春 秋 etTsouo-«tchoan 左 傳, *texte chinois avec traduction française.»* Le P. Hoang, *mort en 1909, n'a pu y renvoyer dans ses notes; de l'édition de Legge citée plus bas, on passera facilement à celle du P. Couvreur.*

(2) Voir sur cette occasion et cette chasse 春 秋 左 傳 哀 公 十 四 年; 家 語 辨 物 解; 孔 叢 子 記 問 篇 et 孔 子 編 年 k. 4.

(3) Sur les dates de la naissance et de la mort de Confucius, voir Note I (fin du volume).

Certaines expressions reviennent fréquemment dans le *Tch'oen-ts'ieou* 春 秋 pour indiquer des dates ; on relève :

en 95 endroits 春 王 正 月, au printemps, 1ère lune impériale ;
en 21 ,,   ,,   春 王 二 月, ,,   ,,   2e   ,,   ,,
en 18 ,,   ,,   春 王 三 月, ,,   ,,   3e   ,,   ,,

L'interprétation de ces passages a amené les érudits chinois à se poser les trois questions suivantes :

1°. Selon quel calendrier sont comptées ces 1ères, 2es, 3es lunes, et à quels mois astronomiques correspondent-elles ?

2°. Que signifie exactement ici le caractère *wang* 王 ?

3°. De quel printemps *tch'oen* 春 s'agit-il ? est-ce ou non du printemps naturel, d'après la marche du soleil ?

Nous donnons ci-dessous l'opinion commune en cette matière (1).

Les 1ères, 2es, 3es, lunes sont comptées suivant le calendrier *kien-tse* 建 子 de la dynastie *Tcheou* 周 et correspondent aux Iers mois astronomiques, *tse-yué* 子 月, aux IIes, *tch'eou-yué* 丑 月, et aux IIIes, *in-yué* 寅 月 ; le caractère *wang* 王 ajouté à la lune indique précisément que la date est donnée selon le calendrier impérial de la dynastie *Tcheou* 周, qui prédominait à cette époque.

Quant au printemps *tch'oen* 春, celui dont il s'agit n'est pas le printemps naturel, mais le printemps civil : il est constitué par les premières lunes de l'année civile qui, selon le calendrier *kien-tse* 建 子 en usage alors, correspondent aux Ier, IIe et IIIe mois astronomiques. Cette terminologie pour les saisons paraît exiger plus amples détails.

On distingue 2 espèces de saisons, la saison naturelle et la saison civile (2). Les 4 saisons naturelles, dites *te'in-che-tche-se-che* 天 時 之 四 時,

____

(1) Voir 通 志 堂 經 解 前 集 春 春 王 正 月 考.

(2) Il y a un petit nombre de lettrés qui n'admettent pas cette distinction et qui interprètent les textes d'une manière différente : quoique, disent-ils, sous la dynastie *Tcheou* 周 l'année commençât au Ier mois astronomique *kien-tse* 建 子, les lunes se nommaient comme dans la désignation *kien-in* 庚 寅 ; la 1ère lune *tcheng-yué* 正 月 est le IIIe mois astronomique, *in-yué* 寅 月, non pas le Ier, *tse-yué* 子 月. Il le faut bien, affirment-ils, car par les textes on voit que la 1ère lune était dans le printemps qui ne commence qu'au IIIe mois astronomique. Le caractère *wang* 王 ajouté indique seulement qu'à cette époque la dynastie impériale *Tcheou* 周 prédominait, ce qui ne veut pas dire que la 1ère lune était le Ier mois astronomique, *tse-yué* 子 月, désigné par la dynastie *Tcheou* 周 pour commencer l'année. Cette opinion est communément rejetée par les critiques ; voir 七 修 類 槀 k. 4.

sont réglées par la marche du soleil, et les mêmes conditions atmosphériques s'y reproduisent régulièrement; les mois astronomiques IIIe, IVe et V^e constituent le printemps naturel; les mois V^e , VIIe et VIIIe , l'été naturel;les mois IXe, X^e et XIe, l'automne naturel; les mois XIIe , Ier et IIe, l'hiver naturel.

Les 4 saisons civiles, dites *che-wang-tche-se-che* 時 王 之 四 時, sont fixées au contraire d'après le calendrier en usage, la convention étant faite que les 3 premiers mois de l'année civile forment le printemps. La corrélation entre ces saisons civiles et la marche du soleil dépend donc du mois astronomique choisi pour le début de l'année (1). Sous la dynastie *Tcheou* 周, c'était, on le sait, le Ier mois (désignation *kien-tse* 建 子), et le printemps civil se composait des Ier, IIe et IIIe mois astronomiques; l'été civil, des IVe , V^e et VIe ; l'automne civil, des VIIe , VIIIe et IXe ; l'hiver civil, des Xe , XIe et XIIe .

En étudiant l'histoire des *Tcheou* 周, cette double appellation ne doit pas être oubliée, car certains actes de la vie religieuse et politique devaient être accomplis les uns dans les saisons naturelles, les autres dans les saisons civiles.

Au milieu des 4 saisons naturelles devaient être faites les 4 chasses légales, réglées par des rites spéciaux et appelées chasse de printemps *tch'oen-cheou* 春 蒐, chasse d'été, *hia-mao* 夏 苗, chasse d'automne, *ts'ieou-sien* 秋 獮, et chasse d'hiver, *tong-cheou* 冬 狩.

La chasse de printemps avait lieu au IVe mois astronomique, celle d'été au VIIe, celle d'automne au Xe et celle d'hiver au Ier.

Aux mêmes mois astronomiques, suivant les saisons naturelles, devaient être célébrés les 4 sacrifices solennels appelés sacrifice de printemps *tch'oen-se* 春 祠, sacrifice d'été *hia-yo* 夏 礿, sacrifice d'automne *ts'ieou-tch'ang* 秋 嘗, et sacrifice d'hiver *tong-tcheng* 冬 烝 (2).

Il en était autrement pour les visites que, sous la dynastie *Tcheou* 周, les princes, par groupes séparés, devaient rendre à l'Empereur tous les 12 ans, visite de printemps *tch'oen-tch'ao* 春 朝 pour les princes de l'est, visite d'été *hia-tchong* 夏 宗 pour les princes du sud, visite d'automne *ts'ieou-kin* 秋

---

(1) De là vient que le mieux, disent les rédacteurs des calendriers, est de commencer l'année civile au IIIe mois astronomique : ainsi coïncident les saisons naturelles et civiles.

(2) 汲 冢 周 書 k. 6, 篇 51; 路 史 餘 論 k. 6; 路 史 發 揮 k. 6; 玉 海 k. 12; 陔 餘 叢 考 k. 2.

覲 pour les princes de l'ouest, et visite d'hiver *long-yu* 冬遇 pour les princes du nord. Ces quatre visites avaient lieu au commencement des quatre saisons civiles, et les princes de l'est se rendaient chez l'Empereur au commencement du printemps civil, Ier mois astronomique ; ceux du sud, au commencement de l'été civil, IVe mois astronomique ; ceux de l'ouest, au commencement de l'automne civil, VIIe mois astronomique, et ceux du nord, au commencement de l'hiver civil, X^e mois astronomique (1).

La publication des néoménies se faisait aussi aux quatre saisons civiles.

Cette distinction entre les 2 espèces de saisons aide aussi à faire concorder les dates du *Tch'oen-ts'ieou* 春秋 et du *Tsouo-tchoan* 左傳.

---

(1) 周禮春宮注疏 k. 18.

PARAGRAPHE II.

Quand on étudie ces deux livres, *Tch'oen-ts'ieou* 春秋 et *Tsouo-tchoan* 左傳, texte et commentaire, on constate en effet que les mêmes évènements y sont relatés à des dates différentes; citons à titre d'exemples les faits suivants (1).

a) Les soldats du royaume de *Song* 宋 assiégèrent *Tchang-ko* 長葛, ville du royaume de *Tcheng* 鄭, la 5e année du prince *In Kong* 隱公 du royaume de *Lou* 魯, 717 av. J.-C.; le texte porte «hiver» et dans le commentaire il y a «automne» (2).

b) Le prince de *Tsin* 晉 tua son propre fils et héritier *Chen Cheng* 神生 la 5e année du prince *Hi Kong* 僖公 du royaume de *Lou* 魯, 655 av. J.-C.; le texte porte «printemps» et dans le commentaire il y a «12e lune «de l'année précédente» (3).

c) *Chang Jen* 商人, prince de *Ts'i* 齊, tua le prince *Ché* 舍 la 14e année du prince *Wen Kong* 文公 du royaume de *Lou* 魯; le texte porte «9e «lune» et dans le commentaire il y a «7e lune» (4).

Pareille divergence de dates dans deux ouvrages composés à si peu d'intervalle, n'a pas été, on le pense, sans exciter la sagacité des lecteurs chinois : quelle cause en assigner ?

Pour un même fait, y a-t-il donc deux indications d'époques différentes ?

Oui, répond *Tou Yu* 杜預, les dates du commentaire indiquent le moment où de vrai eut lieu l'évènement, tandis que celles du texte marquent le temps où l'annonce en fut faite au roi de *Lou* 魯.

Cette opinion est à rejeter, disent communément les critiques;la date est unique et la divergence n'est qu'apparente ; des calendriers différents ont été employés dans le texte et dans son commentaire: de là plusieurs notations pour une même date.

Vers cette époque, en effet, la rédaction des calendriers était quelque peu compliquée et manquait d'uniformité.

---

(1) Voir 陔餘叢考 k. 2.
(2) Legge V p. 17, 18.
(3) Legge V p. 142, 144.
(4) Legge V p. 265.

Le calendrier impérial de la dynastie *Tcheou* 周 faisait débuter l'année civile au Ier mois astronomique (*kien-tse* 建 子); mais l'autorité sur les chefs féodaux ayant diminué, surtout quand la résidence impériale eut été transférée (en 770 av. J.-C.) à la capitale orientale, le calendrier ne eur fut plus alors communiqué. À cette époque, la plupart des royaumes féodaux avaient le leur propre et ne commençaient pas l'année civile au Ier mois astronomique (*kien-tse* 建 子). Il est certain que les royaumes de *Ts'i* 齊, de *Tcheng* 鄭 de *Tsin* 晋 et de *Tchao* 趙 l'ont fait commencer, en certains cas, au IIIe mois astronomique (*kien-in* 建 寅); que le royaume de *Song* 宋 la faisait débuter au IIe mois (*kien-tch'eou* 建 丑), fait explicable puisque la dynastie *In* 殷 (dont *Song* 宋 était un royaume posthume) en avait agi de la sorte. Enfin on sait encore que sous les «Royaumes en lutte» *Tchan-kouo* 戰 國 (de 476 à 225 av. J.-C.), le calendrier *kien-in* 建 寅 était en usage (1), et d'après lui sont données les dates rapportées dans l'ouvrage *Liu-che-tch'oen-ts'ieou* 呂 氏 春 秋 publié entre 246 et 238 av. J.-C.

Partant des données precédentes, les critiques n'admettent généralement qu'un désaccord apparent entre le *Tch'oen-ts'ieou* 春 秋 et le *Tsouo-tchoan* 左 傳 : les dates du 1er, les dates du texte, sont notées d'après le calendrier *kien-tse* 建 子, tandis que le commentaire donne ordinairement les dates suivant le calendrier spécial du royaume dont il rapporte les évènements.

Dans les cas cités plus haut, la divergence des dates disparaîtrait ainsi :

1°) au 1er exemple, ce serait, dit le texte, «l'hiver» civil en suivant le calendrier *kien-tse* 建 子, ou, dit le commentaire, «l'automne» en suivant le calendrier *kien-tch'eou* 建 丑 du royaume de *Song* 宋.

2°) au 2e , le texte porte «printemps» civil en suivant le calendrier *kien-tse* 建 子, et le commentaire, la 12e lune de «l'année précédente» en suivant le calendrier *kien-in* 建 寅.

3°) *au 3e , «9e lune», lit-on dans le texte, lune correspondant au IXe mois astronomique dans le calendrier* kien-tse 建 子, *et ce IXe mois est la 7e lune civile du calendrier* kien-in 建 寅 *que suit le commentaire.*

---

(1) Voir 陔 餘 叢 考 k. 2.

PARAGRAPHE III.

Distinguer les saisons civiles et les saisons naturelles, recourir à des calendriers différents, cela ne suffit pas d'ailleurs pour faire disparaître toute difficulté.

Les dates des jours, soit dans le texte, *King* 經, soit dans le commentaire, *Tchoan* 傳, sont marquées non par des nombres ordinaux, mais par les signes du cycle sexagénaire *kan-tche* 干支 ; or un bon nombre ne peuvent pas se concilier entre elles, non seulement si l'on rapproche texte et commentaire, mais si l'on compare les unes aux autres les données d'un même ouvrage, *Tch'oen-ts'ieou* 春秋 ou *Tsouo-tchoan* 左傳.

Les essais de conciliation ne manquent pas, et tous recourent au même artifice : choisir à propos, et par le fait arbitrairement, les années où s'ajoutent les lunes intercalaires ; choix arbitraire, choix inutile aussi, car, même avec cette méthode, des dates restent inexplicables, de l'aveu de tous.

Le premier qui eut recours à cet artifice paraît être Tou Yu 杜預, à qui l'on doit le *Tch'oen-ts'ieou-che-li-tchang-li* 春秋釋例長歷 (1). Pour rédiger cette chronologie, il dispose, selon l'ordre du texte, toutes les dates du texte, *King* 經 et du commentaire, *Tchoan* 傳, et lorsque ces dates ne se suivent pas comme il le faudrait, il ajoute ou omet une lune intercalaire, en se basant sur les dates à concilier et non sur la règle ordinaire.

Il arrive ainsi à des résultats étranges.

a) Quelquefois jusqu'à 70 lunaisons s'écoulent sans lune intercalaire : ainsi l'an 648 av. J.-C. (12ᵉ de *Hi Kong* 僖公), la 2ᵉ lune est intercalée, et ensuite il faut aller jusqu'à l'an 643 (17ᵉ du même *Hi Kong* 僖公) pour trouver une lune intercalaire, qui serait la 12ᵉ de cette année 643. Dans la chronologie de *Tou Yu* 杜預, il y a quelquefois 57, 49, 48 ou 42 lunaisons entre deux lunes intercalaires consécutives.

b) Le défaut contraire s'y rencontre aussi : par exemple en 626 (1ᵉʳᵉ année de *Wen Kong* 文公) est intercalée la 3ᵉ lune et l'année suivante 625 (2ᵉ du même *Wen Kong* 文公) la 1ᵉ lune, d'où un intervalle de 10 lunaisons seulement entre ces deux lunes intercalaires. On trouve ainsi des intervalles variant de 12 à 20 lunaisons.

____

(1) Voir 聚珍全書杜預春秋長歷 k. 10 et 通鑑外紀目錄 k. 2.

c)　Bien plus, dans la même année, comme en 546 av. J.-C. (27ᵉ de *Siang Kong* 襄 公), deux lunes ont été intercalées, la 11ᵉ et la 11ᵉ bis (1).

De cette irrégularité des lunes intercalaires, il suit que le commencement des années civiles (*kien-tcheng* 建 正) ne se trouve pas dans un mois astronomique déterminé, et est tantôt au Iᵉʳ mois astronomique, tantôt au XIIᵉ , XIᵉ , Xᵉ , IXᵉ , et même au VIIIᵉ , en sorte que le solstice d'hiver arrive parfois à la 6ᵉ lune de l'année civile, comme en l'an 588 av. J.-C. (3ᵉ de *Tch'eng Kong* 成 公) et en 557 (16ᵉ de *Siang Kong* 襄 公).

Pareils inconvénients ont fait que l'œuvre de *Tou Yu* 杜 預 fut sévèrement jugée et que sa chronologie fut communément rejetée par ceux qui étudièrent le *Tch'oen-ts'ieou* 春 秋 ou s'occupèrent des calendriers (2).

À une époque plus moderue pourtant, la même idée fut reprise, spécialement par trois auteurs du 18ᵉ siècle.

1°　*Tch'en Heou-yao* 陳 厚 耀, reçu docteur en 1706, publia une étude sous le titre de *Tch'oen-ts'ieou-li-ts'uen* 春 秋 歷 存 (3).

Dans cette chronologie, l'intervalle maximum entre deux lunes intercalaires est de 48 à 51 lunaisons, l'intervalle minimum de 25 à 19.

2°　*Kou Tong-kao* 顧 棟 高, reçu docteur en 1721, composa la chronologie néoménique des 12 princes de l'époque de *Tch'oen-ts'ieou* 春 秋 intitulée *Tch'oen-ts'ieou-che-eul-kong-cho-joen-piao* 春 秋 十 二 公 朔 閏 表 (4).

Dans cette chronologie, l'intervalle maximum entre deux lunes intercalaires est de 56 à 58, l'intervalle minimum de 23 à 21.

3°　*Yao Wen-t'ien* 姚 文 田, reçu 1ᵉʳ académicien (*Tchoang-yuen* 狀 元) en 1799, composa une chronologie du texte et du commentaire sous le

---

(1)　Dans la chronologie de *Tou Yu* 杜 預 citée au 通 鑑 外 紀 目 錄, une erreur typographique a fait omettre ces deux lunes intercalaires de 456 av. J.-C.; voir 汪 氏 歷 年 表 術 輯 要 k. 8, 22ᵉ année de *Siang Kong* 襄 公·

(2)　On peut citer parmi les premiers: *K'ong Ing-ta* 孔 穎 達, né en 574 apr. J.-C., mort en 649, interprète distingué des livres canoniques; *Tch'eng Kong-yué* 程 公 說, né en 1170 ap. J.-C., mort en 1206, et *Tchao-Fang* 趙 汸, né en 1319 ap. J.-C., mort en 1369; tous deux commentateurs du *Tch'oen-ts'ieou* 春 秋;

parmi les seconds: *Lieou Hiuen* 劉 炫, né en 546 ap. J.-C., mort en 613; le bonze *Seng* 僧, né en 684 ap. J.-C., mort en 727.

(3)　Voir 皇 清 經 解 續 編 k. 55.

(4)　Ibidem k. 68.

titre *Tch'oen-ts'ieou-king-tchoan-cho-joen-piao* 春 秋 經 傳 朔 閏 表 (1).
Cet auteur met dans sa chronologie :

a) en 626 av. J.-C. (1ère année de *Wen Kong* 文 公), deux lunes intercalaires ;

b) en 545 av. J.-C. (28e année *Siang Kong* 襄 公), trois lunes intercalaires ;

c) en 657 et 656 (3e et 4e années de *Hi Kong* 僖 公), en 2 années consécutives des lunes intercalaires ;

d) en 638, 637, 636 (22e, 23e et 24e années de *Hi Kong* 僖 公), en 3 années consécutives, des lunes intercalaires.

Tout récemment enfin en 1889, le lettré *Wang T'ao* 王 韜, né en 1828, mort en 1897, publia une chronologie nouvelle sous le titre *Tch'oen-ts'ieou-cho-joen-tche-je-k'ao* 春 秋 朔 閏 至 日 考 (2).

Pour concilier les dates, il suit encore le même procédé ; et bien qu'il réussisse à intercaler les lunes d'une manière moins irrégulière, sa méthode paraît critiquable, toujours pour les mêmes raisons.

1°) Il augmente encore de façon exagérée l'intervalle entre deux lunes intercalaires consécutives ; ainsi :

de la 11e lune intercalaire en 659 av. J.-C. (1ère année de *Hi Kong* 僖 公) à la suivante, 12e intercalaire, en 653 av. J.-C. (7e année du même Emp.), il y a 73 lunaisons ;

de la 12e lune intercalaire en 635 av. J.-C. (25e année de *Hi Kong* 僖 公) à la suivante, 12e intercalaire, en 630 av. J.-C. (30e année du même Emp.), il y a 60 lunaisons ;

de la 12e lune intercalaire en 700 av. J.-C. (12e année de *Hoan Kong* 桓 公) à la suivante, 12e intercalaire, en 696 av. J.-C. (16e année du même Emp.), il y a 48 lunaisons.

2°) Inversement, il diminue par trop ce même intervalle ; ainsi :

de la 12e lune intercalaire en 579 av. J.-C. (12e de *Tch'eng Kong* 成 公) à la suivante, 7e intercalaire, en 577 (14e du même Emp.), il n'y a que 19 lunaisons ;

---

(1) Voir 邃 雅 堂 學 古 錄, 王 韜 春 秋 朔 閏 至 日 考 上 卷.

(2) *Voir plus haut (pp. 46-49) l'opinion du P. Havret sur cet auteur et la table des lunaisons du* Tch'oen-ts'ieou 春 秋 *établie d'après lui ; (pp. 61-66) en comparant cette table aux données de la Concordance du P. Hoang, on constatera de nombreuses divergences pour les lunes intercalaires.*

de la 12ᵉ lune intercalaire en 603 av. J.-C. (6ᵉ année de *Siuen Kong* 宣 公) à la suivante, 5ᵉ intercalaire, en 601 (8ᵉ année du même Emp.), il n'y a que 17 lunaisons ;

de la 12ᵉ lune intercalaire en 685 av. J.-C. (9ᵉ année de *Tchoang Kong* 莊 公) à la suivante, 4ᵉ intercalaire, en 683 (11ᵉ année du même Emp.), il n'y a que 16 lunaisons ;

de la 11ᵉ lune intercalaire en 660 av. J.-C. (2ᵉ année de *Min Kong* 閔 公) à la suivante, 11ᵉ intercalaire, en 659 (1ᵉʳᵉ année de *Hi Kong* 僖 公), il n'y a que l'espace d'une année.

Dans cette chronologie, il est vrai, le commencement des années civiles (*kien-tcheng* 建 正) varie moins que dans celle de *Tou Yu* 杜 預, et sur les 255 années de la période du *Tch'oen-ts'ieou* 春 秋 (722-468 av. J.-C. inclusivement) il y en a :

a) 24 qui commencent au XIIᵉ mois astronomique (*kien-hai* 建 亥) ;

b) 152 qui commencent au Iᵉ mois astronomique (*kien-tse* 建 子), le solstice d'hiver est alors dans la 2ᵉ lune de l'année civile ;

c) 66 qui commencent au IIᵉ mois astronomique (*kien-tch'eou* 建 丑), le solstice d'hiver est alors dans la 12ᵉ lune de l'année civile précédente ;

d) 3 qui commencent au IIIᵉ mois astronomique (*kien-in* 建 寅), le solstice d'hiver est alors dans la 11ᵉ lune de l'année civile qui précède.

Que les lunes soient intercalées sans aucune loi fixe, que le commencement de l'année civile soit réparti de façon variable dans les divers mois astronomiques, les partisans des systèmes précédents ne s'en défendent pas, et leur réponse est toute prête : cette absence totale d'uniformité serait due à l'ignorance de rédacteurs de calendrier au royaume de *Lou* 魯. À cette solution simpliste, s'opposent bien des difficultés.

1° La règle pour intercaler les lunes était peu compliquée : dans une période de 19 ans, on ajoutait tous les sept ans une lune intercalaire et cette addition devait se faire après 31 lunaisons au moins, 34 au plus. On a peine à croire que les rédacteurs de calendrier de *Lou* 魯 ignorassent une règle si simple.

2° Pour déterminer le Iᵉʳ mois astronomique, *tse-yué* 子 月, il suffisait de connaître le jour du solstice d'hiver, trouvé aisément d'ailleurs au moyen du gnomon ; que l'instrument ne soit pas parfaitement exact, ou soit mal manœuvré, la faute faite sera de quelques jours seulement ; il n'est donc pas croyable que ces mêmes rédacteurs de calendrier n'aient pas su

se procurer la date du solstice en question et aient hésité pour trouver le
Ier mois astronomique.

3° *Tcheou Kong* 周公, frère d'*Ou Wang* 武王 fondateur de la dynastie
Tcheou 周, fait-on encore remarquer, fut l'auteur du calendrier impérial
en usage dans cette dynastie, et il prescrivit que le Ier mois astronomique
fût choisi pour le commencement de l'année civile (*kien-tse* 建子). Il n'est
pas problable que les princes de *Lou* 魯, descendants de *Tcheou Kong* 周
公, se soient écartés des prescriptions de leur aïeul et aient adopté, pour
commencer l'année, un autre mois que le Ier astronomique *tse-yué* 子月.

De fait, quand la capitale fut transportée de *Hao-king* 鎬京 à *Lo-i* 洛
邑 (770 av. J.-C.), le calendrier impérial cessa d'être publié dans les
royaumes féodaux, et le royaume de *Lou* 魯 eut alors le sien propre, mais
vraisemblablement ce qui le caractérisait n'était pas le choix d'un autre
mois astronomique pour commencer l'année.

La différence venait de ce que :

1° une lune intercalaire était insérée à une autre époque que dans le
calendrier impérial, mais généralement la même année, et la lune intercalaire n'appartenait à des années différentes que si la date du solstice
d'hiver différait d'un jour ou deux dans les deux calendriers;

2° la supputation des néoménies différait d'un jour ou deux dans
les deux calendriers.

PARAGRAPHE IV.

D'ailleurs si grande que soit l'ignorance supposée chez les rédacteurs de calendrier, un défaut subsiste et est irrémédiable dans ces chronologies de *Tou Yu* 杜預, *Wang T'ao* 王韜 et autres : ils ont beau intercaler des lunes de façon irrégulière, varier le mois astronomique où commençait l'année civile, ils n'arrivent pas à concilier toutes les dates.

Dans la période du *Tch'oen-ts'ieou* 春秋, on en compte en tout 783 se répartissant de 722 à 468 av. J-.C., 399 dans le texte, 384 dans le commentaire. Or, de ces dates, *Tou Yu* 杜預 en laisse 50 inexpliquées (32 dans le texte, 28 dans le commentaire), et *Wang T'ao* 王韜 en laisse 69 (37 dans le texte et 32 dans le commentaire). Tous deux s'étant demandé d'où venait ce résidu de dates inconciliables avec les autres, ils ont cru pouvoir en donner cinq causes :

l'écriture erronée des annalistes;

la différence des calendriers des royaumes féodaux ;

la corruption et confusion des tablettes en bambou sur lesquelles étaient écrits le texte, *King* 經, et le commentaire, *Tchoan* 傳;

le passage des caractères de forme antique aux caractères modernes;

la transcription fréquente qui eut lieu jusqu'à l'invention de l'imprimerie.

Et ici tous les critiques leur donnent raison, l'accord se fait pour trouver dans ces cinq causes des motifs plausibles aux divergences de dates.

1°) Il est impossible en effet que les annalistes, en enregistant les dates, n'aient pas commis quelques erreurs ; et Confucius, qui rédigea d'après leurs données, ne s'occupa point de vérifier ces dates, chose assez indifférente au but qu'il se proposait, qui était d'instruire les générations futures plutôt que de rédiger un document historique.

2°) Il est certain qu'à l'époque du *Tch'oen-ts'ieou* 春秋, les royaumes féodaux avaient leurs propres calendriers ; nous avons signalé en quoi ils différaient du calendrier impérial.

3°) Selon une tradition certaine, à l'époque du *Tch'oen-ts'ieou* 春秋,

le papier n'existait pas (1) et tous les textes écrits étaient tracés sur des tablettes de bambou attachées avec un cordon. L'an 213 av. J.-C., l'Empereur *Tsin Che-hoang* 秦 始 皇, par édit impérial, décréta que tous les écrits seraient brûlés, sauf les Annales de la dynastie *Tsin* 秦 et les livres de médecine ou de sortilège (2); les tablettes de bambou sur lesquelles avaient été gravés le texte, *King* 經, et le commentaire, *Tchoan* 傳, furent alors cachées dans les murs de l'école de Confucius, afin de les préserver de l'incendie, et elles ne furent retrouvées que sous le règne de l'Empereur *Ou-ti* 武 帝 de la dynastie *Si Han* 西 漢, 140-129 av. J.-C. (3). Comme les cordons qui les réunissaient avaient pourri, ces tablettes n'étaient plus reliées les unes aux autres, plusieurs en outre étaient en mauvais état, et voilà qui explique comment leur ordre primitif ne put être rétabli pour les rédactions subséquentes.

4°) Il est sûr aussi que le texte et le commentaire étaient écrits en caractères antiques, *k'o-teou-wen* 科 斗 文, aux traits semblables à des têtards ; dans la suite ces caractères passèrent à la forme dite *ta-tchoan* 大 篆, traits entortillés et nombreux, puis à la forme *siao-tchoan* 小 篆, traits recourbés et rares, ensuite à la forme *si-chou* 隸 書, traits épais et à angles droits ; enfin on est arrivé à la forme moderne *kiai-chou* 楷 書, où les traits sont simples et délicats (4). Dans ces changements multiples, comment ne se seraient pas glissées des erreurs ?

5°) De plus le procédé pour reproduire les écrits au moyen de planches gravées n'a été inventé que vers la fin du 6e siècle ap. J.-C. (sous la dynastie *Soei* 隋) (5) ; et dès lors texte et commentaire, à partir du 2e siècle

---

(1) L'inventeur de la fabrication du papier fut *Ts'ai Luen* 蔡 倫·

Il fit sa découverte en combinant des écorces d'arbre, des restes de chanvre et de vieux morceaux de toile. L'an 105 ap. J.-C., on présenta l'invention à l'Empereur, qui en fut ravi. À partir de cette époque, l'usage du papier commença à se répandre pour écrire les documents ; ce dont on voulait garder la mémoire était gravé auparavant sur des tablettes de bambou ; voir 後 漢 書 k. 78.

(2) 史 記 測 議 k. 6.

(3) *Lieou Yu* 劉 餘, frère de l'Empereur *Ou Ti* 武 帝 (dynastie *Si Han* 西 漢), investi de la principauté du royaume de *Lou* 魯, voulut agrandir son palais ; en démolissant l'ancienne école de Confucius, on retrouva dans le mur les tablettes de bambou sur lesquelles étaient gravés le texte, *King* 經, et le commentaire, *Tchoan* 傳 (voir 前 漢 書 k. 53 ; 王 充 論 衡 k. 29).

(4) 昭 代 業 書 丙 集 k. 3 ; 五 經 今 文 古 文 考·

(5) 事 物 原 會 k. 20.

ap. J.-C. où ils furent retrouvés, jusqu'au 7ᵉ, se transcrivirent toujours d'un exemplaire à l'autre. On prévoit encore que, de ce chef, bien des fautes peuvent exister dans les exemplaires que l'on possède.

Si ces cinq raisons sont valables, et on admet unanimement qu'elles le sont, si d'ailleurs elles s'imposent pour un certain nombre de dates inexplicables dans tout système, il ne paraît pas qu'un accord complet dans la chronologie du *Tch'oen-ts'ieou* 春秋 doive être recherché en intercalant irrégulièrement des lunes, en variant le mois astronomique où débute l'année, en supposant enfin une ignorance étrange chez les rédacteurs du calendrier de *Lou* 魯.

Dès lors nous abandonnons les chronologies de *Tou Yu* 杜預, *Wang T'ao* 王韜 et autres (1) ; il nous semble suffisant, les calendriers de *Lou* 魯 et des divers royaumes féodaux manquant, de confronter avec le calendrier impérial les 783 dates connues de l'époque du *Tch'oen-ts'ieou* 春秋 ; ce travail de comparaison amène aux résultats suivants : 310 dates sont d'accord avec le calendrier impérial (253 du texte, 257 du commentaire) 273 restent discordantes (146 du texte, 127 du commentaire).

Il faut, croyons-nous, renoncer à tirer parti de ces dernières : les unes sont erronées pour quelqu'une des raisons données plus haut, les autres, exactes, sont supputées dans un calendrier perdu, soit celui de *Lou* 魯, soit celui d'un autre royaume féodal.

On trouvera dans la Concordance les jours solaires correspondant aux dates conformes au calendrier de la dynastie *Tcheou* 周, et nous ajoutons ici une table faisant connaître l'année impériale répondant à telle année déterminée d'un roi de *Lou* (2).

---

(1) *Wang T'ao* 王韜 lui même nous y invite quasiment : plus modeste que *Tou Yu* 杜預, qui croyait avoir levé toute difficulté et concilié toutes les dates sauf quelques rares exceptions, il avoue dans l'épilogue de sa chronologie que lui même «n'ose pas y ajouter complè-"tement foi.»

(2) Des 399 dates du texte, 37 concernent des éclipses de soleil ; on en parlera plus longuement dans le «*Catalogue des Éclipses*».

Empereurs de la dynastie *Tcheou* 周 et Rois du royaume de *Lou* 魯 à l'époque du *Tch'oen-ts'ieou* 春秋.

Années av. J.-C.	Empereurs de la dynastie 周.	Rois de 魯.	Années av. J.-C.	Empereurs de la dynastie 周.	Rois de 魯.	Années av. J.-C.	Empereurs de la dynastie 周.	Rois de 魯.
722	P'ing W. 平王 49	In Kong 隱公 1	696	Tchoang W. 莊王 1	Hoan K. 桓公 1	670	Hoei W. 惠王 7	Tchoang K. 莊公 24
721	,, 50	,, 2	695	,, 2	,, 2	669	,, 8	,, 25
720	,, 51	,, 3	694	,, 3	,, 3	668	,, 9	,, 26
719	Hoan W. 桓王 1	,, 4	693	,, 4	Tchoang K. 莊公 1	667	,, 10	,, 27
718	,, 2	,, 5	692	,, 5	,, 2	666	,, 11	,, 28
717	,, 3	,, 6	691	,, 6	,, 3	665	,, 12	,, 29
716	,, 4	,, 7	690	,, 7	,, 4	664	,, 13	,, 30
715	,, 5	,, 8	689	,, 8	,, 5	663	,, 14	,, 31
714	,, 6	,, 9	688	,, 9	,, 6	662	,, 15	,, 32
713	,, 7	,, 10	687	,, 10	,, 7	661	,, 16	Min K. 閔公 1
712	,, 8	,, 11	686	,, 11	,, 8	660	,, 17	,, 2
711	,, 9	Hoan K. 桓公 1	685	,, 12	,, 9	659	,, 18	Hi K. 僖公 1
710	,, 10	,, 2	684	,, 13	,, 10	658	,, 19	,, 2
709	,, 11	,, 3	683	,, 14	,, 11	657	,, 20	,, 3
708	,, 12	,, 4	682	,, 15	,, 12	656	,, 21	,, 4
707	,, 13	,, 5	681	Hi W. 僖王 1	,, 13	655	,, 22	,, 5
706	,, 14	,, 6	680	,, 2	,, 14	654	,, 23	,, 7
705	,, 15	,, 7	679	,, 3	,, 15	653	,, 24	,, 6
704	,, 16	,, 8	678	,, 4	,, 16	652	,, 25	,, 8
703	,, 17	,, 9	677	,, 5	,, 17	651	Hiang W. 襄王 1	,, 9
702	,, 18	,, 10	676	Hoei W. 惠王 1	,, 18	650	,, 2	,, 10
701	,, 19	,, 11	675	,, 2	,, 19	649	, 3	,, 11
700	,, 20	,, 12	674	,, 3	,, 20	648	,, 4	,, 12
699	,, 21	,, 13	673	,, 4	,, 21	647	,, 5	,, 13
698	,, 22	,, 14	672	,, 5	,, 22	646	,, 6	,, 14
697	,, 23	,, 15	671	,, 6	,, 23	645	,, 7	,, 15

Empereurs de la dynastie *Tcheou* 周 et Rois du royaume de *Lou* 魯

à l'époque du *Tch'oen-ts'ieou* 春秋 (Suite).

Années av. J.-C.	Empereurs de la dynastie 周.	Rois de 魯.	Années av. J.-C.	Empereurs de la dynastie 周.	Rois de 魯.	Années av. J.-C.	Empereurs de la dynastie 周.	Rois de 魯.
644	Siang W. 襄王 8	Hi K. 僖公 16	615	K'ing W. 頃王 4	Wen K. 文公 12	586	Ting W. 定王 21	Tch'eng K. 成公 5
643	,, 9	,, 17	614	,, 5	,, 13	585	Kien W. 簡王 1	,, 6
642	,, 10	,, 18	613	,, 6	,, 14	584	,, 2	,, 7
641	,, 11	,, 19	612	K'oang W. 匡王 1	,, 15	583	,, 3	,, 8
640	,, 12	,, 20	611	,, 2	,, 16	582	,, 4	,, 9
639	,, 13	,, 21	610	,, 3	,, 17	581	,, 5	,, 10
638	,, 14	,, 22	609	,, 4	,, 18	580	,, 6	,, 11
637	,, 15	,, 23	608	,, 5	Siuen K. 宣公 1	579	,, 7	,, 12
636	,, 16	,, 24	607	,, 6	,, 2	578	,, 8	,, 13
635	,, 17	,, 25	606	Ting W. 定王 1	,, 3	577	,, 9	,, 14
634	,, 18	,, 26	605	,, 2	,, 4	576	,, 10	,, 15
633	,, 19	,, 27	604	,, 3	,, 5	575	,, 11	,, 16
632	,, 20	,, 28	603	,, 4	,, 6	574	,, 12	,, 17
631	,, 21	,, 29	602	,, 5	,, 7	573	,, 13	,, 18
630	,, 22	,, 30	601	,, 6	,, 8	572	,, 14	Siang K. 襄公 1
629	,, 23	,, 31	600	,, 7	,, 9	571	Ling W. 靈王 1	,, 2
628	,, 24	,, 32	599	,, 8	,, 10	570	,, 2	,, 3
627	,, 25	,, 33	598	,, 9	,, 11	569	,, 3	,, 4
626	,, 26	Wen K. 文公 1	597	,, 10	,, 12	568	,, 4	,, 5
625	,, 27	,, 2	596	,, 11	,, 13	567	,, 5	,, 6
624	,, 28	,, 3	595	,, 12	,, 14	566	,, 6	,, 7
623	,, 29	,, 4	594	,, 13	,, 15	565	,, 7	,, 8
622	,, 30	,, 5	593	,, 14	,, 16	564	,, 8	,, 9
621	,, 31	,, 6	592	,, 15	,, 17	563	,, 9	,, 10
620	,, 32	,, 7	591	,, 16	,, 18	562	,, 10	,, 11
619	,, 33	,, 8	590	,, 17	Tch'eng K. 成公 1	561	,, 11	,, 12
618	K'ing W. 頃王 1	,, 9	589	,, 18	,, 2	560	,, 12	,, 13
617	,, 2	,, 10	588	,, 19	,, 3	559	,, 13	,, 14
616	,, 3	,, 11	587	,, 20	,, 4	558	,, 14	,, 15

Empereurs de la dynastie *Tcheou* 周 et Rois du royaume de *Lou* 魯 à l'époque du *Tch'oen-ts'ieou* 春秋 (Suite).

Années av. J.-C.	Empereurs de la dynastie 周.	Rois de 魯.	Années av. J.-C.	Empereurs de la dynastie 周.	Rois de 魯.	Années av. J.-C.	Empereurs de la dynastie 周.	Rois de 魯.
557	Ling W. 靈王 15	Siang K. 襄公 16	527	King W. 景王 18	Tchao K. 照公 15	497	King W. 敬王 23	Ting K. 定公 13
556	,, 16	,, 17	526	,, 19	,, 16	496	,, 24	,, 14
555	,, 17	,, 18	525	,, 20	,, 17	495	,, 25	,, 15
554	,, 18	,, 19	524	,, 21	,, 18	494	,, 26	Ngai K. 哀公 1
553	,, 19	,, 20	523	,, 22	,, 19	493	,, 27	,, 2
552	,, 20	,, 21	522	,, 23	,, 20	492	,, 28	,, 3
551	,, 21	,, 22	521	,, 24	,, 21	491	,, 29	,, 4
550	,, 22	,, 23	520	,, 25	,, 22	490	,, 30	,, 5
549	,, 23	,, 24	519	King W. 敬王 1	,, 23	489	,, 31	,, 6
548	,, 24	,, 25	518	,, 2	,, 24	488	,, 32	,, 7
547	,, 25	,, 26	517	,, 3	,, 25	487	,, 33	,, 8
546	,, 26	,, 27	516	,, 4	,, 26	486	,, 34	,, 9
545	,, 27	,, 28	515	,, 5	,, 27	485	,, 35	,, 10
544	King W. 景王 1	,, 29	514	,, 6	,, 28	484	,, 36	,, 11
543	,, 2	,, 30	513	,, 7	,, 29	483	,, 37	,, 12
542	,, 3	,, 31	512	,, 8	,, 30	482	,, 38	,, 13
541	,, 4	Tchao K. 昭公 1	511	,, 9	,, 31	481	,, 39	,, 14
540	,, 5	,, 2	510	,, 10	,, 32	480	,, 40	,, 15
539	,, 6	,, 3	509	,, 11	Ting K. 定公 1	479	,, 41	,, 16
538	,, 7	,, 4	508	,, 12	,, 2	478	,, 42	,, 17
537	,, 8	,, 5	507	,, 13	,, 3	477	,, 43	,, 18
536	,, 9	,, 6	506	,, 14	,, 4	476	,, 44	,, 19
535	,, 10	,, 7	505	,, 15	,, 5	475	Yuen W. 元王 1	,, 20
534	,, 11	,, 8	504	,, 16	,, 6	474	,, 2	,, 21
533	,, 12	,, 9	503	,, 17	,, 7	473	,, 3	,, 22
532	,, 13	,, 10	502	,, 18	,, 8	472	,, 4	,, 23
531	,, 14	,, 11	501	,, 19	,, 9	471	,, 5	,, 24
530	,, 15	,, 12	500	,, 20	,, 10	470	,, 6	,, 25
529	,, 16	,, 13	499	,, 21	,, 11	469	,, 7	,, 26
528	,, 17	,, 14	498	,, 22	,, 12	468	TchengTing W. 貞定王 1	,, 27

CHAPITRE VI.

CHRONOLOGIE DU *CHE-KI* 史 記.

§ I. DATES DE LA DYNASTIE TCHEOU 周.
§ II. DATES DE LA DYNASTIE TS'IN 秦.
§ III. DATES DE LA DYNASTIE SI HAN 西 漢.

PARAGRAPHE I.

Le *Che-ki* 史 記, mémorial historique composé par l'historiographe *Se-ma Ts'ien* 司 馬 遷 (1), est divisé en 5 sections : la première dite les **12** *pen-ki* 本 紀, «Annales des dynasties et des Empereurs»; la 2e, les 10 *piao* 表, «Tables historiques»; la 3e, les 8 *chou* 書, «Traités des dispositions lé-»gales»; la 4e, les 30 *che-kia* 世 家, «Familles héréditaires des princes et mi-»nistres»; la 5e, les 70 *lé-tchoan* 列 傳, «Biographies des hommes illustres»; l'ouvrage contient en tout 130 chapitres. L'histoire écrite par *Se-ma Tsien* 司 馬 遷 commence par l'Emp. *Hoang Ti* 黃 帝 (l'an 2491 av. J.-C. selon la chronologie *Tchou-chou-ki-nien* 竹 書 紀 年, 2697 selon le *King-ting-nien-piao* 欽 定 年 表) et se termine à la 4e année de règne *T'ien-han* 天 漢 de l'Emp. *Ou Ti* 武 帝 de la dynastie *Si Han* 西 漢 (20 av. J.-C.). De ces 130 chapitres, huit, commencés par *Se-ma Tsien* 司 馬 遷, furent continués par *Tch'ou Chao-suen* 褚 少 孫 (2) jusqu'à la 1ère année de règne *Hong-kia* 鴻 嘉 de l'Emp. *Tch'eng Ti* 成 帝 (20 av. J.-C.) de la même dynastie (3).

Nous nous occuperons seulement des dates pour lesquelles sont donnés

---

(1) *Se-ma Ts'ien* 司 馬 遷, nommé *Tan* 談, en 108 av. J.-C. succéda à son père dans l'office d'annaliste et de rédacteur du calendrier; il composa le *Che-ki* en se servant des anciens documents laissés par son père, de la bibliothèque et des archives de la cour; voir 史 記 k. 130.

(2) Sur *Tch'ou Chao-suen* 褚 少 孫 (73-17 av. J.-C.), voir 前 漢 書 王 式 傳 k. 88.

(3) Dans l'ouvrage *Che-ki* 史 記, les trois premières sections et 12 chapitres de la quatrième furent traduits en français avec beaucoup d'érudition par le savant sinologue Ed. Chavannes. (*Le P. Hoang mourut trop tôt pour connaître les derniers travaux de Chavannes*).

l'année, la lune et le jour ; dans un Ier paragraphe, nous traiterons des dates de la dynastie *Tcheou* 周 ; dans un IIe, des dates de la dynastie *Ts'in* 秦 ; et dans un IIIe, des dates de la dynastie *Si Han* 西漢 (1).

Dans le *Che-ki* 史記, il y a, relatives à la dynastie *Tcheou* 周, 83 dates indiquées par l'année, la lune et le jour ; pour les étudier il nous a paru commode de les numéroter.

De ces 83 dates, 4 sont antérieures à 841 av. J.-C., ce sont les numéros 1, 2, 11 et 25 ; sur les 79 autres, 76 sont aussi dans le *Tch'oen-ts'ieou* 春秋 ou le *Tsouo-tchoan* 左傳, 3 sont spéciales au *Che-ki* 史記, les numéros 21, 78 et 79.

En fait, ces 79 dates appartiennent à l'histoire des royaumes féodaux au temps de la dynastie *Tcheou* 周. Nous avons dit déjà (2) que ceux-ci, à partir de 770 av. J.-C., avaient pour la plupart leur propre calendrier, et avons indiqué en quoi, selon les critiques, consistaient les différences de ces calendriers : lune intercalée diversement, néoménie assignée à d'autres dates et, pour certains, choix du IIIe mois astronomique pour le début de l'année, *kien-in* 建寅.

Comme ces calendriers sont perdus, pour une date supputée dans l'un d'eux, on recourt au calendrier impérial d'après lequel a été établie la Concordance, en tenant compte, s'il y a lieu, du mois astronomique où commence l'année : c'est toujours le Ier, système *kien-tse* 建子, dans le calendrier impérial; ce peut être le IIIe, système *kien-in* 建寅, dans les autres.

Cette méthode étant appliquée aux 79 dates en question, on en trouve 60 pour lequelles l'accord se fait avec le calendrier impérial et 19 seulement pour lesquelles il n'a pas lieu, les numéros 21, 26, 27, 28, 30, 31, 38, 39, 40, 41, 42, 43, 57, 58, 71, 72, 73, 74 et 77.

Pour ces 19 dates, le désaccord irréductible est dû à la diversité des calendriers ou à quelqu'une des causes indiquées au chapitre précédent pour expliquer les fautes de texte (3).

Aux 60 autres dates, nous faisons correspondre les jours solaires en styles grégorien et julien.

Étudions maintenant chaque date séparément.

---

(1) *Dans les citations qui suivent, les caractères entre parenthèses, introduits par le P. Hoang, ont été tirés d'une source différente du* Che-ki 史記 *et généralément indiquée, (voir la note* (3) *de la page* 161 *sur les citations faites par le P. Hoang).*

(2) Voir ci-dessus Chronologie du *Tch'oen-ts'ieou* 春秋, *pages* 193 *et* 198.

(3) Voir pages 199, 200 et 201.

I. Dates du chapitre 4e des Annales de la dynastie Tcheou 周,
Tcheou Pen-ki 周 本 紀.

1. 周武王十 一 年(十二年)十二月戊午師渡盟津諸侯咸會(1).

La 11e (12e) année de l'Emp. *Ou Wang* 武 王 de la dynastie *Tcheou* 周,
la 12e lune, au jour sous le 55e signe cyclique *ou-ou* 戊 午, l'armée passa
la rivière à *Mong-tsin* 盟 津 où s'étaient réunis les seigneurs (Chavannes
I p. 227).

Le *Chou-king* 書 經 rapporte cet évènememet comme arrivé la 13e année
(書 經 泰 誓 土 Zottoli III p. 406).

Selon les critiques, la date 11e année est erronée; ce serait de la
12e qu'il s'agit. La 12e lune de la 12e année est d'ailleurs la même que la
1ère de la 15e année, car une telle lune, dite 12e selon le calendrier de la
dynastie *Chang* 商 où l'année débute au IIe mois astronomique, *kien-
tch'eou* 建 丑, devient la 1ère de l'année suivante selon le calendrier de la
dynastie *Tcheou* 周, où l'année débute au Ier mois, *kien-tse* 建 子.

D'où il résulte que la date en question serait la 12e année de l'Empereur lune 12e, ou 13e année lune 1ère, le 28e jour, 13 décembre style
grégorien (24 style julien), 1123 av. J.-C.

2. 周武王十 三 年二 月甲 子王至 於 牧 野 (2).

La 13e année du même Empereur, la 2e lune, au jour sous le 1er
signe cyclique *kia-tse* 甲 子, *Ou Wang* 武 王 arriva dans la plaine appelée
Mou-yé 牧 野 (Chavannes I p. 228).

Cette date est la 13e année de l'Empereur, la 2e lune, le 4e jour, le 19
décembre style grégorien (30 style julien), 1123 av. J.-C.

II. Dates du Chapitre 14e, Table des années des 12 princes,
Che-eul tchou-heou nien-piao 十 二 諸 侯 年 表.

3. 魯 文 公 十 五 年 六 月 辛 丑 日 蝕 (3).

La 15e année de *Wen Kong* 文 公, prince de *Lou* 魯, la 6e lune, au jour
sous le 28e signe cyclique *sin-tch'eou* 辛 丑, eut lieu une éclipse de soleil.

Cette date est la 15e année du prince, la 6e lune, ou 5e lune intercalaire, le 3e jour, 21 avril style grégorien (28 style julien), 612 av. J.-C.

---

(1) 史 記 k. 4. Voir ci-dessus Chap. IV date N° 12 (2) p. 173.

(2) 史 記 k. 4; 書經牧誓 Zottoli III p.412. Voir ci-dessus Chap. IV date N° 12 (4)p.173.

(3) 史 記 k. 14; 春 秋 左 傳文 公十 五 年; Legge V p. 268. Voir plus bas
date N° 83.

III. Dates du Chapitre 31ᵉ, Famille héréditaire de *T'ai-pé* 太 伯, du royaume *Ou* 吳, *Ou T'ai-pé che-kia* 吳 太 伯 世 家.

4. 吳 王 僚 十 三 年 (十 二 年) 四 月 丙 子 公 子 光 弑 王 僚 (1).

La 13ᵉ année de *Liao* 僚 souverain de *Ou* 吳, la 4ᵉ lune, au jour sous le 13ᵉ signe cyclique *ping-tse* 丙 子, le prince Koang tua le roi *Liao* 僚 (Chavannes IV p. 20).

Le texte du *Tch'oen-ts'ieou* 春 秋 et le commentaire *Tsouo-tchoan* 左 傳 notent cet assassinat la 27ᵉ année de *Tchao Kong* 昭 公, prince *Lou* 魯, 4ᵉ lune (voir 春 秋 左 傳 昭 公 二 十 七 年, Legge V p. 719). Or cette année est la 12ᵉ de *Liao* 僚, prince de *Ou* 吳; aussi les historiographes suivent-ils le *Tch'oen-ts'ieou* 春 秋 et le *Tsouo-tchoan* 左 傳.

Le *Che-ki* 史 記, à la biographie des Sicaires, dit encore que le meurtre eut lieu la 12ᵉ année (2). Ces deux années 12ᵉ et 13ᵉ sont les années 515 et 514 av. J.-C. Or la date 13ᵉ année 4ᵉ lune, au jour sous le 13ᵉ signe cyclique *ping-tse* 丙 子, ne concorde pas avec le calendrier impérial de *Tcheou* 周; quant à la 12ᵉ année, 4ᵉ lune, au jour sous le 13ᵉ signe cyclique *ping-tse* 丙 子, l'accord existe avec ce calendrier moyennant l'hypothèse suivante : la 2ᵉ lune de cette année, pleine dans le calendrier impérial, serait cave dans celui de *Ou* 吳. La date en question serait alors la 12ᵉ année du roi, 4ᵉ lune, le 1ᵉʳ, c'est-à-dire le 27 février style grégorien (5 mars style julien), 515 av. J.-C.

5. 吳 王 夫 差 十 四 年 六 月 戊 子 (丙 子) 越 王 句 踐 伐 吳 (2).

La 14ᵉ année de *Fou Tch'ai* 夫 差, prince de *Ou* 吳, la 6ᵉ lune, au jour sous le 25ᵉ signe cyclique *ou-tse* 戊 子 (13ᵉ signe cyclique *ping-tse* 丙 子), *Keou Ts'ien* 句 踐, prince de *Yué* 越, expédia des troupes pour attaquer le royaume *Ou* 吳 (Chavannes IV p. 30).

Cette expédition, selon le commentaire *Tsouo-tchoan* 左 傳, a eu lieu au jour sous le 13ᵉ signe cyclique *ping-tse* 丙 子 (voir 左 傳 哀 公 十 三 年, Legge V p. 830). De plus le *Che-ki* 史 記 rapporte immédiatement après l'expédition : a) le jour sous le 22ᵉ signe cyclique *i-yeou* 乙 酉, où le combat eut lieu, b) le jour sous le 23ᵉ signe *ping-siu* 丙 戌, où fut fait captif l'héritier présomptif du royaume *Ou* 吳, c) le jour sous le 24ᵉ signe cycli-

---

(1) 史 記 k. 31.

(2) Voir plus bas N° 83.

(2) 史 記 k. 31.

que *ting-hai* 丁亥, où les soldats de *Yué* 越 pénétrèrent dans le royaume de *Ou* 吳 (voir plus bas NN. 6, 7, 8). Or le jour sous le 25ᵉ signe cyclique *ou-tse* 戊子 arrivant après ces dates, le jour où le prince de *Yué* 越 expédia des troupes contre le royaume de *Ou* 吳 serait sous le 13ᵉ signe cyclique *ping-tse* 丙子 et non pas sous le 25ᵉ *ou-tse* 戊子, et la date en question serait la 14ᵉ année du prince, la 6ᵉ lune, le 13ᵉ signe cyclique *ping-tse* 丙子, le 12ᵉ jour, 6 mai style grégorien (11 style julien), 482 av. J.-C.

6.　同年六月乙酉越人與吳戰 (1).

La même année, la 6ᵉ lune, au jour sous le 22ᵉ signe cyclique *i-yeou* 乙酉, l'armée de *Yué* 越 engagea le combat avec les soldats de *Ou* 吳 (Chavannes IV p. 31).

Cette date est la 14ᵉ année du prince, la 6ᵉ lune, le 21ᵉ jour, 15 mai style grégorien (20 style julien), 482 av. J.-C.

7.　同年六月丙戌越虜吳太子 (2).

La même année, la 6ᵉ lune, au jour sous le 23ᵉ signe cyclique *ping-siu* 丙戌, les soldats de *Yué* 越 emmenèrent prisonnier l'héritier présomptif de *Ou* 吳, (Chavannes IV p. 31).

Cette date est la 14ᵉ année du règne, la 6ᵉ lune, le 22ᵉ jour, 16 mai style grégorien (21 style julien), 482 av. J.-C.

8.　同年六月丁亥越人入吳 (3).

La même année, la 6ᵉ lune, au jour sous le 24ᵉ signe cyclique *ting-hai* 丁亥, les troupes de *Yué* 越 entrèrent dans la capitale du royaume de *Ou* 吳 (Chavannes IV p. 31).

Cette date est la 14ᵉ année du règne, la 6ᵉ lune, le 23ᵉ jour, 17 mai style grégorien (22 style julien), 482 av. J.-C.

9.　同年七月辛丑吳王與晉定公爭長 (4).

Cette même année, la 7ᵉ lune, au jour sous le 38ᵉ signe cyclique *sin-tch'eou* 辛丑, eut lieu une discussion sur une question de préséance entre le prince de *Ou* 吳 et *Ting Kong* 定公, prince de *Tsin* 晉 (Chavannes VI p. 31).

Cette date est la 14ᵉ année, la 7ᵉ lune, le 18ᵉ jour, 31 mai style grégorien (5 juin style julien), 482 av. J.-C.

---

(1) 史記 k. 31; 左傳哀公十三年 Legge V p. 830.

(2) 史記 ib.; 左傳 ib. Legge V p. 830.

(3) 史記 ib.; 左傳 ib. Legge V p. 830.

(4) 史記 ib.; 左傳 ib. Legge V p. 830.

10.　吳王夫差二十三年十一月丁卯越敗吳 (1).

La 23 année de *Fou-tch'ai* 夫差, prince de *Ou* 吳, la 11ᵉ lune, au jour sous le 4ᵉ signe cyclique *ting-mao* 丁卯, *Yué* 越 vainquit *Ou* 吳, (Chavannes IV 32).

Cette date est la 23ᵉ année du règne, la 11ᵉ lune, le 28ᵉ jour, 5 novembre style grégorien (10 style julien), 473 av. J.-C.)

IV.　Dates du Chapitre 32ᵉ, Famille héréditaire de *T'ai Kong* 太公, prince de *Ts'i* 齊 (2), *Ts'i T'ai Kong che-kia* 齊太公世家.

11.　周武王十一年正月甲子誓於牧野 (3).

La 11ᵉ année de l'Emp. *Ou Wang* 武王 de la dynastie *Tcheou* 周, la 1ᵉʳᵉ lune, au jour sous le 1ᵉʳ signe cyclique *kia-tse* 甲子, l'Empereur harangua les soldats (Chavannes IV p. 38).

Selon les critiques, il y a ici une erreur et on doit lire 13ᵉ année. La 1ᵉʳᵉ lune de la 13ᵉ année est d'ailleurs la même que la 2ᵉ lune de la même année, car cette lune, dite 1ᵉʳᵉ dans le calendrier de la dynastie *Chang* 商 (de désignation *kien-tch'eou* 建丑), est la 2ᵉ selon le calendrier de la dynastie *Tcheou* 周 (de désignation *kien-tse* 建子).

D'où il suit que cette date n'est autre que celle rapportée au Nº 2, 13ᵉ année, 2ᵉ lune, 4ᵉ jour, 19 décembre style grégorien (30 style julien), 1123 av. J.-C., d'après la désignation *kien-tse* 建子.

12.　齊桓公四十三年十月 (十二月) 乙亥桓公卒 (4).

La 43ᵉ année de *Hoan Kong* 桓公, prince de *Ts'i* 齊, ce prince mourut à la 10ᵉ (12ᵉ) lune, au jour sous le 12ᵉ signe cyclique *i-hai* 乙亥 (Chavannes IV p. 59).

Cette mort, dans le commentaire *Tsouo-tchoan* 左傳, est rapportée à la 10ᵉ lune, tandis que le texte *Tch'oen-ts'ieou* 春秋 la met à la 12ᵉ (voir 春秋左傳僖公十七年 Legge V 171-172). Mais cette 10ᵉ lune est la même que la 12ᵉ, car elle n'est autre que le XIIᵉ mois astronomique; or ce mois, dans le calendrier impérial de *Tcheou* 周, qui suit la désigna-

----

(1)　史記 k. 31; 左傳哀公廿二年 Legge V p. 854.

(2)　Le royaume *Ts'i* 齊 a son calendrier propre dans lequel l'année commence au IIIᵉ mois astronomique (*kien-in* 建寅); mais le commentaire *Tsouo-tchoan* 左傳 suit fréquemment le texte du *Tch'oen-ts'ieou* 春秋. Aussi les dates sont données tantôt d'après la désignation *kien-tse* 建子, tantôt d'après la désignation *kien-in* 建寅, comme on le marque ci-après dans chaque numéro.

(3)　史記 k. 32; 書經牧誓 Zottoli III p. 412.

(4)　史記 k. 32.

tion *kien-tse* 建 子, est la 12ᵉ lune ; tandis que dans le calendrier particulier de *Ts'i* 齊, qui suit la désignation *kien-in* 建 寅, c'est la 10ᵉ ; donc 10ᵉ lune dans un auteur, 12ᵉ dans l'autre sont de fait le même mois.

Cette date est dès lors la 43ᵉ année du règne, la 10ᵉ lune, le 10ᵉ jour, 4 novembre style grégorien (11 style julien), 643 av. J.-C. (selon la désignation *kien-in* 建 寅).

13.　同 年 十 二 月 乙 亥 無 詭 立 (1).

La même année, la 12ᵉ lune, au jour sous le 12ᵉ signe cyclique *i-hai* 乙 亥, le prince *Ou Koei* 無 詭 fut intronisé (Chavannes IV p. 60) ; même remarque est à faire que ci-dessus pour la lune indiquée.

Cette date est la 43ᵉ année du règne, la 12ᵉ lune selon la désignation *kien-in* 建 寅, (11ᵉ dans le *Tsouo-tchoan* 左 傳), le 11ᵉ jour, 3 janvier style grégorien (10 style julien), 642 av. J.-C.

14.　同 年 十 二 月 辛 巳 桓 公 歛 殯 (2).

La même année, la 12ᵉ lune, au jour sous le 18ᵉ signe cyclique *sin-se* 辛 巳, le prince *Hoan Kong* 桓 公 fut mis en bière (Chavannes IV p. 60).

Cette date est la 43ᵉ année, la 12ᵉ lune (selon la désignation *kien-in* 建 寅), le 17ᵉ jour, 19 janvier style grégorien (16 style julien), 642 av. J.-C.

15.　齊 頃 公 十 年 六 月 壬 申 晉 兵 與 齊 兵 合 於 靡 笄 山 下 (3).

La 10ᵉ année de *K'ing Kong* 頃 公, prince de *Ts'i* 齊, la 6ᵉ lune, au jour sous le 9ᵉ signe cyclique *jen-chen* 壬 申, les troupes de *Tsin* 晉 et celles de *Ts'i* 齊 se réunirent au pied du mont *Mi-ki* 靡 笄 (Chavannes VI p. 65).

Cette date est la 10ᵉ année du règne, la 6ᵉ lune (selon la désignation *kien-tse* 建 子), le 17ᵉ jour, 22 mai style grégorien (28 style julien), 589 av. J.-C.

16.　同 年 六 月 癸 酉 師 陳 於 鞌 (4).

La même année, la 6ᵉ lune, au jour sous le 10ᵉ signe cyclique *koei-yeou* 癸 酉, l'armée fut disposée dans la plaine de *Ngan* 鞌 (Chavannes IV p. 65).

Cette date est la 10ᵉ année du prince, la 6ᵉ lune (selon la désignation *kien-tse* 建 子), le 18ᵉ jour, 23 mai style grégorien (29 style julien), 589 av. J.-C.

---

(1)　史 記 k. 32; 左 傳 僖 公 十 七 年 Legge V p. 172.

(2)　史 記 ib.; 左 傳 ib. Legge V p. 172.

(3)　史 記 ib.; 左 傳 成 公 二 年 Legge V p. 339.

(4)　史 記 ib.; 左 傳 ib. Legge V p. 340.

17. 齊 靈 公 八 年 五 月 壬 辰 (七 月 辛 卯) 靈 公 卒 (1).

La 28ᵉ année de *Ling Kong* 靈公, prince de *Ts'i* 齊, la 5ᵉ (7ᵉ) lune, au jour sous le 29ᵉ (28ᵉ) signe cyclique *jen-tch'en* 壬辰 (*sin-mao* 辛卯), *Ling Kong* 靈公 mourut.

Le commentaire *Tsouo-tchoan* 左傳 dit aussi que cette mort eut lieu la 5ᵉ lune, au jour sous le 29ᵉ signe cyclique *jen-tch'en* 壬辰, tandis que le texte du *Tch'oen-ts'ieou* 春秋 porte qu'elle eut lieu la 7ᵉ lune, sous le 28ᵉ signe cyclique *sin-mao* 辛卯 (春秋左傳襄公十九年 Legge V p. 479, 480).

Or il s'agit du même VIIᵉ mois astronomique, qui, dans le calendrier impérial *(kien tse* 建子), est la 7ᵉ lune, et, dans le calendrier particulier du royaume de *Ts'i* 齊 *(kien-in* 建寅), est la 5ᵉ; quant à la différence des 28ᵉ signe cyclique et 29ᵉ, elle ne porte que sur un seul jour; nous suivons ici le *Che-ki* 史記 et le *Tsouo-tchoan* 左傳.

Cette date est donc la 28ᵉ année du règne, la 5ᵉ lune (selon la désignation *kien-in* 建寅), le 1ᵉʳ jour, 8 juin style grégorien (14 style julien), 554 av. J.-C.

18. 齊 莊 公 六 年 五 月 甲 戌 齊 饗 莒 子 (2).

La 6ᵉ année de *Tchoang Kong* 莊公, prince de *Ts'i* 齊, la 5ᵉ lune, au jour sous le 11ᵉ signe cyclique *kia-siu* 甲戌, le prince offrit un repas au vicomte de *Kiu* 莒 (Chavannes IV p. 70).

Cette date est la 6ᵉ année du règne, la 5ᵉ lune (selon la désignation *kien-tse* 建子), le 17ᵉ jour, 19 avril style grégorien (25 style julien), 546 av. J.-C.

19. 同 年 五 月 乙 亥 莊 公 問 崔 杼 病 崔 杼 弑 之 (3).

La même année, la 5ᵉ lune, au jour sous le 12ᵉ signe cyclique *i-hai* 乙亥, le prince *Tchoang Kong* 莊公 alla visiter *Ts'oei Tch'ou* 崔杼 malade, et fut tué par ce dernier (Chavannes IV p. 76, 71).

Cette date est la 6ᵉ année du règne, la 5ᵉ lune (selon la désignation *kien-tse* 建子), le 18ᵉ jour, 20 avril style grégorien (26 style julien), 548 av. J.-C.

20. 同 年 五 月 丁 丑 崔 杼 立 莊 公 弟 杵 臼 (4).

La même année, la 5ᵉ lune, au jour sous le 14ᵉ signe cyclique *ting-tch'eou* 丁丑, *Ts'oei Tch'ou* 崔杼 institua prince de *Ts'i* 齊 *Tch'ou Kieou* 杵臼, frère cadet de *Tchoang Kong* 莊公 (Chavannes IV p. 72).

---

(1) 史 記 k. 32.

(2) 史 記 ib; 左 傳 襄 公 二 十 五 年 Legge V p. 510.

(3) 史 記 ib.; 春 秋; 左 傳 ib. Legge V p. 509, 510.

(4) 史 記 ib.; 左 傳 ib. Legge V p. 510.

Cette date est la 6ᵉ année du règne, la 5ᵉ lune (selon la désignation *kien-tse* 建 子), le 20ᵉ jour, 22 avril style grégorien (28 style julien), 548 av. J.-C.

21.　齊晏孺子元年十月戊子田乞請諸大夫會飲 (1).

La 1ᵉʳᵉ année de *Yen Jou-tse* 晏 孺 子, prince de *Ts'i* 齊, la 10ᵉ lune, au jour sous le 25ᵉ signe cyclique *ou-tse* 戊 子, *T'ien K'i* 田 乞 invita les grands officiers à un banquet (Chavannes IV p. 80).

Cette date est la 1ᵉʳᵉ année du règne, 489 av. J.-C.; la date de la lune et du jour ne s'accordent pas avec le calendrier impérial de la dynastie *Tcheou* 周.

22.　齊簡公四年五月壬申田成子兄弟四乘如公 (2).

La 4ᵉ année de *Kien Kong* 簡 公, prince de *Ts'i* 齊, au jour sous le 9ᵉ signe *jen-chen* 壬 申, *T'ien Tch'eng-tse* 田 成 子 et ses frères, en quatre chars, allèrent chez le prince (Chavannes IV p. 83).

Cette date est la 4ᵉ année du règne, la 5ᵉ lune (selon la désignation *kien-tse* 建 子), le 14ᵉ jour, 26 avril style grégorien (1 mai style julien), 481 av. J.-C.

23.　同年五月庚辰田常執簡公 (3).

La même année, la 5ᵉ lune, au jour sous le 17ᵉ signe cyclique *keng-tch'en* 庚 辰, *T'ien Tch'ang* 田 常 emprisonna le prince *Kien Kong* 簡 公 (Chavannes IV p. 84).

Dans le texte *Tch'oen-ts'ieou* 春秋, on rapporte que l'emprisonnement du prince eut lieu à la 4ᵉ lune, sous le 17ᵉ signe cyclique *keng-tch'en* 庚 辰, date acceptée par le *Li-tai-nien-piao* 歷 代 年 表. Dans ces deux ouvrages, on parle immédiatement après de l'éclipse du soleil qui arriva la 5ᵉ lune, le 1ᵉʳ jour, au 57ᵉ signe *keng-chen* 庚 申; mais si le 57ᵉ signe *keng-chen* 庚 申 marque le 1ᵉʳ jour de la 5ᵉ lune, le jour sous le 17ᵉ signe *keng-tch'en* 庚 辰 est le 21ᵉ de la 3ᵉ lune, et par conséquent ne se trouve pas dans la 4ᵉ lune; la date est donc erronée. Aussi suivons-nous le *Che-ki* 史 記 et le commentaire *Tsouo-tchoan* 左 傳, qui mettent l'emprisonnement du prince à la 5ᵉ lune, 17ᵉ signe *keng-tch'en* 庚 辰.

Cette date est la 4ᵉ année du règne, la 5ᵉ lune (selon la désignation *kien-tse* 建 子), le 21ᵉ jour, 3 mai style grégorien (8 style julien), 481 av. J.-C.

24.　同年六月甲午田常弒簡公 (4).

---

(1) 史 記 k. 32.

(2) 史 記 ib.; 左 傳 哀 公 十 四 年 Legge V p. 836.

(3) 史 記 ib.; 春 秋; 左 傳 ib. Legge V p. 836.

(4) 史 記 ib.; 左 傳 ib. Legge V p. 837.

La même année, la 6ᵉ lune, au jour sous le 31ᵉ signe cyclique *kia-ou* 甲 午, *T'ien Tch'ang* 田 常 tua le prince *Kien Kong* 簡 公 (Chavannes IV p. 86).

Le commentaire *Tsouo-tchoan* 左 傳 rapporte ce meurtre comme ayant eu lieu à la 6ᵉ lune, au jour sous le 31ᵉ signe cyclique *kia-ou* 甲 午 ; le *Che-ki* 史 記 omet l'indication de la lune.

Cette date est la 4ᵉ année du règne, la 6ᵉ lune (selon la désignation *kien-tse* 建 子), le 6ᵉ jour, 18 mai style grégorien (23 style julien), 481 av. J.-C.

V.   Dates du Chapitre 33`, Famille héréditaire de *Tcheou Kong* 周 公, prince de *Lou* 魯, *Lou Tcheou Kong che-kia* 魯 周 公 世 家.

25.   周 成 王 七 年 二 月 乙 未 王 朝 步 自 周 至 豐 (1).

La 7ᵉ année de l'Emp. *Tch'en Wang* 成 王, de la dynastie *Tcheou* 周, la 2ᵉ lune, au jour sous le 32ᵉ signe cyclique *i-wei* 乙 未, l'Emp., parti le matin de la capitale *Hao King* 鎬 京, arriva à l'ancienne capitale *Fong* 豐 (Chavannes IV p. 94).

Cette date est la 7ᵉ année de l'Empereur, la 2ᵉ lune, le 21ᵉ jour, 11 janvier style grégorien (22 style julien), 1109 av. J.-C.

26.   魯 桓 公 十 八 年, 四 月 丙 子 齊 襄 公 饗 公 (2).

La 18ᵉ année de *Hoan Kong* 桓 公, prince de *Lou* 魯, la 4ᵉ lune, au jour sous le 13ᵉ signe cyclique *ping-tse* 丙 子, *Siang Kong* 襄 公, prince de *Ts'i* 齊, offrit un banquet au prince *Hoan Kong* 桓 公 (Chavannes IV p. 109.).

Cette 18ᵉ année du prince est l'an 694 av. J.-C.; les indications de la lune et du jour ne sont pas d'accord avec le calendrier impérial de la dynastie *Tcheou* 周.

27.   魯 莊 公 三 十 二 年 八 月 癸 亥 莊 公 卒 (3).

La 32ᵉ année de *Tchoang Kong* 莊 公, prince de *Lou* 魯, la 8ᵉ lune, au jour sous le 60ᵉ signe cyclique *koei-hai* 癸 亥, ce prince mourut (Chavannes IV p. 112).

C'est la 32ᵉ année du règne, 662 av. J.-C.; les indications de la lune et du jour ne s'accordent pas avec le calendrier impérial de la dynastie *Tcheou* 周.

---

(1) 史 記 k. 33; 書 經 召 誥 Zottoli III p. 448.

(2) 史 記 ib.; 左 傳 桓 公 十 八 年 Legge V p. 69.

(3) 史 記 ib.; 春 秋; 左 傳 莊 公 三 十 二 年 Legge V p. 119, 120.

28. 同年十月己未慶父使圉人犖殺魯公子班王 (1).

La même année, la 10ᵉ lune, au jour sous le 56ᵉ signe cyclique *ki-wei*
己未, *K'ing Fou* 慶父 ordonna à son palefrenier *Lo* 犖 de tuer *Pan Wang*
班王, prince de *Lou* 魯. (Chavannes IV p. 113).

Les indications de la lune et du jour ne s'accordent pas avec le
calendrier impérial de la dynastie *Tcheou* 周.

29. 魯文公十一年十月甲午魯敗翟於鹹 (2).

La 11ᵉ année de *Wen Kong* 文公, prince de *Lou* 魯, la 10ᵉ lune, au
jour sous le 31ᵉ signe cyclique *kia-ou* 甲午, les soldats de *Lou* 魯 battirent
les barbares *Ti* 翟 dans la plaine *Hien* 鹹 (Chavannes IV p. 115).

Cette date est la 11ᵉ année du règne, la 10ᵉ lune, le 5ᵉ jour, 2
septembre style grégorien (9 style julien), 616 av. J.-C.

30. 魯昭公廿五年九月戊戌昭公伐季平子 (3).

La 25ᵉ année de *Tchao Kong* 昭公, prince de *Lou* 魯, la 9ᵃ lune, au
jour sous le 35ᵉ signe cyclique *ou-siu* 戊戌, ce prince attaqua le grand
officier *Ki P'ing-tse* 季平子 (Chavannes IV p. 122).

Cette 25ᵉ année est 517 av. J.-C.; les indications de la lune et du jour
ne s'accordent pas avec le calendrier impérial de la dynastie *Tcheou* 周.

31. 同年九月己亥昭公至於齊 (4).

Cette même année, la 9ᵉ lune, au jour sous le 36ᵉ signe cyclique
ki-hai 己亥, *Tchao Kong* 昭公, en s'enfuyant, arriva à *Ts'i* 齊 (Chavannes IV p. 132).

Les indications de la lune et du jour ne s'accordent pas avec le calendrier impérial de la dynastie *Tcheou* 周.

VI. Dates du Chapitre 36, Famille héréditaire de *Tch'en* 陳,
Tch'en Che-kia 陳世家.

32. 陳桓公三十八年正月甲戌(己丑)陳桓公卒 (5).

La 38ᵉ année de *Hoan Kong* 桓公, prince de *Tch'en* 陳, la 1ᵉʳᵉ lune,
au jour sous le 11ᵉ signe cyclique *kia-siu* 甲戌 (26ᵉ signe cyclique *ki-
tch'eou* 己丑), mourut le prince *Hoan Kong* 桓公 (Chavannes IV p. 171).

---

(1) 史記 k. 33; 春秋; 左傳莊公三十二年 Legge V p. 119, 120.
(2) 史記 ib.; 春秋; 左傳文公十一年 Legge V p. 257.
(3) 史記 ib.; 左傳昭公廿五年 Legge V p. 705.
(4) 史記 ib.; 春秋; 左傳 ib. Legge V p. 706.
(5) 史記 k. 36; 春秋; 左傳魯桓公五年 Legge V p. 44.

Sur cette date, les commentateurs du *Tch'oen-ts'ieou* 春秋 ne sont pas d'accord.

1°   Selon le commentaire *Tsouo-tchoan* 左傳 (1).

Le jour sous le 11ᵉ signe cyclique *kia-siu* 甲戌 est celui de la mort du prince, et le jour sous le 26ᵉ signe cyclique *ki-tch'eou* 己丑 est celui où, à cause du désordre suscité par *T'ouo* 佗, frère cadet du prince, la mort de celui-ci fut annoncée de nouveau au royaume de *Lou* 魯.

2°   Selon le chronologiste *Tou Yu* 杜預 (2).

Le jour sous le 11ᵉ signe cyclique *kia-siu* 甲戌 est le 21ᵉ de la 12ᵉ lune de l'année précédente, et le jour sous le 26ᵉ signe cyclique *ki-tch'eou* 己丑 est le 6ᵉ jour de la 1ᵉʳᵉ lune de l'année en question, 5ᵉ année de *Hoan Kong* 桓公, prince de *Lou* 魯, ou 38ᵉ année de *Hoan Kong* 桓公, prince de *Tch'en* 陳.

La concordance de ces jours lunaires avec les jours sous les signes 11ᵉ *kia-siu* 甲戌 et 26ᵉ *ki-tch'eou* 己丑, n'est pas admise par les critiques, parce que le chronologiste suppose que l'année en question et l'année précédente commencent au XIIᵉ mois astronomique *(kien-hai* 建亥).

3°   Selon le commentaire *Kong-yang-tchoan* 公羊傳 (3).

Le jour sous le 11ᵉ signe cyclique *kia-siu* 甲戌 est celui où le prince malade se mit à délirer, et le jour sous le 26ᵉ signe cyclique *ki-tch'eou* 己丑 est celui où la nouvelle de la mort du prince fut apportée dans le royaume de *Lou* 魯; l'annaliste, n'étant pas sûr du jour de la mort, aurait inscrit ces deux jours entre lesquels la mort avait dû avoir lieu.

4°   Selon le commentaire *Kou-liang-tchoan* 穀梁傳 (4).

Le jour sous le 11ᵉ signe cyclique *kia-siu* 甲戌 est celui où le prince, malade, quitta le palais, et le jour sous le 26ᵉ signe cyclique *ki-tch'eou* 己丑 est celui où la nouvelle de la mort fut connue au royaume de *Lou* 魯; l'annaliste, ne sachant pas au juste le jour du décès, incrivit deux dates différentes entre lesquelles se trouvait le jour exact.

5°   Selon l'explication des Annales *Chang-che* 尙史 (5).

------

(1) Loc. cit. note (5) page précédente.

(2) 杜林左傳 k. 3.

(3) 公羊傳註疏 k. 4.

(4) 穀梁傳註疏 k. 3.

(5) 尙史世家 k. 8.

Le jour sous le 11ᵉ signe cyclique *kia-siu* 甲戌 est celui de la sédition excitée, pendant la maladie du prince, par le frère cadet de celui-ci. Cette sédition est rapportée en effet dans le commentaire *Tsouo-tchoan* 左傳 et dans le *Che-ki* 史記, mais sans que le jour y soit indiqué. Le jour sous le 26ᵉ signe cyclique *ki-tch'eou* 己丑 serait celui de la mort du prince.

Nous suivons ici cette dernière opinion du *Chang-che* 尙史 et nous interprétons : la 38ᵉ année de *Hoan Kong* 桓公, prince de *Tch'en* 陳, la 1ᵉʳᵉ lune, au jour sous le 11ᵉ signe cyclique *kia-siu* 甲戌, le prince tomba malade et son frère cadet excita des troubles.

Cette date est la 38ᵉ année du règne, la 1ᵉʳᵉ lune, le 22ᵉ jour, 13 décembre style grégorien (21 style julien), 708 av. J.-C.

33.　同年二月己丑桓公卒 (1).

La même année, le jour sous le 26ᵉ signe cyclique *ki-tch'eou* 己丑, le prince *Hoan Kong* 桓公 mourut.

Cette date est la 38ᵉ année du règne, la 2ᵉ lune, le 8ᵉ jour, 28 décembre 708 av. J.-C. style grégorien (5 janvier 707 style julien).

VII.　Date du Chapitre 37², Famille héréditaire de Wei 衛,
Wei che-kia 衛世家·

34.　衛靈公十二年六月乙酉趙簡子欲入蒯瞶於衛 (2).

La 42ᵉ année de *Ling Kong* 靈公, prince de *Wei* 衛, la 6ᵉ lune, au jour sous le 22ᵉ signe cyclique *i-yeou* 乙酉, *Tchao Kien-tse* 趙簡子 voulut introduire *K'oai Koei* 蒯瞶 (héritier légitime) dans le royaume de *Wei* 衛 (Chavannes IV p. 206).

Cette date est la 42ᵉ année du règne, la 6ᵉ lune, le 17ᵉ jour, 12 mai style grégorien (17 style julien), 493 av. J.-C.

VIII.　Date du Chapitre 38², Famille héréditaire de Wei-tse 微子, royaume de Song 宋 (3), Song Wei-tse che-kia 宋微子世家·

35.　宋穆公九年八月庚辰穆公卒 (4).

---

(1) 史記 k. 36.

(2) 史記 k. 37; 左傳哀公二年 Legge V p. 796.

(3) Le royaume *Song* 宋 a son calendrier propre dans lequel l'année commence au IIᵉ mois astronomique, *kien-tch'eou* 建丑·

(4) 史記 k. 38; 春秋; 左傳隱公三年 Legge V p. 10.

La 9e année de *Mou Kong* 穆公, prince de *Song* 宋, la 8e lune, au jour sous le 17e signe cyclique *keng-tch'en* 庚辰, le prince mourut (Chavannes IV p. 234).

Cette date est la 9e année du règne, la 8e lune, le 17e jour, 24 août style grégorien (1er septembre style julien), 720 av. J.-C.

IX. Dates du Chapitre 39, Famille héréditaire de *Tsin* 晉 (1),

Tsin che-kia 晉世家.

36. 晉献公二十一年十二戊申申生自殺 (2).

La 21e année de *Hien Kong* 献公, prince de *Tsin* 晉, la 12e lune, au jour sous le 45e signe cyclique *ou-chen* 戊申, l'héritier présomptif *Chen Cheng* 申生 se suicida (Chavannes IV p. 266).

Cette date est la 21e année du règne, la 12e lune selon la désignation *kien-in* 建寅, le 29e jour, 13 février style grégorien (20 style julien), 655 av. J.-C.

37. 晉惠公六年九月（十一月）壬戌秦繆公晉惠公合戰韓原 (3).

La 6e année de *Hoei Kong* 惠公, prince de *Tsin* 晋, la 9e lune (11e lune), au jour sous le 59e signe cyclique *jen-siu* 壬戌, *Mou Kong* 繆公, prince de *Ts'in* 秦, et *Hoei Kong* 惠公, prince de *Tsin* 晋, se livrèrent bataille dans la plaine *Han-yuen* 韓原 (Chavannes IV p. 278).

Le texte *Tch'oen-ts'ieou* 春秋 rapporte que ce combat eut lieu à la 11e lune; mais ce même mois appelé 11e selon le calendrier impérial de *Tcheou* 周 (*kien-tse* 建子) est le 9e d'après le calendrier particulier de *Tsin* 晉 (*kien-in* 建寅).

Cette date est la 6e année du règne, la 9e lune selon la désignation *kien-in* 建寅, le 15e jour, 1er novembre style grégorien (8 style julien), 645 av. J.-C.

---

(1) Le royaume de *Tsin* 晉 a aussi son propre calendrier, faisant commencer l'année au IIIe mois astronomique (*kien-in* 建寅); mais le commentaire *Tsouo-tchoan* 左傳 suit généralement le texte du *Tch'oen-ts'ieon* 春秋. C'est pourquoi, des dates qu'on vient de rapporter, trois seulement sont données d'après la désignation *kien-in* 建寅, celles sous les NN. 36, 37, 41.

(2) 史記 k. 39; 左傳僖公四年 Legge V p. 139, 140.

(3) 史記 ib.; 左傳僖公十五年 Legge V p. 163, 165.

38. 晋文公元年(懷公元年)二月辛丑秦晋大夫盟於郇 (1).

La 1ère année de *Wen Kong* 文公 (1ère aussi de *Hoai Kong* 懷公, prince de *Tsin* 晋), la 2ᵉ lune, au jour sous le 38ᵉ signe cyclique *sin-tch'eou* 辛丑, les premiers ministres de *Ts'in* 秦 et de *Tsin* 晋 signèrent un traité à *Siun* 郇 (Chavannes IV p. 291).

Cette 1ère année des princes *Wen Kong* 文公 et *Hoai Kong* 懷公 est 636 av. J.-C. L'année précédente, en 637, la 9e lune, mourut le prince *Hoei Kong* 惠公, et son fils *Hoai Kong* 懷公 lui succéda; l'an 636, la 2e lune, ce dernier fut tué et *Wen Kong* 文公, frère de *Hoei Kong* 惠公, s'empara du gouvernement. Dans le commentaire *Tsouo-tchoan* 左傳, l'an 637 est compté comme la 14e année de *Hoei Kong* 惠公, l'an 636 comme la 1ère de *Hoai Kong* 懷公, l'an 635 comme la 1ère de *Wen Kong* 文公, l'an 634 comme la 2e et 633 comme la 1ère du même prince. Dans le *Che Ki* 史記, l'an 637 est compté aussi comme la 14e année de *Hoai Kong* 懷公, mais l'an 636 est compté comme la 1ère de *Wen Kong* 文公, 635 comme la 2e, etc., et 632 comme la 5e du même prince. Ici, avec les annalistes, nous suivons le *Tsouo-tchoan* 左傳 et abandonnons le *Che Ki* 史記.

Cette 1ère année du prince *Hoai Kong* 懷公 est 636 av. J.-C.; les indications de la lune et du jour ne concordent pas avec le calendrier impérial de la dynastie *Tcheou* 周.

39. 同年二月壬寅重耳入於晋師 (2).

La même année, la 2e lune, au jour sous le 39e signe cyclique *jen-in* 壬寅, *Tch'ong Eul* 重耳 (*Wen Kong* 文公) se rendit à l'armée de *Tsin* 晋 (Chavannes IV p. 291).

Ces dates de la lune et du jour ne sont pas d'accord avec le calendrier impérial de la dynastie *Tcheou* 周.

40. 同年二月丙午重耳入於曲沃 (3).

La même année, la 2e lune, au jour sous le 43e signe cyclique *ping-ou* 丙午, *Tch'ong Eul* 重耳 entra dans la ville *K'iu-ou* 曲沃 (Chavannes IV p. 292).

Les dates de la lune et du jour ne s'accordent pas avec le calendrier impérial de la dynastie *Tcheou* 周.

---

(1) 史記 k. 39; 左傳僖公二十四年 Legge V p. 138.

(2) 史記 ib.; 左傳 ib. Legge V p. 188.

(3) 史記 ib.; 左傳 ib. Legge V p. 188.

41.   同 年 二 月 丁 未 重 耳 朝 於 武 宮 (1).

La même année, la 2e lune, au jour sous le 44e signe cyclique *ting-wei*
丁未, *Tch'ong Eul* 重 耳 visita le temple de son ancêtre *Ou* 武 (Chavannes
IV p. 292).

Ces dates de la lune et du jour ne s'accordent pas avec le calendrier
impérial de la dynastie *Tcheou* 周.

42.   同 年 二 月 戊 申 重 耳 使 人 殺 懷 公 (2).

La même année, la 2e lune, au jour sous le 45e signe cyclique *ou-chen*
戊 申, *Tch'ong Eul* 重 耳 envoya un homme pour tuer *Hoai Kong* 懷 公
(Chavannes IV p. 292).

Ces dates ne s'accordent pas avec le calendrier impérial de la dynastie
Tcheou 周.

43.   同 年 三 月 己 丑 呂 甥 郤 芮 焚 公 宮 (3).

Cette même année, la 3e lune, au jour sous le 26e signe cyclique *hi-
tch'eou* 己 丑, *Liu Cheng* 呂 甥 et *K'i Joei* 郤 芮 (anciens officiers de *Hoei
Kong* 惠 公) incendièrent le palais royal (Chavannes IV p. 293).

Ces dates ne s'accordent pas avec le calendrier impérial de la dynastie
Tcheou 周.

44.   晋 文 公 二 年 (元 年) 三 月 甲 辰 晋 侯 發 兵 至 陽 樊 (4).

La 2e (1ère) année de *Wen Kong* 文 公, prince de *Tsin* 晋, la 3e lune, au
jour sous le 41e signe cyclique *kia-tch'en* 甲辰, le prince de *Tsin* 晋 envoya
des soldats à *Yang-fan* 陽 樊 (Chavannes IV p. 297).

Cette date est la 1ère année du règne, la 3e lune selon la désignation
kien-in 建 寅, le 22e jour, 25 avril style grégorien (2 mai style julien),
635 av. J.-C.

45.   晋 文 公 五 年 (四 年) 三 月 丙 午 晋 師 入 曹 (5).

La 5e (4e) année de *Wen Kong* 文 公, prince de *Tsin* 晋, la 3e lune,
au jour sous le 43e signe cyclique *ping-ou* 丙 午, les troupes de *Tsin* 晋
entrèrent dans la métropole de *Tsao* 曹.

Cette date est la 4e année du règne, la3e lune, selon la désignation

---

(1) 史 記 k. 39; 左 傳 僖 公 二 十 四 年 Legge V p. 188.

(2) 史 記 ib.; 左 傳 ib. Legge V p. 188.

(3) 史 記 ib.; 左 傳 ib. Legge V p. 188.

(4) 史 記 ib.; 左 傳 僖 公 二 十 五 年 Legge V p. 194.

(5) 史 記 ib.; 春 秋; 左 傳 僖 公 二 十 八 年 Legge V p. 202, 203.

kien-tse 建 子, le 10ᵉ jour, 10 février style grégorien (17 style julien), 632 av. J.-C.

46.　同 年 四 月 戊 辰 宋 公 齊 將 秦 將 與 晋 侯 次 於 城 濮 (1).

La même année, la 4ᵉ lune, au jour sous le 5ᵉ signe cyclique *ou-tch'en* 戊 辰, le prince de *Song* 宋, le général de *Ts'i* 齊 et le général de *Ts'in* 秦, unis avec le prince de *Tsin* 晋, s'arrêtèrent à *Tch'eng-pou* 城 濮 (Chavannes IV p. 302).

Cette date est la 4ᵉ année du règne, la 4ᵉ lune selon la désignation *kien-tse* 建 子, le 3ᵉ jour, 4 mars style grégorien (11 style julien), 632 av. J.-C.

47.　同 年 四 月 己 巳 宋 齊 秦 晋 與 楚 兵 合 戰 (2).

La même année, la 4ᵉ lune, au jour sous le 6ᵉ signe cyclique *ki-se* 己 巳, les troupes de *Song* 宋, *T'si* 齊, *Ts'in* 秦 et *Tsin* 晋 attaquèrent les soldats de *Tch'ou* 楚 (Chavannes IV p. 302).

Cette date est la 4ᵉ année du règne, la 4ᵉ lune selon la désignation *kien-tse* 建 子, le 4ᵉ jour, 5 mars style grégorien (12 style julien), 632 av. J.-C.

48.　同 年 四 月 甲 午 晋 師 還 至 衡 雍 (3).

La même année, la 4ᵉ lune, au jour sous le 31ᵉ signe cyclique *kia-ou* 甲 午, les troupes de *Tsin* 晋 retournèrent à *Heng-yong* 衡 雍 (Chavannes IV p. 302).

Cette date est la 4ᵉ année du règne, la 4ᵉ lune selon la désignation *kien-tse* 建 子, le 29ᵉ jour, 30 mars style grégorien (6 avril style julien), 632 av. J.-C.

49.　同 年 五 月 丁 未 晋 侯 献 楚 將 於 周 (4).

La même année, la 5ᵉ lune, au jour sous le 44ᵉ signe cyclique *ting-wei* 丁 未, le prince de *Tsin* 晋 présenta les captifs de *Tch'ou* 楚 à l'Empereur de *Tcheou* 周 (Chavannes IV p. 302).

Cette date est la 4ᵉ année du règne, la 5ᵉ lune selon la désignation *kien-tse* 建 子, le 12ᵉ jour, 12 avril style grégorien (19 style julien), 632 av. J.-C.

50.　同 年 五 月 癸 亥 王 子 虎 盟 諸 侯 於 王 庭 (5).

---

(1) 史 記 k. 39; 左 傳 Legge V p. 204.

(2) 史 記 ib.; 春 秋; 左 傳 Legge V p. 202, 205.

(3) 史 記 ib.; 左 傳 Legge V p. 205.

(4) 史 記 ib.; 左 傳 Legge V p. 205.

(5) 史 記 ib.; 左 傳 Legge V p. 205.

La même année, la 5e lune, au jour sous le 60e signe cyclique *koei-hai* 癸亥, *Hou* 虎, fils de l'Empereur et par lui délégué, conclut un traité avec les seigneurs (Chavannes IV p. 303).

Cette date est la 4e année du règne, la 4e lune selon la désignation *kien-tse* 建子, le 28e jour, 28 avril style grégorien (5 mai style julien), 632 av. J.-C.

51. 同 年 六 月 壬 午 晋 渡 河 歸 國 (1).

La même année, la 6e lune, au jour sous le 19e signe cyclique *jen-ou* 壬午, les troupes de *Tsin* 晋, ayant repassé le fleuve, retournèrent dans leur royaume (Chavannes IV p. 304).

Cette date est la 4e année du règne, la 6e lune selon la désignation *kien-tse* 建子, le 18ª jour, 17 mai style grégorien (24 style julien), 632 av. J.-C.

52. 同 年 (十 月) 壬 申 晋 侯 牽 請 侯 朝 王 (2).

La même année, (la 10e lune), au jour sous le 9e signe cyclique *jen-chen* 壬申, sous la conduite du seigneur de *Tsin* 晋, les seigneurs allèrent visiter l'Empereur (Chavannes IV p. 305).

La *Che Ki* 史記 dit seulement que cette visite eut lieu pendant l'hiver, au jour sous le 9e signe cyclique *jen-chen* 壬申; dans le texte du *Tch'oen-ts'ieou* 春秋 et le commentaire *Tsouo-tchoan* 左傳, où il est question de cette visite, la lune n'est pas indiquée non plus. Le chronologiste *Tou Yu* 杜預 (3), en interprétant cette date, pense que la visite fut effectuée à la 10e lune, ce que nous admettons avec lui.

Cette date est alors la 4e année du règne, la 10e lune selon la désignation *kien-tse* 建子, le 10e jour, 4 septembre style grégorien (11 style julien), 632 av. J.-C.

53. 同 年 (十 月) 丁 丑 請 侯 圍 許 (4).

La même année, (la 10e lune), au jour sous le 14e signe cyclique *ting-tch'eou* 丁丑, les seigneurs assiégèrent la ville *Hiu* 許 (Chavannes IV p.306).

Ici encore la lune n'est pas indiquée ; nous admettons que c'est la 10e et nous avons comme date la 4e année du règne, la 10e lune selon la désignation *kien-tse* 建子, le 15e jour, 9 septembre style grégorien (16 style julien), 632 av. J.-C.

---

(1) 史 記 k. 39; 左 傳 Legge V p. 206.
(2) 史 記 ib.; 春 秋; 左 傳 僖 公 二 十 八 年 Legge V p. 203 206.
(3) Voir sur cet auteur ch. V § III p. 194.
(4) 史 記 k. 39; 左 傳 僖 公 二 十 八 年 Legge V p. 206.

54.　晉靈公十四年九月乙丑趙穿襲殺靈公 (1).

La 14ᵉ année de *Ling Kong* 靈公, prince de *Tsin* 晋, la 9ᵉ lune, au jour sous le 2ᵉ signe cyclique *i-tch'eou* 乙丑, *Tchao-tch'oan* 趙穿 tua le prince (Chavannes IV p. 315).

Cette date est la 14ᵉ année du règne, la 9ᵉ lune selon la désignation *kien-tse* 建子, le 27ᵉ jour, 17 août style grégorien (24 style julien), 607 av. J.-C.

55.　同年(十月)壬申成公朝於武宮 (2).

Cette même année, (la 10ᵉ lune), au jour sous le 9ᵉ signe cyclique *jen-chen* 壬申, *Tch'eng Kong* 成公, prince de *Tsin* 晋, visita le temple de son ancêtre *Ou* 武 (Chavannes IV p. 317.

La lune n'est pas indiquée; nous suivons encore ici *Tou Yu* 杜預, qui, en interprétant le commentaire *Tsouo-tchoan* 左傳, pense que cette visite eut lieu à la 10ᵉ lune (voir 杜林左傳註 k. 18).

Cette date est alors la 14ᵉ année du règne, la 10ᵉ lune selon la désignation *kien-tse* 建子, le 5ᵉ jour, 24 août style grégorien (31 style julien), 607 av. J.-C.

56.　晉厲公六年五月(六月)癸巳射中楚共王目 (3).

La 6ᵉ année de *Li Kong* 厲公, prince de *Tsin* 晉, la 5ᵉ (6ᵉ) lune, au jour sous le 30ᵉ signe cyclique *koei-se* 癸巳, une flèche atteignit l'œil de *Kong Wang* 共王, prince de *Tch'ou* 楚 (Chavannes IV p. 324).

Dans le commentaire *Tsouo-tchoan* 左傳 que nous suivons, l'évènement est rapporté à la 6ᵉ lune.

Cette date est la 6ᵉ année du règne, la 6ᵉ lune selon la désignation *kien-tse* 建子, le 30ᵉ jour, 30 mai style grégorien (5 juin style julien), 575 av. J.-C.

57.　晉厲公八年(七年)十二月壬午公令胥童攻殺郤 (4).

La 8ᵉ (7ᵉ année) de *Li Kong* 厲公, prince de *Tsin* 晉, la 12ᵉ lune, au jour sous le 19ᵉ signe cyclique *jen-ou* 壬午, le prince ordonna à *Siu T'ong* 胥童 d'attaquer et tuer trois grands officiers du nom de famille *K'i* 郤 (Chavannes IV p. 326).

---

(1) 史記 k. 39; 春秋;左傳宣公二年 Legge V p. 287, 2881.

(2) 史記 ib.;　左傳 Legge V p. 289.

(3) 史記 ib.;　左傳成公十六年 Legge V p. 392.

(4) 史記 ib.;　左傳成公十七年 Legge V p. 402

Selon le commentaire *Tchouo-tchoan* 左傳 que nous suivons, l'année en question, sous le 24ᵉ signe cyclique *ting-hai* 丁亥, est la 17ᵉ de *Tch'eng Kong* 成公, prince de *Lou* 魯, et la 7ᵉ de *Li Kong* 厲公, prince de *Tsin* 晉.

Cette année, 7ᵉ du règne, est 574 av. J.-C.; quant aux indications de la lune et du jour, elles ne concordent pas avec le calendrier impérial de la dynastie *Tcheou* 周.

58.　同年閏(十二)月乙卯遊匠驪氏(1).

La même année, la (12ᵉ) lune intercalaire, au jour sous le 52ᵉ signe cyclique *i-mao* 乙卯, le prince *Li Kong* 厲公 alla se reposer dans l'enclos de la famille *Tsiang-li* 匠驪. (Chavannes IV p. 326).

Cette année est 574 av. J.-C.; les dates de la lune et du jour ne concordent pas avec le calendrier impérial de la dynastie *Tcheou* 周.

59.　晉悼公元年(厲公八年)正月庚申欒書中行偃弑厲公(2).

La 1ᵉʳᵉ année du prince *Tao Kong* 悼公 (8ᵉ de *Li Kong* 厲公, prince de *Tsin* 晉), la 1ᵉʳᵉ lune, au jour sous le 57ᵉ signe cyclique *keng-chen* 庚申, *Loan Chou* 欒書 et *Tchong Hang-yen* 中行偃 tuèrent *Li Kong* 厲公. (Chavannes IV p. 327).

Dans le *Che-ki* 史記, l'année où *Li Kong* 厲公 fut tué et où *Tao Kong* 悼公 lui succéda, est comptée comme 1ᵉʳᵉ de celui-ci, mais dans le commentaire *Tsouo-tchoan* 左傳, c'est la 8ᵉ de *Li Kong* 厲公; nous suivons le *Tsouo-tchoan* 左傳.

Cette date est donc la 8ᵉ année du règne, la 1ᵉʳᵉ lune selon la désignation *kien-tse* 建子, le 6ᵉ jour, 18 décembre style grégorien (24 style julien), 574 av. J.-C.

60.　同年正月庚午智罃迎公子周來至絳 (3).

La même année, la 1ᵉʳᵉ lune, au jour sous le 7ᵉ signe cyclique *keng-ou* 庚午, *Tche Ing* 智罃 conduisit le prince *Tcheou* 周 dans la métropole *Kiang* 絳 (Chavannes IV p. 327).

Cette date est la 8ᵉ année du règne, la 1ᵉʳᵉ lune selon la désignation *kien-tse* 建子, le 10ᵉ jour, 28 décembre 574 av. J.-C. style grégorien (3 janvier 573 style julien).

61.　同正年月辛巳公子周朝武宮 (4).

(1) 史記 k. 39; 左傳成公十七年 Legge V p. 402.
(2) 史記 ib.; 春秋;左傳成公十八年 Legge V p. 406, 407.
(3) 史記 ib.; 左傳 ib. Legge V p. 407.
(4) 史記 ib.; 左傳 ib. Legge V p. 407.

La même année, la 1ère lune, au jour sous le 18e signe cyclique *sin-se* 辛巳, le prince de *Tcheou* 周 visita le temple de *Ou* 武, son ancêtre (Chavannes IV p. 327).

Cette date est la 8e année du règne, la 1ère lune selon la désignation *kien-tse* 建子, le 27e jour, 8 janvier style grégorien (14 style julien), 573 av. J.-C.

62. 同 年 二 月 乙 酉 公 子 周 即 位 是 爲 悼 公 (1).

Cette même année, la 2e lune, au jour sous le 22e signe cyclique *i-yeou* 乙酉, le prince de *Tcheou* 周 succéda au trône sous le nom de *Tao Kong* 悼 公 (Chavannes IV p. 327).

Cette date est la 8e année du règne, la 2e lune selon la désignation *kien-tse* 建 子, le 1er jour, 12 janvier style grégorien (18 style julien), 573 av. J.-C.

X.　Dates du Chapitre 40e, Famille héréditaire de *Tch'ou* 楚, *Tch'ou che-kia* 楚 世 家.

63. 楚 成 王 四 十 六 年 十 月 丁 未 成 王 首 絞 殺 (2).

La 46e année de *Tch'eng Wang* 成王, prince de *Tch'ou* 楚, la 10e lune, au jour sous le 44e signe cyclique *ting-wei* 丁未, le prince se pendit (Chavannes IV p. 349).

Cette date est la 46e année du règne, la 10e lune, le 19e jour, 8 septembre style grégorien (15 style julien), 826 av. J.-C.

64. 楚 陝 敖 四 年 十 二 月 (十 一 月) 己 酉 公 子 圍 入 問 王 疾 絞 阿 殺 之 (3).

La 4e année de *Kia Ngao* 郟 敖, prince de *Tch'ou* 楚, la 12e (11e) lune, au jour sous le 46e signe cyclique *ki-yeou* 己酉, le prince de *Wei* 圍, étant allé visiter le prince malade, l'étrangla (Chavannes IV p. 357).

Dans le *Che-ki* 史記, on rapporte ce fait comme arrivé à la 12e lune, mais dans le texte *Tch'oen-ts'ieou* 春秋 et dans le commentaire *Tsouo-tchoan* 左傳, on l'indique à la 11e lune, opinion que nous suivons, car la 11e lune concorde avec le calendrier impérial de *Tcheou* 周.

Cette date est la 4e année du règne, la 11e lune, le 5e jour, 14 octobre style grégorien (20 style julien), 541 av. J.-C.

---

(1) 史 記 k. 39; 春 秋; 左 傳 成 公 十 八 年 Legge V p. 407.

(2) 史 記 k. 40; 春 秋; 左 傳 文 公 元 年 Legge V p. 227, 228.

(3) 史 記 ib.; 春 秋; 左 傳 昭 公 元 年 Legge V p. 568, 574.

65.   楚 靈 王 十 二 年 五 月 癸 丑 (癸 亥) 靈 王 死 (1).

La 12ᵉ année de *Ling Wang* 靈 王, prince de *Tch'ou* 楚, la 5ᵉ lune, au jour sous le 50ᵉ (60ᵉ) signe cyclique *koei-tch'eou* 癸 丑 (*koei-hai* 癸 亥), le prince mourut (Chavannes IV p. 366).

Selon le *Che-ki* 史 記, le prince mourut le jour sous le 50ᵉ signe cyclique *koei-tch'eou* 癸 丑; selon le commentaire *Tsouo-tchoan* 左 傳, ce décès eut lieu le jour sous le 60ᵉ signe cyclique *koei-hai* 癸 亥; mais les deux ouvrages disent immédiatement après, que, le jour sous le 52ᵉ signe cyclique *i-mao* 乙 卯, eut lieu un rite relatif à la mort arrivée déjà, et que, le jour sous le 53ᵉ signe cyclique *ping-tch'en* 丙 辰, le prince *P'ing Wang* 平 王 succéda au prince défunt; donc le jour de la mort de *Ling Wang* 靈 王 n'a pu être sous le 60ᵉ signe cyclique *koei-hai* 癸 亥. Telle est la raison qui nous fait suivre le *Che-ki* 史 記.

Cette date est la 12ᵉ année du règne, la 5ᵉ lune, le 16ᵉ jour, 18 avril style grégorien (24 style julien), 529 av. J.-C.

66.   同 年 五 月 乙 卯 夜 棄 疾 使 船 人 從 江 上 走 呼 日 靈 王 至 矣 (2).

La même année, la 5ᵉ lune, au jour sous le 52ᵉ signe cyclique *i-mao* 乙 卯, pendant la nuit, le prince *K'i Tsi* 棄 疾 ordonna aux bateliers de parcourir le fleuve en criant: «Le prince *Ling Wang* 靈 王 est arrivé!» (Chavannes IV p. 366).

Cette date est la 12ᵉ année du règne, la 5ᵉ lune, le 18ᵉ jour, 20 avril style grégorien (26 style julien), 529 av. J.-C.

67.   同 年 五 月 丙 辰 棄 疾 即 位 是 爲 平 王 (3).

La même année, la 5ᵉ lune, au jour sous le 53ᵉ signe cyclique *ping-tch'en* 丙 辰, le prince *K'i Tsi* 棄 疾 succéda au trône, sous le nom de *P'ing Wang* 平 王 (Chavannes IV p. 367).

Cette date est la 12ᵉ année du règne, la 5ᵉ lune, le 19ᵉ jour, 21 avril style grégorien (21 style julien), 529 av. J.-C.

68.   楚 昭 王 十 年 冬 (十 一 月) 已 卯 昭 王 出 奔 (4).

La 10ᵉ année de *Tchao Wang* 昭 王, prince de *Tch'ou* 楚, pendant

---

(1)   史 記 k. 40; 左 傳 昭 公 十 三 年 Legge V p. 643.

(2)   史 記 ib.; 左 傳 ib. Legge V p. 643.

(3)   史 記 ib.; 左 傳 ib. Legge V p. 643.

(4)   史 記 ib.; 左 傳 定 公 四 年 Legge V p. 751.

l'hiver, (la 11e lune), au jour sous le 16e signe cyclique *ki-mao* 己 卯, le prince s'enfuit (Chavannes IV p. 376).

Dans le *Che-ki* 史 記, cette fuite est rapportée comme ayant eu lieu pendant l'hiver ; le commentaire *Tsouo-tchoan* 左 傳 précise la 11e lune.

La date est la 10e année du règne, la 11e lune, le 29³ jour, 10 novembre style grégorien (16 style julien), 506 av. J.-C.

69. 同 年 十 一 月 庚 辰 吳 人 入 郢 (1).

La même année, la 11e lune, au jour sous le 17ᵉ signe cyclique *keng-tch'en* 庚 辰, les soldats de *Ou* 吳 entrèrent dans la ville de *Ing* 郢, capitale de *Tch'ou* 楚 (Chavannes IV p. 376).

Cette date est la 10e année du règne, la 11e lune, le 30³ jour, 11 novembre style grégorien (17 style julien), 506 av. J.-C.

70. 楚 昭 王 二 十 七 年 十 月 (七 月) 庚 寅 昭 王 辛 (2).

La 27e année de *Tchao Wang* 昭 王, prince de *Tch'ou* 楚, la 10ᵉ (7ᵉ) lune, au jour sous le 27e signe cyclique *keng-in* 庚 寅, le prince mourut (Chavannes IV p. 380).

Selon le *Che-ki* 史 記, le prince mourut à la 10e lune, cependant le *Tch'oen-ts'ieou* 春 秋 et le *Tsouo-tchoan* 左 傳 rapportent cette mort à la 7ᵉ lune. Tous les historiographes considérant *Che-ki* 史 記 comme erroné, nous suivons le *Tch'oen-ts'ieou* 春 秋 et le *Tsouo-tchoan* 左 傳.

Cette date est la 27e année du règne, la 7e lune le 16ʳ jour, 25 juin style grégorien (30 style julien), 489 av. J.-C.

VI. Dates du Chapitre 42ᵉ, Famille héréditaire de *Tcheng* 鄭 (3)
***Tcheng che-kia* 鄭 世 家.**

71. 鄭 莊 公 四 十 三 年 九 月 辛 亥 (丁 亥) 忽 出 奔 衛 (4).

La 43e année de *Tchoang Kong* 莊 公, prince de *Tcheng* 鄭, la 9e lune, au jour sous le 48e (27e) signe cyclique *sin-hai* 辛 亥 (*ting-hai* 丁 亥), le prince *Hou* 忽 s'échappa dans le royaume de *Wei* 衛 (Chavannes IV p. 457).

Selon le *Che-ki* 史 記, cette fuite eut lieu le jour sous le 48e signe

---

(1) 史 記 k. 40; 春 秋; 左 傳 定 公 四 年 Legge V p. 749, 751.

(2) 史 記 ib.; 春 秋; 左 傳 哀 公 六 年 Legge V p. 807, 808.

(3) Le royaume *Tcheng* 鄭 a sou calendrier dans lequel l'année commence au IIIᵉ mois astronomique (*kien-in* 建 寅); voir Ch. V Chronologie du *Tch'oen-ts'ieou* 春 秋 § II p. 193.

(4) 史 記 k. 42; 左 傳 桓 公 十 一 年 Legge V p. 55

cyclique *sin-hai* 辛亥, tandis que, dans le commentaire *Tsouo-tchoan* 左傳, elle est notée au jour sous le 24ᵉ signe cyclique *ting-hai* 丁亥; d'ailleurs immédiatement après, dans les deux écrits, mention est faite de la venue du prince *T'ou* 突, le jour sous le signe cyclique *ki-hai* 己亥. Le jour sous le 48ᵉ signe cyclique *sin-hai* 辛亥 et le jour sous le 36ᵉ signe cyclique *ki-hai* 己亥 ne pouvant pas se trouver dans la même lune, les historiographes abandonnent le *Che-ki* 史記 et suivent le *Tsouo-tchoan* 左傳.

Cette 43ᵉ année du prince est l'an 701 av. J.-C. Quant aux dates de la lune et du jour, elles ne concordent pas avec le calendrier impérial de la dynastie *Tcheou* 周.

72. 同年九月己亥突至鄭 (1).

Cette même année, la 9ᵉ lune, au jour sous le 36ᵉ signe cyclique *ki-hai* 己亥, le prince *T'ou* 突 vint dans le royaume de *Tcheng* 鄭 (Chavannes IV p. 457).

Ces dates de la lune et du jour ne concordent pas avec le calendrier impérial de la dynastie *Tcheou* 周.

73. 鄭厲公 (四年) 六月乙亥忽復入鄭 (2).

(La 4ᵉ année) de *Li Kong* 厲公, prince de *Tcheng* 鄭, la 6ᵉ lune, au jour sous le 12ᵉ signe cyclique *i-hai* 乙亥, le prince *Hou* 忽 retourna dans le royaume de *Tcheng* 鄭 (Chavannes IV p. 458).

Cette 4ᵉ année du prince est l'an 697 av. J.-C.; les dates de la lune et du jour ne concordent pas avec le calendrier impérial de la dynastie *Tcheou* 周.

74. 鄭昭公二年十月辛卯高渠彌與昭公出獵殺春公於野 (3).

La 2ᵉ année de *Tchao Kong* 昭公, prince de *Tcheng* 鄭, la 10ᵉ lune, au jour sous le 28ᵉ signe cyclique *sin-mao* 辛卯, le ministre *Kao K'iu-mi* 高渠彌 sortit pour chasser avec *Tchao Kong* 昭公 et, d'un coup de flèche, il le tua dans la campagne (Chavannes IV p. 459).

Cette 2ᵉ année du prince est l'an 695 av. J.-C.; les dates de la lune et du jour ne concordent pas avec le calendrier impérial de la dynastie *Tcheou* 周.

75. 鄭子嬰十四年六月甲子傅瑕殺奠子儀 (4).

La 14ᵉ année de *Tse Ing* 子嬰 (ou *Tse I* 子儀), prince de *Tcheng* 鄭,

---

(1) 史記 k. 42; 左傳桓公十年 Legge V p. 56.
(2) 史記 ib.; 左傳桓公十五年 Legge V p. 64.
(3) 史記 ib.; 左傳桓公十四年 Legge V p. 68.
4) 史記 ib.; 左傳莊公十四年 Legge V p. 91.

la 6ᵉ lune, au jour sous le 1ᵉʳ signe cyclique *kia-tse* 甲子, *Fou Hia* 傅瑕 tua le prince (Chavannes IV p. 461).

Cette date est la 14ᵉ année du prince, la 6ᵉ lune, selon la désignation *kien-in* 建寅, le 22ᵉ jour, 10 juillet style grégorien (17 style julien), 680 av. J.-C.

XII. Dates du Chapitre 43ᵉ, Famille héréditaire Tchao 趙 (1), Tchao che-kia 趙世家.

76. 晉定公十五年十一月丁未二子奔朝歌 (2).

La 15ᵉ année de *Ting Kong* 定公, prince de *Tsin* 晉, la 11ᵉ lune, au jour sous le 44ᵉ signe cyclique *ting-wei* 丁未, deux ministres s'enfuirent à *Tch'ao-ko* 朝歌.

Cette date est la 15ᵉ du règne, la 11ᵉ lune selon la désignation *kien-in* 建寅, le 20ᵉ jour, 21 décembre style grégorien (26 style julien), 497 av. J.-C.

77. 同年十二月辛未趙鞅入絳 (3).

La même année, la 12ᵉ lune, au jour sous le 8ᵉ signe cyclique *sin-wei* 辛未, le ministre *Tchao Yang* 趙鞅 entra dans la métropole *Kiang* 絳.

Cette date est la 15ᵉ année du règne, la 12ᵉ lune selon la désignation *kien-in* 建寅, le 14ᵉ jour, 14 janvier style grégorien (19 style julien), 496 av. J.-C.

78. 趙襄子四年衰子得天賜宋書曰余天使也三月丙戌余將使汝反滅知氏 (4).

La 4ᵉ année de *Siang Tse* 襄子, prince de *Tchao* 趙, ce prince reçut une lettre écrite en caractères rouges, envoyée du ciel et contenant ces mots: «Je suis un envoyé céleste; à la 3ᵉ lune, au jour sous le 23ᵉ signe «cyclique *ping-siu* 丙戌, je t'enverrai détruire la famille du prince *Tche Che* «知氏».

Cette date est la 4ᵉ année du prince, la 3ᵉ lune selon la désignation *kien-in* 建寅, le 3ᵉ jour, 19 avril style grégorien (24 style julien), 454 av. J.-C.

79. 趙武靈王二十七年五月戊申立王子何爲王 (5).

---

(1) Le royaume *Tchao* 趙 avait son calendrier dans lequel l'année commence au IIIᵉ mois astronomique (*kien-in* 建寅); voir Ch. V Chronologie du *Tch'oeu-ts'ieou* 春秋 § II p. 193.

(2) 史記 k. 43; 左傳魯定公十三年 Legge V p. 783.

(3) 史記 ib.; 左傳 ib. Legge V p. 783.

(4) 史記 ib.

(5) 史記 ib.

La 27ᵉ année de *Ou Ling Wang* 武 靈 王, prince de *Tchao* 趙, la 5ᵉ lune, au jour sous le 45ᵉ signe cyclique *ou-chen* 戊 申, le prince établit souverain son fils *Ho* 何.

Cette date est la 27ᵉ année du règne, 299 av. J.-C.; les dates de la lune et du jour ne concordent pas avec le calendrier impérial de la dynastie *Tcheou* 周.

XIII.   Date du Chapitre 47ᵉ, Famille héréditaire de Confucius,

K'ong Tse che-kia 孔 子 世 家.

80.   魯 哀 公 十 六 年 四 月 己 丑 孔 子 辛 (1).

La 16ᵉ année de *Ngai Kong* 哀 公, prince de *Lou* 魯, la 4ᵉ lune, au jour sous le 26ᵉ signe cyclique *ki-tch'eou* 己 丑, Confucius mourut.

Cette date est la 16ᵉ année du prince, la 4ᵉ lune, le 12ᵉ jour 4 mars style grégorien (9 style julien), 479 av. J.-C. (2).

XIV.   Dates du Chapitre 66ᵉ, Biographie de *Ou Tse-siu* 伍 子 胥.

Ou Tse-siu Lié-tchoan 伍 子 胥 列 傳.

81.   楚 昭 王 十 年 十 一 月 己 卯 昭 王 出 奔 (3).

La 10ᵉ année de *Tchao Wang* 昭 王, prince de *Tch'ou* 楚, la 11ᵉ lune, au jour sous le 16ᵉ signe cyclique *ki-mao* 己 卯, le prince s'enfuit.

Pour l'année et la lune, voir le N° 68.

82.   (同 年 十 一 月) 庚 辰 吳 王 入 郢 (4).

(Cette même année la 11ᵉ lune), au jour sous le 17ᵉ signe cyclique *keng-tch'en* 庚 辰, le prince de *Ou* 吳 entra dans *Ing* 郢, capitale de *Tch'ou* 楚.

Pour l'année et la lune, voir NN. 68, 69.

XV.   Dates du Chapitre 86ᵉ, Biographie des Sicaires,

Ts'e K'o Lié-tchoan 刺 客 列 傳

83.   吳 王 僚 十 二 年 四 月 丙 子 光 弑 王 僚 (5).

La 12ᵉ année de *Liao* 僚, prince de *Ou* 吳, la 4ᵉ lune, au jour sous le 13ᵉ signe cyclique *ping-tse* 丙 子, le prince *Koang* 光 tua le prince *Liao* 僚 (6).

---

(1) 史 記 k. 47; 春 秋 經 哀 公 十 六 年 Legge V p. 843.

(2) Voir Note I, à la fin du livre.

(3) 史 記 k. 66

(4) 史 記 ib

(5) 史 記 k. 86

(6) Sur cette date voir plus haut le N° 1 p. 208

PARAGRAPHE   II.

La dynastie *Ts'in* 秦 avait son calendrier propre, dans lequel l'année commence au XII⁰ mois astronomique (*kien-hai* 建亥). Dans ce calendrier, les mois astronomiques, considérés comme lunes civiles, s'appellent comme dans le calendrier où l'année commence au III⁰ mois astronomique (*kien-in* 建寅); dès lors le XII⁰ mois astronomique, par où débute l'année civile de cette dynastie, s'appelle la 10⁰ lune, le I⁰ʳ mois astronomique qui suit se nomme la 11⁰ lune, et ainsi de suite, et enfin le XI⁰ mois astronomique, qui finit l'année civile, s'appelle la 9⁰ lune. S'il y a une lune intercalaire, elle se place à la fin de l'année et s'appelle la seconde 9⁰ lune *heou-kieou-yué* 後 九 月.

Le 1⁰ʳ jour de pareille année civile peut être le 13 octobre; par ailleurs on assimile l'une à l'autre les années civile et solaire dont la majeure partie coïncide, d'où il suit que pour deux années civile *kien-hai* 建亥 et solaire se correspondant, le début de la 1⁰ʳ⁰ est toujours dans l'année solaire précédente ; par exemple l'année solaire 210 av. J.-C. est attribuée à l'année civile 37 de *Che Hoang* 始皇, Emp de *Ts'in* 秦, et cette année civile commence le 15 octobre de l'année solaire 211 av. J.-C.

Les dates de la dynastie *Ts'in* 秦 données dans le *Che-ki* 史記 par l'année, la lune et le jour sont au nombre de 13 ; pour les étudier, nous les avons numérotées.

Ces dates ont été comparées avec le calendrier de *Ts'in* 秦, et, sur les 13, nous en avons trouvé 10 qui s'accordent avec lui, tandis que 3 restent inexplicables. les NN. 4. 5 et 10 : ces dernières doivent être considérées comme fautives.

Occupons-nous maintenant de chaque date en particulier.

J.   Dates du Chapitre 50⁰, Annales de la Dynastie   *Ts'in* 秦.

Ts'in Pen-ki 秦 本 紀

1.   秦 繆 公 十 五 年 九 月 壬 戌 公 與 晉 惠 公 合 戰 於 韓 地 (1).
La 15 année de *Mou Kong* 繆公, prince de *Ts'in* 秦, la 9⁰ lune, au

---

(1)   **史記** k. 5.

jour sous le 59ᵉ signe cyclique *jen-siu* 壬 戌, ce prince se battit avec *Hoei Kong* 惠 公, prince de *Tsin* 晋, dans le territoire de *Han* 韓 (Chavannes II p. 31).

Cette date est la 15ᵉ année du règne, la 9ᵉ lune, le 15ᵉ jour, 1ᵉʳ novembre style grégorien (6 style julien), 645 av. J.-C.

2. 秦 献 公 四 年 正 月 庚 寅 孝 公 生 (1).

La 4ᵉ année de *Hien Kong* 献 公, prince du *Ts'in* 秦, la 1ᵉʳᵉ lune, au jour sous le 17ᵉ signe cyclique *keng-in* 庚 寅, naquit le prince *Hiao Kong* 孝 公 (Chavannes II p. 59).

Cette date est la 4ᵉ année du règne, la 1ᵉʳᵉ lune, le 11ᵉ jour, 30 janvier style grégorien (4 février style julien), 381 av. J.-C.

3. 秦 惠 文 君 十 三 年 四 月 戊 午 魏 君 爲 王 (2).

La 13ᵉ année de *Hoei Wen* 惠 文, prince de *Ts'in* 秦, la 4ᵉ lune, au jour sous le 55ᵉ signe cyclique *ou-ou* 戊 午, le prince de *Wei* 魏 prit le titre de roi (Chavannes II p. 70).

Cette date est la 13ᵉ année du règne, la 4ᵉ lune, le 15ᵉ jour, 3 mai style grégorien (8 style julien), 325 av. J.-C.

4. 秦 孝 文 王 元 年 十 月 己 亥 即 位 (3).

La 1ᵉʳᵉ année de *Hiao Wen* 孝 文, prince de *Ts'in* 秦, la 10ᵉ lune, au jour sous le 36ᵉ signe cyclique *ki-hai* 己 亥, le prince monta sur le trône (Chavannes II p. 96).

Cette année est la 1ᵉʳᵉ du règne, la 10ᵉ lune, 250 av. J.-C., mois de novembre; les dates de la lune et du jour ne s'accordent pas avec le calendrier de *Ts'in* 秦.

5. 同 年 十 月 辛 丑 孝 文 王 辛 (4).

La même année, la 10ᵉ lune, au jour sous le 38ᵉ signe cyclique *sin-tch'eou* 辛 丑, *Hiao Wen Wang* 孝 文 王, prince de *Ts'in* 秦, mourut (Chavannes II p. 96).

Cette année est la 1ᵉʳᵉ du règne, la 10ᵉ lune, 250 av. J.-C., mois de novembre ; les dates de la lune et du jour ne s'accordent pas avec le calendrier de *Ts'in* 秦.

---

(1) 史 記 k. 5.

(2) 史 記 ib

(3) 史 記 ib.

(4) 史 記 ib.

6.　秦莊襄王四年 (三 年) 五 月 丙 午 袞 王 辛 (1).

La 4ᵉ (3ᵉ) année de *Siang-wang* 襄王, prince de *Ts'in* 秦, la 5ᵉ lune, au jour sous le 43ᵉ signe cyclique *ping-ou* 丙午, le roi mourut (Chavannes II p. 98).

Selon le *Che-ki* 史記, la mort du roi eut lieu la 4ᵉ année, mais dans le *Tse-tche-t'ong-kien* 資治通鑑 (k. 6) et dans le *K'in-ting-li-tai-nien-piao* 欽定歷代年表 (k. 9), il est dit qu'elle arriva pendant la 3ᵉ année; c'est l'opinion commune des historiographes et nous la suivons ici.

Cette date est la 3ᵉ année du règne, la 5ᵉ lune, le 26ᵉ jour, 2 juillet style grégorien (6 style julien), 247 av. J.-C.

II.　Dates du Chapitre 6ᵉ, Annales de l'Emperenr *Che Hoang* 始皇,

de la dynastie *Ts'in* 秦,　*Ts'in Che Hoang Pen-ki* 秦始皇本紀.

7.　秦 始 皇 四 年 十 月 庚 寅 蝗 蟲 從 東 方 來 蔽 天 (2).

La 4ᵉ année de *Che Hoang* 始皇, Emp. de *Ts'in* 秦, la 10ᵉ lune, au jour sous le 27ᵉ signe cyclique *keng-in* 庚寅, des sauterelles venant de l'orient obscurcirent le ciel (Chavannes II p. 103).

Cette date est la 4ᵉ année de l'Empereur, la 10ᵉ lune, le 30ᵉ jour, 27 novembre style grégorien (1ᵉʳ décembre style julien), 244 av. J.-C.

8.　秦 始 皇 九 年 四 月 己 酉 王 冠 帶 劍 (3).

La année de *Che Hoang* 始皇, Emp. de *Ts'in* 秦, la 4ᵉ lune, au jour sous le 46ᵉ signe cyclique *ki-yeou* 己酉, l'Empereur prit le bonnet viril, et porta l'épée (Chavannes II p. 108).

Cette date est la 9ᵉ année de l'Empereur, la 4ᵉ lune, le 21ᵉ jour, 19 mai style grégorien (23 style julien), 238 av. J.-C.

9.　秦 始 皇 三 十 七 年 十 月 癸 丑 始 皇 出 游 (4).

La 37ᵉ année de *Che Hoang* 始皇, Emp. de *Ts'in* 秦, la 10ᵉ lune, au jour sous le 50ᵉ signe cyclique *koei-tch'eou* 癸丑, l'Empereur partit en voyage (Chavannes II p. 184).

Cette date est la 37ᵉ année de l'Empereur, la 10ᵉ lune, le 4ᵉ jour, 28 octobre style grégorien (1ᵉʳ novembre style julien), 211 av. J.-C.

---

(1)　史記 k. 5.
(2)　史記 k. 6.
(3)　史記 ib.
(4)　史記 ib.

10. 秦 始 皇 三 十 七 年 七 月 丙 寅 (丙 子) 始 皇 崩 (1).

La 37ᵉ année de *Che Hoang* 始皇, Emp. de *Ts'in* 秦, la 7ᵉ lune, au jour sous le 3ᵉ (13ᵉ) signe cyclique *ping-in* 丙寅 (*ping-tse* 丙子), l'Empereur mourut (Chavannes II p. 191).

Cette 37ᵉ année de l'Empereur est l'an 210 av. J.-C., la 7ᵉ lune est le mois de juillet; les dates de la lune et du jour ne s'accordent pas avec le calendrier de *Ts'in* 秦.

Cette date, soit pour la lune, soit pour le jour, est erronée, car, dans le calendrier de *Ts'in* 秦, le 1ᵉʳ jour de la 7ᵉ lune de cette année est sous le 13ᵉ signe cyclique *ping-tse* 丙子, donc le jour sous le 3ᵉ *ping-in* 丙寅 ne peut pas se trouver dans la 7ᵉ lune. De plus le jour sous le 3ᵉ signe cyclique *ping-in* 丙寅 de la 7ᵉ lune ne peut être concilié avec le jour sous le 50ᵉ signe cyclique *koei-tch'eou* 癸丑 de la 10ᵉ lune de la même année civile. Telle est aussi l'opinion de M. Chavannes (II p. 191, note 5).

Je croirais que l'erreur vient du jour sous le 3ᵉ signe cyclique *ping-in* 丙寅, écrit au lieu du jour sous le 13ᵉ signe cyclique *ping-tse* 丙子. Dans cette hypothèse, le jour de la mort de l'Empereur serait la 7ᵉ lune, le 1ᵉʳ jour sous le 13ᵉ signe cyclique *ping-tse* 丙子, jour qui correspond au 18 juillet style grégorien (22 style julien), 210 av. J.-C. (2).

11. 秦 二 世 皇 帝 三 年 八 月 己 亥 趙 高 欲 爲 亂 (3).

La 3ᵉ année de *Eul Che* 二世, Emp. de *Ts'in* 秦, la 8ᵉ lune, au jour sous le 36ᵉ signe cyclique *ki-hai* 己亥, le ministre *Tchao Kao* 趙高 voulut se révolter (Chavannes II p. 211).

Cette date est la 3ᵉ année de l'Empereur, la 8ᵉ lune, le 13ᵉ jour, 23 septembre style grégorien (27 style julien), 207 av. J.-C.

---

(1) 史記 k. 6.

(2) Le palais *Cha-k'ieou-t'ai* 沙丘臺, où l'Empereur *Che Hoang* 始皇 rendit le dernier soupir, se trouve dans la sous-préfecture de *P'ing-hiang hien* 平鄉縣 (prov. du *Tche-li* 直隷), au nord-est de la ville, à une distance de 20 *li* 里. La montagne *Li-chan* 驪 (酈) 山 où le même Empereur fut enterré, la 9ᵉ lune de l'année de sa mort, est dans la sous-préfecture de *Lin-t'ong hien* 臨潼縣 (prov. du *Chen-si* 陝西), au sud-est, à 2 *li* 里 de la ville. Depuis *Cha-k'ieou* 沙丘 jusqu'à *Li-chan* 驪山, la distance est d'environ 2000 *li* 里, et deux mois suffisent amplement pour faire ce trajet.

(3) 史記 k. 6.

III.　Dates du Chapitre 15ᵉ, Table pour les années des six royaumes,

***Lou-kouo Nien-piao* 六 國 年 表.**

12.　秦 惠 文 王 十 三 年 四 月 戊 午 魏 爲 王 (1).

La 13ᵉ année de *Hoei Wen* 惠 文, roi de *Ts'in* 秦, la 4ᵉ lune, au jour sous le 55ᵉ signe cyclique *ou-ou* 戊 午, le prince de *Wei* 魏 prit le titre de roi.　·

Cette date est la 13ᵉ année du règne, la 4ᵉ lune, le 5ᵉ jour, 3 mai style grégorien (8 style julien), 325 av. J.-C.

13.　秦 二 世 皇 元 年 十 月 戊 寅 大 赦 罪 人 (2).

La 1ᵉʳᵉ année de *Eul-che* 二 世, Emp. de *Ts'in* 秦, la 10ᵉ lune, au jour sous le 15ᵉ signe cyclique *ou-in* 戊 寅, l'Empereur fit publier une amnistie pleinière.

Cette date est la 1ᵉʳᵉ année de l'Empereur, la 10ᵉ lune, le 5ᵉ jour, 17 novembre style grégorien (21 style julien), 210 av. J. C.

---

(1)　史 記 k. 15.

(2)　史 記 ib.

PARAGRAPHE III.

Des dates de la dynaste *Si Han* 西 漢.

Sous la dynastie *Si Han* 西 漢, il faut distinguer plusieurs espèces de calendrier. Depuis le commencement de la dynastie, 1ère année de l'Emp. *Kao Tsou* 高祖 (206 av. J.-C.), jusqu'à la 1ère année de règne *T'ai-tch'ou* 太初 de l'Emp. *Ou Ti* 武帝 (104 av. J.-C.), c'est-à-dire avant la réforme du calendrier, on faisait usage simultanément des deux systèmes *In-li* 殷曆 et *Tchoan-hiu li* 顓項曆 (1). Pendant cette période de 103 ans, l'année civile commence au XIIᵉ mois astronomique (*kien-hai* 建亥) comme dans la dynastie précédente des *Ts'in* 秦.

À partir de la 2ᵉ année de règne *T'ai-tch'ou* 太初 (103 av. J.-C.) jusqu'à la 1ère année de règne *Hong-kia* 鴻嘉 de l'Emp. *Tch'eng Ti* 成帝 (20 av. J.-C.), où se termine l'histoire *Che-ki* 史記, on se servit du calendrier *T'ai-tch'ou-li* 太初曆. Pendant cette époque de 84 ans, l'année commence au IIIᵉ mois astronomique (*kien-in* 建寅).

Pour ces deux périodes, on relève dans le *Che-ki* 史記 390 dates dont les année, lune et jour sont indiqués ; après les avoir rapportées respectivement aux calendriers de la dynastie, c'est-à-dire aux systèmes *In-li* 殷曆, *Tchoan Hiu-li* 顓項曆 et *T'ai-tch'ou-li* 太初曆, on en trouve 301 qui concordent avec le calendrier et 89 qui sont en désaccord. Nous ne parlerons pas ici des 301 dates régulières, dont le jour solaire s'obtient par la Concordance.

Des 89 autres, 53 peuvent être corrigées d'après une ancienne édition du *Che-ki* 史記, les Annales de la dynastie *Si Han* 西 漢 et la chronologie *Tse-tche-t'ong-kien* 資治通鑑 (2). Elles concordent alors avec leur calendrier et ont été transformées ci-après en jours solaires ; ce sont les NN. 1, 2, 3, 4, 5, 6, 8, 9, 10, 11, 12, 14, 15, 16, 20, 21, 22, 23, 24, 25, 27, 28, 30, 34, 35, 37, 40, 41, 43, 45, 46, 47, 48, 55, 58, 59, 60, 61, 64, 65, 67, 68, 72, 73, 77, 79, 80, 81, 83, 84, 85, 86 et 88.

Restent enfin 36 dates inconciliables et vraisemblablement fautives, les NN. 7, 13, 17, 18, 19, 26, 29, 31, 32, 33, 36, 38, 39, 42, 44, 49, 50, 51, 52, 53, 54, 56, 57, 62, 63, 66, 69, 70, 71, 74, 75, 76, 78, 82, 87 et 89.

Passons maintenant à l'étude de chacune de ces dates.

-----

(1) Voir ci-dessus, p. 124.

(2) Voir Note II, à la fin du livre, des renseignements sur cet ouvrage.

I. Dates du Chapitre 8ᵉ, Annales de l'Empereur *Kao Tsou* 高祖, de la dynastie *Si Han* 西漢, *Kao Tsou Pen-ki* 高祖本紀.

1. 漢高祖五年（二月）甲午即皇帝位 (1).

La 5ᵉ année de l'Emp. *Kao Tsou* 高祖, de la dynastie *Si Han* 西漢, (la 2ᵉ lune), au jour sous le 31ᵉ signe cyclique *kia-ou* 甲午, *Kao Tsou* 高祖 se proclama Empereur (Chavannes II p. 381).

Le *Che-ki* 史記 n'indique pas la lune, mais le *Ts'ien-han-chou* 前漢書 (k. 1) dit que ce fait eut lieu à la 2ᵉ lune.

Cette date est la 5ᵉ année de l'Empereur, la 2ᵉ lune, le 3ᵉ jour, 24 février style grégorien (28 style julien), 202 av. J.-C.

2. 漢高祖十二年（五月）丙寅高祖葬 (2).

La 12 année de l'Emp. *Kao Tsou* 高祖, de la dynastie *Si Han* 西漢, (la 5ᵉ lune), au jour sous le 3ᵉ signe cyclique *ping-in* 丙寅, l'Empereur fut enseveli (Chavannes II p. 402).

Dans le *Che-ki* 史記, la lune n'est pas donnée; mais, par le *Ts'ien-han-chou* 前漢書 (k. 1), on sait que c'est la 5ᵉ.

Cette date est la 12ᵉ année de l'Empereur, la 5ᵉ lune, le 17ᵉ jour, 20 juin style grégorien (23 style julien), 195 av. J.-C.

II. Dates du Chapitre 9ᵃ, Annales de l'Impératrice *Kao Heou* 高后, de la dynastie *Si Han* 西漢, *Kao Heou Pen-ki* 高后本紀.

3. 漢高后八年七月辛巳高后崩 (3).

La 8ᵉ année de *Kao Heou* 高后, Impératrice de la dynastie *Han* 漢, la 7ᵉ lune, au jour sous le 18ᵉ signe cyclique *sin-se* 辛巳, l'Impératrice mourut (Chavanes II p. 426).

Cette date est la 8ᵉ année de l'Impératrice, la 7ᵉ lune, le 30ᵉ jour (4), 15 août style grégorien (18 style julien), 180 av. J.-C.

---

(1) 史記 k. 8.

(2) 史記 ib.

(3) 史記 ib.

(4) Cette date, tant dans le *Che-ki* 史記 que dans le *Ts'ien-han-chou* 前漢書, est rapportée à la 7ᵉ lune, au jour sous le 18ᵉ signe cyclique *sin-se* 辛巳; dans le calendrier *In-li* 殷曆 et dans le *Tchoan-hiu li* 顓頊曆, la 7ᵉ lune de l'année susdite n'est pas pleine, et le jour sous le 18ᵉ signe cyclique *sin-se* 辛巳 serait le 1ᵉʳ de la 8ᵉ lune; nous supposons ici que cette 7ᵉ lune est pleine et que le jour sous le 18ᵉ signe cyclique *sin-se* 辛巳 est le 30ᵉ jour de la 7ᵉ lune.

4.   漢高后八年八月丙午齊王欲使人誅相召平 (1).

La 8e année de l'Impératrice *Kao Heou* 高后, de la dynastie *Han* 漢, la 8e lune, au jour sous le 43e signe cyclique *ping-ou* 丙午, le prince de *Ts'i* 齊 voulut envoyer un homme tuer le ministre *Chao P'ing* 召平 (Chavannes II p. 429).

Cette date est la 8e année de l'Impératrice, la 8e lune, le 25e jour (2), 9 septembre style grégorien (12 style julien), 180 av. J.-C.

5.   漢高后八年八月（九月）庚申旦平陽侯曹窋行御史大夫事見相固呂產計事 (3).

La 8e année de l'Impératrice *Kao Heou* 高后, de la dynastie *Han* 漢, la (9e) 8e lune, au jour sous le 57e signe cyclique *keng-chen* 庚申, le matin, *Ts'ao Tch'ou* 曹窋, marquis de *P'ing-yang* 平陽, qui remplissait la fonction de censeur, alla voir le ministre *Liu Tch'an* 呂產, pour délibérer avec lui (Chavannes II p. 432)

Dans le *Che-ki* 史記 et dans le *Ts'ien-han-chou* 前漢書 (k. 3), on rapporte que cette visite eut lieu à la 8e lune ; mais l'historiographe *Se-ma Koang* 司馬光, dans son ouvrage *T'ong-kien-k'ao-i* 通鑑攷異 (k. 1), dit que la 8e lune est fautive ; selon la chronologie *Tch'ang-li* 長曆 (4), c'est la 9e (5). Nous suivons ici cette correction.

Cette date est alors la 8e année de l'Impératrice, la 9e lune, le 10e jour, 23 septembre style grégorien (26 style julien), 180 av. J.-C.

En admettant cette correction, la date se trouve d'accord avec le calendrier de cette période de la dynastie *Han* 漢, et les 4 dates de la même année concordent aussi avec ce calendrier ; ces dates sont les suivantes.

a)   同年九月辛酉捕斬呂祿辛酉呂祿 (6).

La même année, la 9e lune, au jour sous le 58e signe cyclique *sin-yeou* 辛酉, *Liu Lou* 呂祿 fut pris et décapité (Chavannes II p. 437).

Cette date est la 8e année de l'Impératrice, la 9e lune, le 11e jour, 24 septembre style grégorien (27 style julien), 180 av. J.-C.

---

(1) 史記 k. 9.

(2) Ici nous supposons que la 7e lune est pleine, et que la 8e ne l'est pas : voir la note (4) de la page précédente.

(3) 史記 k. 9.

(4) *Sur cette Chronologie, voir ci-dessus p.* 51 *et suivantes.*

(5) Voir Chavannes II p. 426, 428 note 3, et "La Chronologie des *Han* 漢" par le P. Havret S.J., *T'oung-pao* 通報 vol. VIII p. 378-411, année 1897.

(6) 史記 k. 9.

b) 同年（九月）壬戌以帝太傅審食其復爲左丞相 (1).

La même année, (la 9ᵉ lune), au jour sous le 59ᵉ signe cyclique *jen-siu* 壬戌, *Chen I-k'i* 審食其, premier précepteur de l'Impératrice, fut fait ministre (Chavannes II p. 437).

Cette date est la 8ᵉ année de l'Impératrice, la 9ᵉ lune, le 12ᵉ jour, 25 septembre style grégorien (28 style julien), 180 av. J.-C.

c) 同年（九月）戊辰徙濟川王梁 (2).

La même année, (la 9ᵉ lune), au jour sous le 5ᵉ signe cyclique *ou-tch'en* 戊辰, le prince de *Tsi-tch'oan* 濟川 fut transféré à la principauté de *Liang* 梁 (Chavannes ib.).

Cette date est la 8ᵉ année de l'Impératrice, la 9ᵉ lune, le 18ᵉ jour, 1ᵉʳ octobre style grégorien (4 style julien), 180 av. J.-C.

d) 同年後九月晦日己酉代王至長安舍代邸 (3).

La même année, la 9ᵉ lune postérieure intercalaire, au dernier jour sous le 46ᵉ signe cyclique *ki-yeou* 己酉, le prince de *Tai* 代 parvint à *Tch'ang-ngan* 長安 et logea dans son palais (Chavannes II p. 440).

Cette date est la 8ᵉ année de l'Impératrice, la 9ᵉ lune postérieure, le 29ᵉ jour, 11 novembre style grégorien (14 style julien), 180 av. J.-C.

III. Dates du Chapitre 11ᵉ, Annales de l'Empereur *King Ti* 景帝, de la dynastie *Si Han* 西漢, *Han King Ti Pen-ki* 漢景帝本紀.

6. 漢景帝中六年二月己卯帝行幸雍 (4).

La 6ᵉ année de la période intermédiaire, *tchong* 中, de *King Ti* 景帝, Emp. de la dynastie *Han* 漢, la 2ᵉ lune, au jour sous le 16ᵉ signe cyclique *ki-mao* 己卯, l'Empereur alla à *Yong* 雍 (Chavannes II p. 305).

Cette date est la 6ᵉ année de la période intermédiaire, *tchong* 中, de l'Emp. *King Ti* 景帝, la 2ᵉ lune, le 25ᵉ jour, 6 avril style grégorien (9 style julien), 144 av. J.-C.

7. 漢景帝後元年八月壬辰以御史大夫衛綰爲丞相 (5).

La 1ᵉʳᵉ année de la période postérieure, *heou* 後, de l'Emp. *King Ti* 景帝, de la dynastie *Han* 漢, la 8ᵉ lune, au jour sous le 29ᵉ signe cyclique

----

(1) 史記 k. 9.

(2) 史記 ib.

(3) 史記 ib.

(4) 史記 k. 11.

(5) 史記 ib.

jen-tch'en 壬 辰, le censeur *Wei Koan* 衛 綰 fut nommé ministre (Chavannes II p. 507).

Cette date de l'an 143 av. J.-C. ne concorde pas avec le calendrier de la dynastie *Han* 漢.

IV. Dates du Chapitre 17ᵉ, Table pour les années des Princes feudataires depuis le commencement de la dynastie *Han* 漢 jusqu'à la 4ᵉ année de règne *T'ai-tch'ou* 太 初 de l'Emp. *Ou Ti* 武 帝 (de 206 à 101 av. J.-C.), *Han-hing-i-lai Tchou-heou Nien-piao* 漢 興 以 來 諸 侯 年 表.

8. 漢 高 祖 五 年 九 月 (後 九 月) 壬 子 初 燕 王 盧 綰 元 年 (1).

La 5ᵉ année de *Kao Tsou*, Emp. de la dynastie *Han* 漢, la 9ᵉ lune, (9ᵉ lune postérieure), au jour sous le 49ᵉ signe cyclique *jen-tse* 壬 子, *Lou Koan* 盧 綰 commença à régner à *Yen* 燕 (Chavannes III p. 113).

S'il s'agit de la 9ᵉ lune postérieure, cette date concorde avec le calendrier de la dynastie *Han* 漢.

C'est alors la 5ᵉ année de l'Empereur, la 9ᵉ lune postérieure, le 25ᵉ jour, 9 novembre style grégorien (13 style julien), 202 av. J.-C. (Chavannes III p. 113).

9. 漢 高 祖 六 年 正 月 甲 子 (壬 子) 初 齊 悼 惠 王 劉 肥 元 年 (2).

La 6ᵉ année de *Kao Tsou* 高 祖, Emp. de la dynastie *Han* 漢, la 1ère lune, au jour sous le 1ᵉʳ (49ᵉ) signe cyclique *kia-tse* 甲 子 (*jen-tse* 壬 子), *Lieou Fei* 劉 肥 commença à régner à *Ts'i* 齊 sous le nom de *Tao Hoei* 悼 惠 (Chavannes III p. 112).

Dans le *Ts'ien-han-chou* 前 漢 書 (k. 14), ce fait est rapporté au jour sous le 49ᵉ signe cyclique *jen-tse* 壬 子, jour qui concorde avec le calendrier de la dynastie *Han* 漢.

Cette date est alors la 6ᵉ année de l'Empereur, la 1ère lune, le 27ᵉ jour, 9 mars style grégorien (12 style julien), 201 av. J.-C.

10. 漢 高 祖 十 一 年 三 月 (二 月) 丙 午 初 劉 恢 梁 王 元 年 (3).

La 11ᵉ année de *Kao Tsou* 高 祖, Emp. de la dynastie *Han* 漢, la 3ᵉ (2ᵉ) lune au jour sous le 43ᵉ signe cyclique *ping-ou* 丙 午, *Lieou K'oei* 劉 恢 commença à régner sous le titre de prince de *Liang* 梁 (Chavannes III p. 100).

---

(1) 史 記 k. 17; 欽 定 歷 代 年 表 k. 4.

(2) 史 記 ib.

(3) 史 記 ib.

L'ancienne édition du *Che-ki* 史記 et le *Che-ki P'ing-lin* 史記評林 portent la 2e lune, et cette lune concorde avec le calendrier de la dynastie *Han* 漢.

Cette date est alors la 11e année de l'Empereur, la 2e lune, le 20e jour, 6 avril style grégorien (9 style julien), 196 av. J.-C.

11.　漢高祖十二年三月 (二月) 甲午初劉建燕靈王元年 (1).

La 12e année de *Kao Tsou* 高祖, Emp. de la dynastie *Han* 漢, la 3e (2e) lune, au jour sous le 31e signe cyclique *kia-ou* 甲午, *Lieou Kien* 劉建 commença à règner à *Yen* 燕 sous le nom de prince *Ling* 靈 (Chavannes III p. 114).

Dans le *Ts'ien-han-chou* 前漢書 (k. 14), cet évènement est marqué à la 2e lune, qui concorde avec le calendrier de la dynastie *Han* 漢.

Cette date alors est la 12e année de l'Empereur, la 2e lune, le 14e jour, 20 mars style grégorien (23 style julien), 195 av. J.-C.

12.　漢高后二年十一月癸亥 (癸巳) 初王呂嘉元年 (2).

La 2e année de *Kao Heou* 高后, Impératrice de la dynastie *Han* 漢, la 11e lune, au jour sous le 60e (30e) signe cyclique *koei-hai* 癸亥 (*koei-se* 癸巳), *Liu Kia* 呂嘉 commença à régner (Chavannes III p. 102).

Dans l'ancienne édition du *Che-ki* 史記, cet évènement est marqué au jour sous le 30e signe cyclique *koei-se* 癸巳, qui concorde avec le calendrier de la dynastie *Han* 漢.

Cette date est alors la 2e année de l'Impératrice, la 11e lune, le 4e jour, 2 décembre style grégorien (5 style julien), 187 av. J.-C.

13.　漢高后六年七月丙辰呂王產元年 (3).

La 6e année de *Kao Heou* 高后, Impératrice de la dynastie *Han* 漢, la 7e lune, au jour sous le 53e signe cyclique *ping-tch'en* 丙辰, *Liu Tch'an* 呂產 fut décoré du titre de prince souverain (Chavannes III p. 102).

Cette 6e année de l'Impératrice est 182 av. J.-C.; la lune et le jour ne concordent pas avec le calendrier de la dynastie *Han* 漢.

14.　漢景帝前四年四月乙巳 (己巳) 劉榮立爲太子 (4).

La 4e année de la 1ère période de *King Ti* 景帝, Emp. de la

---

(1)　史記 k. 17.

(2)　史記 ib.

(3)　史記 ib.

(4)　史記 ib.

dynastie *Han* 漢, la 4ᵉ lune, au jour sous le 42ᵉ (6ᵉ) signe cyclique *i-se* 乙巳 (*ki-se* 己巳), *Lieou Yong* 劉榮 fut établi héritier présomptif du trône impérial (Chavannes III p. 98).

Dans le *Ts'ien-han-chou* 前漢書 (k. 5), cet évènement est marqué au jour sous le 6ᵉ signe cyclique *ki-se* 己巳, qui concorde avec le calendrier de la dynastie *Han* 漢.

Cette date est alors la 4ᵉ année de la 1ᵉʳᵉ période de l'Emp. *King Ti* 景帝, de la dynastie *Han* 漢, la 4ᵉ lune, le 23ᵉ jour, 13 mars style grégorien (16 style julien), 153 av. J.-C.

15. 同年六月乙亥劉非爲江都王元年 (1).

Cette même année, la 6ᵉ lune, au jour sous le 12ᵉ signe cyclique *i-hai* 乙亥, *Lieou Fei* 劉非 fut institué prince de *Kiang-tou* 江都 (Chavannes III p. 98).

Si cette 6ᵉ lune est pleine, le jour en question concorde avec le calendrier de la dynastie *Han* 漢.

Cette date est alors la 4ᵉ année de la 1ᵉʳᵉ période de l'Empereur, la 6ᵉ lune, 30ᵉ jour, 18 juillet style grégorien (21 style julien), 153 av. J.-C.

16. 漢景帝中三年三月丁巳 (丁酉) 劉乘哀王元年 (2).

La 3ᵉ année de la période intermédiaire de *King Ti* 景帝, Emp. de la dynastie *Han* 漢, la 3ᵉ lune, au jour sous le 54ᵉ (34ᵉ) signe cyclique *ting-se* 丁巳, (*ting-yeou* 丁酉), *Lieou Tch'eng* 劉乘 fut institué prince sous le nom *Ngai* 哀 (Chavannes III p. 113).

Dans le *Ts'ien-han-chou* 前漢書 (k. 14), cet évènement est marqué au jour sous le 34ᵉ signe cyclique *ting-yeou* 丁酉, qui concorde avec le calendrier de la dynastie *Han* 漢.

Cette date est alors la 3ᵉ année de la période intermédiaire de l'Empereur, la 3ᵉ lune, le 26ᵉ jour, 10 mai style grégorien (13 style julien), 147 av. J.-C.

17. 漢景帝中五年三月丁巳初劉舜常山憲王元年 (3).

La 5ᵉ année de la période intermédiaire de *King Ti* 景帝, Emp. de la dynastie *Han* 漢, la 3ᵉ lune, au jour sous le 54ᵉ signe cyclique

---

(1) 史記 k. 17.

(2) 史記 ib.

(3) 史記 ib.

ting-se 丁巳, *Liéou Choen* 劉舜, sous le nom de *Hien* 憲, commença à régner à *Tch'ang-chan* 常山 (Chavannes III p. 106).

Cette 5e année de l'Empereur est 145 av. J.-C.; les dates de la lune et du jour ne concordent pas avec le calendrier de la dynastie *Han* 漢.

Dates du Chapitre 18e, Table, par années, des officiers qui furent

faits marquis au temps de l'Emp. *Kao Tsou* 高祖,

Han Kao Tsou Kong-tch'en Heou-tché Nien-piao 漢 高 祖 功 臣 候 者 年 表.

18.　漢高祖六年正月戊午貞侯郭蒙元年 (1).

La 6e année de *Kao-tsou* 高祖, Emp. de la dynastie *Han* 漢, la 1ère lune, au jour sous le 55e signe cyclique *ou-ou* 戊午, *Kouo Mong* 郭蒙 fut nommé marquis sous le titre de *Tcheng* 貞 (Chavannes III p. 143).

Cette 6e année de l'Empereur est l'an 201 av. J.-C.; les dates de la lune et du jour ne concordent pas avec le calendrier de la dynastie *Han* 漢.

19.　同年六月丁亥齊侯戎賜元年 (2).

La même année, la 6e lune, au jour sous le 24e signe cyclique *ting-hai* 丁亥, *Jong Se* 戎賜 fut nommé marquis de *Ts'i* 齊 (Chavannes III p. 135).

Les dates de la lune et du jour ne concordent pas avec le calendrier de la dynastie *Han* 漢.

20.　漢高祖七年三月丙寅 (壬寅) 齊侯華寄元年 (3).

La 7e année de *Kao-tsou* 高祖, Emp. de la dynastie *Han* 漢, la 3e lune, au jour sous le 3e (39e)signe cyclique *ping-in* 丙寅 (*jen-in* 壬寅), *Hoa Ki* 華寄 fut nommé marquis de *Ts'i* 齊 (Chavannes III p. 141).

Dans le *Ts'ien-han-chou* 前漢書 (k. 16), cet évènement est marqué au jour sous le 39e signe cyclique *jen-in* 壬寅, qui s'accorde avec le calendrier de la dynastie *Han* 漢.

La date est alors la 7e année de l'Empereur, la 3e lune, le 23e jour, 23 avril style grégorien (26 style julien), 200 av. J.-C.

---

(1)　史 記 k. 18.

(2)　史 記 ib.

(3)　史 記 ib.

21. 同 年 七 月 丙 辰 (丙 申) 莊 溪 杜 得 臣 元 (1).

La même année, la 7ᵉ lune, au jour sous le 53ᵉ (33ᵉ) signe cyclique
ping-tch'en 丙辰 (*ping-chen* 丙申), *Tou Té-tch'en* 杜得臣 fut nommé
marquis sous le titre de *Tchoang* 莊 (Chavannes III p. 132).

Dans le *Ts'ien-han-chou* 前漢書 (k. 16), cet évènement est marqué
au jour sous le 33ᵉ signe cyclique *ping-chen* 丙申, qui s'accorde avec le
calendrier de la dynastie *Han* 漢.

La date est alors la 7ᵉ année de l'Empereur, la 7ᵉ lune, le 19ᵉ jour, 15
août style grégorien (18 style julien), 200 av. J.-C.

22. 同 年 七 月 (十 月) 戊 辰 靖 侯 許 溫 元 年 (2).

La même année, la 7ᵉ (10ᵉ) lune, au jour sous le 5ᵉ signe cyclique
ou-tch'en 戊辰, *Hiu Wen* 許溫 fut nommé marquis sous le titre de
Tsing 靖 (Chavannes III p. 138).

Dans le *Ts'ien-han-chou* 前漢書 (k. 16), cet évènement est marqué
à la 10ᵉ lune, qui s'accorde avec le calendrier de la dynastie *Han* 漢.

La date est alors la 7ᵉ année de l'Empereur, la 10ᵉ lune, le 17ᵉ jour,
20 novembre style grégorien (23 style julien), 201 av. J.-C.

23. 漢 高 祖 八 年 七 月 (十 月) 癸 丑 簡 侯 程 黑 元 年 (3).

La 8ᵉ année de *Kao-tsou* 高祖, Emp. de la dynastie *Han* 漢, la 7ᵉ
(10ᵉ) lune, au jour sous le 50ᵉ signe cyclique *koei-tch'eou* 癸丑, *Tch'eng
Hé* 程黑 fut nommé marquis sous le titre de *Kien* 簡 (Chavannes III p. 135).

Dans le *Ts'ien-han-chou* 前漢書 (k. 16), cet évènement est marqué à
la 10ᵉ lune, qui s'accorde avec le calendrier de la dynastie *Han* 漢.

La date est alors la 8ᵉ année de l'Empereur, la 10ᵉ lune, le 8ᵉ jour,
31 octobre style grégorien (3 novembre style julien), 199 av. J.-C.

24. 同 年 三 月 丙 辰 (丙 戌) 簡 侯 留 勝 元 年 (4).

La même année, la 3ᵉ lune, au jour sous le 53ᵉ (23ᵉ) signe cyclique
ping-tch'en 丙辰 (*ping-siu* 丙戌), *Lieou Cheng* 留勝 fut nommé marquis
sous le titre de *Kien* 簡 (Chavannes III p. 133).

Dans le *Ts'ien-han-chou* 前漢書 (k. 16), cet évènement est marqué

---

(1) 史記 k. 18.
(2) 史記 ib.
(3) 史記 ib.
(4) 史記 ib.

au jour sous le 23ᵉ signe cyclique *ping-siu* 丙戌, qui s'accorde avec le calendrier de la dynastie *Han* 漢.

Cette date est alors la 8ᵉ année de l'Empereur, la 3ᵉ lune, le 13ᵉ jour, 2 avril style grégorien (5 style julien), 199 av. J.-C.

25. 同 年 二 月 辛 巳 (三 月 辛 卯) 莊 侯 楊 武 元 年 (1).

La même année, la 2ᵉ lune, au jour sous le 18ᵉ signe cyclique *sin-se* 辛 巳 (la 3ᵉ lune, au jour sous le 28ᵉ signe cyclique *sin-mao* 辛 卯), *Yang Ou* 楊 武 fut nommé marquis sous le titre de *Tchoang* 莊 (Chavannes III p. 137).

Le *Ts''ien-han-chou* 前 漢 書 (k. 16) porte la 3ᵉ lune, au jour sous le 28ᵉ signe cyclique *sin-mao* 辛 卯, ce qui s'accorde avec le calendrier de la dynastie *Han* 漢.

Cette date est alors la 8ᵉ année de l'Empereur, la 3ᵉ lune, le 18ᵉ jour, 7 avril style grégorien (10 style julien), 199 av. J.-C.

26. 同 年 四 月 辛 卯 莊 侯 魏 選 元 年 (2).

La même année, la 4ᵉ lune, au jour sous le 28ᵉ signe cyclique *sin-mao* 辛 卯, *Wei Siuen* 魏 選 fut nommé marquis sous le titre de *Tchoang* 莊 (Chavannes III p. 187).

Les dates de la lune et du jour ne concordent pas avec calendrier de la dynastie *Han*.

27. 同 年 九 月 (後 九 月) 丙 午 侯 劉 仲 元 年 (3).

La même année, la 9ᵉ lune (ou 9ᵉ postérieure), *Lieou Tchong* 劉 仲 fut nommé marquis (Chavannes III p. 129).

Si c'est la 9ᵉ lune postérieure, l'accord existe avec le calendrier de la dynastie *Han* 漢.

Cette date est alors la 8ᵉ année de l'Empereur, la 9ᵉ lune postérieure, 6ᵉ jour, 19 octobre style grégorien (22 style julien), 199 av. J.-C.

28. 漢 高 祖 九 年 四 月 丙 寅 (戊 寅) 侯 周 成 元 年 (4).

La 9ᵉ année de *Kao Tsou* 高 祖, Emp. de la dynastie *Han* 漢, la 4ᵉ lune, au jour sous le 3ᵉ (15ᵉ) signe cyclique *ping-in* 丙 寅 (*ou-in* 戊 寅), *Tcheou Tch'eng* 周 成 fut nommé marquis (Chavannes III p. 180).

---

(1) 史 記 k. 18.

(2) 史 記 ib.

(3) 史 記 ib.

(4) 史 記 ib.

Dans le *Ts'ien-han-chou* 前 漢 書 (k. 16), cet évènement est marqué au jour sous le 15e signe cyclique *ou-in* 戊 寅, qui s'accorde avec le calendrier de la dynastie *Han* 漢.

Cette date est alors la 9e année de l'Empereur, la 4e lune, le 11e jour, 19 mai style grégorien (22 style julien), 198 av. J.-C.

29. 同 年 九 月 丙 子 侯 吳 程 元 年 (1).

La même année, la 9e lune, au jour sous le 13e signe cyclique *ping-tse* 丙 子, *Ou Tch'eng* 吳 程 fut nommé marquis (Chavannes III p. 130).

Les dates de la lune et du jour ne concordent pas avec le calendrier de la dynastie *Han* 漢.

30. 漢 高 祖 十 一 年 正 月 丙 辰 (丙 戌) 平 侯 杜 恬 元 年 (2).

La 11e année de *Kao-tsou* 高 祖, Emp. de la dynastie *Han* 漢, la 1ère lune, au jour sous le 53e (23e) signe cyclique *ping-tch'en* 丙 辰 (*ping-siu* 丙 戌), *Tou T'ien* 杜 恬 fut nommé marquis sous le titre de *P'ing* 平 (Chavannes III p. 141).

Dans le *Ts'ien-han-chou* 前 漢 書 (k. 16), cet évènement est marqué au jour sous le 23e signe cyclique *ping-siu* 丙 戌, qui s'accorde avec le calendrier de la dynastie *Han* 漢.

Cette date est alors la 11e année de l'Empereur, la 1ère lune, le 30e jour, 17 mars style grégorien (20 style julien), 196 av. J.-C.

31. 同 年 二 月 乙 酉 月 堅 戚 鰓 元 年 (3).

La même année, la 2e lune, au jour sous le 22e signe cyclique *i-yeou* 乙 酉, *Ts'i Sai* 戚 鰓 fut nommé marquis sous le titre de *Kien* 堅 (Chavannes III p. 133).

Les dates de la lune et du jour ne concordent pas avec le calendrier de la dynastie *Han* 漢.

32. 同 年 二 月 己 巳 終 侯 公 上 不 害 元 年 (4).

La même année, la 2e lune, au jour sous le 6e signe cyclique *ki-se* 己 巳, *Kong-chang-pou-hai* 公 上 不 害 fut nommé marquis sous le titre de *Tchong* 終 (Chavannes III p. 131).

Les dates de la lune et du jour ne concordent pas avec le calendrier de la dynastie *Han* 漢.

---

(1) 史 記 k. 18.
(2) 史 記 ib.
(3) 史 記 ib.
(4) 史 記 ib.

33.　同 年 七 月 己 丑 簡 侯 翟 盱 元 年 (1).

La même année, la 7ᵉ lune, au jour sous le 26ᵉ signe cyclique *ki-tch'eou* 己 丑, *Ti Hiu* 翟 盱 fut nommé marquis sous le titre de *Kien* 簡 (Chavannes III p. 145).

Les dates de la lune et du jour ne concordent pas avec le calendrier de la dynastie *Han* 漢.

34.　漢 高 祖 十 二 年 十 一 月 (十 月) 辛 丑 節 侯 同 聚 元 年 (2).

La 12ᵉ année de *Kao Tsou* 高 祖, Emp. de la dynastie *Han* 漢, la 11ᵉ (10ᵉ) lune, au jour sous le 28ᵉ signe cyclique *sin-tch'eou* 辛 丑, *Tcheou Tsiu* 同 聚 fut nommé marquis sous le titre de *Tsié* 節 (Chavannes III p. 139).

Dans le *Ts'ien-han-chou* 前 漢 書 (k. 16), cet évènement est marqué à la 10ᵉ lune, qui s'accorde avec le calendrier de la dynastie *Han* 漢.

La date est alors la 12ᵉ année de l'Empereur, la 10ᵉ lune, le 19ᵉ jour, 27 novembre style grégorien (30 style julien), 196 av. J.-C.

35.　同 年 十 一 月 (十 二 月) 丁 亥 圉 侯 王 周 元 年 (3).

La même année, la 11ᵉ (12ᵉ) lune, au jour sous le 24ᵉ signe cyclique *ting-hai* 丁 亥, *Wang Tcheou* 王 周 fut nommé marquis sous le titre de *Yu* 圉 (Chavannes III p. 131).

Dans le *Ts'ien-han-chou* 前 漢 書 (k. 16), cet évènement est marqué à la 12ᵉ lune, qui s'accorde avec le calendrier de la dynastie *Han* 漢.

La date est alors la 12ᵉ année de l'Empereur, la 12ᵉ lune, le 6ᵉ jour, 12 janvier style grégorien (15 style julien), 195 av. J.-C.

36.　同 年 正 月 乙 酉 定 侯 奚 意 元 年 (4).

La même année, la 1ᵉʳᵉ lune, au jour sous le 22ᵉ signe cyclique *i-yeou* 乙 酉, Hi I 奚 意 fut nommé marquis sous le titre de *Ting* 定 (Chavannes III p. 142).

Les dates de la lune et du jour ne concordent pas avec le calendrier de la dynastie *Han* 漢.

37.　同 年 二 月 (三 月) 丁 巳 安 侯 劉 襄 元 年 (5).

La même année, la 2ᵉ (3ᵉ) lune, au jour sous le 54ᵉ signe cyclique *ting-*

---

(1)　史 記 k. 18.

(2)　史 記 ib.

(3)　史 記 ib.

(4)　史 記 ib.

(5)　史 記 ib.

se 丁巳, *Lieou Siang* 劉襄 fut nommé marquis sous le titre de *Ngan* 安 (Chavannes III p. 141).

Dans le *Ts'ien-han-chou* 前漢書 (k. 16), cet évènement est marqué à la 3e lune, qui s'accorde avec le calendrier de la dynastie *Han* 漢.

La date est alors la 12e année de l'Empereur, la 3e lune, le 7e jour, 12 avril style grégorien (15 style julien), 195 av. J.-C.

38. 漢高后元年五月丙寅封大中大夫呂祿元年 (1).

La 1ère année de *Kao Heou* 高后, Impératrice de la dynastie *Han* 漢, la 5e lune, au jour sous le 3e signe cyclique *ping-in* 丙寅, *Liu Lou* 呂祿 fut nommé gardien de la personne de l'Empéreur (Chavannes III p. 133).

Cette 1ère année de l'Impératrice est l'an 187 av. J.-C.; les dates de la lune et du jour ne concordent pas avec le calendrier de la dynastie *Han* 漢.

39. 漢武帝後元元年五月甲戌侯彭蒙國除 (2).

La 1ère année de règne *Heou-yuen* 後元 de *Ou Ti* 武帝, Emp. de la dynastie *Han* 漢, la 5e lune, au jour sous le 11e signe cyclique *kia-siu* 甲戌, le marquis *P'eng Mong* 彭蒙 fut dégradé (Chavannes III p. 140).

Cette 1ère année de l'Empereur est 80 av. J.-C.; les dates de la lune et du jour ne concordent pas avec le calendrier de la dynastie *Han* 漢.

VI. Dates du Chapitre 19e, Table, par années, des marquis depuis l'Emp. *Hoei Ti* 惠帝 jusqu'à l'Emp. *King Ti* 景帝.

Han Hoei King kien Heou-tché nien-piao 漢惠景間侯者年表.

40. 漢高后元年十月壬申 (七月丙申) 頃侯吳陽元年 (3).

La 1ère année de *Kao-heou* 高后, Impératrice de la dynastie *Han* 漢, la 11e lune, au jour sous le 9e signe cyclique *jen-chen* 壬申 (la 7e lune, au jour sous le 33e signe cyclique *ping-chen* 丙申), *Ou Yang* 吳陽 fut nommé marquis sous le titre de *K'ing* 頃 (Chavannes III p. 152).

Le *Ts'ien-han-chou* 前漢書 (k. 16) porte la 7e lune, au jour sous le 33e signe cyclique *ping-chen* 丙申, qui s'accorde avec le calendrier de la dynastie *Han* 漢.

La date est alors la 1ère année de l'Empereur, la 7e lune, le 5e jour, 7 août style grégorien (10 style julien), 187 av. J.-C.

---

(1) 史記 k. 18.

(2) 史記 ib.

(3) 史記 k. 19.

41.　漢文帝前元年四月〔正月〕乙巳侯薄昭元年 (1).

La 1ère année de la 1ère période de l'Emp. *Wen Ti* 文帝 de la dynastie *Han* 漢, la 4e (1ère) lune, au jour sous le 42e signe cyclique *i-se* 乙巳, *Po Tchao* 薄昭 fut nommé marquis (Chavannes III p. 154).

Dans le *Ts'ien-han-chou* 前漢書 (k. 18), cet évènement est marqué à la 1ère lune, qui concorde avec le calendrier de la dynastie *Han* 漢.

La date est alors la 1ère année de la 1ère période de l'Empereur, la 1ère lune, 27e jour, 7 mars style grégorien (10 style julien), 179 av. J.-C.

42.　漢景帝前三年六月乙巳侯竇嬰元年 (2).

La 3e année de la 1ère période de l'Emp. *King Ti* 景帝, de la dynastie *Han* 漢, la 6e lune, au jour sous le 42e signe cyclique *i-se* 乙巳, *Teou Ing* 竇嬰 fut nommé marquis (Chavannes III p. 157).

Cette 3e année de l'Empereur est 154 av. J.-C.; les dates de la lune et du jour ne concordent pas avec le calendrier de la dynastie *Han* 漢.

43.　漢景帝中二年四月己巳〔乙巳〕侯橫元年 (3).

La 2e année de la période intermédiaire de l'Emp. *King Ti* 景帝, de la dynastie *Han* 漢, la 4e lune, au jour sous le 6e (42e) signe cyclique *ki-se* 己巳 (*i-se* 乙巳), *Hong* 橫 fut nommé marquis (Chavannes III p. 156).

Dans le *Ts'ien-han-chou* 前漢書 (k. 17), cet évènement est marqué au jour sous le 42e signe cyclique *i-se* 乙巳, qui s'accorde avec le calendrier de la dynastie *Han* 漢.

Cette date est alors la 2e année de la période intermédiaire de l'Empereur, la 4e lune, le 28e jour, 23 mai style grégorien (26 style julien), 148 av. J.-C.

44.　漢景帝中三年十二月丁丑侯賜元年 (4).

La 3e année de la période intermédiaire de l'Emp. *King Ti* 景帝, de la dynastie *Han* 漢, la 12e lune, au jour sous le 14e signe cyclique *ting-tch'eou* 丁丑, *Se* 賜 fut nommé marquis (Chavannes III p. 137).

Cette 3e année de l'Empereur est 147 av. J.-C. ; les dates de la lune et du jour ne concordent pas avec le calendrier de la dynastie *Han* 漢.

45.　漢武帝後元元年四月甲申侯則國除 (5).

---

(1)　史記 k. 19.

(2)　史記 ib.

(3)　史記 ib.

(4)　史記 ib.

(5)　史記 ib.

La 1ère année de la période postérieure de l'Emp. *Ou Ti* 武 帝, de la dynastie *Han* 漢, la 4e lune, au jour sous le 21e signe cyclique *kia-chen* 甲 申, le marquis *Tsé* 則 fut dégradé (Chavannes III p. 157).

Cette date est la 1ère année de la période postérieure de l'Empereur, la 4e lune, le 4e jour, 17 juin style grégorien (19 style julien), 88 av. J.-C., date selon la désignation *kien-in* 建 寅.

46. 漢 武 帝 征 和 三 年 (二 年) 七 月 辛 巳 侯 賀 國 除 (1).

La 3e (2e année) de la période de règne *Tcheng-houo* 征 和 de l'Emp. *Ou Ti* 武 帝, de la dynastie *Han* 漢, la 7e lune, au jour sous le 18e signe cyclique *sin-se* 辛 巳, le marquis *Houo* 賀 fut dégradé (Chavannes III p. 156).

L'ancienne édition du *Che-ki* 史 記 et le *Ts'ien-han-chou* 前 漢 書 (k. 17) portent la 2e année, ce qui s'accorde avec le calendrier de la dynastie *Han* 漢.

Cette date est alors la 2e année de la période de règne *Tcheng-houo* 征 和 de l'Empereur, la 7e lune, le 8e jour, 29 août style grégorien (31 style julien), 91 av. J.-C.; selon les éditions modernes du *Che-ki* 史 記, cette date est le 24 août style grégorien (26 style julien), 90 av. J.-C.

VII. **Dates du Chapitre 20e, Table, par années, des marquis depuis l'année de la période de règne *Kien-yuen* 建 元 de l'Emp. *Ou Ti* 武 帝 jusqu'à l'année de la période de règne *Tai-tch'ou* 太 初 du même Empereur (de 140 à 103 av. J.-C.) *Kien-yuen-i-lai Heou-tché Nien-piao* 建 元 以 來 侯 者 年 表.**

47. 漢 武 帝 元 光 四 年 七 月 (十 月) 壬 午 侯 趙 信 元 年 (2).

La 4e année de la période de règne *Yuen-koang* 元 光 de l'Emp. *Ou Ti* 武 帝, de la dynastie *Han* 漢, la 7e (10e) lune, au jour sous le 19e signe cyclique *jen-ou* 壬 午, *Tchao Sin* 趙 信 fut nommé marquis (Chavannes III p. 161).

Dans le *Ts'ien-han-chou* 前 漢 書 (k. 17), cet évènement est marqué à la 10e lune, qui concorde avec le calendrier de la dynastie *Han* 漢.

La date est alors la 3e année de la période de règne *Yuen-koang* 元 光 de l'Empereur, la 10e lune, le 12e jour, 2 décembre style grégorien (5 style julien), 132 av. J.-C.

---

(1) 史 記 k. 19.

(2) 史 記 k. 20.

48. 漢武帝元朔二年二月（三月）丙辰侯衞青元年 (1).

La 2ᵉ année de la période de règne *Yuen-cho* 元朔 de l'Emp. *Ou Ti* 武帝, de la dynastie *Han* 漢, la 2ᵉ (3ᵉ) lune, au jour sous le 53ᵉ signe cyclique *ping tch'en* 丙辰, *Wei Ts'ing* 衞青 fut nommé marquis (Chavannes III p. 166).

Dans le *Ts'ien-han-chou* 前漢書 (k. 18), cet évènement est marqué à la 3ᵉ lune, qui concorde avec le calendrier de la dynastie *Han* 漢.

Cette date est alors la 2ᵉ année de la période de règne *Yuen-cho* 元朔 de l'Empereur, la 3ᵉ lune, le 11ᵉ jour, 14 avril style grégorien (17 style julien), 127 av. J.-C.

49. 漢武帝元朔四年七月庚申堅侯趙安稽元年 (2).

La 4ᵉ année de la période de règne *Yuen-cho* 元朔 de l'Emp. *Ou Ti* 武帝, de la dynastie *Han* 漢, la 7ᵉ lune, au jour sous le 57ᵉ signe cyclique *keng-chen* 庚申, *Tchao Ngan-ki* 趙安稽 fut nommé marquis sous le titre de *Kien* 堅 (Chavannes III p. 166).

Cette 4ᵉ année est 125 av. J.-C.; les dates de la lune et du jour ne concordent pas avec le calendrier de la dynastie *Han* 漢.

50. 漢武帝元朔六年三月甲辰侯張騫元年 (3).

La 6ᵉ année de la période de règne *Yuen-cho* 元朔 de l'Emp. *Ou Ti* 武帝, de la dynastie *Han* 漢, la 3ᵉ lune, au jour sous le 41ᵉ signe cyclique *kia-tch'en* 甲辰, *Tchang K'ien* 張騫 fut nommé marquis (Chavannes III p. 165).

Cette 6ᵉ année est 123 av. J.-C. ; les dates de la lune et du jour ne concordent pas avec le calendrier de la dynastie *Han* 漢.

51. 同年四月壬申景桓侯霍去病元年 (4).

La même année, la 4ᵉ lune, au jour sous le 9ᵉ signe cyclique *jen-chen* 壬申, *Houo K'iu-ping* 霍去病 fut nommé marquis sous le titre de *King-hoan* 景桓 (Chavannes III p. 163).

Les dates de la lune et du jour ne concordent pas avec le calendrier de la dynastie *Han* 漢.

52. 同年五月壬辰侯郝賢元年 (5).

---

(1) 史記 k. 20.
(2) 史記 ib.
(3) 史記 ib.
(4) 史記 ib.
(5) 史記 ib.

La même année, la 5ᵉ lune, au jour sous le 29ᵉ signe cyclique *jen-tch'en*
壬 辰, *Ho Hien* 郝 賢 fut nommé marquis (Chavannes III p. 167).

Les dates de la lune et du jour ne concordent pas avec le calendrier
de la dynastie *Han* 漢.

53. 漢 武 帝 元 狩 二 年 六 月 乙 亥 侯 呼 壽 尼 元 年 (1).

La 2ᵉ année de la période de règne *Yuen-cheou* 元 狩 de l'Emp.
Ou Ti 武 帝, de la dynastie *Han* 漢, la 6ᵉ lune, au jour sous le 12ᵉ signe
cyclique *i-hai* 乙 亥, *Hou Tou-ni* 呼 壽 尼 fut nommé marquis (Chavannes
III p. 762).

Cette 2ᵉ année est 121 av. J.-C. ; les dates de la lune et du jour ne
concordent pas avec le calendrier de la dynastie *Han* 漢.

54. 漢 武 帝 元 狩 三 年 七 月 壬 午 悼 侯 扁 訾 元 年 (2).

La 3ᵉ année de la période de règne *Yuen-cheou* 元 狩 de l'Emp. *Ou Ti*
武 帝, de la dynastie *Han* 漢, la 7ᵉ lune, au jour sous le 19ᵉ signe cyclique *jen-ou* 壬 午, *Pien Tse* 扁 訾 fut nommé marquis sous le titre de *Tao*
悼 (Chavannes III p. 162).

Cette 3ᵉ année est 120 av. J.-C. ; les dates de la lune et du jour ne
concordent pas avec le calendrier de la dynastie *Han* 漢.

55. 漢 武 帝 元 鼎 五 年 三 月 壬 子 (壬 午) 侯 樛 廣 德 元 年 (3).

La 5ᵉ année de la période de règne *Yuen-ting* 元 鼎 de l'Emp. *Ou Ti*
武 帝, de la dynastie *Han* 漢, la 3ᵉ lune, au jour sous le 49ᵉ (19ᵉ) signe
cyclique *jen-tse* 壬 子 (*jen-ou* 壬 午), *Kieou Koang-té* 樛 廣 德 fut nommé
marquis (Chavannes III p. 164).

Dans le *Ts'ien-han-chou* 前 漢 書 (k. 17), cet évènement est marqué
au jour sous le 19ᵉ signe cyclique *jen-ou* 壬 午, qui concorde avec le calendrier de la dynastie *Han* 漢.

Cette date est alors la 5ᵉ année de la période de règne *Yuen-ting* 元
鼎 de l'Empereur, la 3ᵉ lune, le 4ᵉ jour, 21 avril style grégorien (24
style julien), 112 av. J.-C.

56. 同 年 五 月 壬 子 侯 駒 幾 元 年 (4).

La même année, la 5ᵉ lune, au jour sous le 49ᵉ signe cyclique *jen-tse*
壬 子, *Kiu Ki* 駒 幾 fut nommé marquis (Chavannes III p. 163).

---

(1) 史 記 k. 6.
(2) 史 記 ib.
(3) 史 記 ib.
(4) 史 記 ib.

Les dates de la lune et du jour ne concordent pas avec le calendrier de la dynastie *Han* 漢.

57. 漢 武 帝 元 封 元 年 五 月 乙 卯 侯 劉 福 元 年 (1).

La 1ère année de la période de règne *Yuen-fong* 元 封 de l'Emp. *Ou Ti* 武 帝, de la dynastie *Han* 漢, la 5e lune, au jour sous le 52e signe cyclique *i-mao* 乙 卯, *Lieou Fou* 劉 福 fut nommé marquis (Chavannes III p. 164).

Cette 1ère année est 110 av. J.-C. ; les dates de la lune et du jour ne concordent pas avec le calendrier de la dynastie *Han* 漢.

58. 漢 武 帝 元 封 四 年 十 一 月 丁 卯 (丁 未) 侯 稽 谷 姑 元 年 (2).

La 4e année de la période de règne *Yuen-fong* 元 封 de l'Emp. *Ou Ti* 武 帝, de la dynastie *Han* 漢, la 11e lune, au jour sous le 4e (44e) signe cyclique *ting-mao* 丁 卯 (*ting-wei* 丁 未), *Ki Kou-kou* 稽 谷 姑 fut nommé marquis (Chavannes III. p. 167).

Dans le *Ts'ien-han-chou* 前 漢 書 (k. 17), cet évènement est marqué au jour sous le 44e signe cyclique *ting-wei* 丁 未, qui concorde avec le calendrier de la dynastie *Han* 漢.

Cette date est alors la 4e année de la période de règne *Yuen-fong* 元 封 de l'Empereur, la 11e lune, le 26e jour, 21 décembre style grégorien (24 style julien), 108 av. J.-C.

VIII.   Dates du Chapitre 21e, Tables, par années, des fils de princes régnants, qui furent nommés marquis depuis l'année de la période de règne *Kien-yuen* 建 元 de l'Emp. *Ou Ti* 武 帝 jusqu'à la 5e année de la période de règne *Yuen-ting* 元 鼎 du même Empereur (de 140 à 112 av. J.-C.)

***Kien-yuen-i-lai Wang-tse Heou-tché Nien-piao* 建 元 以 來 王 子 侯 者 年 表.**

59. 漢 武 帝 元 朔 元 年 十 一 月 (十 月) 丁 酉 節 侯 劉 擇 元 年 (3).

La 1ère année de la période de règne *Yuen-cho* 元 朔 de l'Emp. *Ou Ti* 武 帝, de la dynastie *Han* 漢, la 11e (10e) lune, au jour sous le 34e signe cyclique *ting-yeou* 丁 酉, *Lieou Tché* 劉 擇 fut nommé marquis sous le titre de *Tsié* 節 (Chavannes III p. 177).

Dans le *Ts'ien-han-chou* 前 漢 書 (k. 15), cet évènement est marqué à la 10e lune, qui concorde avec le calendrier de la dynastie *Han* 漢.

La date est alors la 1ère année de la période de règne *Yuen-cho* 元 朔

---

(1) 史 記 k. 20.

(2) 史 記 ib.

(3) 史 記 k. 21.

de l'Empereur, la 10ᵉ lune, le 14ᵉ jour, 1ᵉʳ décembre style grégorien (4 style julien), 126 av. J.-C.

60.　同 年 正 月 丁 亥 (丁 卯) 頃 侯 劉 胥 元 年 (1).

La même année, la 1ᵉʳᵉ lune, au jour sous le 24ᵉ (4ᵉ) signe cyclique *ting-hai* 丁亥 (*ting-mao* 丁卯), *Lieou Siu* 劉胥 fut nommé marquis sous le titre de *K'ing* 頃 (Chavannes III p. 175).

Dans le *Ts'ien-han-chou* 前漢書 (k. 15), cet évènement est marqué au jour sous le 4ᵉ signe cyclique *ting-mao* 丁卯, qui concorde avec le calendrier de la dynastie *Han* 漢.

Cette date est alors la 1ᵉʳᵉ année de la période de règne *Yuen-cho* 元朔 de l'Empereur, la 1ᵉʳᵉ lune, le 5ᵉ jour, 1ᵉʳ mars style grégorien (4 style julien), 128 av. J.-C.

61.　漢 武 帝 元 朔 三 年 三 月 癸 酉 (乙 卯) 侯 劉 義 元 年 (2).

La 3ᵉ année de la période de règne *Yuen-cho* 元朔 de l'Emp. *Ou Ti* 武帝, de la dynastie *Han* 漢, la 3ᵉ lune, au jour sous le 10ᵉ (52ᵉ) signe cyclique *koei-yeou* 癸酉 (*i-mao* 乙卯), *Lieou I* 劉義 fut nommé marquis (Chavannes III p. 175).

Dans le *Ts'ien-han-chou* 前漢書 (k. 15), cet évènement est marqué au jour sous le 52ᵉ signe cyclique *i-mao* 乙卯, qui concorde avec le calendrier de la dynastie *Han* 漢.

Cette date est alors la 3ᵉ année de la période de règne *Yuen-cho* 元朔 de l'Empereur, la 1ᵉʳᵉ lune, le 16ᵉ jour, 8 avril style grégorien (11 style julien), 126 av. J.-C.

62.　漢 武 帝 元 朔 六 年 四 月 丁 丑 侯 劉 廣 置 元 年 (3).

La 6ᵉ année de la période de règne *Yuen-cho* 元朔 de l'Emp. *Ou Ti* 武帝, de la dynastie *Han* 漢, la 4ᵉ lune, au jour sous le 14ᵉ signe cyclique *ting-tch'eou* 丁丑, *Lieou Koang-tche* 劉廣置 fut nommé marquis (Chavannes III p. 183).

Cette 6ᵉ année est 123 av. J.-C.; les dates de la lune et du jour ne concordent pas avec le calendrier de la dynastie *Han* 漢.

63.　漢 武 帝 元 狩 元 年 四 戊 寅 侯 劉 昌 元 年 (4).

---

(1)　史 記 k. 24.
(2)　史 記 ib.
(3)　史 記 ib.
(4)　史 記 ib.

La 1ère année de la période de règne *Yuen-cheou* 元 狩 de l'Emp. *Ou Ti* 武帝, de la dynastie *Han* 漢, la 4e lune, au jour sous le 15e signe cyclique *ou-in* 戊 寅, *Lieou Tch'ang* 劉 昌 fut nommé marquis (Chavannes III p. 179).

Cette 1ère année est 122 av. J.-C.; les dates de lune et du jour ne concordent pas avec le calendrier de la dynastie *Han* 漢.

64. 同 年 十 月〔七 月〕辛 卯 侯 劉 國 元 年 (1).

La même année, la 10e (7e) lune, au jour sous le 28e signe cyclique *sin-mao* 辛 卯, *Lieou Kouo* 劉 國 fut nommé marquis (Chavannes III p. 177).

Dans le *Ts'ien-han-chou* 前 漢 書 (k. 15), cet évènement est marqué à la 7e lune, qui concorde avec le calendrier de la dynastie *Han* 漢.

Cette date est alors la 1ère année de la période de règne *Yuen-cheou* 元 狩 de l'Empereur, la 7e lune, le 11e jour, 21 avril style grégorien (24 style julien), 122 av. J.-C.

65. 同 年 十 月 (七 月) 乙 酉 侯 劉 元 元 年 (2).

La même année, la 10e (7e) lune, au jour sous le 22e signe cyclique *i-yeou* 乙 酉, *Lieou Yuen* 劉 元 fut nommé marquis (Chavannes III p. 176).

Dans le *Ts'ien-han-chou* 前 漢 書 (k. 15), cet évènement est marqué à la 7e lune, qui concorde avec le calendrier de la dynastie *Han* 漢.

Cette date est alors la 1ère année de la période de règne *Yuen-cheou* 元 狩 de l'Empereur, la 7e lune, le 11e jour, 15 août style grégorien (18 style julien), 122 av. J.-C.

IX. Dates du Chapitre 22e, Table, par années, des généralissimes, ministres et officiers illustres, depuis le commencement de la dynastie *Han* 漢 jusqu'à la 1e année de la période de règne *Hong Kia* 鴻 嘉 de l'Emp. *Tch'eng Ti* 成 帝 (206 à 20 av. J.-C.),

***Han-hing-i-lai Tsiang Siang Ming-tch'en Nien-piao* 漢 興 以 來 將 相 名 臣 年 表.**

66. 漢 惠 帝 六 年 七 月 乙 巳 (己 丑) 王 陵 爲 丞 相 (3).

La 6e année de *Hoei Ti* 惠 帝, Emp. de la dynastie *Han* 漢, la 10e lune, au jour sous le 42e (26e) signe cyclique *i-se* 乙 巳 (*ki-tch'eou* 己 丑), *Wang Ling* 王 陵 fut nommé ministre (Chavannes III p. 189).

Dans l'ancienne édition du *Che-ki* 史 記, ce jour est marqué sous le

---

(1) 史 記 k. 21.

(2) 史 記 ib.

(3) 史 記 k. 22.

42ᵉ signe cyclique *i-se* 乙巳 ; dans le *Ts'ien-han-chou* 前漢書 (k. 19), il l'est sous le 26ᵉ , *ki-tch'eou* 己丑.

L'année est 190 av. J.-C.; mais ni avec le signe *i-se* 乙巳, ni avec le signe *ki-tch'eou* 己丑, la date ne concorde avec le calendrier de la dynastie *Han* 漢.

67. 漢高后八年七月辛巳審食其爲帝太傅 (1).

La 8ᵉ année de *Kao Heou* 高后, Impératrice de la dynastie *Han* 漢, la 7ᵉ lune, au jour sous le 18ᵉ signe cyclique *sin-se* 辛巳, *Chen I-k'i* 審食其 fut nommé précepteur de l'Empereur (Chavannes III p. 190).

Si cette 7ᵉ lune est pleine, elle concorde avec le calendrier de la dynastie *Han* 漢.

La date est alors la 8ᵉ année de l'Impératrice *Kao Heou* 高后, la 7ᵉ lune, le 30ᵉ jour, 15 avril style grégorien (18 style julien), 180 av. J.-C.

68. 同年九月丙戌 (壬戌) 審食其復爲丞相 (2).

La même année, la 9ᵉ lune, au jour sous le 23ᵉ (59ᵉ) signe cyclique *ping-siu* 丙戌 (*jen-siu* 壬戌), *Chen I-k'i* 審食其 fut de nouveau nommé ministre (Chavannes III p. 190.

Cette date se trouve aussi dans le *Kao Heou pen-ki* 高后本紀 (3), et le jour marqué sous le 59ᵉ signe cyclique *jen-siu* 壬戌 concorde avec le calendrier de la dynastie *Han* 漢.

La date est alors la 8ᵉ année de l'Impératrice, la 9ᵉ lune, le 12ᵉ jour, 25 septembre style grégorien (28 style julien), 180 av. J.-C.

69. 漢文帝前四年十二月乙巳灌嬰卒 (4).

La 4ᵉ année de la période antérieure de *Wen Ti* 文帝, Emp. de la dynastie *Han* 漢, la 12ᵉ lune, au jour sous le 42ᵉ signe cyclique *i-se* 乙巳, *Koan Ing* 灌嬰 mourut (Chavannes III p. 191).

Cette année est 176 av. J.-C.; les dates de la lune et du jour ne concordent pas avec le calendrier de la dynastie *Han* 漢.

70. 漢景帝後元年八月壬辰衞綰爲丞相 (5).

La 1ᵉʳᵉ année de la période postérieure de *King Ti* 景帝, Emp. de la

---

(1) 史記 k. 22.

(2) 史記 ib.

(3) Voir plus haut, p. 239, N. 5.

(4) 史記 k. 22.

(5) 史記 ib.

dynastie *Han* 漢, la 8ᵉ lune, au jour sous le 29ᵉ signe cyclique *jen-tch'en* 壬辰, *Wei Koan* 衛綰 fut nommé ministre (Chavannes III p. 195).

Cette année est 143 av. J.-C.; les dates de la lune et du jour ne concordent pas avec le calendrier de la dynastie *Han* 漢.

71. 漢景帝後二年六月丁丑岑邁卒 (1).

La 2ᵉ année de la période postérieure de *King Ti* 景帝, Emp. de la dynastie *Han* 漢, la 6ᵉ lune, au jour sous le 14ᵉ signe cyclique *ting-tch'eou* 丁丑, *Tch'en Mai* 岑邁 mourut (Chavannes III p. 195).

Cette année est l'an 142 av. J.-C ; les dates de la lune et du jour ne concordent pas avec le calendrier de la dynastie *Han* 漢.

72. 漢武帝太初二年正月戊申 (戊寅) 石慶卒 (2).

La 2ᵉ année de la période de règne *T'ai-tch'ou* 太初 de *Ou Ti* 武帝, Emp. de la dynastie *Han* 漢, la 2ᵉ lune, au jour sous le 45ᵉ (15ᵉ) signe cyclique *ou-chen* 戊申 (*ou-in* 戊寅), *Che K'ing* 石慶 mourut (Chavannes III p. 199).

Dans le *Ts'ien-han-chou* 前漢書 (k. 19), cet évènement est marqué au jour sous le 15ᵉ signe cyclique, qui s'accorde avec le calendrier de la dynastie *Han* 漢.

Cette date est alors la 2ᵉ année de la période de règne *T'ai-tch'ou* 太初, la 1ᵉʳᵉ lune, le 22ᵉ jour, 1ᵉʳ mars style grégorien (4 style julien), 103 av.J.-C.

73. 漢武帝後元年七月己巳 (二月丁卯) 霍光爲大將軍 (3).

La 2ᵉ année de la période de règne *Heou-yuen* 後元 de *Ou Ti* 武帝, Emp. de la dynastie *Han* 漢, la 7ᵉ lune, au jour sous le 6ᵉ (4ᵉ) signe cyclique *ki-se* 己巳 (*ting-mao* 丁卯)), *Houo Koang* 霍光 fut nommé généralissime.

Le *Ts'ien-han-chou* 前漢書 (k. 19) porte la 2ᵉ lune et le 4ᵉ signe cyclique *ting-mao* 丁卯, ce qui est d'accord avec le calendrier de la dynastie *Han* 漢.

Cette date est alors la 2ᵉ année de la période de règne *Heou-yuen* 後元, la 2ᵉ lune, le 14ᵉ jour, 27 mars style grégorien (29 style julien), 87 av. J.C.

74. 漢昭帝始元四年三月癸酉王莽爲左將軍 (4).

La 4ᵉ année de la période de règne *Che-yuen* 始元 de *Tchao Ti* 昭帝

---

(1) 史記 k. 22.

(2) 史記 ib.

(3) 史記 ib.

(4) 史記 ib.

de la dynastie *Han* 漢, la 3e lune, au jour sous le 10e signe cyclique *koei-yeou* 癸 酉, *Wang Mang* 王 莽 fut nommé généralissime.

Cette 4e année est 83 av. J.-C.; les dates de la lune et du jour ne concordent pas avec le calendrier de la dynastie *Han* 漢.

75.   漢 昭 帝 元 鳳 三 年 十 二 月 庚 寅 范 明 友 爲 將 軍 (1).

La 3e année de la période de règne *Yuen-fong* 元 鳳 de *Tchao Ti* 昭 帝, Emp. de la dynastie *Han* 漢, la 12e lune, au jour sous le 27e signe cyclique *keng-in* 庚 寅, *Fan Ming-yeou* 范 明 友 fut nommé généralissime.

Cette 3e année est 78 av. J.-C.; les dates de la lune et du jour ne concordent pas avec le calendrier de la dynastie *Han* 漢.

76.   漢 昭 帝 元 鳳 四 年 三 月 甲 戌 田 千 秋 卒 (2).

La 4e année de la période de règne *Yuen-fong* 元 鳳 de *Tchao Ti* 昭 帝, Emp. de la dynastie *Han* 漢, la 3e lune, au jour sous le 11e signe cyclique *kia-siu* 甲 戌, *T'ien Ts'ien-ts'ieou* 田 千 秋 mourut.

Cette 4e année est 77 av. J.-C.; les dates de la lune et du jour ne concordent pas avec le calendrier de la dynastie *Han* 漢.

77.   同 年 三 月 (二 月) 乙 丑 王 許 爲 丞 相 (3).

La même année, la 3e (2e) lune, au jour sous le 2e signe cyclique *i-tch'eou* 乙 丑, *Wang Hiu* 王 許 fut nommé ministre.

Le *Ts'ien-han-chou* 前 漢 書 (k. 19) porte la 2e lune, qui concorde avec le calendrier de la dynastie *Han* 漢.

Cette date est alors la 2e lune, le 11e jour, 1er avril style grégorien (3 style julien), 77 av. J.-C.

78.   漢 昭 帝 元 鳳 六 年 九 月 庚 寅 范 明 友 爲 將 軍 (4).

La 6e année de la période de règne *Yuen-fong* 元 鳳 de *Tchao Ti* 昭 帝, Emp. de la dynastie *Han* 漢, la 9e lune, au jour sous le 27e signe cyclique *keng-in* 庚 寅, *Fan Ming-yeou* 范 明 友 fut nommé généralissime.

Cette 6e année est 75 av. J.-C.; les dates de la lune et du jour ne concordent pas avec le calendrier de la dynastie *Han* 漢.

79.   漢 宣 帝 本 始 三 年 三 月 戊 子 (正 月 癸 亥) 宣 皇 后 許 氏 崩 (5).

------

(1)   史 記 k. 22.
(2)   史 記 ib.
(3)   史 記 ib.
(4)   史 記 ib.
(5)   史 記 ib.

La 3ᵉ année de la période de règne *Pen-che* 本始 de *Siuen Ti* 宣帝, Emp. de la dynastie *Si Han* 西漢, la 3ᵉ lune, au jour sous le 25ᵉ (60ᵉ) signe cyclique *ou-tse* 戊子 (*koei-hai* 癸亥), l'Impératrice *Hiu-che* 許氏, épouse de l'Emp. *Siuen Ti* 宣帝, mourut.

Le *Ts'ien-han-chou* 前漢書 (k. 8) porte que cette mort eut lieu à la 1ᵉʳᵉ lune, au jour sous le 60ᵉ signe cyclique *koei-hai* 癸亥, qui concorde avec le calendrier de la dynastie *Han* 漢.

Cette date est alors la 3ᵉ année de la période de règne *Pen-che* 本始, la 1ᵉʳᵉ lune, le 13ᵉ jour, 27 février style grégorien (1ᵉʳ mars style julien), 71 av. J.-C.

80.　同 年 六 月 乙 丑 (己 丑) 蔡 義 薨 (1).

La même année, au jour sous le 2ᵉ (26ᵉ) signe cyclique *i-tch'eou* 乙丑 (*ki-tch'eou* 己丑), *Ts'ai I* 蔡義 mourut.

Dans le *Ts'ien-han-chou* 前漢書 (k. 19), cet évènement est marqué au jour sous le 26ᵉ signe cyclique *ki-tch'eou* 己丑, qui concorde avec le calendrier de la dynastie *Han* 漢.

La date est alors la 6ᵉ lune, le 11ᵉ jour, 21 juillet style grégorien (23 style julien), 71 av. J.-C.

81.　漢 宣 帝 本 始 四 年 十 月 (三 月) 乙 卯 霍 光 女 爲 皇 后 (2).

La 4ᵉ année de la période de règne *Pen-che* 本始 de *Siuen Ti* 宣帝, Emp. de la dynastie *Han* 漢, la 10ᵉ (3ᵉ) lune, au jour sous le 59ᵉ signe cyclique *i-mao* 乙卯, la fille de *Houo Koang* 霍光 fut instituée Impératrice.

Le *Ts'ien-han-chou* 前漢書 (k. 8) porte la 3ᵉ lune, qui concorde avec le calendrier de la dynastie *Han* 漢.

Cette date est alors la 4ᵉ année de la période de règne *Pen-che* 本始, la 3ᵉ lune, le 11ᵉ jour, 15 avril style grégorien (17 style julien), 70 av. J.-C.

82.　漢 宣 帝 地 節 二 年 二 月 丁 卯 霍 禹 爲 將 軍 (3).

La 2ᵉ année de la période de règne *Ti-tsié* 地節 de *Siuen Ti* 宣帝, Emp. de la dynastie *Han* 漢, la 2ᵉ lune, au jour sous le 4ᵉ signe cyclique *ting-mao* 丁卯, *Houo Yu* 霍禹 fut nommé généralissime.

Cette 2ᵉ année est 68 av. J.-C.; les dates de la lune et du jour ne concordent pas avec le calendrier de la dynastie *Han* 漢.

---

(1) 史記 k. 22.

(2) 史記 ib.

(3) 史記 ib.

83.　漢宣帝五鳳二年五月（四月）已丑韓曾卒 (1).

La 2ᵉ année de la période de règne *Ou-fong* 五鳳 de *Siuen Ti* 宣帝, Emp. de la dynastie *Han* 漢, la 5ᵉ (4ᵉ) lune, au jour sous le 26ᵉ signe cyclique *ki-tch'eou* 已丑, *Han Tseng* 韓曾 mourut.

Le *Ts'ien-han-chou* 前漢書 (k. 19) porte la 4ᵉ lune, qui concorde avec le calendrier de la dynastie *Han* 漢.

Cette date est alors la 2ᵉ année de la période de règne *Ou-fong* 五鳳, la 4ᵉ lune, le 7ᵉ jour, 5 mai style grégorien (7 style julien), 56 av. J.-C.

84.　漢宣帝甘露元年三月丁未（二月丁巳）延壽卒 (2).

La 1ᵉʳᵉ année de la période de règne *Kan-lou* 甘露 de *Siuen Ti* 宣帝, Emp. de la dynastie *Han* 漢, la 3ᵉ (2ᵉ) lune, au jour sous le 44ᵉ (54ᵉ) signe cyclique *ting-wei* 丁未, (*ting-se* 丁巳), *Yen Cheou* 延壽 mourut.

Dans le *Tse-tche-t'ong-kien* 資治通鑑 (k. 27), cet évènement est marqué à la 2ᵉ lune, au jour sous le 54ᵉ signe cyclique *ting-se* 丁巳, qui concorde avec le calendrier de la dynastie *Han* 漢.

Cette date est alors la 1ᵉʳᵉ année de la période de règne *Kan-lou* 甘露, la 2ᵉ lune, le 21ᵉ jour, 18 mars style grégorien (20 style julien), 53 av.J.-C.

85.　漢宣帝甘露三年七月丁巳（五月甲午）于定國爲丞相 (3).

La 3ᵉ année de la période de règne *Kan-lou* 甘露 de *Siuen Ti* 宣帝, Emp. de la dynastie *Han* 漢, la 7ᵉ (5ᵉ) lune, au jour sous le 54ᵉ (31ᵉ) signe cyclique *ting-se* 丁巳 (*kia-ou* 甲午), *Yu Ting-kouo* 于定國 fut nommé ministre.

Dans le *Ts'ien-han-chou* 前漢書 (k. 19), cet évènement est marqué à la 5ᵉ lune, au jour sous le 31ᵉ signe cyclique *kia-ou* 甲午, qui concorde avec le calendrier de la dynastie *Han* 漢.

Cette date est alors la 3ᵉ année la période de règne *Kan-lou* 甘露, la 5ᵉ lune, le 12ᵉ jour, 13 juin style grégorien (15 style julien), 51 av. J.-C.

86.　漢元帝永光元年十月（十一月）戊寅于定國免相 (4).

---

(1)　史記 k. 22.

(2)　史記 ib.

(3)　史記 ib.

(4)　史記 ib.

La 1ère année de la période de règne *Yong-koang* 永 光 de *Yuen Ti* 元 帝, Emp. de la dynastie *Han* 漢, la 10e (11e) lune, au jour sous le 15e signe cyclique *ou-in* 戊 寅, le ministre *Yu Ting-kouo* 于 定 國 fut dégradé.

Le *Ts'ien-han-chou* 前 漢 書 (k. 19) porte la 11e lune, qui concorde avec le calendrier de la dynastie *Han* 漢.

Cette date est alors la 1ère année de la période de règne *Yong-koang* 永 光, la 11e lune, le 15e jour, 12 décembre style grégorien (14 style julien), 43 av. J.-C.

87. 漢 元 帝 竟 寧 元 年 三 月 丙 寅 張 譚 爲 御 史 大 夫 (1).

La 1ère année de la période de règne *King-ning* 竟 寧 de *Yuen Ti* 元 帝, Emp. de la dynastie *Han* 漢, la 3e lune, au jour sous le 3e signe cyclique *ping-in* 丙 寅, *Tchang T'an* 張 譚 fut nommé censeur.

Cette année est 33 av. J.-C.; les dates de la lune et du jour ne concordent pas avec le calendrier de la dynastie *Han* 漢.

88. 漢 成 帝 建 始 四 年 十 月 己 亥 (乙 卯) 尹 忠 自 刺 殺 (2).

La 4e année de la période de règne *Kien-che* 建 始 de *Tch'eng Ti* 成 帝, Emp. de la dynastie *Han* 漢, la 10e lune, au jour sous le 36e (52e) signe cyclique *ki-hai* 己 亥 (*i-mao* 乙 卯), *In Tchong* 尹 忠 se suicida.

Dans le *Ts'ien-han-chou* 前 漢 書 (k. 19), cet évènement est marqué au jour sous le 52e signe cyclique *i-mao* 乙 卯, qui concorde avec le calendrier de la dynastie *Han* 漢.

Cette date est alors la 4e année de la période de règne *Kien-che* 建 始, la 10e lune, le 13e jour, 5 novembre style grégorien (7 style julien), 29 av. J.-C.

X. Date du Chapitre 106e, Biographie de *P'i* 濞, Prince de *Ou* 吳,
Ou Wang P'i Lié-tchoan 吳 王 濞 列 傳.

89. 漢 景 帝 前 三 年 正 月 甲 子 吳 王 起 兵 (3).

La 3e année de la période antérieure de *King Ti* 景 帝, Emp. de la dynastie *Han* 漢, la 1ère lune, au jour sous le 1er signe cyclique *kia-tse* 甲 子, le souverain de *Ou* 吳 leva une armée.

Cette 3e année est 154 av. J.-C.; les dates de la lune et du jour ne concordent pas avec le calendrier de la dynastie *Han* 漢.

----

(1) 史 記 k. 22.

(2) 史 記 ib.

(3) 史 記 k. 106.

APPENDICE I.

NOTIONS SUR LE CYCLE DES ÉPACTES GRÉGORIENNES, ET TABLES PERMETTANT DE TROUVER LE JOUR SOLAIRE D'UNE NÉOMÉNIE.

§ I. CALCUL DU NOMBRE D'OR D'UNE ANNÉE.

§ II. CALCUL DE L'ÉPACTE GRÉGORIENNE D'UNE ANNÉE.

PARAGRAPHE I.

Pour calculer leur calendrier luni-solaire, les Chinois s'appuient sur l'existence de la période tchang 章 *de 19 ans; or, par l'emploi de ce même cycle de Méton, le comput ecclésiastique fournit un moyen de répartir, dans une année solaire, les diverses lunaisons, et en particulier de fixer les dates des néoménies* (1); *de cette double remarque on conclut à la méthode indiquée au Chapitre III pour convertir en dates européennes les dates chinoises* (2).

---

(1) *Les résultats ainsi obtenus ne donnent évidemment pas le mouvement réel de la lune, ils correspondent en fait à une lune fictive, qui peut être en avance ou en retard de 2 jours sur la lune vraie.*

(2) *La méthode est applicable quand, à la fois, les conditions suivantes sont réalisées :* 1) *on sait au préalable quelle année européenne correspond à l'année chinoise où tombe la date en question;* 2) *la lunaison astronomique à laquelle appartient cette date peut être déterminée (voir Chapitre III § 2 p. 157).*

On a fait remarquer plus haut (Chapitre III) que la méthode ne fournit qu'une date européenne approchée; et les Chapitres V et VI montrent que la discordance entre les néoménies chinoise et épactale peut aller jusqu'à 5 ou 6 jours. Quand le jour chinois est indiqué par son signe cyclique, non par l'âge de la lune, le résultat trouvé est d'ailleurs plus sûr, comme il est facile de s'en rendre compte.

Le présent appendice a pour but : 1) de rappeler sommairement comment se fait le calcul du comput ecclésiastique; 2) d'adapter au but spécial poursuivi ici les résultats de ce calcul, en fournissant des tables qui facilitent le passage du calendrier chinois au calendrier européen.

I

Calcul du nombre d'or d'une année.

Si l'on connaît l'âge de la lune au début d'une année, il est ensuite possible de dater les diverses néoménies qui auront lieu dans le courant des 12 mois solaires qui suivent, et telle est la raison qui fait intervenir les épactes dans le comput ecclésiastique; l'épacte d'une année est précisément le nombre de jours écoulés l'année précédente depuis la dernière néoménie jusqu'au 31 décembre inclusivement; c'est l'âge de la lune au 1ᵉʳ janvier. Dans le système grégorien, toute épacte est fonction du nombre d'or de l'année considérée.

Pour les années de l'ère chrétienne, ce nombre, soit N, est donné par la formule $N = R + 1$, R étant le reste de la division par 19 du millésime de l'année.

Avant l'ère chrétienne, la formule est $N = 19 - R_1$, R_1 étant le reste de la division par 19 du millésime de l'année diminué de 2.

Les nombres d'or des diverses années sont indiqués dans la "Concordance"; nous insérons ici une table qui permet de trouver rapidement les nombres d'or des années av. J.-C., ces nombres intervenant dans la méthode que nous avons suivie pour convertir directement une date chinoise en date européenne, sans faire usage de la "Concordance" (1).

---

(1) Nous ne nous occupons que des années antérieures à l'ère chrétienne, puisque, à partir de 841 av. J.-C., la «Concordance» permet le passage rapide à la date européenne d'une date chinoise connue par son année, sa lunaison et son signe cyclique ou son rang dans la lunaison.

A: Années séculaires av. J.-C.			Nombres d'or.																		
4600	2700	800	1	2	3	4	5	6	7	8	9	10	11	12	13	14	15	16	17	18	19
4500	2600	700	6	7	8	9	10	11	12	13	14	15	16	17	18	19	1	2	3	4	5
4400	2500	600	11	12	13	14	15	16	17	18	19	1	2	3	4	5	6	7	8	9	10
4300	2400	500	16	17	18	19	1	2	3	4	5	6	7	8	9	10	11	12	13	14	15
4200	2300	400	2	3	4	5	6	7	8	9	10	11	12	13	14	15	16	17	18	19	1
4100	2200	300	7	8	9	10	11	12	13	14	15	16	17	18	19	1	2	3	4	5	6
4000	2100	200	12	13	14	15	16	17	18	19	1	2	3	4	5	6	7	8	9	10	11
3900	2000	100	17	18	19	1	2	3	4	5	6	7	8	9	10	11	12	13	14	15	16
3800	1900	0	3	4	5	6	7	8	9	10	11	12	13	14	15	16	17	18	19	1	2
3700	1800		8	9	10	11	12	13	14	15	16	17	18	19	1	2	3	4	5	6	7
3600	1700		13	14	15	16	17	18	19	1	2	3	4	5	6	7	8	9	10	11	12
3500	1600		18	19	1	2	3	4	5	6	7	8	9	10	11	12	13	14	15	16	17
3400	1500		4	5	6	7	8	9	10	11	12	13	14	15	16	17	18	19	1	2	3
3300	1400		9	10	11	12	13	14	15	16	17	18	19	1	2	3	4	5	6	7	8
3200	1300		14	15	16	17	18	19	1	2	3	4	5	6	7	8	9	10	11	12	13
3100	1200		19	1	2	3	4	5	6	7	8	9	10	11	12	13	14	15	16	17	18
3000	1100		5	6	7	8	9	10	11	12	13	14	15	16	17	18	19	1	2	3	4
2900	1000		10	11	12	13	14	15	16	17	18	19	1	2	3	4	5	6	7	8	9
2800	900		15	16	17	18	19	1	2	3	4	5	6	7	8	9	10	11	12	13	14
B: Années intermédiaires av. J.-C.			18	17	16	15	14	13	12	11	10	9	8	7	6	5	4	3	2	1	0
			37	36	35	34	23	32	31	30	29	28	27	26	25	24	23	22	21	20	19
			56	55	54	53	52	51	50	49	48	47	46	45	44	43	42	41	40	39	38
			75	74	73	72	71	70	69	68	67	66	65	64	63	62	61	60	59	58	57
			94	93	92	91	90	89	88	87	86	85	84	83	82	81	80	79	78	77	76
																		99	98	97	96	95

Usage de cette table.

Le millésime d'une année étant écrit sous la forme

$$a \times 100 + b,$$

le nombre d'or de cette année est à l'intersection de la ligne de **A** contenant a $\times$ 100 et de la colonne de **B** contenant b.

Exemple: soit l'an 2603 av. J.-C., 95e année de *Hoang Ti* 黃帝 (voir Ch. IV N° 1 p. 161); écrivons 2600 + 3, le nombre d'or est 2 à l'intersection de la 2e ligne de **A** et de la 4e colonne de **B** à partir de droite.

34

II

Calcul de l'épacte grégorienne d'une année.

Avant la réforme inspirée par Grégoire XIII, l'épacte d'une année s'obtenait en ajoutant 11 à la précédente (1), sauf si l'année était la 1ère d'un cycle de 19 ans, c'est-à-dire si le nombre d'or en était 1, auquel cas il fallait ajouter 12 au lieu de 11 ; dans le comput grégorien cette recherche se complique parce qu'interviennent la métemptose, ou équation solaire, et la proemptose, ou équation lunaire, d'où l'introduction des règles suivantes.

1° L'équation solaire est la diminution exceptionnelle d'une unité pour l'épacte ; après J.-C., elle a lieu 3 fois en 400 ans, aux années séculaires dont le millésime n'est pas divisible par 400 (2); pour ces années, on diminue de 1 l'épacte qu'elles devraient avoir par ailleurs.

2° L'équation lunaire est l'augmentation exceptionnelle d'une unité pour l'épacte ; elle a lieu 8 fois en 25 siècles ; 7 fois de 300 ans en 300 ans, et une 8ᵉ fois au bout de 400 ans, l'épacte doit être augmentée d'une unité. Une telle période de 2500 ans ayant débuté en 1800, le 1ᵉʳ siècle de la précédente eût été 701, av. J.-C.; dès lors, pour les années 701, 401, 101 av. J.-C., 200, 500, 800, 1100 et 1400 ap. J.-C., comme l'équation lunaire intervient, on ajoute 1 à l'épacte qu'elles devraient avoir par ailleurs.

Les règles qui précédent ont permis d'obtenir des tables qui forment un calendrier perpétuel; nous les donnons ci-dessous, après en avoir quelque peu modifié la disposition en vue du but spécial que nous nous proposons.

Il suffira ici d'expliquer le sens et l'usage des trois tableaux suivants.

---

(1) Si le nombre obtenu est supérieur à 30, on le diminue de 30.

(2) Pour les siècles av. J.-C., les années séculaires sont 101, 201 etc; la règle donnée se généralise sans difficulté : le millésime de l'année diminué de 1 doit donner un nombre non divisible par 100.

TABLE I

permettant de trouver l'épacte grégorienne d'une année quelconque.

Notations et disposition de la table.

À la ligne supérieure, en **A**, se trouve la suite des 19 nombres d'or.

À gauche et à droite se trouvent, en **C**, les années séculaires ap. J.-C. et, en **D**, celles av. J.-C.

Au milieu de la table, en **B**, sont les épactes disposées en 30 lignes horizontales et en 19 colonnes qui répondent aux 19 nombres d'or. Chaque nombre de ce cadre **B** est une épacte; l'astérisque $*$ correspond au nombre 0 ou 30, et l'épacte 25 a été écrite sous la forme XXV dans les 8 dernières colonnes à droite sous les nombres d'or de 12 à 19, cela afin que, dans une période de 10 ans, un même jour ne soit pas deux fois néoménie: on convient (1) de prendre XXV au lieu de 25 pour une année dont le nombre d'or est plus grand que 11, ce qui permet de modifier l'ordre des lunes caves ou pleines dans l'année (voir table II) (2).

---

(1) L'épacte XXV est en outre prise à la place de 25 pour les années où le nombre d'or est 1 et la lettre dominicale c, cas très rare arrivé en 675 et 827 ap. J.-C., et qui ne se représenterait qu'en 7515.

(2) *Pour toutes ces questions relatives au calendrier européen, le P. Hoang s'est servi de l'écrit de Rivard (né en 1697, mort en 1778) : «Traité de la sphère et du calendrier»; l'édition (Paris, Bachelier 1837) qu'il a eue entre les mains est la 8ᵉ, faite par Puissant. La table insérée ici ici s'obtient en combinant et en généralisant deux tables qui auraient été extraites des écrits de Clavius et de Lalande et appelées dans Rivard :*

   1. *Table étendue des épactes des nouvelles lunes (p. 214, 215).*

   2. *Table de l'équation des épactes (p. 218, 219).*

Cette dernière, construite de proche en proche d'après les règles rappelées par le P. Hoang, va de 1600 à 12500 ap. J.-C., mais une relation est indiquée entre les épactes des années séculaires à 100 siècles de distance (Rivard p. 216) ; la période de 10000 ans commençant en 1800 pour finir en 11800 est spécialement étudiée dans ce traité du calendrier, et, pour la période précédente de 10000 ans, on a, E_i représentant l'épacte de l'année de millésime i,

$$E_{1800} - E_{1700} = E_{11800} - E_{1170}$$

$$E_{1700} - E_{1600} = E_{11700} - E_{11600} \quad \text{etc.}$$

Les 2ᵉˢ membres étant fournis par la table de Rivard, ces égalités permettent d'avoir E_{i-100} en fonction de E_i, i étant une année séculaire, et de calculer de proche en proche les épactes de toutes les années séculaires antérieures à 1600 ap. J.-C. Telle paraît avoir été la méthode suivie par le P. Hoang pour généraliser le tableau qu'il avait sous les yeux.

PROLEGOMENES DU P. HOANG.

TABLE I
donnant les épactes

C. Siècles ap. J.-C.			1	2	3	4	5	6	7	8	9	10	11
							A. Nombres — B. Epactes						
0	6700	6900	8	19	*	11	22	3	14	25	6	17	28
100	200	7000	7	18	29	10	21	2	13	24	5	16	27
300	400	500	6	17	23	9	20	1	12	23	4	15	26
600	800	7500	5	16	27	8	19	*	11	22	3	14	25
700	900	7800	4	15	26	7	18	29	10	21	2	13	24
1000	1100	1200	3	14	25	6	17	28	9	20	1	12	23
1300	1400	8200	2	13	24	5	16	27	8	19	*	11	22
1500	1600	8500	1	12	23	4	15	26	7	18	29	10	21
1700	1800	8700	*	11	22	3	14	25	6	17	28	9	20
1900	2000	2100	29	10	21	2	13	24	5	16	27	8	19
2200	2400	9100	28	9	20	1	12	23	4	15	26	7	18
2300	2500	9400	27	8	19	*	11	22	3	14	25	6	17
2600	2700	2800	26	7	18	29	10	21	2	13	24	5	16
2900	3000	9800	25	6	17	28	9	20	1	12	23	4	15
3100	3200	3300	24	5	16	27	8	19	*	11	22	3	14
3400	3600	10300	23	4	15	26	7	18	29	10	21	2	13
3500	3700	10600	22	3	14	25	6	17	28	9	20	1	12
3800	3900	4000	21	2	13	24	5	16	27	8	19	*	11
4100	11000	11100	20	1	12	23	4	15	26	7	18	29	10
4200	4300	4400	19	*	11	22	3	14	25	6	17	28	9
4500	4600	11500	18	29	10	21	2	13	24	5	16	27	8
4700	4800	4900	17	28	9	20	1	12	23	4	15	26	7
5000	5200	11900	16	27	8	19	*	11	22	3	14	25	6
5100	5300	12200	15	26	7	18	29	10	21	2	13	24	5
5400	5500	5600	14	25	6	17	28	9	20	1	12	23	4
5700	5800	12600	13	24	5	16	27	8	19	*	11	22	3
5900	6000	6100	12	23	4	15	26	7	18	29	10	21	2
6200	6400	13100	11	22	3	14	25	6	17	28	9	20	1
6300	6500	13400	10	21	2	13	24	5	16	27	8	19	*
6600	6800	13500	9	20	1	12	23	4	15	26	7	18	29
			8	19	*	11	22	3	14	25	6	17	28

grégoriennes des années.

d'or.								D. Siècles av. J.-C.		
12	13	14	15	16	17	18	19			
9	20	1	12	23	4	15	26			
8	19	✳	11	22	3	14	XXV	6901—6802	6801—6702	6701—6602
7	18	29	10	21	2	13	24		6601—6502	6401—6302
6	17	28	9	20	1	12	23		6501—6402	6301—6202
5	16	27	8	19	✳	11	22	6201—6102	6101—6002	6001—5902
4	15	26	7	18	29	10	21			5901—5802
3	14	XXV	6	17	28	9	20	5801—5702	5701—5602	5601—5502
2	13	24	5	16	27	8	19		5501—5402	5401—5302
1	12	23	4	15	26	7	18	5301—5202	5201—5102	5101—5002
✳	11	22	3	14	XXV	6	17		5001—4902	4801—4702
29	10	21	2	13	24	5	16		4901—4802	4701—4602
28	9	20	1	12	23	4	15	4601—4502	4501—4402	4401—4302
27	8	19	✳	11	22	3	14		4301—4202	4201—4102
26	7	18	29	10	21	2	13	4101—4002	4001—3902	3901—3802
XXV	6	17	28	9	20	1	12		3801—3702	3601—3502
24	5	16	27	8	19	✳	11		3701—3602	3501—3402
23	4	15	26	7	18	29	10		3401—3302	3201—3102
22	3	14	XXV	6	17	28	9		3301—3202	3101—3002
21	2	13	24	5	16	27	8	3001—2902	2901—2802	2801—2702
20	1	12	23	4	15	26	7		2701—2602	2601—2502
19	✳	11	22	3	14	XXV	6	2501—2402	2401—2302	2301—2202
18	29	10	21	2	13	24	5		2201—2102	2001—1902
17	28	9	20	1	12	23	4		2101—2002	1901—1802
16	27	8	19	✳	11	22	3	1801—1702	1701—1602	1601—1502
15	26	7	18	29	10	21	2		1501—1402	1401—1302
14	XXV	6	17	28	9	20	1	1301—1202	1201—1102	1101—1002
13	24	5	16	27	8	19	✳			1001— 902
12	23	4	15	26	7	18	29	901— 802	801— 702	701— 602
11	22	3	14	XXV	6	17	28	7501—7402	601— 502	401— 302
10	21	2	13	24	5	16	27	7201—7102	501— 402	301— 202
9	20	1	12	23	4	15	26	7001—6902	201— 102	101— 1

Emploi de cette table.

Supposons qu'on veuille l'épacte de l'année 1256 ap. J.-C. ou celle de l'année 551 av. J.-C.; il faut d'abord se procurer le nombre d'or de l'année en question (voir § 1) : c'est 3 pour 1256 ap. J.-C., 2 pour 551 av. J.-C.

L'épacte cherchée est à l'intersection de la colonne donnée par le nombre d'or et de la ligne correspondant au siècle dont fait partie l'année; par exemple on trouvera ainsi, comme épacte, 25 pour 1256 ap. J.-C. et 21 pour 551 av. J.-C.

TABLE II

donnant les néoménies dans le cours d'une année dont l'épacte est connue.

Notations et disposition de la table.

Les noms des 12 mois étant disposés horizontalement, on écrit verticalement à gauche les nombres de 1 à 31 qui correspondent aux quantièmes des mois; les épactes sont inscrites, en partant de ✳ pour le 1ᵉʳ janvier, par ordre décroissant 29, 28, etc. Dans le calendrier grégorien, il y a six lunaisons par an qui sont caves, c'est-à-dire, 29 jours seulement; à cause de cela, on a mis les 2 épactes 24 et 25 répondant à un même jour, dans 6 différents mois, au 5 février, au 5 avril, au 3 juin, au 1ᵉʳ août, au 29 septembre et au 27 novembre; de la sorte, pour ces 6 mois, les 30 épactes ne répondent qu'à 29 jours.

D'après ce qui a été dit plus haut, l'épacte 25 doit être dédoublée en 25 et XXV, et ce 2ᵉ signe est à prendre dans les années où le nombre d'or est supérieur à 11; aussi on a écrit XXV auprès de 25 dans les mois où 24 et 25 ne sont pas sur même ligne, et, dans ceux-ci, XXV auprès de 26.

Au 31 décembre, a été écrit le nombre XIX ; ce signe spécial sert lorsque le nombre d'or et l'épacte d'une année sont égaux tous les deux à 19, fait qui a eu lieu en 1595, 1614, 1633, 1671 et 1690, et ne se représentera qu'en 8587 (voir Rivard p. 202) ; cette année complète les sept embolismiques (1), et, sa dernière lunaison commencée au 2 décembre devant être cave, il y a une néoménie au 31; c'est elle qui est signalée par cette notation XIX.

---

(1) *On sait qu'en 19 ans, il y a 7 années contenant une lunaison intercalaire, avec 43 lunaisons au lieu de 12; ces années sont dites embolismiques et, pour la dernière du cycle, la lunaison intercalaire est cave, tandis que les autres intercalaires sont pleines.*

TABLE II

permettant de trouver, dans l'année, les dates des néoménies.

Jours du mois	Janv.	Fév.	Mars	Avril	Mai	Juin	Juil.	Août	Sept.	Oct.	Nov.	Déc.
1	✳	29	✳	29	28	27	26	25 24	23	22	21	20
2	29	28	29	28	27	xxv 26	xxv 25	23	22	21	20	19
3	28	27	28	27	26	25 24	24	22	21	20	19	18
4	27	xxv 26	27	xxv 26	xxv 25	23	23	21	20	19	18	17
5	26	25 24	26	25 24	24	22	22	20	19	18	17	16
6	xxv 25	23	xxv 25	23	23	21	21	19	18	17	16	15
7	24	22	24	22	22	20	20	18	17	16	15	14
8	23	21	23	21	21	19	19	17	16	15	14	13
9	22	20	22	20	20	18	18	16	15	14	13	12
10	21	19	21	19	19	17	17	15	14	13	12	11
11	20	18	20	18	18	16	16	14	13	12	11	10
12	19	17	19	17	17	15	15	13	12	11	10	9
13	18	16	18	16	16	14	14	12	11	10	9	8
14	17	15	17	15	15	13	13	11	10	9	8	7
15	16	14	16	14	14	12	12	10	9	8	7	6
16	15	13	15	13	13	11	11	9	8	7	6	5
17	14	12	14	12	12	10	10	8	7	6	5	4
18	13	11	13	11	11	9	9	7	6	5	4	3
19	12	10	12	10	10	8	8	6	5	4	3	2
20	11	9	11	9	9	7	7	5	4	3	2	1
21	10	8	10	8	8	6	6	4	3	2	1	✳
22	9	7	9	7	7	5	5	3	2	1	✳	29
23	8	6	8	6	6	4	4	2	1	✳	29	28
24	7	5	7	5	5	3	3	1	✳	29	28	27
25	6	4	6	4	4	2	2	✳	29	28	27	26
26	5	3	5	3	3	1	1	29	28	27	xxv 26	xxv 25
27	4	2	4	2	2	✳	✳	28	27	26	25 24	24
28	3	1	3	1	1	29	29	27	xxv 26	xxv 25	23	23
29	2		2	✳	✳	28	28	26	25 24	24	22	22
30	1		1	29	29	27	27	xxv 25	23	23	21	21
31	✳		✳		28		xxv 26	24		22		xxv 20

Emploi de cette table.

L'épacte d'une année étant connue, par exemple 29 pour 1900 ap. J.-C., les néoménies de cette année ont lieu aux jours qui, dans cette table, correspondent à cette épacte, c'est-à-dire au 2 janvier, au 1er février, au 2 mars, aux 1er et 30 avril etc (1).

TABLE III

donnant la correspondance entre les néoménies et les jours solaires (2).

Notations et disposition de la table.

Les épactes (l'épacte 25 étant dédoublée) sont rangées sur la ligne horizontale supérieure ; en colonne à gauche, sont écrites, par ordre, les lunaisons d'une année, y compris les lunaisons intercalaires possibles; l'intersection d'une ligne et d'une colonne donnent la néoménie de telle lunaison pour une année qui a telle épacte.

Les lettres P. et C. indiquent que la lunaison commencée à telle néoménie est pleine (contient 30 jours) ou cave (n'en a que 29). Il faut noter au reste que, dans une année bissextile, la 2e ou 3e lunaison où tombe le 25 février a un jour de plus que n'en indique la table.

Emploi de cette table.

Elle permet de trouver plus facilement la date grégorienne correspondant à un jour donné dans le calendrier chinois, et aide en particulier à déterminer quel est le Ier mois astronomique d'une année chinoise (on voit que ce Ier mois peut être la 12e lune de l'année européenne qui précède) (3).

---

(1) *La table précédente est tirée de Rivard p. 204-207 ; le P. Hoang la reproduit principalement, semble-t-il, pour montrer comment est obtenue la table III.*

(2) *Cette table III n'est autre que la table II de Rivard, écrite dans un autre ordre.*

(3) *À propos de cette table, le P. Hoang note que si deux années successives ont pour nombres d'or 19 et 1, pour épactes 18 et ✳ (comme 1709 et 1710, 1880 et 1881), il faut faire une correction pour les néoménies du début de janvier. La remarque paraît plus générale, et des corrections analogues seraient à faire chaque fois que l'épacte d'une année n'est pas celle de la précédente + 11 : il y a lieu alors d'avancer ou de retarder d'un jour certaines néoménies des mois de décembre et de janvier. — Sur ce point, le P. Hoang hésitait, on le devine facilement aux surcharges et corrections successives de son texte.*

TABLE
indiquant l'ordre et

Épactes	✱	11	22	3	14	25	xxv	6	17	28	9	20	1	12	23
Néoménies de la 1ère lune	P. 1 janv.	P.21 déc.	P.10 déc.	P.29 déc.	P.18 déc.	P. 7 déc.	P. 7 déc.	P.26 déc.	P.15 déc.	P. 4 déc.	P.23 déc.	P.12 déc.	P.31 déc.	P.20 déc.	P. 9 déc.
„ 2e „	C.31 janv.	C.20 janv.	C. 9 janv.	C.28 janv.	C.17 janv.	P. 6 janv.	C. 6 janv.	C.25 janv.	C.14 janv.	P. 3 janv.	C.22 janv.	C.11 janv.	C.30 janv.	C.19 janv.	C. 8 janv.
„ 3e „	P. 1 mars	P.18 fév.	P. 7 fév.	P.26 fév.	P.15 fév.	C. 5 fév.	P. 4 fév.	P 23 fév.	P.12 fév.	C. 2 fév.	P.20 fév.	P. 9 fév.	P.28 fév.	P.17 fév.	P. 6 fév.
„ lune intercalaire															
„ 4e lune	C.31 mars	C.20 mars	C. 9 mars	C.28 mars	C.17 mars	P. 6 mars	C. 6 mars	C.25 mars	C.14 mars	P. 3 mars	C.22 mars	C.11 mars	C.30 mars	C.19 mars	P. 8 mars
„ lune intercalaire										C. 2 avril					
„ 5e lune	P.29 avril	P.18 avril	P. 7 avril	P.26 avril	P.15 avril	C. 5 avril	P. 4 avril	P.23 avril	P.12 avril	P. 1 mai	P.20 avril	P. 9 avril	P.28 avril	P.17 avril	P. 6 avril
„ lune intercalaire															
„ 6e lune	C.29 mai	C.18 mai	C. 7 mai	C.26 mai	C.15 mai	P. 4 mai	C. 4 mai	C.23 mai	C.12 mai	C.31 mai	C.20 mai	C. 9 mai	C.28 mai	C.17 mai	C. 6 mai
„ lune intercalaire															
„ 7e lune	P.27 juin	P.16 juin	P. 5 juin	P.24 juin	P.13 juin	C. 3 juin	P. 2 juin	C.21 juin	P.10 juin	P.29 juin	P.18 juin	P. 7 juin	P.26 juin	P.15 juin	P. 4 juin
„ lune intercalaire						P. 2 juil.	C. 2 juil.								
„ 8e lune	C.27 juil.	C.16 juil.	C. 5 juil.	C.24 juil.	C.13 juil.	C. 1 août	P.31 juil.	C.21 juil.	C.10 juil.	C.29 juil.	C.18 juil.	C. 7 juil.	C.26 juil.	C.15 juil.	C. 4 juil.
„ lune intercalaire															P. 2 août
„ 9e lune	P.25 août	P.14 août	P. 3 août	P.22 août	P.11 août	P.30 août	C.30 août	P.19 août	P. 8 août	P.27 août	P.16 août	P. 5 août	P.24 août	P.13 août	C. 1 sept.
„ lune intercalaire			C. 2 sept.												
„ 10e lune	C.24 sept.	C.13 sept.	P. 1 oct.	C.21 sept.	C.10 sept.	C.29 sept.	P.28 sept.	C.18 sept.	C. 7 sept.	C.26 sept.	C.15 sept.	C. 4 sept.	C.23 sept.	C.12 sept.	P.30 sept.
„ lune intercalaire															
„ 11e lune	P.23 oct.	P.12 oct.	C.31 oct.	P.20 oct.	P. 9 oct.	P.28 oct.	C.28 oct.	P.17 oct.	P. 6 oct.	P.25 oct.	P.14 oct.	P. 3 oct.	P.22 oct.	P.11 oct.	C.30 oct.
„ lune intercalaire												C. 2 nov.			
„ 12e lune	C.22 nov.	C.11 nov.	P.29 nov.	C.19 nov.	C. 8 nov.	C.27 nov.	P.26 nov.	C.16 nov.	C. 5 nov.	C.24 nov.	C.13 nov.	P. 1 déc.	C.21 nov.	C.10 nov.	P.28 nov.
„ lune intercalaire															
Fin de cette lune	20 déc.	9 déc.	28 déc.	17 déc.	6 déc.	25 déc.	25 déc.	14 déc.	3 déc.	22 déc.	11 déc.	30 déc.	19 déc.	8 déc.	27 déc.

III

le début des lunaisons d'une année.

4	15	26	7	18	29	10	21	2	13	24	5	16	27	8	19
P.28 déc.	P.17 déc.	P.6 déc.	P.25 déc.	P.14 déc.	P.3 déc.	P.22 déc.	P.11 déc.	P.30 déc.	P.19 déc.	P.8 déc.	P.27 déc.	P.16 déc.	P.5 déc.	P.21 déc.	P.13 déc.
C.27 janv.	C.16 janv.	P.5 janv.	C.24 janv.	C.13 janv.	P.2 janv.	C.21 janv.	C.10 janv.	C.29 janv.	C.18 janv.	C.7 janv.	C.26 janv.	C 15 janv.	P.4 janv.	C.23 janv.	C.12 janv.
P.25 fév.	P.14 fév.	C.4 fév.	P.22 fév.	P.11 fév.	C.1 fév. P.2 mars	P.19 fév.	P.8 fév.	P.27 fév.	P.16 fév.	P.5 fév.	P.24 fév.	P.13 fév.	C.3 fév.	P.21 fév.	P.10 fév.
C.27 mars	C.16 mars	P.5 mars	C.24 mars	C.13 mars	C.1 avril	C.21 mars	C.10 mars	C.29 mars	C.18 mars	C.7 mars	C.26 mars	C.15 mars	P.4 mars	C.23 mars	C.12 mars
P.25 avril	P.14 avril	C.4 avril	P.22 avril	P.11 avril	P.30 avril	P.19 avril	P.8 avril	P.27 avril	P.16 avril	P.5 avril	P.24 avril	P.13 avril	P.3 avril P.2 mai	P.21 avril	P.10 avril
C.25 mai	C.14 mai	P.3 mai C.2 juin	C.22 mai	C.11 mai	C.30 mai	C.19 mai	C.8 mai	C.27 mai	C.16 mai	C.5 mai	C.24 mai	C.13 mai	C.1 juin	C.21 mai	C.10 mai
P.23 juin	P.12 juin	P.1 juil.	P.20 juin	C.9 juin	P.28 juin	P.17 juin	P.6 juin	P.25 juin	P.14 juin	P.3 juin C.3 juil.	P.22 juin	P.11 juin	P.30 juin	P.19 juin	P.8 juin
C.23 juil.	C.12 juil.	C.31 juil.	C.20 juil.	C.9 juil.	C.28 juil.	C.17 juil.	C.6 juil.	C.25 juil.	C.14 juil.	P.1 août	C 22 juil.	C.11 juil.	C.30 juil.	C.19 juil.	C.8 juil.
P.21 août	P.10 août	P.29 août	P.18 août	P.7 août	P.26 août	P.15 août	P.4 août	P.23 août	P.12 août	C.31 août	P.20 août	P.9 août	P.28 août	P.17 août	P.6 août
C.20 sept.	C.9 sept.	C.28 sept.	C.17 sept.	C.6 sept.	C.25 sept.	C.14 sept.	C.3 sept. P.2 oct.	C.22 sept.	C.11 sept.	P.29 sept.	C.19 sept.	C.8 sept.	C.27 sept.	C.16 sept.	C.5 sept.
P.19 oct.	P.8 oct.	P.27 oct.	P.16 oct.	P.5 oct.	P.24 oct.	P.13 oct.	C.1 nov.	P.21 oct.	P.10 oct.	C.29 oct.	P.18 oct.	P.7 oct.	P.26 oct.	P.15 oct.	P.4 oct.
C.18 nov.	C.7 nov.	C.26 nov.	C.15 nov.	C.4 nov.	C.23 nov.	C.12 nov.	P.30 nov.	C.20 nov.	C.9 nov.	P.27 nov.	C.17 nov.	C.6 nov.	C.25 nov.	C.14 nov.	C.3 nov. P.2 déc.
16 déc.	5 déc.	24 déc.	13 déc.	2 déc.	21 déc.	10 déc.	29 déc.	18 déc.	7 déc.	26 déc.	15 déc.	4 déc.	23 déc.	12 déc.	31 déc.

Usage de ces trois tables pour établir la correspondance

des dates chinoises et européennes (1)

Elles permettent de résoudre le problème suivant :

Étant donné un jour dans une lune du calendrier chinois, et l'année européenne où il tombe étant supposée connue, trouver le jour solaire correspondant (voir ch. III par. II p. 157-160).

Les diverses opérations à faire sont les suivantes :

a) Chercher le nombre d'or de l'année en question ;

b) puis son épacte par la table I ;

c) au moyen de la table II, ou plus facilement de la table III, déterminer la néoménie du Ier mois astronomique chinois (la néoménie qui précède immédiatement le solstice d'hiver, arrivé en décembre avant l'année considérée) ;

d) d'après la désignation *kien-tcheng* 建 正 alors en usage, obtenir la numérotation chinoise des lunaisons de l'année;

e) le jour solaire correspondant à une néoménie étant connu par la table III, il est facile de déterminer le jour européen répondant au jour donné.

---

(1) *C'est pratiquement le problème résolu par le P. Hoang pour chacune des dates étudiées aux chapitres IV, V et VI.*

APPENDICE II.

TABLEAU POUR TROUVER LE SIGNE CYCLIQUE
D'UN JOUR SOLAIRE QUELCONQUE.

Ce tableau, dû au **P. Puntscher S.J.** (1), a été construit pour les années de l'ère chrétienne en styles julien et grégorien.

Dans le cas d'une année avant l'ère chrétienne, on peut s'en servir aussi en tenant compte des remarques suivantes : après 80 ans révolus, en style julien, les signes cycliques se reproduisent aux mêmes jours solaires, — et il en est de même après 8000 ans en style grégorien (2).

Si on a une date av. J.-C., on la remplacera donc par une date ap. J.-C. qui en diffère d'un multiple de 80 ou 8000 suivant le style, et le tableau fournira le signe cyclique désiré. Une seule précaution est à prendre pour déterminer l'année ap. J.-C.: il ne faut pas oublier en effet que dans la suite des années avant et après J.-C. l'année 0 n'existe pas, d'où cette règle : on retranche une unité au millésime de l'année proposée et le reste obtenu sera soustrait d'un multiple de 80 ou 8000 suivant les cas; la différence trouvée indiquera une année ap. J.-C. dont les jours solaires ont respectivement les mêmes signes cycliques que ceux de l'année en question.

---

(1) Né en 1827 et venu dans la mission du *Kiang-nan* en 1875, il y mourut en 1890.

(2) On s'en rend compte facilement puisque 29 220, nombre des jours de 80 années julien-nes,est le plus petit commun multiple de 60 et de 1461,nombre des jours de 4 années juliennes; et, dans le 2ᵉ cas, puisque 2 921 940, nombre des jours de 8000 années grégoriennes, jouit de la même propriété par rapport à 60 et à 146 097, nombre des jours de 400 années grégoriennes.

1

A Pour le style julien					
Années séculaires ap. J.-C.					Nombres additifs
0	400	800	1200	1600	58
100	500	900	1300	1700	43
200	600	1000	1400	1800	28
300	700	1100	1500	1900	13

B Pour le style grégorien							
Ann. sécul. ap.J.-c.	Nombres addit.	Ann. sécul. ap.J.-c.	Nom. bres addit.	Ann. sécul. ap.J.-c.	Nom. bres addit.	Ann. sécul. ap.J.-c.	Nom. bres addit.
0	60						
100	44	2600	10	5100	36	7600•	3
200	28	2700	54	5200•	21	7700	47
300	12	2800	59	5300	5	7800	31
400•	57	2900•	23	5400	49	7900	15
500	41	3000	7	5500	33	8000•	60
600	25	3100	51	5600•	18	8100	44
700	9	3200•	36	5700	2	8200	28
800•	54	3300	20	5800	46	8300	12
900	38	3400	4	5900	30	8400	57
1000	22	3500	48	6000•	15	8500	41
1100	6	3600•	33	6100	59	8600	25
1200•	51	3700	17	6200	43	8700	9
1300	35	3800	1	6300	27	8800•	54
1400	19	3900	45	6400•	12	8900	38
1500	3	4000•	30	6500	56	9000	22
1600•	48	4100	14	6600	40	9100	6
1700	32	4200	58	6700	24	9200•	51
1800	16	4300	42	6800•	9	9300	35
1900	60	4400•	27	6900	53	9400	19
2000•	45	4500	11	7000	37	9500	3
2100	29	4600	55	7100	21	9600•	48
2200	13	4700	39	7200•	6	9700	32
2300	57	4800•	24	7300	50	9800	16
2400•	42	4900	8	7400	34	9900	60
2500	26	5000	52	7500	18	10000•	45

Un nombre suivi d'un point, par exemple 00•, correspond à une année bissextile.

II

Pour les styles julien et grégorien

Ann. interméd.	Nombres addit.	Ann. interméd.	Nombres addit.	Ann. interméd.	Nombres addit.	Ann. interméd.	Nombres addit.
00	10						
00•	9						
1	15	26	26	51	37	76•	48
2	20	27	31	52•	42	77	54
3	25	28•	36	53	48	78	59
4•	30	29	42	54	53	79	4
5	36	30	47	55	58	80•	9
6	41	31	52	56•	3	81	15
7	46	32•	57	57	9	82	20
8•	51	33	3	58	14	83	25
9	57	34	8	59	19	84•	30
10	2	35	13	60•	24	85	36
11	7	36•	18	61	30	86	41
12•	12	37	24	62	35	87	46
13	18	38	29	63	40	88•	51
14	23	39	34	64•	45	89	57
15	28	40•	39	65	51	90	2
16•	33	41	45	66	56	91	7
17	39	42	50	67	1	92•	12
18	44	43	55	68•	6	93	18
19	49	44•	60	69	12	94	23
20•	54	45	6	70	17	95	28
21	60	46	11	71	22	96•	33
22	5	47	16	72•	27	97	39
23	10	48•	21	73	33	98	44
24•	15	49	27	74	38	99	49
25	21	50	32	75	43		

III

Pour les styles julien et grégorien

Mois	Nombres additifs dans une année	
	commune	bissextile
Janvier	60	60
Février	31	31
Mars	59	60
Avril	30	31
Mai	61	1
Juin	31	32
Juillet	1	2
Août	32	33
Septembre	3	4
Octobre	33	34
Novembre	4	5
Décembre	34	35

Disposition et usage de ce tableau.

Soit une date, 4 mars 47 av. J.-C (style grégorien); son signe cyclique sera le même que celui du 4 mars 7522 ap. J.-C. (voir plus haut p. 277).

Prenons la date en question sous cette forme: l'année $a \times 100 + b$, tel mois, le n^e jour. Le signe cyclique cherché sera obtenu par la somme de 4 nombres variant avec a, b, tel mois, et n ; si la susdite somme est plus grande que 60, on la divise par 60 et le reste de la division est le chiffre répondant au signe cyclique désiré.

Les tables précédentes fournissent les nombres correspondant à a, b, tel mois : les années séculaires sont indiquées en I et, comme les nombres additifs changent suivant le style julien ou grégorien, la table I se subdivise en A et B.

Les années intermédiaires sont marquées en II avec leurs nombres additifs.

Les mois le sont en III, les nombres additifs pour chacun d'eux étant différents suivant que l'année considérée est bissextile ou non.

Enfin le 4e nombre additif correspondant au quantième du mois, à n, est toujours égal à n.

Dans l'exemple précédent, on aura donc ce calcul :

Nombre additif correspondant à 7500 : 18
,,   ,,   ,,   22 : 5
,,   ,,   au mois de mars : 59
Quantième du jour donné............ 4

Total 86

De 86 on retranche 60, et l'on trouve le 26e signe cyclique *ki-tch'eou* 己 丑.

NOTE I.

DATES DE LA NAISSANCE
ET DE LA MORT DE CONFUCIUS.

Les érudits chinois n'ont pas réussi à déterminer ces dates avec certitude, et ils ne s'accordent pas entre eux sur ce sujet. Déjà *Tou Yu* 杜預 prétendait que le jour indiqué, à la 4e lune, sous le 26e signe cyclique *ki-tch'eou* 己 丑, était inexact, soit pour l'indication de la lune, soit pour celle du signe cyclique. D'après sa chronologie néoménique en effet, dans la 4e lune de la 16e année de *Ngai Kong* 哀 公, ne se trouve pas le 26e signe cyclique *ki-tch'eou* 己 丑, qui ne tombe que dans la 5e lune; en revanche, il y a le 2e signe cyclique *i-tch'eou* 乙 丑; d'où sa conclusion : Confucius serait mort soit à la 4e lune, le 18e jour, sous le 2e signe cyclique *i-tch'eou* 乙 丑, soit à la 5e lune, le 12e jour, sous le 26e signe cyclique *ki-tch'eou* 己 丑 (1). En général on admet pourtant que, dans la 4e lune, il y a bien le 26e signe cyclique.

Sur cette question, dates de la naissance et de la mort de Confucius, tous les documents ont été recueillis et discutés par *K'ong Koang-mou* 孔 廣 牧 qui, en 1893, publia une dissertation intitulée *K'ong-cheng-cheng-tsou-nien-yué-je-k'ao* 孔 聖 生 卒 年 月 日 考.

Il s'arrête à ces conclusions que nous suivons comme probables :

1o Confucius est né le 28e jour, sous le 37e signe cyclique *keng-tse* 庚 子, de la 10e lune (selon le calendrier *kien-tse* 建 子) de la 22e année de *Siang Kong* 襄 公, prince de *Lou* 魯. Ce jour sous le signe *keng-tse* 庚 子 correspond au 28 septembre style grégorien (4 octobre style julien) 551 av. J.-C.

2o Il est mort le 11e jour, sous le 26e signe cyclique *ki-tch'eou* 己 丑, de la 4e lune (selon le calendrier *kien-tse* 建 子), de la 16e année de *Ngai Kong* 哀 公, prince de *Lou* 魯 (12e jour de la 4e lune, 41e année de *King Wang* 敬 王, Emp. de la dynastie *Tcheou* 周). Ce jour sous le signe cyclique *ki-tch'eou* 己 丑, correspond au 4 mars style grégorien (9 mars style julien) 479 av. J.-C.

____

(1) 春 秋 左 傳 注 疏 哀 公 十 六 年 k. 60.

NOTE II.

L'OUVRAGE *TSE-TCHE T'ONG-KIEN* 資 治 通 鑑.

I. *Se-ma Koang* 司 馬 光, le 14 mai 1066, fut chargé par l'Emp. *Ing Tsong* 英 宗 lui-même de composer une histoire chronologique universelle de la Chine, sous le titre de *T'ong-tche* 通 志; puis le 18 novembre 1067, *Chen Tsong* 神 宗, nouvel Empereur, choisit pour l'ouvrage déjà commencé le titre «Histoire chronologique universelle utile à l'administration de l'État, *Tse-tche t'ong-kien* 資 治 通 鑑». Le 1ᵉʳ janvier 1085, l'ouvrage, avec deux appendices, était achevé et présenté à l'Empereur.

II. 1° Il est divisé en 294 *kiuen* 卷, contenant l'histoire de 1362 années, depuis 403 av. J.-C. (23ᵉ année de l'Emp. *Wei-lié Wang* 威 烈 王, dynastie *Ki Tcheou* 姬 周) jusqu'à 959 ap. J.-C. (6ᵉ année de la période de règne *Hien-té* 顯 德 de l'Emp. *Che Tsong* 世 宗, dynastie *Heou Tcheou* 後 周), année qui précède immédiatement celle où fut fondée la dynastie *Song* 宋.

2° Un 1ᵉʳ appendice *K'ao-i* 攷 異, en 30 *kiuen* 卷, renferme des observations sur les faits rapportés différemment dans les ouvrages dont l'auteur s'est servi comme sources.

3° Un 2ᵉ appendice *Mou-lou* 目 錄, également en 30 *kiuen* 卷, est une sorte d'abrégé de l'ouvrage, à l'instar des tables du *Che-ki* 史 記. En tête des pages est inscrite, pour chaque année, la chronologie néoménique *Tch'ang-li* 長 曆, composée par le savant *Lieou Hi-seou* 劉 羲 叟. Cette chronologie néoménique commence en 206 av. J.-C., la 1ᵉʳᵉ année de la dynastie *Si Han* 西 漢, et se termine en 956 ap. J.-C. comme le *Tse-tche t'ong-kien* 資 治 通 鑑 lui-même.

4° *Hou San-sing* 胡 三 省 fit de l'ouvrage un commentaire, *In-tchou* 音 註, qu'il inséra dans le texte et dans le 1ᵉʳ appendice *K'ao-i* 攷 異; il le composa de 1256 à 1285.

III. Les éditions de cette histoire universelle furent nombreuses.

1° La première, sous la dynastie *Song* 宋, faite à *Hang-tcheou* 杭 州, remonte à l'an 1086; puis on en trouve une autre faite à *Yu-yao* 餘 姚 en 1133. Sous les dynasties *Yuen* 元 et *Ming* 明, l'ouvrage fut tiré à plusieurs reprises, soit séparément, soit avec le commentaire de *Hou San-sing* 胡 三 省, et avec l'appendice *K'ao-i* 攷 異.

2° Sous la dynastie *Ts'ing* 淸, on signale les éditions suivantes :

a) En 1816, *Hou K'o-kia* 胡 克 家, gouverneur de la province du *Kiang-sou* 江 蘇, fit éditer cet ouvrage à *Kiang-ning* 江 寧 (*Nan-king*), d'après le texte de 1286-1292 ; l'édition fut faite par la typographie impériale *Hing-wen-chou* 與 文 署.

b) En 1857, une édition fut faite à *Hang-tcheou* 杭 州 selon un exemplaire de l'an 1544.

c) En 1869, la typograpie provinciale *Kiang-sou chou-kiu* 江 蘇 書 局, à *Sou-tcheou* 蘇 州, le reproduisit selon l'édition de 1816.

d) Presqu'en même temps, selon la même édition, il fut reproduit aussi à la typographie provinciale *Hou-pé chou-kiu* 湖 北 書 局.

e) En 1887, à la typographie provinciale *Hou-nan chou-kiu* 湖 南 書 局 de *Tch'ang-cha* 長 沙 (capitale du *Hou-nan* 湖 南), furent gravées des tables selon l'édition de 1625, sur l'initiative de *Tch'en Jen-si* 陳 仁 錫, mandarin chargé de la rédaction des Annales : ces tables furent transportées l'année suivante à *Kiai Tcheou* 解 州, ville du *Chan-si* 山 西, et placées dans le temple de famille de *Se-ma Koang* 司 馬 光.

f) En 1888-1891, à *Tch'ang-cha* 長 沙, *Hou Yuen-tch'ang* 胡 元 常 fit réimprimer l'ouvrage selon la même édition, et y ajouta le 1er appendice *K'ao-i* 攷 異 en un volume séparé, le tout d'après un exemplaire de 1586 (1).

____

(1) *C'est l'édition dont s'est servi le P. Hoang ; il ajoute qu'elle est, à son avis, la meilleure de toutes.*

INDEX

ALPHABÉTIQUE DES NOMS PROPRES (1).

Cha-k'ieou-t'ai 沙丘臺, palais où mourut *Che Hoang* 始皇, dans la sous-préfecture de *P'ing-hiang hien* 平鄉縣, prov. du *Tche-li* 直隸, à 20 lis au nord-est de la ville. p. 234.

Chang Jen 商人, prince de *Ts'i* 齊, à l'époque de *Wen Kong* 文公, prince de *Lou* 魯 (7ᵉ s. av. J.-C.) … … … … … … p. 192.

Chang T'ang 商湯, Emp., époque de son règne suivant diverses chronologies…. … … … p. 148.

Chao Hao 少昊, Emp., époque de son règne suivant diverses chronologies…. … … p. 148,154.

Chao K'ang 少康, Emp. de la dynastie *Hia* 夏, époque de son règne suivant diverses chronologies … … … … … … p. 154.

Chao K'ang-tsié 邵康節, voir *Chao Yong* 邵雍.

Chao P'ing 召平, ministre sous l'Impératrice *Kao Heou* 高后 (2ᵉ s. av. J.-C.) … … … p. 238.

Chao Ti 少帝, Emp. de la dynastie partielle *Ts'ien Wei* 前魏 (240-254) … … … … … … p. 140.

Chao Yao-fou 邵堯夫, voir *Chao Yong* 邵雍.

Chao Yong 邵雍 (*Yao-fou* 堯夫), 1011-1077, appelé aussi *Ngan-lo Sien-cheng* 安樂先生, de titre posthume *K'ang-tsié* 康節, originaire de *Tcho Tcheou* 涿州, vécut à *Lo-yang hien* 洛陽縣, auteur du *Hoang-ki-king-che-chou* 皇極經世書…. … … … p. 151.

Ché 舍, assassiné sous *Wen Kong* 文公, prince de *Lou* 魯 (7ᵉ s. av. J.-C.). … … … … p. 192.

---

(1) Dans cet index, ont été réunis des renseignements fournis par le P. Hoang à divers endroits de son manuscrit. Quand, de façon précise, aucune date n'y est donnée pour un personnage, le siècle où il a vécu a été indiqué autant que possible, les années ou siècles non suivis de la mention «av. J.-C.» appartenant à l'ère chrétienne.

Pour les dates de règne des Empereurs ou princes, elles ont été prises dans l'ouvrage du P. M. Tchang S. J. «*Synchronismes chinois*», quand elles manquaient dans le manuscrit du P. Hoang.

---

(1) Le P. Hoang, écrit *I Hang*; la romanisation généralement admise, *I-hing*, a été conservée.

Kao Tsong 高宗, Emp. de la dynastie *Nan Song* 南宋 (1127-1163) … … … … … … p. 125.

Kao Tsou 高祖, Emp. de la dynastie *Si Han* 西漢 (206-194 av. J.-C.). … … p. 124, 236, 237, 240, 241, 243, 244, 245, 246, 247.

Kao Tsou 高祖, Emp. de la dynastie *Ts'ien T'ang* 前唐 (618-626). … … … … … p. 120, 124, 130.

Kao Tsou 高祖, Emp. de la dynastie *Heou Tsin* 後晉 (936-942). p.125.

Kao Tsou 高祖, Emp. de la dynastie *Heou Han* 後漢 (947-949). p.125.

Keng Ting 庚丁, Emp. de la dynastie *Chang* 商, époque de son règne suivant diverses chronologies. … … … … … … … p. 156.

Keou Tsien 句踐, prince de *Yué* 越 (496-464 av. J.-C.). … p. 208.

Ki hien 汲縣, sous-préfecture de la province du *Ho-nan* 河南. p.150.

Ki Kou-kou 稽谷姑, nommé marquis en 108 av. J.-C. … p. 253.

Ki P'ing-tse 季平子, attaqué par *Tchao Kong* 昭公, prince de *Lou* 魯, en 517 av. J.-C. … p. 215.

K'i 啟, Emp. de la dynastie *Hia* 夏, époque de son règne suivant diverses chronologies… … p. 154.

K'i Joei 郤芮, met le feu au palais royal en 636 av. J.-C. … p. 220.

K'i Tsi 棄疾, prend le nom de *P'ing Wang* 平王 comme prince de *Tch'ou* 楚 (528-515 av. J.-C.). … … … … … … … p. 226.

Kia-jou 郟鄏, ville dite aussi autrefois *Lo-i* 洛邑, à 9 lis au nord-ouest de *Ho-nan fou* 河南府, établie seconde capitale de l'empire sous les *Tcheou* 周 en 1109 av. J.-C. En 770 av. J.-C., l'Emp. *P'ing Wang* 平王 la choisit comme capitale (après l'invasion de *Hao-king* 鎬京 par les barbares occidentaux dits *K'iuen-jong* 犬戎) et elle prend le nom de *Tong T'ou* 東都; elle fut détruite au 6e s. après J.-C. (voir: *Kai-yu-ts'ong-k'ao* 陔餘叢考 k.16; *Kouo-ti-tche* 括地志 k. 2 et 6; *Chou-king* 書經 k. 16; *Ming-i-t'ong-tche* 明一統志 k. 32 et 29). … … … … … p. 180, 181.

Kia Ngao 郟敖, prince de *Tch'ou* 楚, tué en 541 av. J.-C. (voir *Synchronismes chinois* p. 79)… p. 225.

Kia K'ing 嘉慶, Emp. de la dynastie *Ta Ts'ing* 大清 (1796-1820). p. 7.

Kia Tsuen 賈俊, préfet de *K'o-han tcheou* 可汗州, auteur du calendrier *Tch'ong-pien-ta-ming-li* 重編大明曆 (10e s.). … p. 128.

Kiai tcheou 解州, ville du *Chan-si* 山西. … … … … p. 283.

Kiang 絳, capitale sous les *Tsin* 晉 (6e s. av. J.-C.). … p. 224, 229.

Kiang Ki 姜岌, de *Ts'in tcheou* 秦州, auteur du calendrier *San-ki-hia-tse-yuen-li* 三紀甲子元曆 (4e s.). … … … … … p. 127.

Kiang-ning 江寧, autre nom de *Nan-king* 南京, capitale du *Kiang-nan*

Siang Wang 襄王, prince de *Wei* 魏 (318-295 av.J.-C.).p.133,150,151.

Siang Wang 襄王, prince de *Ts'in* 秦, appelé aussi Emp. de la dynastie *Ts'in* 秦 sous le nom de *Tchoang Siang Wang* 莊襄王 (249-246 av. J.-C.). ... p. 233.

Siao I 小乙, Emp. de la dynastie *Chang* 商 ; époque de son règne suivant diverses chronologies. ... ... p. 155; p. 132.

Siao Keng 小庚, Emp. de la dynastie *Chang* 商;époque de son règne suivant diverses chronologies. ... ... p. 155.

Siao Kia 小甲, Emp. de la dynastie *Chang* 商 ; époque de son règne suivant diverses chronologies. ... ... p. 155; p. 167.

Siao Sin 小辛, Emp. de la dynastie *Chang* 商 ; époque de son règne suivant diverses chronologies. ... ... p. 155.

Siao Wang 蕭王, devient Emp. sous le nom de *Koang Ou Ti* 光武帝 (25-58). ... ... p. 21.

Sié Ing-k'i 薛應旂 (*Tchong-tch'ang* 仲長), de *Ou-tsin* 武進, né en 1535, docteur en 1563, auteur du *Kia-tse-hoei-ki* 甲子會紀.p.152.

Sié Tchong-tch'ang 薛仲長, voir *Sié Ing-k'i* 薛應旂.

Sin 辛, Emp. de la dynastie *Chang* 商 ; époque de son règne suivant diverses chronologies. ... p. 156.

Siu Ngang 徐昂, auteur des calen-

driers *Koan-siang-li* 觀象曆 et *Siuen-ming-li* 宣明曆 (9e s.). ... ... p. 127.

Siu Tch'eng-se 徐承嗣, auteur du calendrier *Tcheng-yuen-li* 正元曆 (8º s.). ... ... p. 127.

Siu T'ong 胥童, à l'époque de *Li Kong* 厲公, prince de *Tsin* 晉 (6e s. av. J.-C.). ... ... p. 223.

Siuen Kong 宣公, prince de *Lou* 魯 (606-590 av. J.-C.). p. 197, 203.

Siuen Ti 宣帝, Emp. de la dynastie *Si Han* 西漢 (73-48 av. J.-C.) ... ... p. 259, 260.

Siun Hiu 荀勗, académicien, travaille par ordre de l'Empereur *Ou Ti* 武帝 à la mise en ordre de la chronologie *Tchou-chou-ki-nien* 竹書紀年 (3e s.). ... ... p. 150.

Song 誦, fils de *Ou Wang* 武王, prince de *Tcheou* 周 (12e s. av. J.-C.). ... ... p. 170.

Song King-yé 宋景業, de *Wei hien* 威縣, auteur du calendrier *T'ien-pao-li* 天保曆 (6e s.)... p. 127.

Song Tchong-tse 宋仲子, vers la fin de la dynastie *Han* 漢, composa un ouvrage pour vérifier que Confucius, dans le *Tch'oen-ts'ieou* 春秋, se serait servi du calendrier du royaume de *Lou* 魯.... ... ... p. 49.

Sou-tcheou 蘇州, ville de la province du *Kiang-sou* 江蘇. ... p. 283.

Sou Tsong 蕭宗, Emp. de la dynastie *Ts'ien T'ang* 前唐 (756-763). ... ... p. 16, 141, 214.

Wai Ping 外 丙, Emp. de la dynastie *Chang* 商 ; époque de son règne suivant diverses chronologies. p. 155.

Wang 望, ministre de *Ou Wang* 武 王 (12ᵉ s. av. J.-.C.). ... p. 174.

Wang Hiu 王 許, nommé ministre en 77 av. J.-C. ... ... p. 258.

Wang Kang-mou 汪 剛 木, voir *Wang Yué-tcheng* 汪 曰 楨.

Wang Kiu-kiun 王 巨 君, voir *Wang Mang* 王 莽.

Wang Ling 王 陵, ministre de *Hoei Ti* 惠帝 (2ᵉ s. av. J.-C.). p. 255.

Wang Mang 王 莽, nommé généralissime en 83 av. J.-C. ... p. 258.

Wang Mang 王 莽 (*Kiu-kiun* 巨 君), tuteur de *Jou Tse-ing* 孺 子 嬰, Emp. de 5 ans, dont il usurpe le trône et règne de 9 à 22 ap. J.-C. ... ... p. 2, 71, 139.

Wang Ou-hoei 王 无 晦, voir *Wang T'ao* 王 韜

Wang P'ouo 王 朴 (*Wen-pé* 文 伯), de *Tong-p'ing tcheou* 東 平 州, auteur du calendrier *K'in-t'ien-li* 欽 天 曆 (10ᵉ s.). ... p 95, 128.

Wang T'ao 王 韜 (*Ou-hoai* 无 晦 ou *Tse-ts'iuen* 紫 詮), 1828-1897, de *Tch'ang-tcheou hien* 長 洲 縣, publie en 1889 le *Tch'oen-ts'ieou-cho-joen-tche-je-k'ao* 春 秋 朔 閏 至 日 考, chronologie du *Tch'oen-ts'ieou;* il publia aussi le *Tch'oen-ts'ieou-je-che-pan-tcheng* 春 秋 日 食 辨 正 et le *Tch'oen-ts'ieou-cho-tche-piao* 春 秋 朔 至 表,

les 3 ouvrages étant réunis sous le titre *Tch'oen-ts'ieou-king-hiao-san-tchong* 春 秋 經 學 三 種. p. 46, 47, 48, 57, 61, 196, 199, 201.

Wang Tcheou 王 周, nommé marquis en 195 av. J.-C. ... ... p. 247.

Wang Tch'ou-nou 王 處 訥, de *Lo-yang heen* 洛 陽 縣, auteur du calendrier *Ing-t'ien-li* 應天曆 (10ᵉ s.). ... ... p. 128.

Wang Tse-ts'iuen 王 紫 詮, voir *Wang T'ao* 王 韜.

Wang Wen-pé 王 文 伯, voir *Wang P'ouo* 王 朴.

Wang Yué-tcheng 汪 曰 楨 (*Kang-mou* 剛 木), originaire de *Ou-tch'eng* 鳥 程; auteur de l'ouvrage chronologique *Li-tai-tch'ang-chou-tsi-yao* 歷 代 長 術 輯 要, édité en 1877, et qui a servi de source au P. Hoang pour composer sa Concordance. ... ... p. 144, 147, 158, 159.

Wei 衛, ville qui était du parti de *Tcheou* 紂 contre *Ou Wang* 武王. ... ... p. 175.

Wei-chang Sien-cheng 渭 上 先 生, voir *Nan Hien* 南 軒.

Wei Heng 衛 恒, académicien (3ᵉ s.). ... ... p. 150.

Wei-hoei fou 衛 輝 府, préfecture de la province du *Ho-nan* 河南. p. 150.

Wei Hoei Wang 魏 惠 王, prince de *Wei* 魏 (370-334 av. J.-C.). p. 133.

Wei Koan 衛 綰, ministre de *King Ti* 景 帝 (2ᵉ s. av. J.-C.). ... ... p. 240, 256, 257.

INDEX

ALPHABÉTIQUE DES OUVRAGES CHINOIS (1).

---

(1) Certaines difficultés se présentent quand on veut classer les livres chinois par ordre alphabétique, difficultés dues au manque d'uniformité dans la façon d'indiquer les titres.

1° Certains caratères à l'intérieur du titre ne sont pas toujours reproduits; par exemple le P. Hoang dira brièvement «*Li-tai-nien-piao* 歷代年表», au lieu de *Li-tai-ki-che-nien-piao* 歷代紀事年表.

2° D'autres sont souvent omis au début comme inutiles pour l'intelligence du titre, par exemple les deux caractères 欽定 *K'in-ting* rappelant le caractère officiel de certains ouvrages.

3° Après le titre, peuvent être introduits d'autres caractères précisant la référence; ils indiqueront alors une partie du livre (comme dans 路史發揮 *Lou-che-fa-hoei*), ou une division connue des lettrés (comme dans 書經周書武成 *Chou-king Tcheou-chou Ou-tch'eng*).

De là vient que, dans cet index, un même écrit a été plusieurs fois répété d'après l'ordre des premiers caractères employés le plus fréquemment dans les citations.

Certains détails donnés par le P. Hoang à divers endroits de son manuscrit ont été réunis ici, et pour la distinction des dates et siècles avant ou après J.-C., la convention adoptée dans l'index des noms propres a été conservée: les dates et siècles avant l'ère chrétienne sont signalés par « av. J.-C.»; les dates et siècles non suivis de cette indication appartiennent à l'ère chrétienne.

CORRIGENDA

p. 46   ligne 16 à partir du haut, au lieu de I-hang,   lire I Hing

p. 50 ... ...   3 ... ...468   478

p. 57 ... ...   4 ... ...   Kong-ho ... Kong-houo

   ,, ...   6 ... ...   ,,

   ,, ...   39 ... ...   ,,

p. 61 ... ...   6 ... ...du bas,......Wang Ping-heou ... Hoang Ping-heou

p. 68 ... ...   8 ... ...   Tchou ... ...   Tch'ou

p. 94 ... ...   2 ... ...   Tiao-yuen-siao-li ... T'iao-yuen-siao-li

   ,, ...   ,, ...   Ma Tchong-tsi...... Ma Tch'ong-tsi

p. 95 ... ...   2 ... ...   T'ong-tche ... ...   Tong-tche

p. 97 ... ...   4 ... ...   Li-t'ong ... ...   Li-tong

p. 114... ...   13...du haut...Ki-mong-tcheou-chou ..Ki-tchong-tcheou-chou

p. 125... ...   5 ... ...   King Tsong 敬宗. Tchoang Tsong 莊宗

   ,, ...   9 ... ... du bas ... 1199-1277 1199-1227

   ,, ...   ,, ...   T'ong-yuen-li ...... T'ong-t'ien-li

p. 135 dernière ligne ... ... 寰宇訪碑錄...... 寰宇訪碑錄

p. 137 ligne 11 à partir du bas... Tchoen-hiu .... Tchoan Hiu

p. 140 ... ...   5 ... ... Sou-heou-han-tche ... ... Siu-heou-han-tche

p. 144 ... ...   3 ... ... 汪月楨 ... ...   汪曰楨

p. 164 ... ...   2 ... ...   足史 ... ...   路史

p. 166 ... ...   5 ... ...   路吏 ... ...   路史

p. 200 ... ...   2 ... ...   昭代業書 ... ...   昭代叢書

p. 201 ... ...   15 ... ... du haut 310 510

p. 240 ... ...   5 ... ... du bas... prince de Liang. .... prince Liang

p. 243 ... 9 et 21 ... ... du haut...... Kao-tsou ... ...Kao Tsou

p. 244 ... ...   19 ... ... ,, ...   ,,

p. 248 ... ...   17 ... ... du haut ... 80 av. J.-C.... ... ...88 av. J.-C.

   ,, ... , ...   5 ... ... du bas...... l'Empereur ... ... l'Impératrice

p. 263 ... ...   7 ... ... du haut supprimer Paragraphe I.

p. 290 ... ...   2 ... ... du bas au lieu de I-hing ...... lire ......I Hing

p. 291 ... ...   10 ... ... Tong T'ou ... ... Tong-tou

p. 292 ... ...   14 ... ... T'ong-kien-ts'ien-p'ien......T'ong-kien-ts'ien-pien.

p. 293 ,.. ... ...8 ... ... du bas ... ... 汲眾周書 ...... 汲家周書

p. 304 ⎫
p. 305 ⎬ Intercaler Tchen Tsong entre Tchen Loan et Tch'en Heou-yao

p. 307 ligne 8 à partir du bas,   au lieu de Tou-yu,   lire Tou Yu